INVIERTA CON ÉXITO EN LA BOLSA DE VALORES

Leopoldo Sánchez Cantú
Claudio Núñez Sánchez de la Barquera
Eduardo Couto Castillo

MÉXICO • ARGENTINA • BRASIL • COLOMBIA • COSTA RICA • CHILE
ESPAÑA • GUATEMALA • PERÚ • PUERTO RICO • VENEZUELA

```
Datos de catalogación bibliográfica

SÁNCHEZ, CANTÚ LEOPOLDO et al.
Invierta con éxito en la bolsa de valores
PEARSON EDUCACIÓN, México, 2000
    ISBN: 970-17-0363-4
    Materia: Negocios

Formato: 17 × 23          Páginas: 352
```

EDITOR DIVISIÓN NEGOCIOS: Francisco de Hoyos Parra
EDITOR DE DESARROLLO: José López Andrade
SUPERVISOR DE PRODUCCIÓN: Rodrigo Romero Villalobos

INVIERTA CON ÉXITO EN LA BOLSA DE VALORES

Primera Edición

D.R. © 2000 por Pearson Educación de México, S.A. de C.V.

    Calle 4 No. 25, 2do. piso
    Fracc. Industrial Alce Blanco
    53370 Naucalpan de Juárez, Edo. de México

Cámara Nacional de la Industria Editorial Mexicana, Reg. Núm. 1031

Reservados todos los derechos. Ni la totalidad ni parte de esta publicación pueden reproducirse, registrarse o transmitirse, por un sistema de recuperación de información, en ninguna forma ni por ningún medio, sea electrónico, mecánico, fotoquímico, magnético o electroóptico, por fotocopia, grabación o cualquier otro, sin permiso por escrito del editor.

El préstamo, alquiler o cualquier otra forma de cesión de uso de este ejemplar requerirá también la autorización del editor o de sus representantes.

ISBN 970-17-0363-4

Impreso en México. *Printed in Mexico*

```
                                    ■
                                   JUL
                        ─────────────────────────
                        LITOGRAFICA INGRAMEX, S.A. DE C.V.
                        CENTENO NO. 162-1
                        MEXICO, D.F.
                        C.P. 09810
```

1 2 3 4 5 6 7 8 9 0   03 02 01 00

```
                                            2000
                                             ■
```

CONTENIDO

Parte Uno Conceptos generales

1 Principios Fundamentales — 3
- Condiciones necesarias del mercado — 3
- El futuro y el análisis técnico — 4
- Cómo opera el mercado — 5
- La relatividad del entorno bursátil — 6
- Nivel de exposición — 8
- Limitar pérdidas (*stop loss*) — 8
- Las tendencias del mercado — 9
- Las diferentes magnitudes u órdenes — 10
- La geometría de fractales y el análisis técnico — 12
- Tendencia *bull* y tendencia *bear* — 12

2 Mercado de capitales — 15
- Las acciones — 15
- Requisitos para invertir en la Bolsa — 16
- La pizarra de la bolsa — 17
- La postura, el corro y las pujas — 17
- Colocación de órdenes — 18
- Los hechos y las asignaciones — 20
- Lotes, picos, paquetes y cruces — 20
- El depositario físico de las acciones — 21
- Pago de dividendos y *split* — 21
- Largos y cortos — 23

3 El gráfico de precios — 25
- Forma básica — 25
- Las escalas — 27
- Los periodos — 29
- El volumen — 29
- El gráfico lineal — 30
- Elaboración del gráfico — 31
- Actualización de la base de datos — 31
- Base de datos original — 32
- Variantes experimentales — 32
- Deflación del gráfico — 32
- Reflexión final — 39

Parte dos: Teoría del análisis técnico

4 TEORÍA DOW — 43
Los índices bursátiles — 44
Conceptos básicos de la Teoría Dow — 44
Las tres tendencias — 48
Tendencia primaria — 50
Tendencia intermedia o secundaria — 52
Tendencia menor o terciaria — 53
El mercado *bull* — 53
Mercado *bear* — 54
Ciclos seculares — 56

5 LÍNEAS DE TENDENCIA — 57
Definición e importancia — 57
Patrones generados en el gráfico de barras — 57
Trazo de las líneas de tendencia — 60
Regla de los tres días — 63
Puntos basales — 65
Penetración de una línea de tendencia — 66
Líneas de tendencia y patrones de precios — 68
Criterios de validez de una línea de tendencia — 69
Líneas de tendencia descendente — 72
Canales de tendencia — 74
Líneas de tendencia y escala semilogarítmica — 77
Líneas y canales de tendencia mayor — 79
Líneas de tendencia en los promedios — 79
Criterios de penetración y confirmación — 82
Criterios de significado de una penetración — 84
Línea de tendencia paralela funcional — 85
Principio del abanico — 85
Reflexión final — 88

6 SOPORTE Y RESISTENCIA — 89
Definiciones e importancia — 92
Fuerza de un nivel de soporte o resistencia — 93
Zonas de soporte y resistencia — 97
Significado de la penetración de un soporte — 98
Significado de la penetración de una resistencia — 98
Los números redondos como niveles de soporte y resistencia — 98
Soporte y resistencia en ventas de pánico — 100
Niveles de soporte y resistencia en los índices — 101
Líneas de tendencia como zonas de soporte y resistencia — 101

Promedios móviles como zonas de soporte y resistencia — 102
Reflexión final — 103

7 VOLUMEN — **105**
Definición e importancia — 105
El volumen va con la tendencia — 106
Divergencia entre precio y volumen — 106
Signos *bullish* y *bearish* en el volumen — 108
Volumen en los patrones de continuación — 111
Volumen en los patrones de reversa — 112
Volumen en el alza explosiva, o *blowoff* — 113
Situaciones especiales de volumen alto — 113
El volumen en el *pullback* — 114
Captura del volumen en el gráfico que analizamos — 114
Reflexión final — 115

8 PATRONES DE REVERSA — **117**
Patrones de reversa — 118
Formación de cabeza y hombros (CyH) — 119
Patrón de cabeza y hombros en el fondo — 123
Patrón de cabeza y hombros múltiple, o compuesto — 125
Doble techo — 126
Doble fondo — 128
Triple techo y triple fondo — 129
Tazón o fondo redondo y techo redondo — 131

9 PATRONES DE CONTINUACIÓN — **135**
Triángulo simétrico — 135
Triángulo de ángulo recto — 138
Rectángulo — 139
Las cuñas — 142
Banderas y banderines — 144

10 PATRONES SECUNDARIOS — **149**
Patrones de reversa secundarios — 149
El fondo dormido — 152
Los diamantes de reversa — 152
Las reversas de un día y de dos días — 152
Clímax de venta — 156
Formación en V, espiga o formación en V invertida
  y formación en V extendida — 158
PATRONES DE CONTINUACIÓN SECUNDARIOS — 161
Cabeza y hombros de continuación — 161

Tazones repetidos	161
Diamantes de continuación	163

11 Brechas — 165
Brechas irrelevantes	167
Brechas comunes o de área	167
Brechas de rompimiento	168
Brechas de continuación o de huida	169
Brechas de agotamiento	170
Reversa en isla	172

12 INDICADORES — 175
Promedios móviles	177
Uso de los promedios móviles	180
Reglas de penetración de los promedios móviles	180
Promedio móvil óptimo	182
¿Cuál es el mejor tipo de promedio móvil?	182
Operación con promedios móviles	183
Movimientos horizontales, diagonales o laterales	188
Brechas	189
Uso de dos promedios móviles	189
Uso de tres promedios móviles	192

13 OSCILADORES — 195
Características generales de los osciladores	195
Osciladores no acotados	196
Osciladores acotados	197
Osciladores simples o compuestos	199
Interpretación de los osciladores en general	201
Estudio de osciladores en particular	205
El momento	205
Tasa de Cambio (*Rate of Change*)	208
Interpretación del ROC	208
Oscilador de precio construido con promedios móviles	209
Interpretación del oscilador de precio	211
Moving Average Convergence/Divergence (MACD)	211
Interpretación del MACD	212
Índice de Fuerza Relativa (RSI)	214
Interpretación del RSI	214
Estocástico de Lane (K%D)	217
Interpretación del estocástico	218
Versión lenta del estocástico	219
%R de Larry Williams	219
Comentario final	222

14 INDICADORES VARIOS — 225
- Mediana y precio ponderado — 225
- Indicadores relacionados con el volumen — 226
- Balance de Volumen (OBV) — 226
- Oscilador de Volumen de Chaikin (OVC) — 228
- Indicadores de amplitud — 231
- Volatilidad — 237

15 SISTEMAS AUTOMÁTICOS DE OPERACIÓN — 241
- MOVIMIENTO DIRIGIDO — 244
- Regla del punto extremo — 249
- DM como Indicador temprano de pisos o techos — 249
- DM como apoyo para sistemas seguidores de tendencia — 250
- SISTEMA PARABÓLICO — 251
- Factor de aceleración del parabólico — 254
- SISTEMA DE COLUMPIO GRÁFICO — 254

EPÍLOGO — 259
- El análisis técnico como modelo de la realidad — 259
- Requisitos para hacer análisis técnico de calidad — 260
- Método o sistema de operación — 261
- Sistemas de seguridad — 262
- Diversificación — 265
- Qué tipo de acciones conviene seguir — 267
- Últimos consejos — 268
- Nota final — 270

Apéndice A — 273

Apéndice B — 277

Apéndice C — 283

Apéndice D — 293

Apéndice E — 297

Bibliografía — 317

Índice — 319

ACERCA DE LOS AUTORES

Leopoldo Sánchez Cantú

Ha incursionado de manera profesional en diversos campos del conocimiento humano, la música, las artes plásticas, las ciencias biomédicas y las finanzas. Egresado de la maestría en ciencias de la Universidad McGill de Montreal, miembro de la Asociación Mexicana de Analistas Técnicos (AMAT), perteneció al Sistema Nacional de Investigadores. Actualmente es profesor del curso de análisis técnico en el Instituto Tecnológico de estudios Superiores de Monterrey, Campus Ciudad de México. Es analista técnico en NSC Asesores desde hace varios años y brinda asesoría privada independiente. Correo electrónico: polosanchezc@hotmail.com

Claudio Núñez Sánchez de la Barquera

Es egresado de administración de empresas de la Universidad Anáhuac. Estudió en el New York Institute of Finance y se capacitó en la casa de bolsa Kidder & Peabody de Nueva York. Cuenta con autorización la Comisión Nacional de Valores para operar públicamente como asesor financiero. Es socio fundador y codirector de NSC Asesores. Es miembro del consejo de administración de *El Financiero*. Ha sido comentarista de NBC Network, de México Finance y de Expansión así como del programa radiofónico Enfoque Financiero. Es fundador y miembro de la Asociación Mexicana de Asesores Independientes de Inversiones en Valores. Correo electrónico: nsc@nscasesores.com

Eduardo Couto Castillo

Es licenciado en administración pública, egresado de la Universidad Autónoma de Puebla y titulado en 1984 con mención honorífica. Pasante de la maestría en finanzas por la Universidad del Valle de México y cursos en análisis técnico. Analista financiero bursátil desde 1992 en NSC Asesores. Catedrático de cursos de administración y finanzas en distintas universidades privadas. Correo electrónico: eduardo_couto@hotmail.com

www.nscasesores.com

AGRADECIMIENTOS

Probablemente muchos de nuestros amables lectores sepan lo difícil que es escribir un libro y que los autores siempre requieren la ayuda de muchas personas para llevarlo a su fin. Éste no es la excepción.

Estamos convencidos de que la presente obra no hubiera podido llegar a existir sin la ayuda de muchas personas que han tenido gran influencia en su concepción y realización.

Para empezar, la idea de escribir el libro no surgió de la nada, alguien tuvo que formularla por vez primera, ya fuera que ese alguien terminara haciendo la obra o bien que orquestara a un grupo de autores para que la pudieran hacer. Tal es el caso de la influencia protéica que tuvo Jorge Sánchez Cantú, quien concibió el proyecto de hacer un libro de análisis técnico. Su aportación no quedó solamente en formular la idea original sino que motivó y aportó a los autores recursos, comentarios, bibliografía y críticas muy importantes durante la realización de la obra para que se alcanzara el propósito final. Por ello le estamos infinitamente agradecidos.

Asimismo, tenemos una deuda con Jean Bernard Jardiné, analista macroeconómico de primera, e Ignacio Vallina Fabre, *trader* soberbio, por su afectuoso apoyo, sus enseñanzas y su ejemplo de constancia y amor al trabajo.

A Carlos Dodero Portilla, Francisco Estopier Mondragón y José Ignacio Armendáriz Morales, nuestros amigos y colaboradores de Casa de Bolsa Inverlat por su estímulo, observaciones y comentarios enriquecedores.

A nuestros compañeros de la AMAT (Asociación Mexicana de Analistas Técnicos), quienes fueron un factor de motivación muy importante; particularmente Jesús Iglesias Jiménez, María de Lourdes Argil Medellín, Adolfo Martínez Huerta, Roberto de la Torre Martínez, Agustín Becerril, Hugo García Téllez; en particular a Irene Gómez Palestino, quien nos recomendó y proporcionó bibliografía relevante de la AMAT. Estamos muy agradecidos a todos ellos.

Alberto Núñez González revisó el borrador final y aportó ideas muy importantes para la elaboración de las gráficas que seguramente podrá identificar en la obra. Nuestra gratitud para él.

A Roger Patrón Luján por ser para nosotros un modelo a seguir como empresario, divulgador y humanista.

Finalmente, la colaboración de nuestros editores en Pearson Educación México ha sido no sólo de una calidad técnica insuperable, sino que ha sido amable y afectuosa y por demás estimulante y creativa. Por ello queremos hacer extensivo nuestro agradecimiento de manera muy particular a Francisco de Hoyos Parra y a María Elena Gómez Carbajal; a José López Andrade, a Rodrigo Romero Villalobos; al presidente de esa editorial en México, Steve Marbán, a su Chief Operative Officer en Miami, Guillermo Hernández y a todo el equipo de Pearson Educación que hizo realidad objetual esta obra.

PRÓLOGO

Una inquietud de todo inversionista en mercados financieros es contar con un sistema definido de inversiones que sea operable, que tome en consideración los diferentes elementos que influyen en el comportamiento de los mercados de valores y que, de seguirse en forma disciplinada, genere señales reproducibles, y resultados auditables.

NCS Asesores, la firma de asesoría independiente en inversiones más grande del país, ha tenido siempre la preocupación de contar con la mejor metodología de análisis posible, y de transformarla en un sistema exitoso de inversión. Gracias a este deseo de superación, NCS está consciente de que la única forma de conseguirlo es el estudio constante y la dedicación.

INVIERTA CON ÉXITO EN LA BOLSA DE VALORES es el producto de esta preocupación por generar un sistema de inversión. Con base en el análisis técnico, este libro describe primero a profundidad los diferentes elementos de que consta el método para entender a los mercados. En él se estudian los principios fundamentales de los mercados finacieros en general, tales como la forma en que operan las acciones y las bolsas de valores; el entorno que los envuelve, cómo se construyen las diferentes tendencias y cómo se calculan los diferentes indicadores, además de en qué momentos del mercado se deben utilizar unos y otros, y se aborda el estudio del volumen de operación y las formas de interpretarlo. En forma destacada se ocupa de las figuras técnicas y de los osciladores, y muestra el impacto que tienen los distintos fenómenos técnicos que pueden dar información sobre el comportamiento de alguna acción o valor, y que ayuden a predecir el movimiento futuro.

INVIERTA CON ÉXITO EN LA BOLSA DE VALORES se ha enriquecido con la experiencia habida sobre inversión en valores de los integrantes del equipo de análisis, promoción y operación de NCS Asesores, quienes desde hace casi 20 años se han dedicado al estudio de los mercados y a la generación constante de estrategias de inversión.

En la evaluación de los mercados interviene, además del análisis técnico, el análisis fundamental, que consiste en el estudio de los números financieros de compañías que emiten sus acciones públicas, y el análisis macroeconómico por el que se investiga la situación económica mundial y la economía de cada país en particular, para ponderar el impacto que ello pudiera tener en la situación específica de una compañía o de un sector. Aun cuando en el análisis técnico de un valor específico queda reflejada la situación macroeconómica mundial y nacional, así como la situación financiera en particular de esa empresa, NCS Asesores no se limita a operar sólo basándose en el análisis técnico sino incluyendo, en su método de invertir, la situación fundamental y macroeconómica existente.

INVIERTA CON ÉXITO EN LA BOLSA DE VALORES es una herramienta de consulta diaria para especialistas en la materia y, por otro lado, sirve para introducir a cualquier persona con conocimientos básicos, al mundo del análisis técnico y de la elaboración de estrategias de inversión.

Con este libro, NCS Asesores busca ser pionero en la asesoría independiente en inversiones en valores, generando tecnología de vanguardia, manteniendo un nivel de excelencia en todas sus áreas, basadas en la filosofía del estudio y la superación constante que permite poner a disposición de sus clientes las estrategias más adecuadas para la inversión de sus patrimonios.

ROGER PATRÓN LUJÁN

PROPÓSITO Y ESTRUCTURA DE LA OBRA

Este libro se ocupa del análisis técnico de la bolsa de valores, pero va más allá del método de análisis, pues, en tanto que se desarrolla un estudio cuidadoso y completo de los conceptos y herramientas de que se vale el analista técnico, hace una reflexión sobre cada uno de los puntos tratados. Identifica cuáles son las señales que deben buscarse, y muestra cómo interpretarlas y cómo orquestar, a partir de esas señales –algunas de ellas contradictorias—, una estrategia de inversión bursátil que mantenga un equilibrio en la relación riesgo/productividad para el ejercicio profesional de la inversión accionaria.

La obra presta particular atención a factores como la manera de reducir y limitar los riesgos, dejando claro que sin elementos de protección y sin un método preciso que regule la toma de decisiones, la operación bursátil se acerca más a una aventura de tahúr que a un negocio serio, profesional y potencialmente productivo.

Este libro no es sólo una disertación sobre temas cuidadosamente seleccionados de lo que es el análisis técnico, sino que se ha creado como un instrumento para lograr convertir en exitosos inversionistas bursátiles, a quienes lo estudien siempre que se aborde con dedicación, reflexión y actitud crítica.

La obra presenta un enfoque no improvisado, derivado del ejercicio real y cotidiano a lo largo de más de una década de exitosa aplicación de la teoría del análisis técnico en la práctica de las operaciones bursátiles. El libro en ningún momento sugiere que sea fácil ganar dinero en la bolsa de valores. Todo lo contrario, conscientes de los peligros que conlleva una actitud simplista, irresponsable o indisciplinada, ofrece al lector un extenso acervo de recursos para el análisis, y le prepara para detectar en todo momento los riesgos que se corren si se olvida con qué facilidad se justifican las operaciones erráticas si no se sustentan nuestras expectativas en evidencias objetivas derivadas directamente del propio mercado.

La necesidad de una referencia como la que presentamos obedece a la frecuencia, cada vez mayor, con que los inversionistas operan en la Bolsa de Valores sin un método analítico para hacerlo, en tanto que es cada vez más necesario contar con un sistema seguro para invertir en la Bolsa. La obra busca llenar esa carencia.

Pretendemos llevar a las personas desde el conocimiento de los fundamentos del análisis técnico hasta el diseño de un sistema de toma de decisiones, necesario en la operación diaria.

El libro evita temas no probados o experimentales. Y tampoco aborda métodos alternos que no se puedan integrar de manera coherente con un sistema analítico racionalmente orientado. No obstante, nuestro despacho, NSC Asesores, apoya, realiza y promueve la investigación y la experimentación como único método capaz de sustentar el progreso del sistema, siempre y cuando se tengan controles precisos para limitar riesgos derivados de la utilización de herramientas o conceptos que no hayan sido plenamente validados.

El estudio de esta obra permitirá obtener aquella información que se espera aporte el análisis técnico y, al mismo tiempo, muestre aquello que no debe esperarse del análisis técnico.

Esta obra, además de ser la primera de su tipo y extensión publicada en Latinoamérica (Nota p.1), comparte la experiencia derivada de muchos años de estudio y trabajo en investigación, asesoría y práctica bursátil. Proponemos difundir el análisis técnico como método racional, probado y accesible a cualquier interesado en el estudio de los mercados bursátiles.

NOTA P.1   BIBLIOGRAFÍA EN ESPAÑOL

Existen dos obras previas que conocemos sobre análisis técnico en nuestro idioma. Una de ellas se titula *Análisis de gráficas de barras y volumen,* y es una magnífica colección de apuntes, figuras y ejemplos que presentan en forma esquemática las herramientas generales del análisis técnico, compilada por Gómez-Palestino y colaboradores. Esta obra es atractiva, pero desafortunadamente no ha sido publicada, por lo que su difusión ha sido limitada. La otra es el libro de José Codina titulado *Análisis técnico y chartismo,* editado por Iberdrola, la compañía española de electricidad. Es una obra sintética y accesible en sus conceptos, pero de distribución europea limitada.

Al dar a los inversionistas que desean operar en bolsa un recurso para fundamentar sus decisiones, buscamos también profesionalizar la inversión bursátil para proteger aquella parte del patrimonio que se decide someter a riesgo, con la intención de obtener una mayor utilidad. Pretendemos incidir en los distintos niveles de conocimiento y experiencia. Al inversionista que empieza, buscamos darle un texto adecuado para iniciarse en el conocimiento del análisis técnico; al que ya cuenta con alguna experiencia, darle en forma accesible elementos sofisticados de análisis técnico para afinar sus decisiones y apoyarlas en elementos objetivos.

En las partes medulares del libro, hemos buscado enriquecer los conceptos con los ejemplos reales derivados de los mercados que hemos estudiado en nuestra actividad cotidiana. Por ello, pedimos al lector que dedique atención y tiempo al estudio de las gráficas que presentamos ya que de ello derivará mucho de lo que debe aprender para hacerse un analista competente.

En la Introducción comenzaremos por describir de manera sencilla los distintos instrumentos de inversión, los de renta fija y los de renta variable. Posteriormente mencionaremos cuáles son los diferentes métodos de análisis bursátil y centraremos la atención en los postulados generales del análisis técnico.

En los primeros tres capítulos de la obra se discuten los conceptos generales del análisis técnico. En el capítulo 1 se busca familiarizar al lector con los términos, los paradigmas y el contexto en que realiza su actividad el analista, relacionándolo con el mercado y con el método gráfico que se emplea para comprender un fenómeno de gran complejidad como es el fenómeno bursátil.

El capítulo 2 se ocupa de hacer una amplia exposición de lo que es el mercado de capitales, las acciones, los requisitos para invertir en la bolsa de valores y los distintos conceptos, procedimientos y términos que el inversionista requiere conocer para operar en la bolsa.

En el capítulo 3 se describen con todo detalle cada uno de los instrumentos o herramientas con que cuenta el analista técnico para formar un modelo de lo que está sucediendo en el mercado y, a partir del modelo, inferir qué es lo que con mayor probabilidad sucederá en el futuro próximo, y así diseñar un sistema de operación. Se comienza con el gráfico de precios, mostrando las diferentes formas de representarlo y de estudiarlo. Se incluyen comentarios sobre la manera de actualizar y manejar las bases de datos, haciendo hincapié en la necesidad de practicar la deflación de los datos cuando hay niveles altos de inflación.

Posteriormente se dedican cuatro capítulos al estudio de las tendencias del mercado. En el capítulo 4 se estudia ampliamente la Teoría Dow, origen común de cualquier teoría, forma o instrumento de análisis técnico. Se presentan sus conceptos básicos, los tres niveles u órdenes de la tendencia, el mercado *bull* y el mercado *bear*.

El capítulo 5 trata las líneas de tendencia, la forma de trazarlas y los elementos en que se basa su interpretación. El capítulo 6 presenta los conceptos de soporte y resistencia haciendo una disertación sobre su significado, su importancia y la forma de utilizarlos en el análisis y en la operación. El capítulo 7 concentra los recursos analíticos que derivan del estudio del volumen de operaciones, haciendo énfasis en aquellas situaciones en que un volumen excepcionalmente elevado debe alertar al analista sobre probables cambios importantes en las tendencias.

En los siguientes cuatro capítulos se estudian las formaciones de precios de interés para el análisis técnico. El capítulo 8 se dedica a los principales patrones de reversa, y el capítulo 9 a los principales patrones de continuación. En el capítulo 10 se revisan patrones secundarios, tanto de reversa como de continuación y, finalmente, el capítulo 11 está dedicado a las brechas.

Los últimos cuatro capítulos contienen material más abstracto y que, por tanto, se resiste a ser aprehendido. Demandará un poco más de esfuerzo por parte del lector, pero estamos seguros que será ampliamente retribuido. Estos capítulos abordan el estudio de los diferentes grupos de indicadores. A partir de la descripción de la manera en que se calculan, su forma gráfica, su interpretación y las principales señales que derivan de ellos, se propone la manera de utilizarlos en el diseño de un sistema de operación. Se incluyen los promedios móviles (capítulo 12), diversos osciladores: Momento, Tasa de Cambio o ROC, Oscilador de Precio, MACD, RSI, Estocástico y %R de Williams (capítulo 13). El capítulo 14 presenta varios indicadores, como la mediana del precio y el precio ponderado, indicadores relacionados con el volumen, indicadores de amplitud, el oscilador NSC —diseñado por nosotros para evaluar movimientos de tendencia del mercado en general— y el concepto de volatilidad. El capítulo 15 atiende los sistemas automáticos de operación como el Movimiento Dirigido (*Directional Movement*), el Parabólico *SAR*, el Columpio Gráfico (*Swing Chart*) y analiza ampliamente los requisitos que debe reunir un método de operación basado en el análisis técnico diseñado para la inversión bursátil.

Por último, en el Epílogo se hace una reflexión sobre el análisis técnico como modelo del fenómeno socioeconómico que es la bolsa de valores, se profundiza en el sistema análisis —método de inversión-operación-evaluación— como proceso racional y emotivo, individual y colectivo, insistiendo en la necesidad de tener métodos adecuados para el control de riesgos y para limitar las pérdidas; además se decantan algunas ideas y consejos relevantes que no deben pasar inadvertidos por quien desee invertir en la bolsa.

Si logramos cortar su mal hábito de perder; si logramos ayudarlo a proteger su patrimonio o el de quienes se lo han confiado; si esta obra le permite tener una actividad no sólo apasionante, sino lucrativa, habremos cumplido con nuestro objetivo. Estamos poniendo en sus manos un recurso valioso que le dará muchas satisfacciones.

INTRODUCCIÓN

Para que una persona pueda planear sus inversiones de forma adecuada, tiene que comenzar por determinar la parte de su capital que no necesita para la supervivencia o los compromisos inmediatos, o para algún proyecto como comprar un auto, viajar o establecer un negocio. Entonces podrá planear cómo manejar ese capital de modo que esté seguro, que no se deprecie contra la inflación y además que incremente su valor, manteniendo al mismo tiempo cierta disponibilidad.

Instrumentos de inversión

Las opciones a elegir son muy variadas. Una cuenta de ahorros en un banco (cuenta corriente) y una inversión bancaria a plazo fijo son instrumentos sencillos de manejar, pero de muy baja rentabilidad. A pesar de que en esta forma el dinero está seguro, no se evita la depreciación que ocurre a consecuencia de que el capital no crezca o lo haga a un ritmo inferior al de la inflación, o pierda poder adquisitivo en dólares.

Un segundo grupo de instrumentos en los que se puede invertir el dinero lo constituyen los *Cetes*, los *pagarés* y el *papel comercial*. En estos instrumentos el riesgo es muy bajo, pero su rentabilidad es sólo ligeramente superior a la inflación.

El siguiente escalón lo ocupan las *obligaciones*, que tienen mejor rentabilidad, pero también mayor riesgo que los Cetes y que el papel comercial.

En un nivel aún superior se encuentran las *acciones* —más rentables que los Cetes—, el papel comercial y las *opciones*, pero definitivamente con mayor riesgo.

Finalmente, en la cima de la rentabilidad de los productos financieros, pero también en la cima del riesgo, se encuentran los productos del *mercado de derivados*, representado por los *futuros* y sus *opciones*, instrumentos ya establecidos y madurados en otros países, pero de reciente instalación y aún inmaduros en México.

Invierta con éxito en la bolsa de valores

La cuenta de ahorros, las inversiones a plazo fijo, los Cetes, los pagarés, el papel comercial y las obligaciones se llaman *instrumentos de deuda,* y se conocen también como instrumentos de *renta fija* porque el inversionista sabe de cuánto será la utilidad que recibirá al pasar cierto tiempo después de adquirir el instrumento, independientemente de lo que ocurra en el mercado.

El otro grupo de instrumentos formado por las acciones y los derivados se conocen como inversiones de *renta variable,* porque al adquirir el instrumento se desconoce cuál será la rentabilidad (utilidad o pérdida) que se va a percibir al concluir dicho compromiso. En la tabla i.1 presentamos esquemáticamente la rentabilidad de los diferentes grupos de instrumentos, tanto de renta fija como de renta variable.

Este libro trata sobre la inversión de renta variable, en particular sobre el mercado de acciones, instrumentos que se manejan en la bolsa de valores y se adquieren o venden a través de una *casa de bolsa.* (*Véase* el capítulo 2, Mercado de capitales.)

Algunos de los principios generales que se tratan en esta obra tienen aplicación en formas de inversión distintas a las Acciones, como las Opciones y los Futuros, pero no es el objetivo de este libro, ni creemos que nuestras recomendaciones deban traspolarse directamente al manejo de esos instrumentos.

Tabla i.1. Instrumentos de renta fija versus instrumentos de renta variable. Rentabilidad relativa aproximada.

Tipo de instrumento	Rentabilidad relativa (semicuantitativa)
Instrumentos de renta fija	
Cuenta de ahorros	Muy por debajo de la inflación (-10% a –5%)*
Inversión a plazo fijo	Similar a la inflación (-2% a +2%)*
Pagarés	Ligeramente superior a la inflación (0% a +5%)*
Certificados de la Tesorería	Superior a la inflación (+5% a +7%)*
Udibonos	Superior a la inflación (+7% a +10%)*
Papel comercial	Superior a la inflación (+6% a +10%)*
Obligaciones	Superior a la inflación (+7% a +12%)*
Instrumentos de renta variable	
Acciones de la bolsa de valores	Desde perder una porción importante de la inversión hasta ganar mucho más que la inflación.
Opciones	Desde perder el total de la inversión, hasta tener una ganancia ilimitada (varias veces el total de la inversión).
Futuros	Desde perder más que el total de la inversión, hasta tener una ganancia ilimitada (varias veces el total de la inversión).

* Las cifras entre paréntesis representan porcentajes de la inversión por encima o por debajo de la inflación.

Cada uno de los instrumentos que hemos mencionado —y muchos otros, como los futuros y opciones sobre *commodities*, mercancías o bienes tangibles (Nota i.1)— tiene características propias que deben conocerse con claridad para decidir de qué manera se estructurará una cartera modelo, de modo que responda a las características del inversionista y a las de su capital, además de que se adapten a los distintos momentos del mercado.

NOTA I.1 LOS *COMMODITIES*

Los *commodities* —mercancías o bienes tangibles— están divididos en varios sectores; los principales son: metales (oro, plata, cobre, platino, paladio), granos y fibras (maíz, trigo, soya, avena, algodón), alimentos (azúcar, café, cocoa, jugo de naranja), ganado y carnes (reses, cerdos), energéticos (petróleo crudo, gasolina, petróleo para calefacción, gas natural), así como las principales monedas (libra esterlina, marco alemán, yen japonés, franco suizo, dólar australiano, dólar canadiense, peso mexicano y dólar estadounidense), instrumentos financieros diversos (eurodólar, euroyen, Treasury Bonds, LIBOR, Treasury Bills, Treasury Notes, Muni Bonds), Índices Bursátiles (Dow Jones Average, S&P Index, NASD Index, Nikkei, Value Line, NYSE Index, Mid Cap, Russell 2000), etcétera.

Para la mayoría de los inversionistas, la cartera se conformará con varios de los instrumentos mencionados, asignando proporciones distintas del capital a cada uno de ellos según los requerimientos de liquidez y de seguridad que establezca el cliente, y también según sus propias características de tolerancia al riesgo y su deseo de aumentar la probabilidad de incrementar las utilidades (Tabla i.2).

Tabla i.2. Cartera modelo para cada tipo de inversionista.

Perfil	Renta Fija		Renta variable	Riesgo
	CP*	LP**		
Conservador (Preservación del capital)	80-100%	0-20%		Muy Bajo
Moderadamente conservador (Generación de algunas utilidades)	30-60%	0-30%	20-40%	Bajo
Moderadamente agresivo (Apreciación del valor del portafolio)	20-40%	10-30%	40-60%	Alto
Agresivo (especulación)	0-10%	20-40%	60-80%	Muy Alto

*CP = Corto plazo
**LP = Largo plazo

La inversión bursátil

En el campo específico de las inversiones en la Bolsa de Valores, es evidente que para obtener ganancias se requiere comprar una acción a un precio dado y venderla cuando haya alcanzado un precio superior. Por tanto, la clave del éxito en esta forma de inversión es predecir con altas probabilidades de certeza que una acción subirá de precio en un periodo de tiempo razonable para entonces venderla y tomar utilidades.

Es de todos conocido que el riesgo es un elemento inherente a la inversión de renta variable. Sin embargo, también hay grandes oportunidades de conservar el poder adquisitivo de un capital, y aun de hacer excelentes utilidades. Si mediante el análisis podemos saber que el precio actual de una acción es atractivo y que con alta probabilidad éste va a aumentar, podremos controlar el riesgo y mejorar las posibilidades de tener ganancias. Esto no es fácil de alcanzar, y no existe ningún método infalible que nos permita lograrlo en cada ocasión. Sin embargo, puede lograrse (Nota i.2) con disciplina, estudio constante, autocrítica y creatividad.

NOTA I.2   ¿CUÁNDO ESTÁ BARATA UNA ACCIÓN?

Es común que se comente en el medio bursátil que una acción es una "ganga" cuando su precio en ese momento es bajo comparado con un precio del pasado próximo. Para hacer evidente que en la inversión bursátil se requiere algún método analítico, presentamos este ejemplo. En marzo de 1995 una acción del Grupo Sidek se operaba en $3.23 pesos, lo que representaba 17% del valor que tenía seis meses antes (en septiembre de 1994 se cotizaban $19.00 por acción). Sin duda parecía ser una ganga. No obstante, en julio de 1996 se cotizaba a $1.21, o sea, 37.4% del valor que tenía diez meses antes. El desplome de la acción continuó el mismo curso, llegando a valer 29 centavos en mayo de 1997, y sólo 10 centavos en diciembre de 1998. Con esto queremos enfatizar la imposibilidad de guiar las operaciones por criterios como "caro" o "barato", y lo poco orientador que puede ser el precio actual de una acción en relación con el de los últimos 6 a 12 meses.

Métodos de análisis bursátil

Hay una multitud de métodos que buscan dar la información que oriente hacia la difícil decisión de qué acción comprar y cuándo hacerlo para después decirnos cuándo venderla. De todos estos métodos, nosotros abordamos en esta obra uno solo: el basado en análisis técnico. Con ello no pretendemos indicar que el análisis técnico es el único confiable o el mejor; simplemente es un método excelente que nos ha dado resultados muy satisfactorios a través de los años y por ello queremos ponerlo al alcance de más inversionistas (Nota 1.3).

NOTA I.3 HERRAMIENTAS DEL ANÁLISIS TÉCNICO

De hecho, creemos que así como cada una de las herramientas del análisis técnico tradicional, como son las líneas de tendencia, niveles de soporte y resistencia, figuras de reversa y continuación, brechas e indicadores, que tratamos a fondo en esta obra, suman su fuerza para formar un modelo más sólido de lo que está sucediendo en el mercado (más sólido de lo que cada herramienta en particular puede brindar). Con la debida experiencia y mucho estudio podrán agregarse las fuerzas de otras formas de análisis, como son el *análisis fundamental*, el *Principio de la Onda de Elliott*, los *gráficos de punto y figura* y las *técnicas de velas japonesas*, y no creemos que haya ninguna contradicción lógica para incrementar el arsenal del análisis técnico tradicional con otras herramientas de estudio del mercado. Sin embargo, cada nuevo método y cada nueva herramienta deberán conocerse a fondo y probarse con mucha prudencia antes de incorporarla de lleno al uso cotidiano en la operación bursátil. El lector interesado podrá encontrar amplia información sobre la técnica de análisis de gráficos de punto y figura en la obra de AW Cohen, y sobre el método de velas japonesas en el de S. Nison; además, como se indica más adelante, sobre Principio de la Onda de Elliott en el libro de Frost y Prechter, así como de otras obras citadas en la bibliografía.

Los dos métodos de análisis mejor probados, más seguros y más utilizados, son el análisis fundamental y el análisis técnico. Hay métodos que no se fundamentan en el análisis lógico convencional, como los que antes mencionamos. Esos son, entre otros, las técnicas de Gann o los ciclos astronómicos, y aun otros que más se parecen a la astrología que a las ciencias económicas. Nosotros no los hemos utilizado ni confiamos en ellos.

Principio de la Onda de Elliott

Otro método de análisis se basa en el Principio de la Onda de Elliott. Como el análisis técnico, el Principio de la Onda se basa en el estudio de gráficas de precios, pero sustenta sus conclusiones en el supuesto de que el movimiento de los precios y volúmenes de compraventa de la bolsa se adaptan a patrones o estructuras que oscilan siguiendo reglas universales y, por tanto, la "forma" de las ondas y las proporciones que guardan entre sí las ondas, son datos imperativos para orientar las decisiones de inversión. Consideramos que el método tiene gran potencial pero que se requiere un sólido fundamento técnico antes de incursionar en este método de análisis. Además, su complejidad y vastedad justifican una obra completa, motivo por el cual su estudio ha sido omitido en el presente libro.

Análisis fundamental

En nuestro medio, el análisis fundamental es el método más conocido y el más utilizado para entender la bolsa. Este método parte del supuesto de que los movimientos de los precios de las acciones tienen causas económicas o de otro tipo y que dichas causas pueden identificarse y ponderarse antes de producir su efecto en el mercado. Por tanto, el método consiste en conocer y evaluar la situación financiera de los mercados, tanto en el entorno macroeconómico como en las condiciones microeconómicas de las empresas. Nos referimos a indicadores como los estados financieros, los balances trimestrales, los resultados de ventas, el flujo de efectivo, las políticas de dividendos e inversión, la capacidad gerencial y productiva, la competencia que existe en el sector, los proyectos de inversión, las perspectivas de crecimiento, el entorno político, el tipo de cambio, los tratados internacionales de comercio, la legislación, etcétera.

A partir de la valoración de todos estos factores, se estima el valor intrínseco de las acciones de empresas que cotizan en la Bolsa, y se comparan con su valor de mercado para determinar su estado de sobrevaluación o subvaluación. El grado de certeza que este método aporta dependerá de la cantidad, calidad y oportunidad de la información que se tenga, así como de la profundidad con que se estudie, de la ponderación que se dé a cada pieza de información en cuanto a su posible efecto en los mercados.

La experiencia nos ha enseñado que el comportamiento de los precios de las acciones no siempre responde a las condiciones económicas o financieras de la empresa o del sector económico particular, sino que depende de una serie de cuestiones de diferente naturaleza, como pueden ser algunos fenómenos políticos, climáticos, psicológicos y de otra índole, aun fenómenos irracionales que muchas veces no pueden identificarse oportunamente o cuyo efecto en los mercados resulta imposible ponderar.

Estos factores determinan las expectativas que los inversionistas pudieran tener en relación con una emisión determinada, o en cuanto al mercado bursátil en general, y ello definirá finalmente si existe interés por comprar o por vender las acciones, lo cual, a su vez determina el precio de las mismas. Por esta razón, una acción puede tener amplias oscilaciones de precio aun cuando la empresa a que corresponda mantenga sus utilidades y demás indicadores económicos, sobre todo en el corto y mediano plazo, si bien con un profundo análisis fundamental se tendrán amplias posibilidades de hacer predicciones adecuadas en el largo plazo.

Este libro no se refiere al método de análisis fundamental, y aunque tras cualquier movimiento de precios en la bolsa existen múltiples razones fundamentales, racionales tanto como irracionales, el postulado del análisis técnico al cuál sí se refiere esta obra sostiene que es imposible conocer todas las razones que afectan el precio de las acciones y, por otro lado, considera que no es necesario conocerlas para entender el mercado.

Postulados generales del análisis técnico

Los postulados generales que sustentan el valor del Análisis Técnico y con los cuales nos identificamos en la práctica de asesoría financiera y en la elaboración de esta obra son los siguientes:

Primer postulado. *Sin conocer LA CAUSA, podemos entender el orden intrínseco que existe en los movimientos del mercado.* En otras palabras, para definir el comportamiento del mercado en un momento dado, no podemos ni tenemos que conocer todos los factores fundamentales que operan, y por tanto tampoco tenemos que ponderarlos adecuadamente para tener un vector resultante que nos ofrezca algún grado de certeza. De hecho, en cierta forma podemos considerar que no se puede aislar o abstraer una causa de cada respuesta del mercado, ya que siempre están actuando simultáneamente en el mercado múltiples causas en sentidos diversos, algunas a favor del movimiento del mercado, otras en contra, muchas más sin efectos específicos discernibles en ese momento pero con potencial efecto a futuro.

El análisis técnico considera que ante un movimiento importante de la bolsa (descontando movimientos terciarios pasajeros) no existe UNA CAUSA AISLADA, y que no es necesario buscarla. De hecho, desde el punto de vista técnico, todas las causas actuando al mismo tiempo tienen como consecuencia un movimiento, generan un orden determinado o producen un efecto en el mercado que queda reflejado en los gráficos de precios y volúmenes. En cierta forma, aunque muchos fenómenos que podemos considerar aleatorios, como el clima o un eventual suceso político tienen efecto en el mercado, en los movimientos aparentemente caóticos de los precios hay un orden que podemos ir definiendo mediante el análisis técnico, mientras devienen los procesos del mercado.

Segundo postulado. *El comportamiento del ser humano puede ser predecible cuando forma parte de un grupo o masa.* La idea subyacente es que los inversionistas que operan en el mercado de valores constituyen una masa cuyas características psicológicas se manifiestan mediante reacciones congruentes con su naturaleza que, a diferencia de lo que ocurre con las reacciones de un individuo ante un estímulo dado si se le analizara en forma aislada, son predecibles con un grado satisfactorio de probabilidad. Estas reacciones son interpretadas básicamente como el sentimiento que en un momento dado tiene dicha masa, conocida como "el mercado". Y de ello derivan en buena medida, sus decisiones y operaciones bursátiles. Este comportamiento, como todo en la naturaleza, tiene características cíclicas y, además, al expresarse genera patrones con una estructura interna propia, lo que le confiere dicha previsibilidad (Nota i.4).

NOTA I.4 EL SER HUMANO COMO PARTE DE LA MASA

La conducta de los seres humanos cuando están actuando en masa, ofrece patrones repetidos que generan señales inteligibles. Es característico del comportamiento humano en masa el que busca un líder, que adopta los valores del grupo, que se siente en cierto grado con menos responsabilidad personal que cuando actúa de manera individual, por lo que sus motivaciones son más emocionales, y que está dispuesto a tolerar una gran cantidad de penurias por conformarse al grupo. Por todo esto podemos decir que el patrón de conducta del ser humano cuando forma parte de un grupo es distinto al que adopta actuando como individuo y eso lo hace más predecible. En la obra de Tony Plummer se hace un estudio a fondo del comportamiento de las masas y a ella referimos al lector con la seguridad de que ahí

> encontrará motivos de reflexión muy interesantes. En la obra citada de LE Lifson y RA Geist se maneja también algo de la psicología de masas, pero sobre todo se analiza la psicología del inversionista individual.

Esto contrasta en forma notable con la incapacidad de predecir el comportamiento de un individuo cuando actúa ante una situación específica no ya con base en los intereses y principios de un grupo sino basado en sus principios, emociones, creencias, intereses y valores particulares, ya que la conducta individual ciertamente deberá considerarse bajo estas condiciones impredecibles, o en el mejor de los casos, con poca posibilidad de predecirse.

Tercer postulado. *El gráfico es un reflejo de todos los factores que operan en el mercado.* A partir del registro gráfico de los precios y los volúmenes operados de cada una de las acciones y de los principales índices del mercado de valores, puede inferirse el sentimiento del mercado (considerando al mercado como el conjunto de los inversionistas que compran y venden acciones en un momento dado), el cual, a su vez, es el vector resultante de todos los factores fundamentales (racionales e irracionales) que operan en cada momento (Nota i.5). No sólo los factores económicos, políticos y geográficos, sino también los temores, las esperanzas, los deseos, los rumores y cualesquiera otros elementos que, finalmente, afecten una decisión financiera.

NOTA I.5. CAUSAS Y CONSECUENCIAS

Para una revisión amplia de las dudas que hemos expuesto sobre la relación de causalidad en los fenómenos bursátiles recomendamos consultar la bibliografía citada sobre la teoría del caos (I. Prigogine; B. Williams; J. Briggs y FD Peat), y para un estudio a fondo de la representación gráfica de fenómenos naturales y sociales, sugerimos una lectura sobre la geometría de los fractales (B.B. Mandelbrot), ya que indudablemente resultará estimulante para el estudioso del análisis técnico.

No sólo hay que considerar los propios factores en forma cualitativa, sino que el efecto cuantitativo de cada uno es imposible de ponderar. En fin, de la interpretación de los gráficos de precio y volumen de negociación diarios se puede inferir lo que está sintiendo la gente en relación con el precio de una acción, y de esta manera se puede pronosticar, con un nivel de certeza adecuado, la evolución de dicho precio.

Mediante el análisis técnico podemos saber si lo que creemos que está sucediendo en el mercado realmente está sucediendo (en oposición con lo que quisiéramos que sucediera), y de ello concluir qué es más probable que suceda en el futuro. Y esto solo ya sería mucho más de lo que en general motiva las decisiones de muchos de los inversionistas menos analíticos.

El total de los eventos, factores y situaciones (¿CAUSAS?) que actúan simultáneamente generan un orden en el mercado y por tanto un movimiento o vector resultante en los precios de las acciones y de los índices. Hipotéticamente, parte del espectro de dichos factores es observado (estudiado) por el análisis fundamental, otra parte del campo de dichos factores es estudiado por el análisis macroeconómico y otro más es el espectro cubierto por el análisis técnico tradicional.

Creemos que ninguno de los tres enfoques o cualesquiera otros que se consideren aisladamente podrán cubrir la totalidad de los eventos, factores y situaciones del fenómeno, ni percibir de manera exhaustiva sus resultados; pero también creemos que desde el análisis técnico tradicional y sus variedades especiales hay muchas más "ventanas" o puntos de observación a través de los cuales se puede explorar el fenómeno bursátil. Cada una de las herramientas del análisis técnico permite estudiar algunos ángulos o segmentos del fenómeno bursátil, y por ello estamos convencidos de que por este camino podremos comprender mejor un hecho que es mucho más que economía y finanzas, un hecho que es naturaleza y humanidad y que comprende patrones de crecimiento, ciclos vitales, emociones, esperanzas, ilusiones, debilidades, temores y mucho más. Un espacio social y orgánico que además de una dimensión material tiene una dimensión simbólica.

CONCEPTOS GENERALES

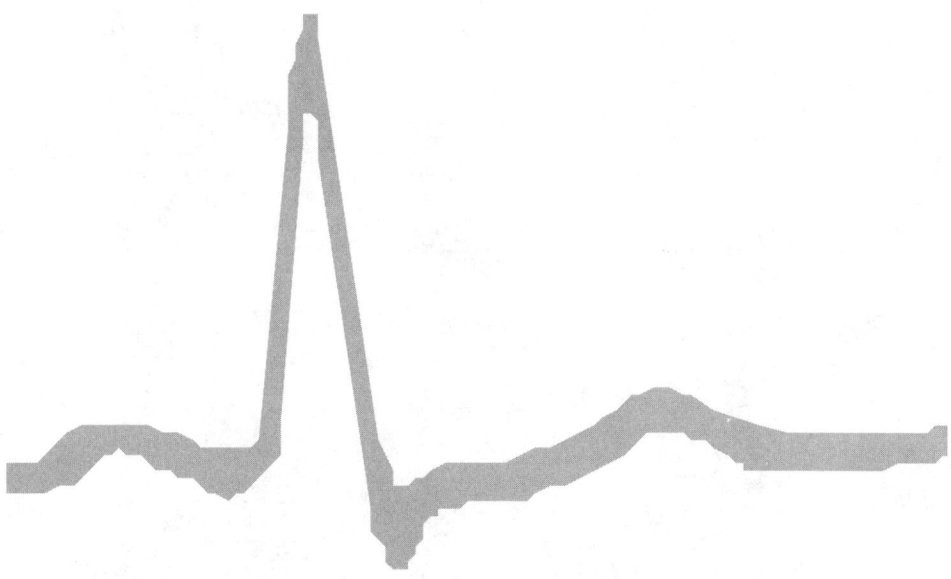

CAPÍTULO 1

PRINCIPIOS FUNDAMENTALES

Como dijimos en la introducción, el **análisis técnico** es un método para entender el mercado bursátil. Se apoya para ello en varios postulados, entre los que destaca el que los fenómenos de la bolsa de valores reflejan el sentimiento y la actitud de grupos humanos formados por individualidades múltiples y heterogéneas desde muchos puntos de vista, las que, aunque impredecibles individualmente, se hacen entendibles al ser estudiadas formando grandes grupos.

Otro postulado establece que en el mediano o largo plazo, los movimientos de los precios de una emisora y, sobre todo, los movimientos de los llamados índices bursátiles (que son simplemente diversos promedios ponderados de paquetes de acciones representativas) no son aleatorios o desordenados, sino que tienen una estructura con una lógica propia, de tal manera que forman patrones repetitivos que nos permiten entenderlos y, a partir de ello, hasta cierto punto, podemos predecir lo que vendrá.

Un postulado más nos dice que no tenemos que conocer LA CAUSA de un fenómeno del mercado para poderlo entender. A partir de esa idea podemos predecir lo que con mayor probabilidad resultará en el corto, mediano o largo plazo. De hecho, tal vez no haya una causa, sino muchas que actúan simultáneamente. El resultado final de todas ellas queda reflejado en el gráfico de precios y volúmenes.

Condiciones necesarias del mercado

Hay varias condiciones que deben cumplirse para que el mercado sea entendible, se conozca lo que está sucediendo y sea predecible lo que sucederá con base en el análisis técnico. Las condiciones más importantes son: 1) que los grupos humanos considerados sean grandes; 2) que las operaciones en cuestión estén sujetas al libre mercado, y 3) que las participaciones individuales sean poco notorias y, por sí mismas, poco influyentes en el resultado final. Una vez satisfechas estas condiciones, es de esperarse que los fenómenos generados se puedan estudiar bajo el paradigma del análisis técnico. Por el contrario, si no se cumplen, los movimientos de los precios no serán inteligibles bajo estos postulados (nota 1.1).

NOTA 1.1 NÚMERO NECESARIO DE INDIVIDUOS EN EL MERCADO

Con toda intención hemos evitado indicar cuántos individuos deberán formar los grupos para considerarlos "grandes" porque no hay un número absoluto que sea suficiente para poder entender la señal que se genere a partir de sus decisiones y actitudes, simplemente podemos establecer que cuanto menor sea el grupo de individuos que participen en un momento dado en el mercado, tanto menor será la confiabilidad de la señal que genere su conducta.

El futuro y el análisis técnico

A todos nos gustaría tener un método seguro para predecir lo que pasará en la bolsa. De hecho, con la práctica, el inversionista se dará cuenta de que no puede saberse qué es lo que va a suceder: ¡el futuro no puede conocerse, porque todavía no existe! No obstante, aunque el futuro no exista, se creará a partir de este momento, y las condiciones del pasado y del presente lo restringen. Si entendemos con claridad lo que ha pasado antes y lo que está sucediendo ahora, podremos elegir el momento oportuno para entrar y para salir del mercado. No podemos exagerar el hecho de que esto solo —o sea, entender lo que está pasando— es bastante ambicioso, pero estamos convencidos de que se puede lograr con el análisis técnico.

En otras palabras, mediante el análisis técnico podemos inferir cuáles son los escenarios que con mayor probabilidad pueden desarrollarse a partir de las condiciones presentes, y si se definen correctamente los criterios que nos marcarán cuál de esos escenarios probables se está desarrollando, podremos establecer qué operaciones realizar (nota 1.2)

NOTA 1.2 ¿QUÉ BUSCA EL ANÁLISIS TÉCNICO?

A lo largo de la obra quedará claro que lo que hacemos mediante el análisis técnico es revelar el orden que ha surgido en el mercado, o de forma más operativa, describir en términos estructurales lo que está sucediendo, y a partir de ello podremos definir lo que con mayor probabilidad sucederá en el futuro (inmediato o mediato) y al mismo tiempo podremos establecer los criterios que confirman o descartan el futuro hipotético que hemos propuesto. Así, si no se invalida la hipótesis, probablemente tomaremos alguna posición (compraremos o venderemos acciones) y en el momento en que sea necesario formular nuevas hipótesis (porque así lo indican los eventos que devienen) nuevamente estableceremos, de acuerdo con las nuevas hipótesis, los criterios operativos adecuados para cada escenario.

Sin embargo, no debe olvidarse que, hasta cierto punto, entrar al mercado o tomar una posición (por ejemplo comprar una acción) puede resultar tan arriesgado como entrar a un *ring* de boxeo o, con menos violencia, mover una pieza en el tablero de ajedrez. Nadie pretenderá subir a un *ring* y ganar una pelea sin recibir algunos golpes, o ganar una partida de ajedrez sin perder una o varias piezas. Pero para ser campeón, hay que dar muchos más golpes (y más fuertes) que los que uno recibe. Hemos comprobado que esto se puede lograr, una vez que se aprenda a utilizar este fino instrumento llamado análisis técnico.

Cómo opera el mercado

En forma muy esquemática y simple, podemos considerar que el movimiento de los precios del mercado accionario es la resultante de dos fuerzas antagónicas: por un lado están los compradores, quienes consideran que el precio de la acción va a aumentar y, por tanto, desean comprarla; por otro lado están los vendedores, quienes piensan que el precio de la acción va a bajar y, por ello, prefieren ceder la acción a cambio del dinero que les van a pagar por ella. Así, las acciones cambian de las manos del vendedor a las del comprador. Y aunque parezca perogrullada, siempre que alguien compra una acción creyendo que va a aumentar su valor, hay alguien que la vende porque piensa que su valor va a bajar (nota 1.3).

NOTA 1.3   OTRAS RAZONES PARA COMPRAR O VENDER ACCIONES

Desde luego que pensar que el precio de la acción va a bajar no es la única razón para vender, como tampoco la única razón para comprar es que se piense que el precio va a subir. Muchas veces la necesidad de liquidez hace vender las acciones que se tienen en cartera para utilizar el efectivo en otra forma; pero aun así, se han de vender preferentemente aquellas acciones que tengan menos probabilidades de aumentar de precio.

En un momento dado, la presión que ejerzan los compradores podrá ser mayor que la que ejerzan los vendedores (la demanda supera a la oferta); entonces el precio aumentará hasta que se equilibran nuevamente las fuerzas. Una vez alcanzado este punto, puede haber un periodo de "negociación" entre las dos fuerzas, durante el cual, aunque las acciones cambien de manos, no habrá un cambio neto consistente en el precio. Finalmente, este lapso de "negociación" se resuelve, ya sea que la presión de los compradores sea mayor (una vez más la demanda es mayor que la oferta), en cuyo caso se reanudará la tendencia alcista, o que la presión de los vendedores sea más fuerte (la oferta mayor que la demanda) y vendrá entonces una tendencia a la baja, también llamada corrección. De acuerdo con este modelo, es claro que los vendedores tienen el control del precio en las alzas y los compradores en las bajas. Por ello, hay que tener cuidado de no ir persiguiendo los precios al alza cuando uno quiere comprar (y muchas veces tampoco a la baja cuando uno quiere vender), pues es fácil caer en la trampa eufórica o de pánico y terminar con un precio claramente fuera del mercado. Para evitar este riesgo deberán ponerse límites (superiores en la compra e inferiores en la venta) en cada ocasión y sólo bajo condiciones muy precisas dar la orden de operar "a precio de mercado". (Para mayor información, véase el capítulo 2, Mercado de capitales.)

La relatividad del entorno bursátil

En cualquier escenario comercial los compradores y los vendedores están en desacuerdo sobre el valor del producto en cuestión, pero están de acuerdo en el precio. Esto es particularmente claro en el escenario bursátil. Una vez más, en la bolsa, cuando los compradores creen que la acción vale (o valdrá) más de lo que cuesta, gustosos pagan el precio que se les pide por ella. A su vez, si los vendedores creen que la acción vale (o valdrá) menos de lo que cuesta, con el mismo gusto la venden al precio que les ofrecen por ella. Aparentemente, sólo uno de ellos puede estar en lo correcto. Sin embargo, lo acertado de su estimación dependerá en buena medida, del marco temporal o plazo que cada uno tenga contemplado para la operación. Este plazo no debe perderse de vista en ningún momento, ya que de hacerlo se pueden tener costos innecesarios (nota 1.4).

NOTA 1.4 GANAR Y PERDER EN LA OPERACIÓN BURSÁTIL: UN EJEMPLO

Consideremos, que el lunes 4 una acción se negocia en $10.00, el miércoles 6 opera alrededor de los $9.60, el viernes 8 alcanza $9.00 y para el viernes 15 ha revertido su tendencia a la baja y alcanza un máximo de $12.00. De este modo, los primeros vendedores salieron ganando los cuatro primeros días, pues con el dinero que recibieron al vender las acciones el lunes ($10.00 por acción), pudieron comprar el resto de la semana más acciones que las que entregaron a cambio. Para el siguiente lunes (día 11 en el ejemplo), la acción volvió a $10.00, subió durante la semana y para el viernes 15 alcanzar el máximo de $12.00 (figura 1.1). Los que compraron el lunes 4 a $10.00, y no los vendedores, parecieron ser los beneficiados durante la segunda semana, ya que bajo las circunstancias del quinto al décimo día laboral (negociándose hasta $12.00 la acción), su venta oportuna representaría una clara utilidad de hasta 20%. Sin embargo, si los vendedores originales no volvieron a comprar las acciones a $9.60 o a $9.00; entonces lo que parecía haber sido una excelente decisión cuando vendieron, ciertamente no lo fue tanto, pues al repuntar el precio de la acción, su aparente ventaja se esfumó. De la misma forma, si los compradores originales (los que compraron el lunes 4 a $10.00) decidieron asumir la pérdida de 10% y vendieron el viernes 8 a $9.00 (las acciones que habían comprado el lunes en $10.00), por temor a una caída mayor, hubieran dejado pasar una buena oportunidad de ganar y habrían tomado un "castigo innecesario".

Capítulo 1   Principios fundamentales   7

Fecha	Precio x acción
Lunes 4	$10.00
Miércoles 6	$9.60
Viernes 8	$9.00
Lunes 11	$10.00
Miércoles 13	$10.40
Viernes 15	$12.00

De acuerdo con esto, la bondad (o el costo) de comprar o vender una acción dependerá del plazo que se esté considerando para cerrar la operación. ¿Cómo saber si ya es momento de comprar o de vender? ¿Cómo saber si debo asumir una pérdida moderada

REPRESENTACIÓN GRÁFICA DEL EJEMPLO

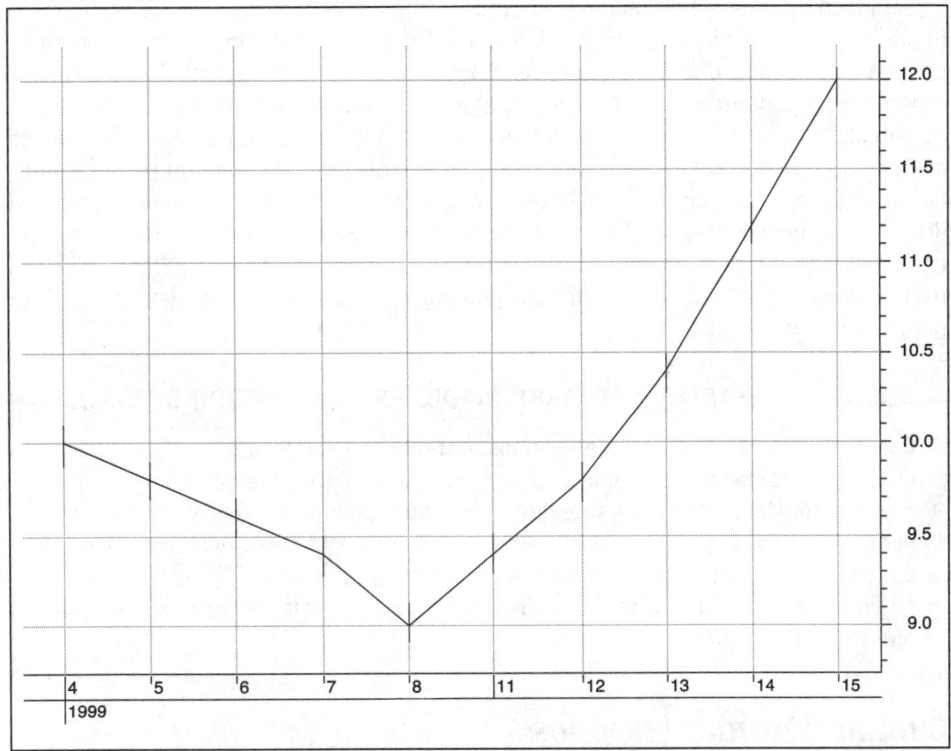

Figura 1.1.   Representación gráfica de los datos del ejemplo de la Nota 1.4.

de 5% a 10% en lugar de mantener una posición que pudiera terminar en una pérdida de 40, 60 u 80%? ¿Cómo evitar tomar una pérdida de 7% en lugar de aguantar un poco más y ver que la pérdida potencial acumulada, poco a poco va disminuyendo para finalmente revertirse y representar una jugosa ganancia? Todo esto es lo que el análisis técnico pretende ayudarnos a contestar.

Nivel de exposición

Una dimensión más de la inversión bursátil que nos gustaría presentar en este momento es la relación de la certeza con el nivel de exposición. Este concepto equivale a la actitud que se toma cuando en una carretera de dos sentidos (un carril de ida y uno de vuelta) se dispone uno a rebasar un auto. Es evidente que los dos factores más importantes a considerar son la visibilidad que tenemos hacia delante y la diferencia en las velocidades o potencias de los dos vehículos: el nuestro y el que nos disponemos a rebasar. Factores como si hay lluvia, si estamos subiendo una empinada cuesta o vamos de bajada, etcétera, también son de tomarse en cuenta, pero por ahora limitemos el ejemplo a las velocidades y la visibilidad.

Será fácil estar de acuerdo en que si en un momento en que deseáramos rebasar, sólo pudiéramos ver en forma satisfactoria los próximos 50 a 80 metros; a menos que nuestro vehículo tuviera una potencia muy superior a la del otro automóvil, sería mejor esperar otra oportunidad para rebasar. En el caso bursátil, si la certeza que tenemos en cuanto al "panorama" financiero es limitada, a menos que estemos operando muy pocas acciones, y que por lo tanto sea fácil salir rápidamente del mercado con pérdidas limitadas, mejor nos esperamos a otra oportunidad. Si por el contrario, podemos ver 200 o 300 metros adelante —o sea, que tenemos bastante certeza de lo que está sucediendo en el mercado— (nota 1.5), entonces podemos lanzarnos a fondo para rebasar. En el terreno bursátil, podremos invertir un alto porcentaje del capital que tenemos dispuesto para tal fin.

> **NOTA 1.5   CERTEZAS Y PROBABILIDADES EN LA INVERSIÓN BURSÁTIL**
>
> Obsérvese que hemos dicho que tenemos bastante certeza de lo que está sucediendo en el mercado, no de lo que sucederá. Esto pone en relieve que podemos estimar probabilidades de lo que sucederá en el futuro pero nunca tendremos certezas. Por el contrario, sí podemos tener certezas de lo que está sucediendo en el mercado, aunque generalmente las verdaderas oportunidades de inversión se deben basar no en certezas actuales completas sino en certezas parciales actuales y atractivas probabilidades futuras.

Limitar pérdidas (*stop loss*)

En ambos entornos, la carretera al momento de rebasar y la bolsa al momento de invertir, la certeza que podemos tener será siempre relativa y, en buena medida, intuitiva, pero debemos confiar en nuestra intuición para transitar por la carretera o invertir en la Bolsa. Ciertamente al rebasar en la carretera NUNCA estaremos completamente seguros de qué es lo que va a hacer el otro conductor o de que no se reventará una de nuestras llantas; por ello viajamos con cinturón, bolsas de aire de seguridad, y buenas llantas. En el caso de la inversión bursátil, creemos que es indispensable tener una protección similar, por lo que insistiremos en forma repetida, que al momento de tomar una posición en la Bolsa, deberá fijarse un máximo de pérdida que se tolerará (en caso de no cumplirse nuestras expectativas).

Este dispositivo, al que llamamos *stop loss* (detener la pérdida), únicamente será útil como lo es el cinturón de seguridad, si lo utilizamos "al pie de la letra".

Las tendencias del mercado

Como ya hemos propuesto, los precios de las acciones no se desplazan en el tiempo en forma irrazonable, sino que, a pesar de la aparente desorganización, en el fondo de los movimientos hay un sistema, un orden con una estructura que en cierta medida puede descifrarse. A veces el desplazamiento de los precios es lateral, con oscilaciones regulares o irregulares, amplias o estrechas. Otras veces, los precios parecen ascender o descender de manera ondulante, dentro de un camino cuyos límites se antojan *a posteriori* obligatorios. De tal forma que a pesar de no seguir trazos geométricos "euclidianos" (nota 1.6), como una recta, una hipérbola o un arco de círculo, los gráficos muestran que mientras aumenta o disminuye el precio de una acción, ésta se desplaza "respetando" una línea imaginaria sobre la cual "rebota" consistentemente como una piedra tirada de canto sobre la superficie de un estanque. Finalmente, como la piedra, después de un último rebote se hunde en el estanque "penetrando" la mencionada línea imaginaria. A este fenómeno de "penetración" le llamaremos cambio de tendencia.

Identificar oportunamente los cambios de tendencia es "la tarea" más importante del analista técnico.

NOTA 1.6   GEOMETRÍA EUCLIDIANA Y GEOMETRÍA FRACTAL

Geometría euclidiana es la geometría clásica formulada por los griegos hace 2,500 años y que aprendimos en la escuela. Esta geometría describe figuras y cuerpos perfectos, ideales, como el cono, la esfera, la tangente y el cuadrado, que no encontramos en la naturaleza sino que son obra abstracta en la mente humana. Por el contrario, la geometría de fractales, aunque conocida hace muchos siglos, sólo ha sido descrita como rama específica del conocimiento en los últimos 25 años. Esta geometría busca describir las estructuras y las formas propias del mundo en que vivimos. Referimos al lector a la obra de Benoit B. Mandelbrot para conocer más acerca de ello.

Aquellas ocasiones en que el mercado sube (o baja) en forma más o menos consistente y decidida, con cambio en el precio de cuando menos un 20% del valor inicial, se les llama "periodos de tendencia", o simplemente "tendencia"; mientras que a los periodos en que no hay desplazamientos efectivos y en los cuales los precios suben y bajan en proporciones pequeñas (5 a 10%) de su valor se les llama "periodos de *trading*", o simplemente *trading* (negociación, en inglés).

Las diferentes magnitudes u órdenes

Una característica más de los movimientos del mercado en la que nos permitimos insistir en este momento es que estos movimientos se dan en diferentes magnitudes u órdenes, tanto de tiempo como de valor o precio. Inclusive, aunque suena paradójico, los movimientos de distinto orden o magnitud pueden ir (y muchas veces van) en direcciones contrarias al mismo tiempo. En otras palabras, hay que entender que simultáneamente puede haber un amplio movimiento del mercado al alza durante tres o cuatro años, que podrá ser interrumpido cada cuatro a seis meses por retrocesos parciales de uno a tres meses de duración. A su vez, cada uno de estos segmentos de tamaño medio, ya sean alcistas o a la baja, estarán formados por pequeñas ondulaciones que suben y bajan de manera alternante mientras se desarrolla la tendencia mayor al alza o a la baja.

A los primeros movimientos que mencionamos, que generalmente tienen más de un año de duración, se les llama movimientos *primarios*. A los movimientos de un orden inferior, cuya duración suele ser de varias semanas hasta varios meses, se les llama *secundarios*. Y a los pequeños movimientos de unos cuantos días o unas pocas semanas de duración se les llama movimientos *terciarios* (nota 1.7)

NOTA 1.7 MOVIMIENTOS BURSÁTILES Y MOVIMIENTOS DEL MAR: UN SÍMIL

Esto puede entenderse mejor si recordamos que, mientras en el mar sólo existen dos ciclos de marea alta y marea baja a lo largo de un día, el oleaje en la playa se presenta con grandes olas que alcanzan la orilla cada varios minutos. Al mismo tiempo, hay olas medianas que aparecen hasta dos o cuatro en un minuto; también las hay pequeñas que se suceden prácticamente sin parar y que hasta se montan sobre las medianas y unas sobre otras; o, a veces, unas olas pequeñas van hacia atrás cuando otras medianas se mueven en dirección contraria y se acercan a la orilla, al tiempo que una gran ola, aún alejada varias decenas de metros de la orilla, se empieza a encrestar a lo lejos. Además, todo esto puede suceder mientras la marea sube o baja.

Como convención, se ha decidido que dentro de un movimiento primario alcista, se le llama movimiento secundario a la corrección que se da a la baja. Por el contrario, dentro de un primario a la baja, se da el nombre de secundario al desplazamiento alcista. En la figura 1.2 se representan esquemáticamente los movimientos primario, secundario y terciario, tanto alcistas como a la baja.

GRÁFICO FICTICIO. MOVIMIENTOS DE DIFERENTES ÓRDENES

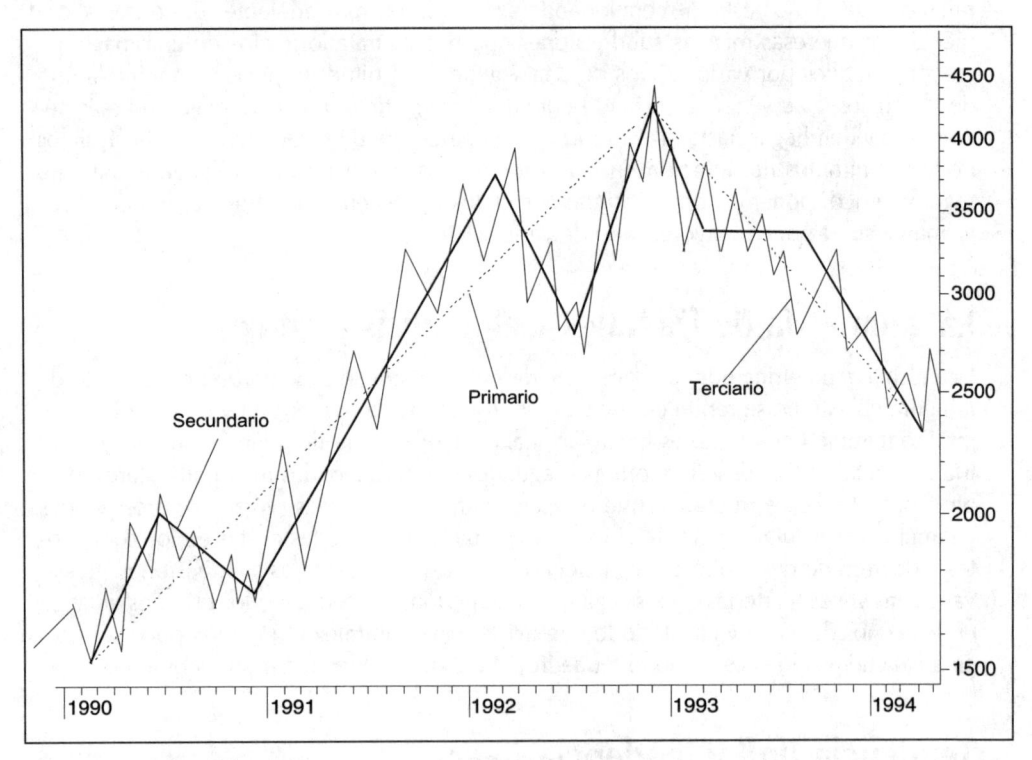

Figura 1.2 Representación esquemática (ficticia) de los movimientos Primario, Secundario y Terciario.

Desde el punto de vista del análisis técnico a que nos referiremos en esta obra, sólo los movimientos primarios y secundarios tienen importancia para invertir en la Bolsa. Ciertamente hay operadores que hacen múltiples ganancias pequeñas, de dos o tres puntos porcentuales, entrando y saliendo en un mismo día, actividad que por cierto se llama una vez más *trading*; pero por ahora nuestro enfoque será específicamente sobre un plazo medio, entre unas pocas semanas y pocos meses (nota 1.8).

NOTA 1.8 REQUISITOS PARA HACER *TRADING*

Para practicar el *trading* es necesario, por un lado, contar con un cargo por comisiones realmente bajo por parte de la casa de bolsa con la que se trabaje, además de tener información "en línea" de las actividades en el piso de remates de la Bolsa, y así decidir en el instante preciso en que se cumplan las condiciones que se esperan para entrar o salir de una posición.

La nomenclatura convencional para designar, por su dirección y magnitud, los movimientos que hemos estado mencionando será revisada más adelante. Baste por ahora mencionar que esas mismas subdivisiones que hemos tratado (ciclos de una magnitud mayor formados por varios ciclos de una segunda magnitud un poco menor, cada uno de los cuales, a su vez, está formado por varios ciclos de una tercera magnitud más pequeña) pueden llegar hasta el extremo micrométrico donde se pueden identificar ciclos de varios minutos de duración en los trazos diarios. Y por otro lado, hacia el extremo macrométrico, podemos observar grandes ciclos de decenas de años de duración que forman a su vez otros mayores, aun de varios siglos.

La geometría de fractales y el análisis técnico

Esta forma geométrica que acabamos de describir, donde el modelo de un segmento de la figura en estudio se repite en escala menor y en escala mayor una y otra vez hasta el infinito (también el infinito es hacia la escala mayor y hacia la menor) se llama geometría de fractales. Ésta describe formas irregulares con propiedades muy particulares, propiedades de las estructuras que crecen, como las formas vivas, o propiedades geométricas irregulares pero no sin sentido, como la línea de las costas de los continentes, el patrón de desarrollo de los helechos y de los caracoles, las subdivisiones sucesivas de las venas y arterias de los organismos superiores, la forma de los cristales de agua en los copos de nieve y casi todo lo que existe en la naturaleza, que muy poco se parece a los cuerpos ideales como el tetraedro, el cubo, el dodecaedro o el icosaedro.

Tendencia *bull* y tendencia *bear*

En la jerga bursátil, cuando la tendencia primaria es al alza se llama tendencia *bull* (toro, en inglés), y cuando es a la baja se llama tendencia *bear* (oso, en inglés). De igual forma, al inversionista que especula al alza se le designa como *bull* y al que especula a la baja, *bear*. La razón es que en el siglo XVII, en el ambiente bursátil de Londres se practicaba lo que hoy llamamos la *venta en corto* de acciones (*véase* "vender en corto" en el capítulo 2). Esta actividad se basaba en la expectativa de que el precio de la acción bajara para tener una utilidad al recomprarla. La venta en corto se comparaba con el entonces conocido proverbio que decía *"to sell the bear's skin before one has cought the bear"* (vender la piel del oso antes de atrapar al oso).

A su vez la expresión *Bull* deriva de la raíz del verbo alemán *büllen* que significa "vociferar". Esta última expresión aparece en la jerga bursátil más tarde (hacia 1715) en relación con la ruidosa actividad de los *bulls* y *bears* peleándose por las acciones en los corros (nota 1.9).

NOTA 1.9 HISTORIA DE LAS CRISIS BURSÁTILES

Para una revisión histórica de eventos importantes relacionados con las bolsas en el mundo occidental referimos al lector a la obra de E. Chancellor.

Capítulo 1   Principios fundamentales   **13**

La figura 1.3 representa un ciclo primario completo del mercado con su fase *bull* y su fase *bear*.

INDICE IGPA (BOLSA DE CHILE). CICLO PRIMARIO

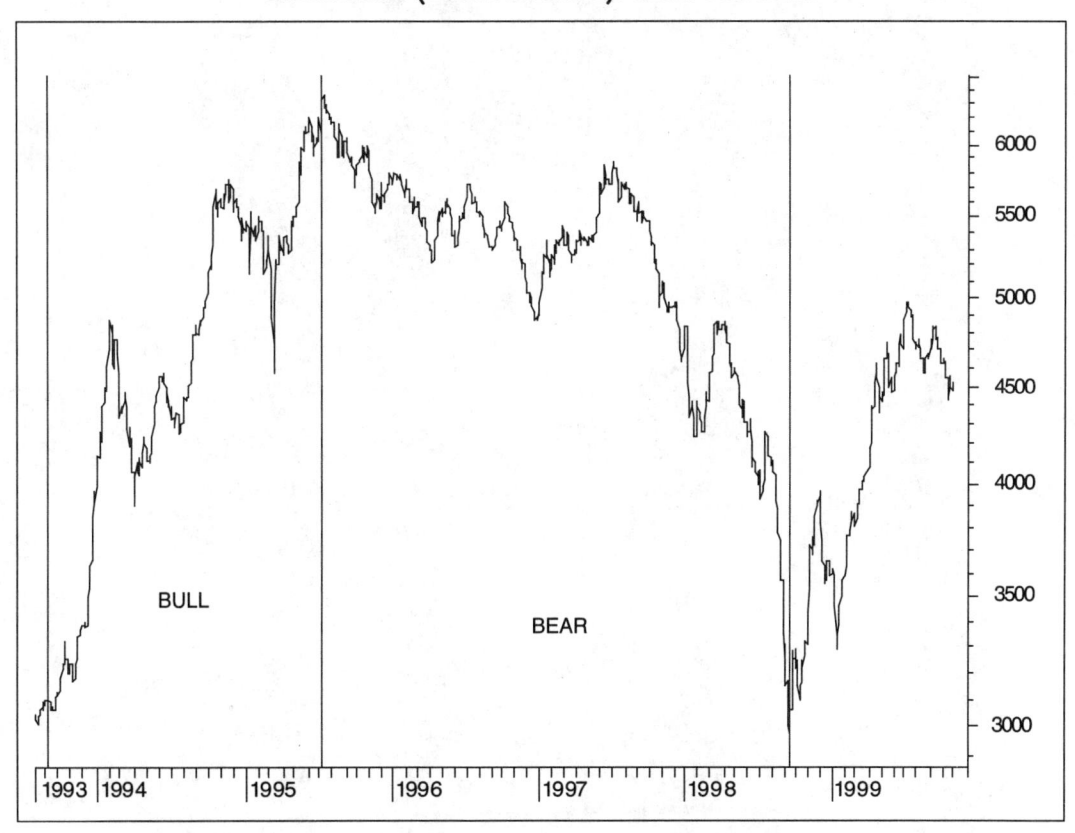

Figura 1.3.   Ciclo primario completo con su fase *bull* y su fase *bear*.

CAPÍTULO 2

MERCADO DE CAPITALES

Las acciones

El mercado bursátil es una de las formas de financiamiento que existen para las empresas que así lo requieren para proyectos de expansión, modernización, investigación o desarrollo, entre otros. Para obtener estos recursos, las empresas emiten valores como las acciones, las obligaciones, el papel comercial, etcétera, que ponen a disposición de los inversionistas mediante un procedimiento llamado *colocación*. Para ofertar públicamente los valores, la empresa acude a una casa de bolsa, que ofrece los valores a la venta en el llamado mercado primario de la bolsa de valores. El precio de una emisión en el mercado primario es fijo y lo determina la empresa, asesorada por la casa de bolsa, antes de salir a la oferta pública. De esta manera, los emisores (la empresa) reciben los recursos resultantes de la venta de los valores que adquieren los inversionistas en el mercado primario (nota 2.1).

> **NOTA 2.1   LAS ACCIONES Y LOS ACCIONISTAS**
>
> Las acciones son títulos que representan parte del capital social de una empresa. La tenencia de las acciones otorga a sus compradores los derechos de un socio. El accionista (el tenedor de las acciones) participa de las utilidades de la empresa al obtener los dividendos que ésta genera (véase más adelante dividendos) o mediante las ganancias de capital que pueda percibir vendiendo las acciones a un precio superior al que las compró.

Después que las acciones han sido colocadas entre los inversionistas, éstas pueden ser vendidas y compradas en la bolsa de valores en el llamado mercado secundario, una vez más, a través de una casa de bolsa.

En el mercado secundario, el precio de las acciones que se intercambian lo deciden en forma individual los compradores y los vendedores, mediante las posturas respectivas y ni la casa de bolsa ni la empresa emisora podrán influir directamente en el precio de mercado. Simplemente, cuando se da la coincidencia entre la postura de un comprador y la de un vendedor, se dice que se *perfecciona* la operación de compraventa.

Requisitos para invertir en la Bolsa

Para participar en la bolsa de valores (nota 2.2), es necesario suscribir un contrato con una casa de bolsa (*contrato de intermediación*) mediante el cual el inversionista le otorga a dicha institución la facultad más o menos limitada para que a su nombre adquiera o venda las acciones que cotizan en la bolsa de valores. Para ello se depositan en dicha casa de bolsa los fondos con los que se harán las operaciones del inversionista. La propia casa deberá estructurar un sistema mediante el cual el dinero que no esté invertido en acciones se invierta en instrumentos de renta fija, lo cual permite tener utilidades y al mismo tiempo liquidez en el corto plazo, pues las operaciones bursátiles deben liquidarse en 48 horas.

NOTA 2.2 EL MERCADO DE CAPITALES

Se llama mercado de capitales a aquel mercado financiero en el que se realiza la intermediación de instrumentos de inversión de renta variable (acciones, opciones, futuros) o de renta fija (Cetes, Udibonos, Obligaciones, Papel Comercial). Las casas de bolsa no poseen las acciones que el cliente solicita sino que es sólo un intermediario entre su cliente y otro inversionista.

La decisión de qué comprar y qué vender en el mercado de capitales se hace con base en el análisis, ya sea técnico o fundamental. Generalmente, el análisis se debe hacer "en frío", o sea, al final de la jornada, cuando la bolsa ha dejado de operar (salvo cuando se opera en el mismo día la entrada y salida de una inversión, modalidad llamada *day trade*). En el proceso los analistas estudian los eventos del pasado reciente y lejano, con objeto de pronosticar escenarios probables del futuro inmediato y mediato. Como resultado del análisis se fijarán los criterios apropiados para formular órdenes de compra o venta de acciones, lo que depende de cuál de los escenarios esperados se concrete. Por ejemplo, se puede proyectar comprar 3% de la cartera en acciones de la emisora "Telmex L" si rompe el nivel de resistencia de $33.25. De esta forma, una vez que se tienen las señales suficientes para operar, se decide comprar 3,000 acciones de "Telmex L" en cuanto empiece a operar la bolsa en la siguiente jornada.

Esta decisión la puede hacer el propio inversionista y él mismo dar la indicación a su promotor de la casa de bolsa, o un asesor financiero independiente toma la decisión por el inversionista y este asesor le indicará hacer la operación al promotor de la casa de bolsa. En ambos casos, el promotor transmite las órdenes de compra o venta de la mesa de capitales de la propia casa de bolsa al mercado bursátil, estipulando el tipo de operación, el monto y los límites de precio a los cuales deberá operarse. La mesa de capitales dará entrada a las órdenes al sistema electrónico de la bolsa de valores, donde se esperará encontrar una oferta igual pero de sentido contrario y así ejecutar la operación. En el caso de México el sistema de operación de la bolsa de valores recibe el nombre de BMV-SENTRA CAPITALES (por su nombre completo de Sistema Electrónico de Negociación, Transacción, Registro y Asignación del Mercado de Capitales).

Para formular una orden de compra es necesario tener claro qué cantidad de acciones se demandan (3,000 en nuestro ejemplo) y el precio que se está dispuesto a pagar. Si los precios se movieran muy lentamente, entonces simplemente se indicaría hacer la compra al siguiente día de aquel en el que se cumplieron los criterios necesarios. No obstante, los precios pueden moverse rápidamente (incluso más de 10% en un solo día); por tanto, es importante contar con información especialmente detallada y oportuna para decidir qué "postura" proponer a la mesa de capitales al formular nuestra orden.

La pizarra de la bolsa

La información necesaria para formular una orden de compraventa está contenida en la "pizarra" que es un monitor en el que se muestra el conjunto de datos o puntos relacionados con los movimientos de cada emisora. Los datos en la pizarra son muy diversos, pero los más relevantes para poner una orden serán los siguientes:

a) La clave que identifica el nombre, la emisora y la serie de la acción (hay acciones que tienen varias series; por ejemplo Desc-A, Desc-B, Desc-C).
b) El precio de cierre del día anterior.
c) El precio de la última operación ya efectuada o último hecho del día de hoy.
d) La variación porcentual y nominal del último precio del día comparado con el precio del cierre del día anterior.
e) El volumen de acciones intercambiadas hasta el momento, el día de hoy.
f) La mejor postura de venta en el momento (la más baja) y el volumen de la postura.
g) La mejor postura de compra en ese momento (la más alta) y el volumen de dicha postura (nota 2.3).

NOTA 2.3 INFORMACIÓN ADICIONAL EN LA PIZARRA

Otros datos relevantes que aparecen en la pizarra son el valor del o de los índices que se manejen —tanto nacionales como extranjeros—, el volumen que se ha operado en cada mercado, el precio de apertura, el máximo y el mínimo del día para cada emisora.

La postura, el corro y las pujas

Cuando una postura de compra o de venta se hace pública se dice "estar en el corro" o "poner en el corro" la postura. De hecho el nombre oficial de la formulación de una operación es postura en firme, la cual debe tener un formato específico para producir todos sus efectos jurídicos. La postura en firme (de compra o de venta) deberá contener la clave de cotización y la serie, el precio y la cantidad de valores (el volumen) que se propone públicamente en el sistema de operaciones de la bolsa para comprar o vender una acción, así como la vigencia de la postura, que puede ser diaria o semanal.

El acto de poner una postura en el corro es un compromiso formal de que en caso de igualarse las dos posturas, la de compra y la de venta, la operación se concreta automáticamente sin posibilidad de retractarse. En otras palabras, si yo pongo una postura de compra de 3,000 acciones de Telmex L a $32.35, en el momento en que alguien ponga la postura de venta de 3,000 títulos al mismo precio la operación se da por completada sin más trámite. Intentar modificar una situación así después del hecho es un asunto delicado que deberá evitarse.

Hay ocasiones en que en el corro existe una postura, digamos de compra, de un buen volumen de acciones a un precio dado. Si queremos que nuestra oferta quede por delante de la que está en el corro, podemos poner una postura de compra a un precio que esté la mínima cantidad posible por encima del precio de la pizarra, lo cual se denomina "ganar el corro por una puja". Una puja es entonces la mínima diferencia de precio autorizada entre una postura y la siguiente, hacia arriba o hacia abajo. En otras palabras, una puja es el múltiplo mínimo de variación sobre el que puede subir o bajar el precio de una acción (nota 2.4).

NOTA 2.4 MAGNITUD DE LAS PUJAS

La magnitud de una puja puede ser un centavo, dos centavos, cinco centavos o diez centavos (de pesos mexicanos), o 1/8, 1/16, 1/32 o 1/64 de dólar estadounidense, de acuerdo con el precio de la acción. Por ejemplo, la puja de una acción de bajo precio como la emisión Gfb-O de Bancomer, que cuesta alrededor de $4.00, es de un centavo. La puja de la emisión Gcarso-A1 del Grupo Carso que cuesta cerca de $50.00, es de cinco centavos, y la de Televisa-CPO que cotiza cerca de $250.00 por acción, es de diez centavos.

Colocación de órdenes

Hay varias maneras de poner una orden de compra o de venta. La forma más simple es ponerla "a mercado". Esto quiere decir que se pide al promotor de la casa de bolsa que indique al operador de la mesa de capitales o del piso de remates (nota 2.5) que ponga una orden de compra o venta a un precio igual o cercano (hacia arriba o hacia abajo) al del último hecho.

NOTA 2.5 EL PISO DE REMATES

Se denominaba PISO DE REMATES al lugar físico donde se reunían los operadores de las distintas casas de bolsa para realizar operaciones de compra y venta de valores. Hoy en día en algunos países las operaciones se hacen por medios electrónicos; por tanto, el piso de remates es un lugar virtual. Y al puesto donde se localizan los operadores dentro de cada casa de bolsa se le conoce como la mesa de capitales.

Para comprender cómo se hace esto, hay que imaginar que queremos comprar un bien cualquiera, por ejemplo, un televisor. En el mercado de televisores hay muchos modelos y diversas marcas. Decidimos comprar la marca Patito, modelo Patrulla. En el mercado hay un sitio especial donde se compran y venden televisores Patito, modelo Patrulla. Este sitio es "el corro". En el corro hay una fila de compradores y una fila de vendedores por cada precio ofertado. La fila de compradores que ocupe el corro será la de aquellos que estén dispuestos a pagar más por el televisor Patito-Patrulla (la mejor postura de compra). En esa fila en particular, hasta delante estará la primera persona que ofreció pagar el precio más alto y atrás de esta persona se irán formando los que vayan llegando y ofrezcan pagar ese mismo precio. En el corro hay también una fila de vendedores, aquellos que estén dispuestos a vender el aparato Patito-Patrulla al mejor precio. De la misma forma, hasta adelante estará la primera persona que ofreció vender el televisor al menor precio.

Por tanto, si tengo mucha urgencia de comprar una televisión y veo que hay una larga fila de compradores en el corro, si quiero pasar primero tendré que ofrecer pagar un precio más alto que el que ofrecen pagar los compradores que actualmente están allí. Nadie puede meterse en una fila que ya está formada, pues al momento de poner una orden de compra o de venta se recibe un número de folio y éste se respetará siempre. Si se quiere adelantar en el orden se tiene que mejorar la oferta que esté en el corro.

En una orden a mercado, el operador podrá poner la postura en el corro por detrás de las solicitudes que haya en ese momento, si es que son pocas; o bien, si cree más conveniente ganar el corro, podrá poner su postura por delante de la que esté en ese momento allí (por arriba de la postura de compra o por debajo de la postura de venta). Una actitud frecuente es poner una postura al nivel del último hecho, sobre todo cuando el corro de compra está varias pujas por debajo del último hecho y el de venta varias pujas por arriba. Finalmente, si se cree que la acción está a buen precio y no se quiere perder la oportunidad de invertir se le podrá "pegar al corro" y concluir la operación (nota 2.6).

NOTA 2.6 "PEGARLE AL CORRO"

"Pegarle al corro" es una forma particular de hacer una orden "a mercado", indicando al operador que se compre (o venda) al precio de la postura que en ese momento aparece en la pizarra o que está en el corro, o sea, al precio en que se está ofreciendo a la venta (o demandando a la compra) una emisora.

Otra forma de poner las órdenes es limitando los precios; es decir, el cliente, el asesor o el promotor ponen un precio mínimo al que estarían dispuestos a vender o un máximo que estarían dispuestos a pagar en una compra. En este caso, el operador de la casa de bolsa procurará, en lo posible, cerrar la operación a un precio ventajoso para el cliente sin llegar al límite. Sin embargo, si antes de hacerse la operación el mercado supera dicho límite, simplemente no se podrá concretar la operación, a menos que antes de que termine la jornada regresen los precios al rango permitido por el límite impuesto. Esto garantiza obtener un precio de compra que nunca exceda el máximo acordado o un precio de venta que no sea inferior al mínimo definido, a riesgo de no lograr hacer la compra o la venta por quedar fuera del mercado.

Los hechos y las asignaciones

Hechos son todas las operaciones que se realizan en el piso de remates o en la mesa de capitales y son identificadas con un folio de operación. *Asignación* es la unión de las órdenes con los hechos. Como ya se ha mencionado, para la asignación se utiliza el criterio de Primeras Entradas, Primeras Salidas (PEPS).

Por ejemplo, supongamos que la casa de bolsa CB-X pone una orden de compra de 10,000 acciones de Pep a $16.50 con lo que gana el corro. Antes de que se ejecute esta orden, la casa de bolsa CB-Y pone otra orden de compra de 5,000 acciones de Pep al mismo precio (en el corro habrá 15,000 acciones de Pep a $16.50). Entonces, la casa de bolsa CB-Z le pega al corro vendiendo 12,000 acciones de Pep a $16.50. De acuerdo con el criterio de Primeras Entradas, Primeras Salidas, a la primera casa de bolsa que puso la orden de compra (CB-X), se le asignarán 10,000 de estas acciones vendidas por CB-Z, y a CB-Y sólo se le asignarán 2,000 acciones, por lo que habrá un saldo de 3,000 acciones de la CB-Y que no se operaron.

En la Bolsa Mexicana de Valores se cuenta con un sistema de recepción de hechos y asignación en línea. Esto quiere decir que la orden queda asignada y lista para su consulta en el mismo momento en que se registra el hecho en la bolsa. Esta asignación es confiable en un 99% pues surgen intercalaciones de operaciones y bajas de hechos debido a errores en registro por parte de la bolsa o del sistema de actualización de la pizarra y aunque la ejecución de las operaciones haya sido correcta, algunos hechos se omiten en el monitor y deberán aclararse.

Lotes, picos, paquetes y cruces

Hemos mencionado en varios ejemplos compras y ventas de 3,000, 5,000 o 10,000 acciones y no 23, 146 o 322 acciones. La razón es que en la operación de la bolsa se promueve que las posturas se hagan en grupos de múltiplos de mil acciones, lo que recibe el nombre de *lote*. Todas las órdenes que se mandan al corro tienen que hacerse en lotes.

Por el contrario, aquellas operaciones cuyo volumen no alcanza a formar un lote se les llama *pico*. Los picos solamente pueden ser operados en el sistema especial de picos y serán asignados al último precio del día. Por tanto, al final del día se reporta si se hicieron o no los picos. Incluso es común poner las órdenes de compra o de venta de picos por semana. De esta forma, si en el día en que se pone la orden no se ejecuta el hecho, al día siguiente quedará automáticamente puesta la orden, una vez más, al último precio del día, hasta que se ejecute.

Además de los lotes o los picos, pueden colocarse órdenes "por paquete". Recibe este nombre aquella operación en la cual la casa de bolsa realiza la compraventa de un número importante de acciones en el piso de remates, sin indicar en ese momento a qué cliente corresponde la orden. Posteriormente lleva a cabo la asignación entre los inversionistas al precio en que se ejecutó la operación. Para ser posible este tipo de operación, deberá superar un monto determinado (unos 50,000 dólares estadounidenses) y los hechos deberán ser repartidos a un mínimo de dos clientes por paquete.

Finalmente, hay ocasiones en que se realizan operaciones en las cuales el vendedor y el comprador son de la misma casa de bolsa. Estas operaciones reciben el nombre de *cruces*. Como es de esperarse, los cruces, al igual que los paquetes, deben satisfacer ciertos requisitos para ser válidos.

Entre los requisitos para que un cruce sea válido destaca que la operación se haga pública, indicando que se trata de un cruce al poner la postura. Otros operadores podrán entrar en el cruce; para ello, quien formula la postura de cruce deberá indicar la cantidad de valores que está dispuesto a compartir, comprando y vendiendo con los demás operadores, en el entendimiento de que no podrá ser inferior al 5% del volumen total de la postura. Si quien participa fuera del cruce quiere comprar, deberá pagar una puja arriba de la postura de cruce y si quiere vender, lo hará a un precio una puja por debajo de la postura de cruce.

El depositario físico de las acciones

Las casas de bolsa son las instituciones encargadas de realizar operaciones de compraventa de valores bajo la supervisión de autoridades competentes en la materia. Las autoridades vigilan que todas las transacciones se efectúen bajo los estatutos y leyes establecidas para garantizar que se dé un mercado de libre competencia y con igualdad de oportunidades para todos los participantes.

Las casas de bolsa no poseen físicamente las acciones que los clientes pueden comprar o vender en la bolsa, sino que las empresas emisoras, al ofertarlas por vez primera, las transfieren al depositario central de valores (en el caso de México, recibe el nombre de SD Indeval). Este depositario tiene cuentas contratadas con cada casa de bolsa llamadas cuentas de control. Cuando se "intercambian" acciones en el mercado, los títulos no cambian físicamente de manos. Ni siquiera se cambian de una casa de bolsa a otra. El depositario central, simplemente hace el traspaso virtual (electrónico) de los títulos negociados de la cuenta de una casa de bolsa a otra en su propio sistema de control.

Como ya mencionamos al principio, dos días hábiles después de haberse realizado la operación en el piso de remates, el depositario central de valores, mediante instrucción de la casa de bolsa vendedora, transfiere los valores accionarios de la cuenta de la casa de bolsa vendedora a la cuenta de la casa de bolsa compradora. A su vez, el importe correspondiente a la operación será transferido de la cuenta de la casa de bolsa compradora a la cuenta de la casa de bolsa vendedora. Cada casa de bolsa asignará los fondos generados por la venta, o los títulos adquiridos en la compra, al contrato del cliente correspondiente, por todo lo cual el cliente ha de cubrir una comisión previamente acordada.

Pago de dividendos y *split*

Cuando una empresa genera utilidades a través del tiempo, éstas se acumulan bajo el concepto de utilidad del ejercicio. Además, en épocas de alta inflación se presenta el efecto de *revaluación de activos*. Tanto la utilidad retenida como la revaluación de activos, además de otros mecanismos son incorporados al capital social de la empresa, lo que genera una redistribución del capital. Esto recibe el nombre de *capitalización de re-*

servas. En la práctica, esto equivale a aumentar el número de acciones en circulación, lo cual es necesario para respaldar el aumento en el capital social de la empresa. En otras palabras, capitalizar reservas equivale a otorgar un dividendo en acciones.

Cuando una emisora decreta pago de dividendos en efectivo, se determina con anticipación cuál es la fecha después de la cual cualquier operación de compraventa de un título no incluirá el dividendo decretado. A partir de esa fecha, hasta que el cobro del dividendo se realice (cosa que sucede en dos días), se dice que la acción está *excupón*. Esto significa que cualquier persona que compre dichas acciones, de esa fecha en adelante, no tiene derecho al cobro del dividendo de esas acciones. Por el contrario, cualquier persona que venda, de esa fecha en adelante, está vendiendo únicamente las acciones, sin incluir el derecho al dividendo; en este caso el derecho al cobro de dividendo, es del vendedor y ya no se puede ceder después de la fecha excupón.

Esto quiere decir que en el caso de dividendo en efectivo, el valor de mercado de la acción será el precio de cierre del día anterior menos el monto del dividendo por acción. Debe resultar evidente que cuando una empresa hace un pago de dividendos, los precios históricos de dicha acción deberán ajustarse partiendo de la fecha del pago hacia atrás (nota 2.7).

Frecuentemente, las empresas deciden reestructurar su capital contable para disminuir las reservas acumuladas traspasándolas al capital social de la empresa. A esta operación se le conoce como pago de dividendos en acciones. Para la empresa, el efecto neto de un dividendo en acciones es un aumento de las acciones circulantes.

NOTA 2.7 AJUSTE DEL GRÁFICO DE UN PAGO DE DIVIDENDO

Ejemplo, el pasado 6 de diciembre se publicó en el Boletín de la BMV que Kimberly-Clark de México otorgaba un dividendo en efectivo de $0.30 para sus series A y B, las cuales, a partir de ese día, se consideraban excupón. Los pagos de dividendo se harían efectivos dos días hábiles después. En nuestra base de datos deberemos restar a los precios anteriores al 6 de diciembre la cantidad proporcional que dicho monto representa con relación al precio de cierre del día anterior a la fecha excupón, en este caso del 3 de diciembre y que fue de $35.45 o sea 0.84%. De acuerdo con esto, en nuestra base de datos, el precio de cierre ajustado del 3 de diciembre será ahora de $ 35.15. Lógicamente, todos los valores de precios quedarán afectados en la misma proporción en forma retrospectiva a partir del 3 de diciembre y hasta el primer registro que se tenga en la base de datos, lo cual se hace con mucha facilidad y de manera automática en todos los programas de software utilizados para el análisis técnico. Cuando se hacen ajustes por pago de dividendos no es necesario realizar ninguna modificación a los volúmenes de operación diaria de la base de datos.

Por su parte, el *split* es un movimiento formal dentro del capital propio de una empresa, consistente en el aumento en el número de acciones en circulación en un momento dado, sin que dicho aumento corresponda a capitalización de reservas. Un *split* generalmente se realiza para bajar el precio unitario de las acciones de una empresa, y típicamente se lleva a cabo cuando dicho precio se percibe exagerado con relación al rango general que mantiene el mercado. Para hacer un *split*, simplemente se determina que el precio de una acción se modificará en una proporción definida, generalmente en números enteros, es decir, 2:1, 3:1, etcétera (nota 2.8).

NOTA 2.8   EL *SPLIT*: UN EJEMPLO

Si un accionista tuviera en su poder 10,000 acciones antes de un *split* con un valor de mercado de $200.00 (valor total 10,000 x $200.00 = $2,000,000.00), después de un *split* 5:1 tendría 50,000 acciones con un valor de mercado de $40.00 ($50,000 x $40.00 = $2,000,000.00). Con este ejemplo queremos poner en evidencia que cuando se hace un *split*, la base de datos debe actualizarse tanto en los precios de las acciones (que generalmente se dividirán entre una cifra igual a la proporción del *split*), como en los volúmenes de acciones, que se multiplicarán en la misma proporción. Ante un *split* inverso, la operación para hacer el ajuste será exactamente la inversa, esto es, el precio se multiplica y el volumen se divide por el factor del *split* inverso.

Existe una maniobra llamada *split inverso*, que consiste en la reducción del número de acciones en circulación de una emisora, sin variar su capital social. El resultado, lógicamente, será el aumento del valor nominal de la acción.

Largos y cortos

Hay dos términos que se utilizan frecuentemente en la operación bursátil. A la operación de comprar una acción con la intención de venderla más tarde cuando su precio aumente se le llama tomar una posición "en largo".

Por el contrario, se llama tomar una posición "en corto" o "vender en corto" a aquella operación bursátil en la que el inversionista pide prestada una acción a alguien (llamado *prestamista autorizado*) que no tiene pensado venderla en algún tiempo, para lo cual se le paga una cantidad razonable similar al interés de la renta fija, manteniendo el compromiso de devolverle títulos equivalentes, en igual cantidad, en una fecha establecida. Una vez concretado el préstamo, el inversionista vende esas acciones en el mercado con la idea de que más adelante bajará su precio, y que entonces podrá comprarlas a menor precio que el que cobró al venderlas "en corto". Una vez que ha comprado nuevamente las acciones, las regresa al prestamista quedando con una ganancia.

Obviamente, en el caso de haber hecho una compra en largo, el precio de la acción disminuye mientras que, al haber hecho una venta en corto, el precio aumenta; por lo que se tendrá una pérdida en vez de una ganancia.

Para hacer un *corto*, primero se requiere tener un contrato de intermediación con la casa de bolsa, al igual que para hacer un *largo*. En segundo lugar se requiere identificar un tenedor de los títulos que deseamos vender en corto que funja como prestamista autorizado. Posteriormente se debe proponer a dicho prestamista que nos permita disponer de sus títulos para hacer la venta en corto, para lo cual deberemos hacer un depósito de valores en garantía; y puesto que venderemos los títulos que nos presten y por ello obtendremos un capital, debemos convenir con el prestamista una tasa de interés que se cargará a dicho capital durante el tiempo que tardemos en regresarle los títulos prestados. Finalmente, para hacer la venta en corto es requisito que el precio de la emisión en cuestión tenga un aumento de al menos una puja con lo que se garantiza que no deberá hacerse una venta en corto cuando los precios están bajando en forma continua (nota 2.9).

NOTA 2.9 REFERENCIAS SOBRE NORMAS Y OPERACIÓN BURSÁTIL

El material de este capítulo podrá complementarse consultando el Reglamento Interior de la Bolsa Mexicana de Valores, La Ley del Mercado de Valores, el Código de Etica Profesional de la Comunidad Bursátil Mexicana y la página Web de la Bolsa Mexicana de Valores en el sitio http://www.bmv.com.mx.

CAPÍTULO 3

EL GRÁFICO DE PRECIOS

El primer instrumento del análisis técnico que debemos conocer es el gráfico, que es la representación pictórica de la historia de negociación de una acción o un índice bursátil.

Forma básica

En su forma básica, el gráfico del analista técnico es una sucesión de pequeñas líneas verticales, cada una de las cuales representa el precio en que se cotiza una acción en un periodo determinado, por lo regular un día de operaciones. El extremo superior de la línea marca el precio máximo al que se negoció esa emisión (acción) durante el periodo; el extremo inferior marca el precio mínimo al que se negoció la acción en el mismo periodo, como se muestra en la figura 3.1.

Cada línea vertical presenta una pequeña línea horizontal que parte hacia la derecha en algún punto de la vertical, como se muestra en la figura ya mencionada. Esta línea horizontal representa el precio de cierre o último precio al que se negoció la acción en el periodo correspondiente. Además, la línea de precios de un día puede tener en su borde izquierdo una pequeña línea horizontal (como la línea de cierre pero en este caso a la izquierda) que representa el primer precio o precio de apertura al que se negoció la acción en el periodo correspondiente (nota 3.1).

NOTA 3.1   PRECIO DE APERTURA Y PRECIO DE CIERRE

El precio de apertura o primer precio del periodo se utiliza de manera indispensable en el análisis de Velas Japonesas. (Véase la obra de S. Nison citada). Fuera de esto, el máximo, el mínimo y el cierre deben ser suficientes para el análisis técnico tradicional. Por su parte, el precio de cierre y el precio del último hecho o última operación no son necesariamente el mismo. En el momento actual y desde el pasado mes de enero de 1999, el precio de cierre que se reporta en las operaciones de la Bolsa Mexicana de Valores es el precio promedio de las operaciones realizadas durante los últimos 10 minutos antes del cierre de operaciones. Esta disposición se adoptó con objeto de hacer menos probable la manipulación de precios mediante una o dos últimas operaciones en precios fuera del valor real del mercado. En el caso en que no se opere una acción en los últimos diez minutos de operación del día, el último hecho (última negociación) será tomado como precio de cierre.

GENERSA. GRÁFICO DE BARRAS Y VOLUMEN

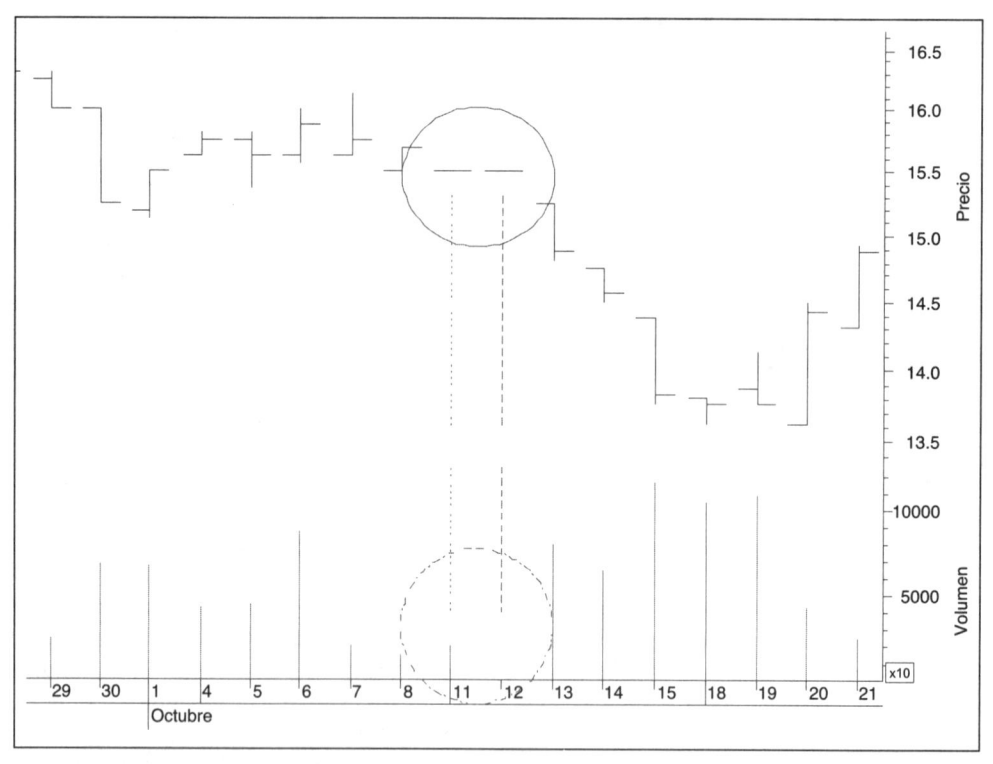

Figura 3.1 Gráfico de Barras de GenerSA. Muestran el precio máximo, mínimo, apertura y cierre. El máximo está representado por el punto más alto de la barra vertical y el mínimo por el punto más bajo. El precio de apertura se representa por la pequeña línea horizontal unida a la izquierda de la vertical, y el precio de cierre por la pequeña línea horizontal a la derecha de la vertical. Las líneas verticales localizadas en la parte inferior del gráfico representan el volumen (número de títulos operados). Los círculos muestran dos días en que no se ha graficado una barra vertical sino sólo una horizontal. El caso de la izquierda corresponde a un día en que la acción operó pero a un solo precio, como lo muestra la barra de volumen abajo. El segundo día la acción no operó puesto que no hay línea de volumen; en este caso, la línea horizontal se coloca a nivel del último precio al que cotizó la acción.

Capítulo 3   El gráfico de precios   **27**

COLGATE. DIFERENTES MOVIMIENTOS POSIBLES

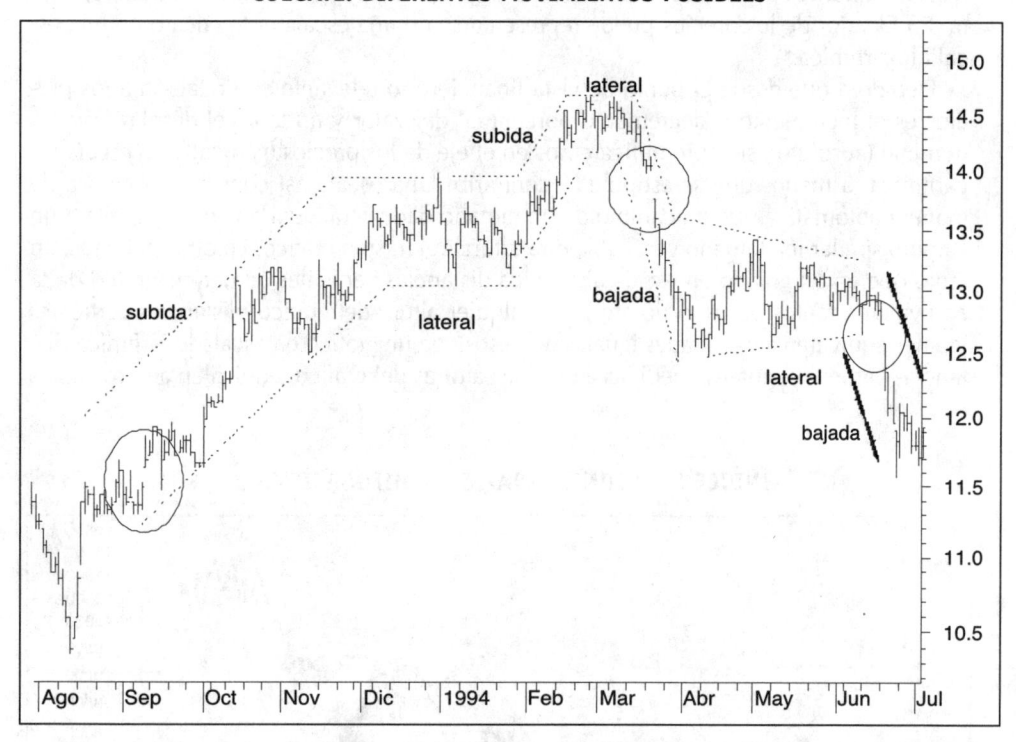

Figura 3.2   Secuencia de precios de Colgate que muestra varios movimientos laterales, dos subidas y dos bajadas. Los círculos señalan tres espacios de precios "saltados" ya que entre el día anterior y el día en cuestión el mercado dejó una "brecha" en los precios. El Capítulo 11 se dedica al estudio de las brechas. Este gráfico es semilogarítmico, en el eje horizontal (aritmético) se representa el paso del tiempo, y en el eje vertical (logarítmico) se representa el precio.

Así, el gráfico habitual representa mediante líneas verticales sucesivas, el precio de apertura, el precio máximo, el mínimo y el último precio o precio de cierre de cada día. La secuencia de precios de un día tras otro de operación bursátil da como resultado la representación de los movimientos de precios (tendencias) y el estudio de estos movimientos constituye precisamente el material para el análisis técnico, figura 3.2.

El modelo que acabamos de describir es el básico y el más común, pero hay una gran variedad de formas de gráficos, muchas de ellas importantes para nuestro propósito, por lo que las iremos viendo paulatinamente.

Las escalas

Como representación gráfica de valores numéricos que se suceden a lo largo del tiempo, nuestros gráficos están construidos con dos ejes. En el eje vertical (ordenadas) están representados los precios de las acciones y en el eje horizontal (abscisas) el tiempo, figura 3.3 El valor de los precios puede representarse en una escala aritmética o en una escala logarítmica.

Debido a que desde el punto de vista financiero lo relevante con relación a los precios es el incremento o decremento porcentual del valor y no tanto el desplazamiento nominal (absoluto), siempre utilizaremos en el eje de los precios (vertical) una escala logarítmica, a menos que se estipule lo contrario. Una escala así construida muestra de manera automática que un cambio de un tamaño dado será igual porcentualmente a un cambio similar (en tamaño vertical) a otra altura del mismo gráfico. En otras palabras, en tanto que en un gráfico en escala aritmética distancias verticales de una magnitud dada equivalen a tantos pesos (o dólares), a cualquier altura del gráfico (distancias verticales iguales equivalen a cantidades iguales de pesos), en un gráfico en escala logarítmica distancias verticales iguales, medidas a distintas alturas del gráfico, equivalen a porcentajes

ÍNDICE DOW JONES. GRÁFICO SEMILOGARÍTMICO

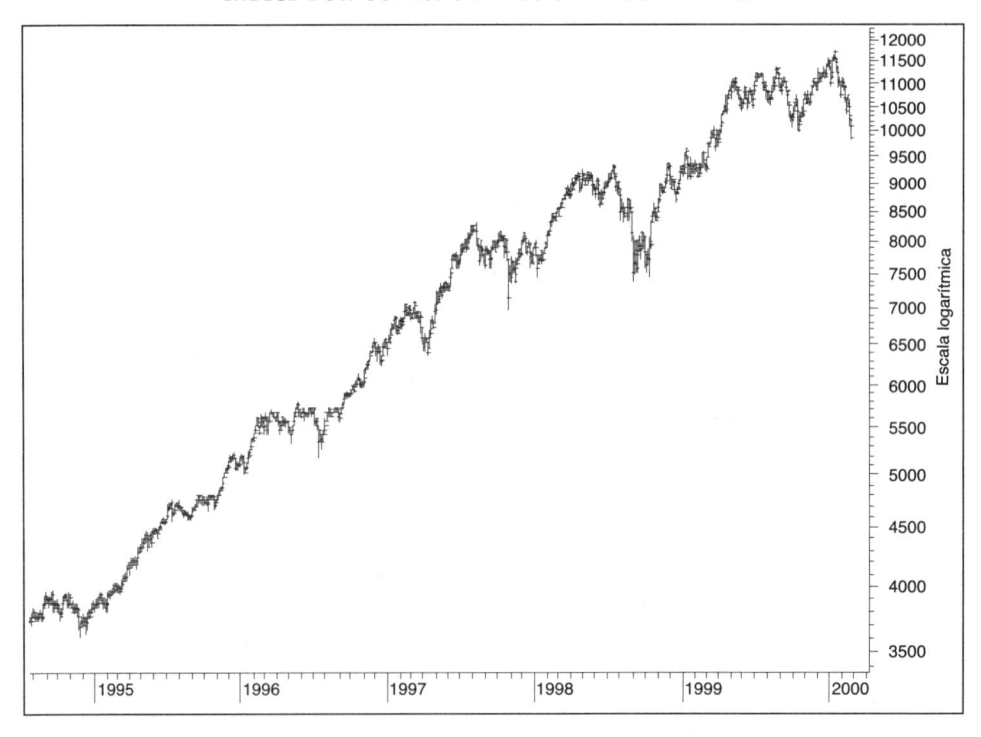

Figura 3.3 Gráfico del Índice Dow Jones que muestra un largo movimiento ascendente que comienza en 1995 con varias correcciones o retrocesos, la mayor en la segunda mitad de 1998. Este gráfico es semilogarítmico, en el eje horizontal (aritmético) se representa el paso del tiempo, y en el eje vertical (logarítmico), se representa el valor nominal del índice.

iguales pero a valores nominales (pesos o dólares) distintos; (distancias verticales iguales equivalen a cambios porcentuales iguales), *(nota 3.2).*

NOTA 3.2 ¿ESCALA ARITMÉTICA O ESCALA LOGARÍTMICA?

Por ejemplo, en escala aritmética, la distancia entre $10 y $20 en el eje vertical es igual a la distancia entre $20 y $30. En una escala logarítmica la diferencia entre $10 y $20 equivale a un incremento de 100%, igual que la distancia entre $20 y $40 o entre $40 y $80.

De esta manera, el gráfico habitual que manejaremos en esta obra y que es el gráfico que utilizamos todos los días en nuestro trabajo de análisis, es un gráfico semilogarítmico. En el eje horizontal se representa el tiempo en escala aritmética y en el eje vertical se representa el precio en escala logarítmica.

Los periodos

Hemos mencionado que la forma básica de gráfico representa en cada punto del eje horizontal un día. No obstante, el periodo elegido puede ser mayor o menor. Esto significa que cada unidad en el eje horizontal del gráfico (cada línea vertical que representa los precios) puede representar un periodo de un día, una semana, un mes, un año; o bien, una hora, media hora, un cuarto de hora, etcétera. En cada caso, el extremo superior de cada línea vertical representará el precio máximo al que se negoció la acción durante el periodo correspondiente y el extremo inferior representará el mínimo; la pequeña línea a la izquierda el primer precio negociado (de apertura) y la pequeña línea a la derecha el último precio negociado (o el precio de cierre).

El volumen

Una tercera dimensión, muy importante como se verá más adelante, es el volumen de acciones negociado (número de acciones que cambiaron de manos) en el periodo correspondiente. Por ello, el gráfico técnico completo generalmente incluye también la representación del volumen mediante una línea vertical que partiendo del límite inferior del gráfico representa, mediante su altura, el volumen de acciones negociado durante el periodo, figura 3.3. Así, la escala del eje vertical representará en su porción inferior el volumen de acciones operado (en escala aritmética) y en su parte media y superior los precios a los que se operó la acción (en escala logarítmica), todo ello relacionado con un periodo determinado.

En el caso en que durante un periodo dado una acción opere a un único precio, el nivel de operación estará marcado solamente por la pequeña línea horizontal (que equivale tanto al precio de apertura como al de cierre); por tanto, no tendrá un componente vertical. Una situación similar se presenta el día (o periodo) en que no opere una emisora, sólo que ahora el nivel de la pequeña línea horizontal representará el último precio al que operó anteriormente. En este caso, la diferencia con la situación previa en la que sí se opera pero a un solo precio, consistirá en la línea que representa el volumen, ya que cuando no opera una acción, dicha línea no existe, véase figura 3.1.

El gráfico lineal

El segundo tipo de gráfico —también muy común— es el gráfico lineal, que considera únicamente los precios de cierre de cada periodo. Este gráfico está trazado mediante una línea continua que une los precios de cierre sucesivos. Como se verá en el próximo capítulo, la Teoría Dow sólo toma en cuenta los precios de cierre, por lo que este tipo de gráfico es adecuado para el estudio de la Teoría Dow. En los capítulos 5, "Líneas de tendencia", y 6, "Soporte y resistencia", nuevamente mencionaremos aquellas ocasiones en que es conveniente tomar en cuenta el gráfico lineal o de cierres, figura 3.4, (nota 3.3).

DESC B. GRÁFICO LINEAL

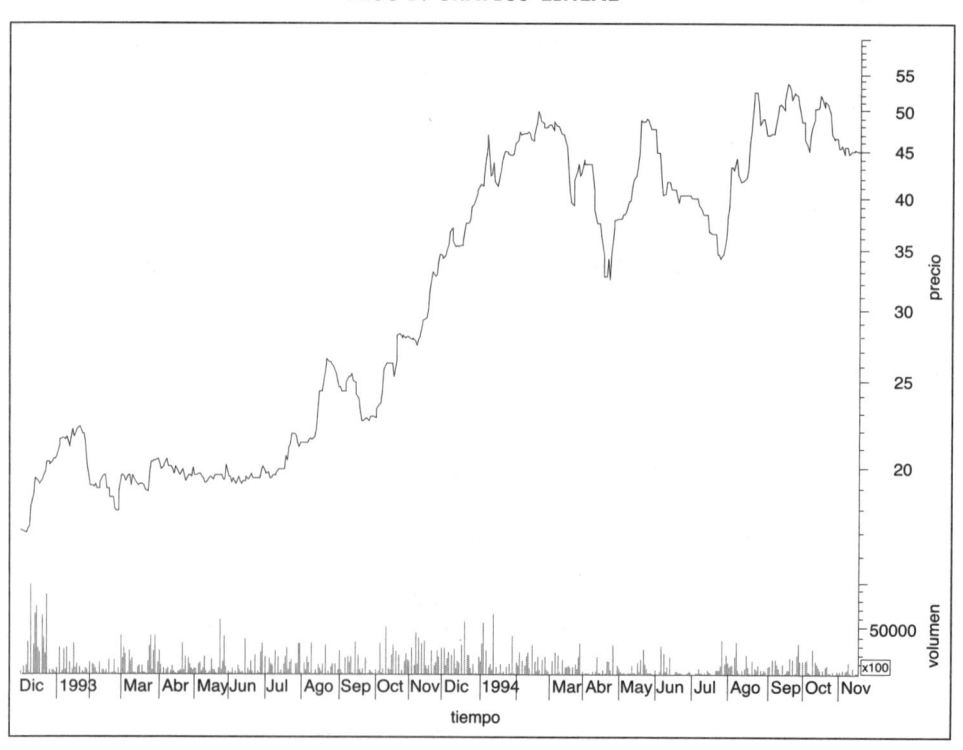

Figura 3.4 Gráfico lineal de Desc B. La línea que representa el precio resulta de la unión de los precios de cierre sucesivos y se ha trazado en escala semilogarítmica. En la parte inferior de la figura se representan los volúmenes de acciones operados en escala aritmética.

> **NOTA 3.3   ¿QUÉ ES UNA *BRECHA*?**
>
> En el capítulo 11 se trata una figura técnica llamada *brecha*. Esta figura consiste en un espacio en el gráfico que queda vacío porque en ese rango de precios no se hizo ninguna operación, entendiendo que la acción se operó por abajo y por arriba de ese nivel, pero que se dejó una zona "en blanco" en la cual no se hizo ningún intercambio de acciones. Resultará claro que al utilizar un gráfico lineal (en el cual se unen los precios de cierre mediante una línea continua), no quedan espacios en blanco visibles ya que aunque no se haya operado en una zona de precios, la línea no se interrumpirá. Por tanto, debe tenerse en mente que el gráfico lineal no permite identificar las *brechas*.

Elaboración del gráfico

Hasta hace unos 18 o 20 años, los analistas técnicos pasaban una buena parte de su tiempo registrando manualmente (dibujando con lápiz y papel) los valores de las acciones en papel milimétrico o en el mejor de los casos en papel semilogarítmico. Hoy en día se utilizan programas de computación comerciales (Metastock®, Neuralstock®, etcétera) para hacer rápidamente estos registros y muchas otras funciones matemáticas. En estos programas deberá hacerse la captura diaria de los valores de precios, volúmenes y unidades de los índices bursátiles para poder hacer el análisis actualizado.

Después de hacer la captura de los precios y volúmenes, el analista tendrá que definir si la gráfica deberá presentarse en escala logarítmica o aritmética, o si deberá hacer una gráfica diaria, semanal, mensual, etcétera; si quiere que en el gráfico se muestren todos los datos históricos de que se dispone o únicamente un acercamiento a los datos más recientes, o si requiere la representación de barras, de línea de cierre o aun de otras variantes más especializadas de gráficos. Finalmente, estos programas le permitirán mostrar una serie muy amplia de indicadores y sistemas automatizados de operación, algunos de los cuales trataremos en los capítulos 12 al 15.

Actualización de la base de datos

En cuanto a las fuentes de información de los precios y volúmenes de las acciones operadas, existen principalmente dos: sistemas que transmiten "en línea" las operaciones desde el piso de remates de la bolsa, vía módem, y publicaciones diarias en que se anotan las operaciones del piso de remates o los precios (máximo, mínimo y último) y volúmenes operados de cada emisora.

Las operaciones que se realizan en el piso de remates pueden consultarse en el momento en que se está operando, mediante la contratación de servicios especializados que por vía telefónica se transmiten a la computadora del usuario (Infosel®, Finsat®, Yahoo quote®, etcétera). La publicación diaria de las operaciones de la Bolsa puede consultarse en los diarios comerciales especializados (*El Financiero*, *El Economista*), o por la publicación de la propia Bolsa Mexicana de Valores (*Boletín Bursátil*). A partir de estas fuentes, se capturan diariamente los valores correspondientes (precio máximo, mínimo y último y volumen negociado) en el *software* apropiado. Como dijimos, en ocasiones se capturarán también los precios de apertura.

Para tener un gráfico semanal, el software automáticamente elaborará el gráfico del precio máximo, mínimo y último de cada semana registrada en la base de datos y hará la suma del volumen de cada día de la semana en cuestión para presentarlo en el monitor.

En el curso de esta obra comentaremos situaciones en las que conviene utilizar alguna de estas manipulaciones en lugar del gráfico normal. Baste mencionar por ahora que cuando se analizan periodos muy cortos (hasta pocas semanas), la diferencia entre un gráfico aritmético y uno semilogarítmico son prácticamente despreciables, en tanto que en vistas panorámicas (varios años) las diferencias entre los dos tipos de escalas suelen ser muy importantes.

Base de datos original

Desde luego que cuando uno comienza a hacer análisis técnico por vez primera, a través de las fuentes mencionadas sólo se podrá contar con los valores del día anterior y del día correspondiente. Siempre se podrá conseguir el reporte retroactivo de los diarios consultando hemerotecas, pero resulta realmente poco práctico capturar manualmente cada día de varios años de evolución en el precio de una acción o en el valor de un índice. No obstante, existen bases de datos comercialmente disponibles del registro de precios y volúmenes históricos.

De esta manera, pueden tenerse amplias bases de datos y consultarse en diferente perspectiva según el propósito o el tipo de análisis y negociación que se desee realizar. Recomendamos, en lo posible, obtener datos históricos cuando menos desde la caída de las bolsas de octubre de 1987 a la fecha, o a partir de la emisión original de las acciones que interesen en la Bolsa.

Variantes experimentales

Hay ocasiones en que hemos decidido hacer registros gráficos especiales con fines de investigación. Tal es el caso del registro de operaciones cada vez que cambie el precio de la acción, esto es, se anota el precio cada vez que se opere una acción durante el día con cambio de precio, figuras 3.5a y 3.5b. También hemos hecho registros cada 15 minutos, figuras 3.6a y 3.6b, o aun cada minuto. No obstante, creemos que a menos que se pretenda hacer *trading* (comprar y vender una acción el mismo día en busca de ganancias limitadas pero rápidas), el registro diario (precio máximo, mínimo y último, así como volumen de acciones negociado) será suficiente para hacer análisis técnico de calidad.

Deflación del gráfico

Un último punto a considerar en relación con la forma de elaboración de gráficos es el de la deflación, esto es, modificar el valor nominal de una acción o un índice para eliminar el efecto de la *inflación* o de la cambiante paridad de la moneda en que se cotizan las acciones que se analizan en relación con una moneda de referencia como es el

BANACCI O. REGISTRO DE CADA CAMBIO DE PRECIO

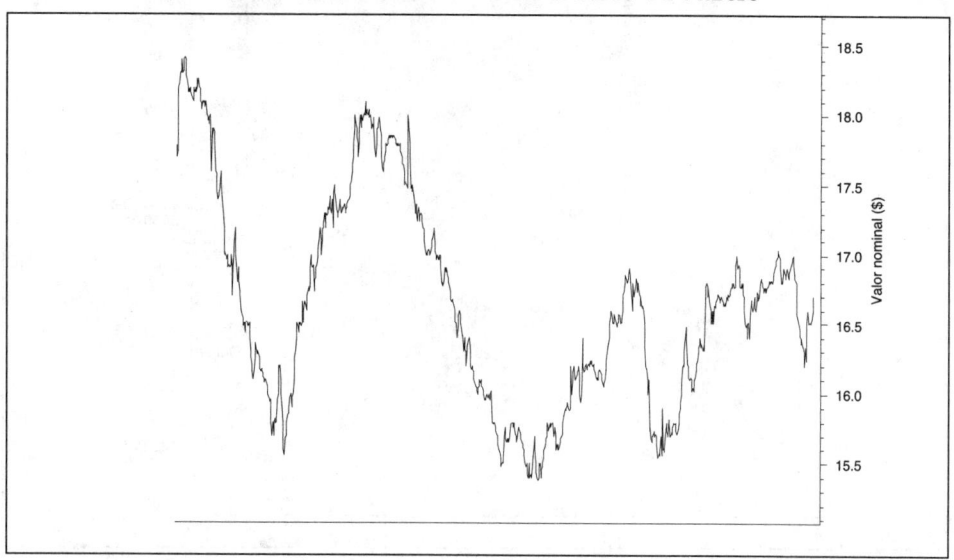

Figura 3.5a Gráfico lineal de Banacci O anotando el precio cada vez que opera con cambio (en este caso se ignora el concepto de periodos). Esta forma de graficar es la más sensible para registrar gráficamente los movimientos más sutiles de los precios. El precio es en valor nominal y la escala vertical es aritmética. Las unidades en la escala horizontal corresponden a cada vez que la acción opera con cambio de precio; no representan directamente el paso del tiempo.

BANACCI O. REGISTRO DIARIO EN GRÁFICO DE BARRAS

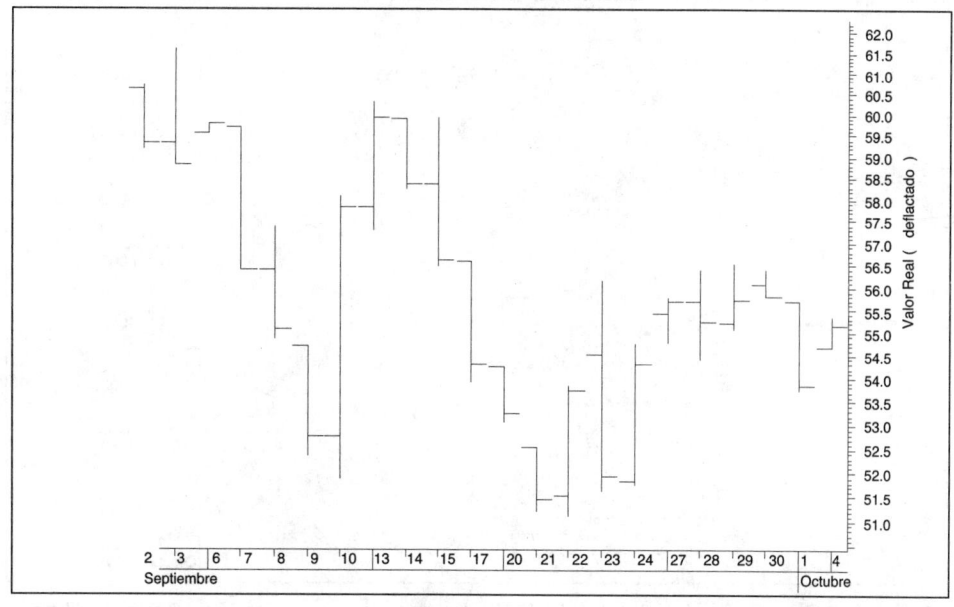

Figura 3.5b Mismo registro anterior de Banacci O en gráfico de barras diario. Nótese que se ha perdido todo el detalle de los movimientos de los precios. En este gráfico el registro de precios es en valores reales y cada periodo (cada barra vertical) equivale a un día (escala vertical aritmética).

IPC DE LA BMV. REGISTRO CADA 15 MINUTOS

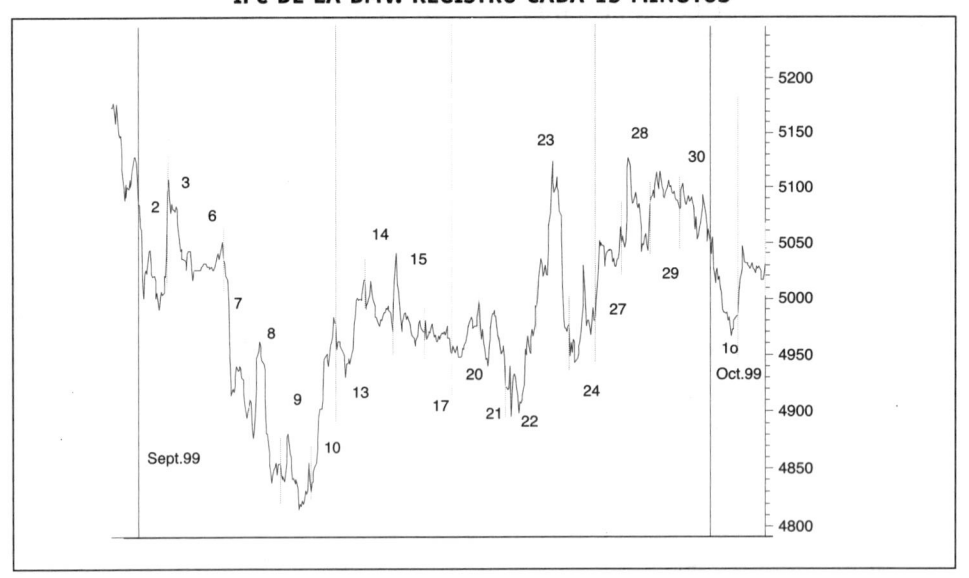

Figura 3.6a Gráfico lineal del IPC (valor nominal y escala vertical aritmética), con registro cada 15 minutos. El trazo corresponde al mes de septiembre de 1999. Las líneas verticales grises cortas representan los cambios de día; las líneas verticales largas grises representan los cambios de semana y las líneas verticales negras los cambios de mes. Los números que acompañan al trazo corresponden al día calendario del mes en cuestión.

IPC DE LA BMV. REGISTRO DIARIO EN GRÁFICO DE BARRAS

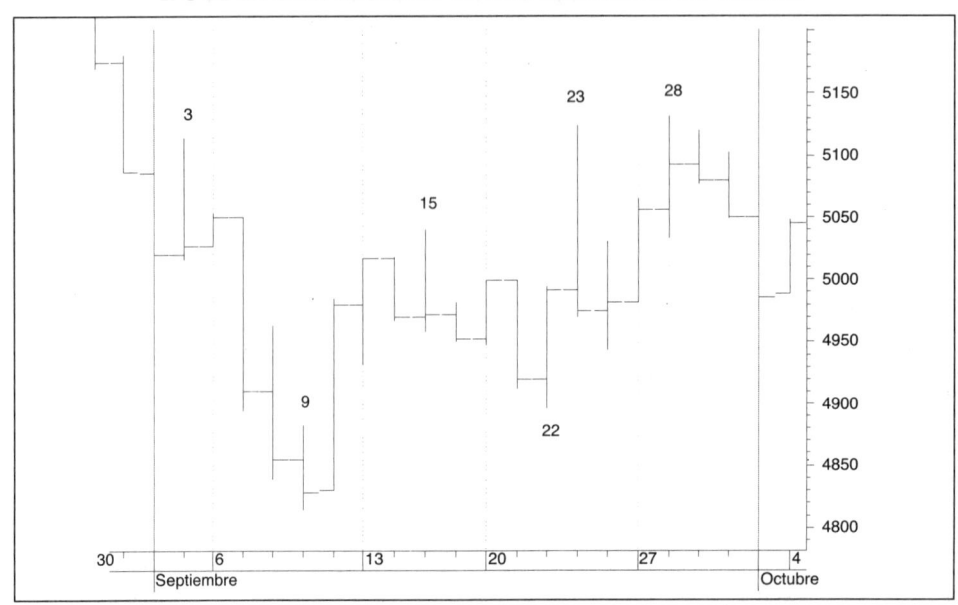

Figura 3.6b Gráfico lineal diario del IPC (valor nominal y escala vertical aritmética). El trazo corresponde al mismo periodo del gráfico 3.5a (septiembre de 1999). Los números que acompañan al trazo corresponden al día calendario del mes en cuestión igual que en la figura 3.6a.

dólar estadounidense. El asunto parte de la diferencia en niveles de inflación que existen entre los distintos países y en diferentes momentos (en México, durante la década de los 80, la inflación promedio fue de 50%, y en los 90 fue de 20%). Las naciones "emergentes" como la nuestra suelen tener fenómenos inflacionarios cambiantes y gran volatilidad financiera; por tanto, la correcta interpretación del precio de una acción o del nivel de un índice bursátil obliga cuando menos a considerar la necesidad de modificar los valores nominales buscando ajustarlos a un valor fijo "real" como sería, por ejemplo, el poder adquisitivo de la propia moneda (lo que se consigue relacionando el valor nominal con el índice de precios al consumidor) o una divisa de referencia (relacionando el valor nominal de las acciones en moneda local con el patrón de cambio de dicha moneda contra el dólar estadounidense).

Es común que se haga el análisis de mercados latinoamericanos con gráficas expresadas en dólares, particularmente porque muchas empresas tienen acciones en las bolsas de Estados Unidos (NYSE, Nasdaq, etcétera.) en donde se manejan lógicamente en dólares. Para hacer esta conversión, simplemente hay que dividir los datos nominales de cada día (por ejemplo, el precio en pesos) entre el valor del dólar en moneda local del día en cuestión. Ciertamente, es una forma adecuada de hacer comparaciones, pero en este caso quedarán incluidas en la conversión las aberraciones introducidas por peculiaridades cambiarias, ajustes bruscos en las paridades, devaluaciones marcadas y sobrevaluaciones o subvaluaciones de una moneda frente al dólar.

Para hacer el análisis, utilizamos la *deflación* basada en el Índice Nacional de Precios al Consumidor (INPC), que se reporta mensualmente (el 10º día de cada mes se reporta el INPC del mes anterior). Para evitar distorsiones por ajustes bruscos, nos vemos en la necesidad de estimar los datos en dos ocasiones al mes. Durante los primeros diez días de cada mes utilizamos el INPC estimado para el mes en curso, menos el INPC estimado del mes anterior (el que estaremos utilizando al final del mes anterior, previo a la publicación el INPC oficial para ese mes); esta diferencia se divide entre el número de días del mes, y cada día se aumenta la fracción correspondiente al INPC estimado del último día del mes anterior, el cual se ha ido corriendo desde el año de 1994. A partir del día 11 del mes en curso, se utiliza el Índice Nacional de Precios al Consumidor oficial del mes anterior agregándole la inflación estimada del mes en curso. A este nuevo INPC, se le resta el INPC que se tenía estimado hasta el día 10 del mes en curso. La diferencia se divide entre el número de días que le restan al mes, y cada día se aumenta la fracción correspondiente empezando por el INPC del día 10 del mes en curso. El procedimiento preciso paso a paso es descrito en el Apéndice A, "Instrucciones para calcular el factor de deflación".

Es evidente que nunca utilizaremos un dato oficial actual publicado, sino que para el cálculo del Factor de Deflación se utilizarán siempre estimados de inflación y estimados de Índice Nacional del Precio al Consumidor; no obstante, una de cada dos veces que se hacen los cálculos, se utiliza el INPC oficial del mes que terminó diez días antes, de tal forma que cualquier error de estimación tendrá vigencia por sólo unos 10 a 20 días y no será acumulativo ya que, como dijimos, cada mes se ajusta al valor oficial.

Las figuras 3.7, 3.8, 3.9 y 3.10 representan el gráfico de barras de los últimos 12 años del Índice de Precios y Cotizaciones de la Bolsa Mexicana de Valores.

IPC DE LA BMV. VALOR NOMINAL, ESCALA ARITMÉTICA

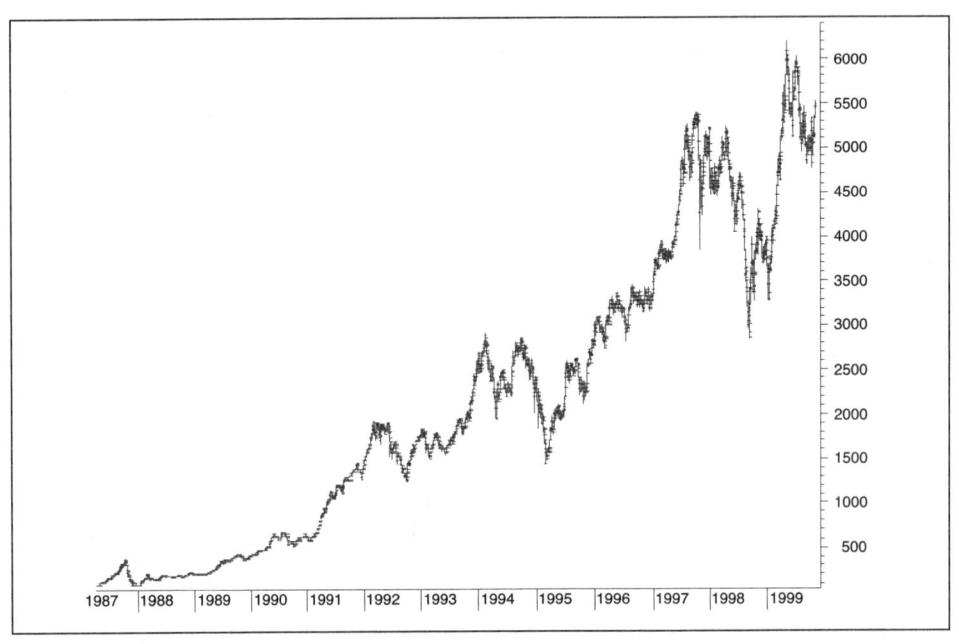

Figura 3.7 Gráfico de barras del IPC de la BMV en valores nominales (sin modificar) y en escala vertical aritmética.

IPC DE LA BMV. VALOR NOMINAL, ESCALA SEMILOGARÍTMICA

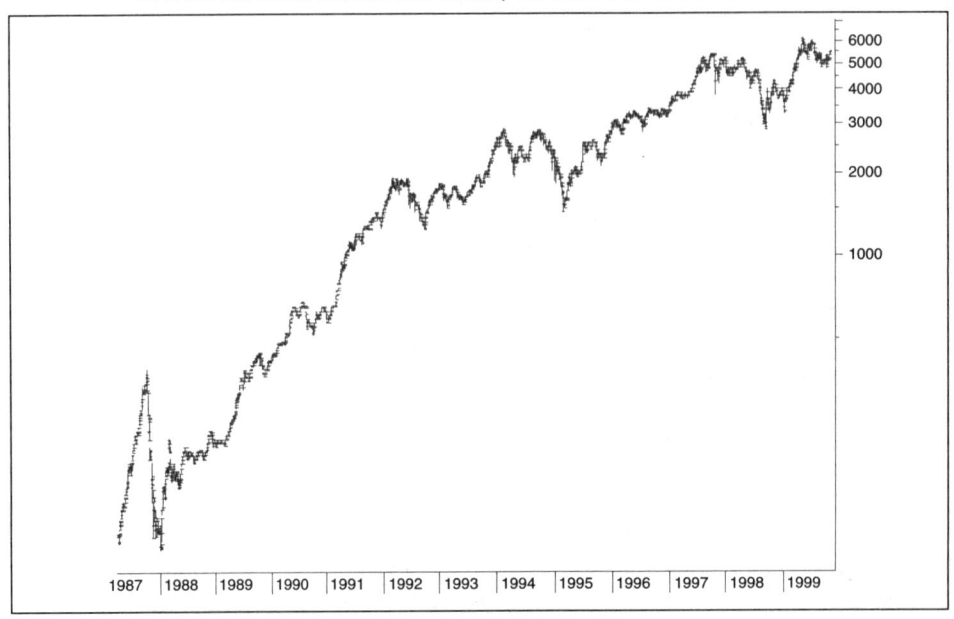

Figura 3.8 Gráfico de barras del IPC en valores nominales, pero la escala de las ordenadas (valor del índice) es logarítmica.

IPC DE LA BMV. VALOR EN DÓLARES, ESCALA SEMILOGARÍTMICA

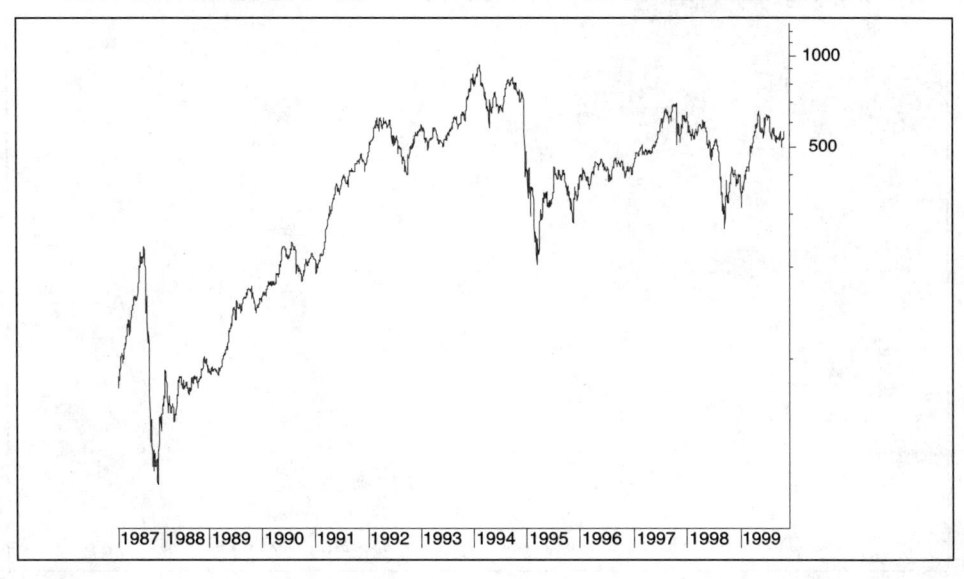

Figura 3.9 Gráfico de barras del IPC. IPC ajustado a la tasa cambiaria peso-dólar, escala semi-logarítmica.

IPC DE LA BMV. VALOR REAL (DEFLACTADO), ESCALA SEMILOGARÍTMICA

Figura 3.10 Gráfico de barras del IPC. Deflación del IPC de acuerdo al Índice de Precios al Consumidor con base 1994, escala semilogarítmica.

TASA PESO-DÓLAR. ESCALA SEMILOGARÍTMICA

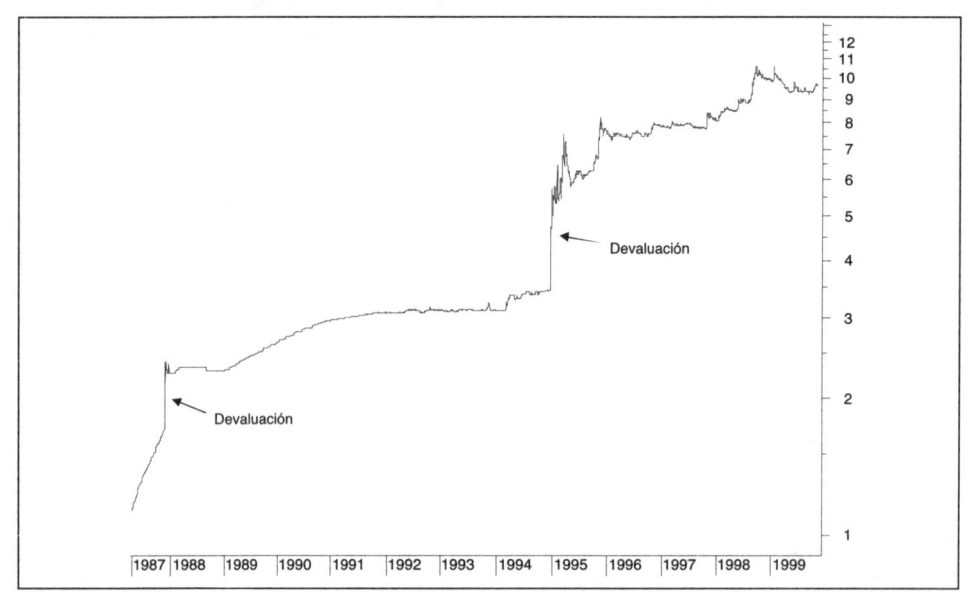

Figura 3.11 Gráfico de la tasa cambiaria peso-dólar expresada en valor nominal y en escala semilogarítmica. Se han señalado las importantes devaluaciones que ocurrieron en noviembre de 1987 y en diciembre de 1994.

INDICE NACIONAL DE PRECIOS AL CONSUMIDOR (INPC). ESCALA SEMILOGARÍTMICA

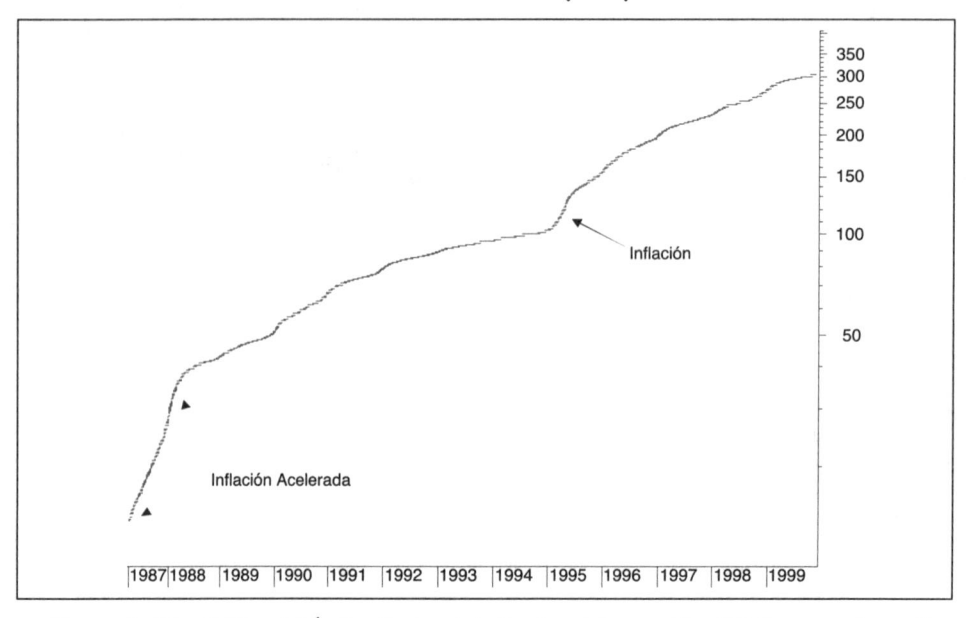

Figura 3.12 Gráfico del Índice Nacional de Precios al Consumidor (INPC) en escala semilogarítmica. Se señalan dos periodos de Inflación, uno Acelerado y muy prolongado entre 1987 y 1988 y otro más breve en 1995.

En la figura 3.7 se presenta en términos nominales (no modificados) y en escala aritmética. En la figura 3.8 en términos nominales pero en escala de las ordenadas (valor del índice) semilogarítmica. En la figura 3.9 se presenta el IPC ajustado a la tasa cambiaria peso-dólar y también en escala semilogarítmica. Asimismo, la figura 3.10 presenta la deflación del IPC de acuerdo al Índice de Precios al Consumidor con base 1994, (valor real) también en escala de ordenadas semilogarítmica.

Por último, en la figura 3.11 se representa la paridad peso-dólar durante el mismo periodo (en escala semilogarítmica) y en la Figura 3.12 el propio Índice Nacional de Precios al Consumidor, también en escala de ordenadas semilogarítmica.

Reflexión final

En la figura 3.11 se representa la tasa cambiaria peso-dólar y en la figura 3.12 el Índice Nacional de Precios al Consumidor. De estas gráficas es evidente que si queremos lograr una representación real de los precios de las acciones y de los índices del mercado accionario, pretender hacerlo en forma nominal produce una distorsión derivada de la ignorancia que se da al factor inflacionario. Si buscamos superar esta distorsión relacionando el índice (o el precio de una acción) con la tasa cambiaria, si bien lograremos en cierta forma hacer comparativo el precio de una emisora contra la moneda fuerte (el dólar estadounidense en este caso), al mismo tiempo estaremos introduciendo una distorsión tal vez mayor al someter el precio de la acción o el nivel del índice a los caprichos de la paridad monetaria.

Por último, si comparamos la caída del IPC del mes de octubre de 1987 con la de diciembre y enero de 1995 en las figuras 3.7 (nominal, escala aritmética) y 3.10 (real, escala semilogarítmica), resulta evidente la gran diferencia que representan estas formas de graficar. No sólo las dos grandes caídas son representadas en forma enteramente distinta sino que todos los fenómenos adquieren un carácter completamente distinto según se utilice una u otra forma.

Estamos convencidos de que la representación gráfica que se logra mediante la deflación y con escala semilogarítmica en el eje de las ordenadas es un modelo más apegado a la realidad y por ello utilizamos siempre esta forma de gráfico.

PARTE 2

TEORÍA DEL ANÁLISIS TÉCNICO

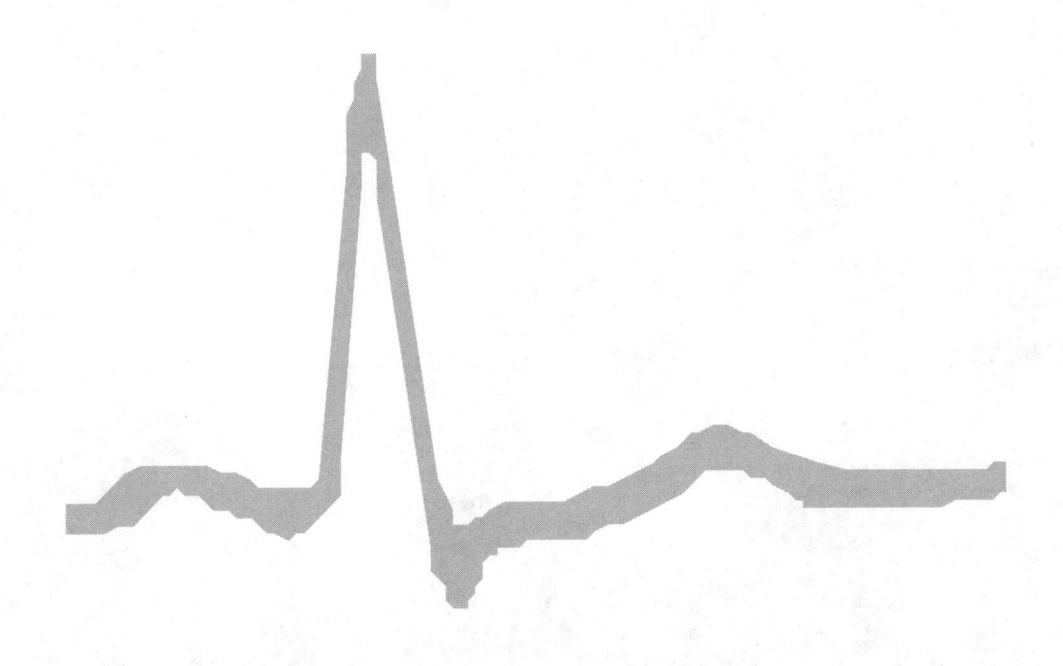

CAPÍTULO 4

TEORÍA DOW

Estos fenómenos del mercado de subidas, bajadas o periodos de "negociación" que hemos analizado en el capítulo 1 han sido estudiados desde hace varios siglos. Pero comenzaron a adquirir un cuerpo teórico en 1884, cuando Charles Dow publicó los fundamentos del análisis técnico e ideó los promedios o índices para la Bolsa de Valores de Nueva York (New York Stock Exchange). Después, en 1920, Richard Schabacker mostró cómo las señales de los índices podían aplicarse a las emisoras en particular.

En 1948 John Magee aclaró y ordenó los conceptos de Dow y de Shabacker al publicar la obra clásica *Technical Analysis of Stock Trends*. En esa obra, Magee estableció tres principios generales: 1) los precios de las acciones se mueven siguiendo tendencias; 2) el volumen acompaña a la tendencia, y 3) una vez establecida una tendencia, ésta tiende a continuar. Para comenzar a hacer análisis técnico, todo lo que se requiere es entender, aprender y manejar estos tres puntos. Una vez logrado esto, se tendrán sólidas bases para alcanzar los niveles de fineza y sofisticación que se desee.

De acuerdo con esto, la teoría Dow es el antepasado común de todas las teorías y sistemas relacionados con el análisis técnico, y creemos que por ahí debemos comenzar. Esta teoría expresa seis principios (tabla 4.1) mediante los cuales se interpreta la tendencia general del mercado a partir del estudio de los promedios o índices que, como ya indicamos, se calculan tomando una muestra representativa y ponderada de las principales acciones que operan en cada mercado bursátil.

Tabla 4.1 Principios de la Teoría Dow
1. Los promedios descuentan todo.
2. Los dos promedios deben confirmar.
3. El volumen sigue a la tendencia.
4. Las líneas pueden sustituir a los movimientos secundarios.
5. Sólo se usan precios de cierre.
6. Se debe asumir que una tendencia continúa hasta que hay señales definitivas de que ha terminado.

Los índices bursátiles

Cuando la teoría se propuso por primera vez, en la Bolsa de Nueva York existían dos índices Dow. Uno para 20 compañías ferroviarias y el otro para 30 industrias que no incluían a las ferroviarias. Posteriormente se diseñó un nuevo índice al que se agregaron 15 compañías de utilidad pública, y el Índice Ferroviario se cambió por 20 acciones de empresas transportadoras.

Actualmente hay un índice que une las 3 ramas mencionadas que es el Índice Dow-Jones Compuesto (formado por 65 acciones de los sectores industrial, de transportes y de servicios). Además del Índice Dow-Jones Compuesto existe el Índice Dow-Jones Industrial, que sólo incluye 30 acciones del sector industrial, el Nasdaq (formado por más de 2,500 empresas, principalmente del sector tecnología), el Standard & Poors 500, y el Standard & Poors 100 (formados por las acciones de las 500 o las 100 empresas más grandes de Norteamérica respectivamente), por mencionar los más importantes.

En Latinoamérica hay diversos índices, como el Índice de Precios y Cotizaciones (IPC) en México (nota 4.1), el Bovespa en Brasil, el Merval en Argentina, el IGPA en Chile y el Índice General en Perú, entre otros. Consideramos que, si bien la teoría Dow se formuló a partir de los índices industrial y de transporte, por lo cual es en el mercado de Estados Unidos donde la teoría es particularmente consistente, sus postulados son de aplicación universal a todos los mercados, siempre que existan condiciones de libre mercado, que el número de participantes sea suficientemente grande y que ninguno de los participantes sea tan grande que sus decisiones y operaciones individuales puedan ocasionar efectos notorios y persistentes, como ya lo mencionamos antes.

NOTA 4.1   EMISORAS QUE CONFORMAN EL IPC

En el Apéndice B se presenta la relación de las emisoras de México que conforman el Índice de Precios y Cotizaciones y las proporciones en que participan.

Conceptos básicos de la Teoría Dow

1. Los promedios (los índices) descuentan todo (todo lo fundamental)
En este contexto, la expresión de Charles Dow "descontar" significa asimilar, incorporar o incluir. Así, los promedios descuentan todo lo fundamental significa que el valor del Índice, que resulta de la actividad combinada de miles de inversionistas, resulta de la asimilación de todo lo que se sabe, todo lo previsible y todas las condiciones que pueden afectar a la oferta y la demanda de las acciones. Aun las calamidades naturales y los rumores son rápidamente incorporados por "el mercado" y, así, sus efectos son descontados o asumidos.

Si todo lo que afecta a los precios de las acciones está en última instancia reflejado en el precio del mercado, entonces el estudio de dicho precio es todo lo que se necesita para entender el mercado. Ya no es necesario estudiar los informes o las noticias. Ya todo está descontado porque, de alguna manera, ha pasado a formar parte del valor del índice a través de las acciones individuales. Se considera que hay razones que provocan las subidas y bajadas de los precios, pero la postura técnica es que para predecir el movimiento de los precios no es necesario conocer las razones que lo causan (nota 4.2).

> **NOTA 4.2 "COMPRA EL RUMOR Y VENDE LA NOTICIA"**
>
> La muy sonada frase en el medio bursátil de "compra el rumor y vende la noticia" sugiere que si un rumor determinado provoca un efecto ascendente en la bolsa, se deberá comprar la emisión correspondiente apenas comienza a difundirse el rumor, y que una vez confirmado públicamente el evento aludido (que al principio sólo era rumor), se deberán tomar utilidades, ya que el efecto que una noticia así provocaría, seguramente fue "descontado" por el mercado desde que era un rumor, y cuando es noticia, su conocimiento tendrá poco efecto en el mercado. Esto ciertamente no es un concepto ortodoxo del análisis técnico y, por lo mismo, no es una "razón" técnica para entrar al mercado (para comprar acciones), pero da una idea de cómo reacciona la masa y con qué rapidez se incorpora la información en el mercado.

2. Principio de confirmación: los dos promedios deben confirmarse

Éste es el principio Dow más cuestionado. Sin embargo, creemos que es muy importante. Significa que no puede producirse un signo de cambio de tendencia sólo en uno de los índices (recordemos que cuando se propusieron los principios de la teoría se diseñaron un índice Industrial y otro Ferroviario). Dicho de otra forma, para tener la confirmación del cambio de tendencia, la señal técnica de que se ha dado el cambio debe darse en los dos índices antes de ser validada. El cambio no tiene que ser simultáneo en ambos índices, pero debe esperarse a que se dé en los dos para tomarlo como confirmación. El propósito de este libro es comunicar la idea de que en el análisis técnico no hay señales o signos absolutos, sino que la certeza de la interpretación de la situación existente se irá alcanzando progresivamente conforme se sumen distintas señales "técnicas". De tal forma que partimos de este principio Dow de la necesidad de que los dos índices se confirmen para llegar a construir una amplia gama de señales diversas, cada una de las cuales irá confirmando cada vez más la sospecha que tenemos sobre una situación dada.

3. El volumen sigue a la tendencia

Esto significa que la actividad de intercambio (volumen de acciones negociadas) tiende a aumentar cuando el precio se mueve en el mismo sentido que la tendencia primaria o incluso la tendencia secundaria. En la tendencia alcista, el volumen aumenta al aumentar los precios y al disminuir éstos el volumen disminuye. Otra forma de ver este principio es que cuando un movimiento dado, tanto al alza como a la baja, es acompañado por un incremento en el volumen, el movimiento referido tendrá más "vigor" o más fuerza, y es de esperarse que prosiga por algún tiempo, mientras que si un movimiento dado es acompañado por una disminución en el volumen, esto indicará debilidad, y será un signo incipiente de que el movimiento actual está próximo a su fin. De hecho, la presencia de volumen creciente en una tendencia alcista es prácticamente un requisito obligado para tomar en consideración dicho movimiento. Esto no es tan necesario en caso de movimientos a la baja, es decir, no se requiere que un movimiento descendente esté acompañado de volumen creciente para creer que puede prolongarse, si bien es común que así sea.

No es fácil explicar la razón de esta diferencia, pero es evidente que los sentimientos del mercado son muy distintos en las grandes subidas, donde hay un espíritu optimista, festivo, casi eufórico y cuyas fases últimas son movidas por la codicia irracional, mientras que en las grandes bajadas hay duda, incertidumbre, dolor por la pérdida y sobre todo miedo (nota 4.3).

NOTA 4.3   PARA QUE LOS PRECIOS SUBAN SE REQUIERE VOLUMEN

De una manera simple pero correcta, desde la perspectiva técnica, vale la pena tener presente el dicho de que "para que los precios suban, requieren volumen de compra, pero la fuerza de gravedad es suficiente para hacerlos bajar".

Ya veremos más adelante que en un mercado *bull* (primario ascendente), el volumen aumenta cuando los precios suben, y disminuye cuando los precios bajan. Por el contrario, en un mercado *bear* (primario descendente), los volúmenes suelen aumentar en las caídas y disminuir en los secundarios alcistas. Hay excepciones a esta regla que se irán comentando oportunamente.

4. Las líneas pueden sustituir a los movimientos secundarios

Según la Teoría Dow, una línea es un movimiento lateral en el gráfico. Puede durar desde dos o tres semanas hasta varios meses. En las líneas, las variaciones de precio son de menos de 5% del valor del índice (o de la acción). Su presencia representa un equilibrio entre la fuerza de los compradores y la de los vendedores. Ante un caso así, un ascenso en el precio a través del límite superior de una línea establecida es una señal que indica el comienzo de una tendencia alcista. Al contrario, un descenso por debajo del límite inferior de la línea es una señal que sugiere el inicio de una tendencia a la baja (nota 4.4). En la figura 4.1 se representa una línea o movimiento lateral con el rompimiento del nivel de soporte hacia abajo.

NOTA 4.4   NIVEL DE SOPORTE Y NIVEL DE RESISTENCIA

Ya veremos en el capítulo 6 lo que es un nivel de soporte y de resistencia. Por ahora baste indicar que el nivel al que se detiene una bajada de precios o al que se sostiene un precio por varios días sin caer se le llama nivel de soporte. Por otro lado, al nivel al que se detiene una subida en los precios o al cual se sostiene un precio sin subir se le llama nivel de resistencia. También veremos que un nivel de soporte, al ser penetrado por los precios se convierte en nivel de resistencia y viceversa.

En general, cuanto más larga sea la línea y menor su oscilación, mayor significado tendrá su rompimiento final hacia arriba o hacia abajo. Hemos encontrado que las líneas

LANCHILE. GRÁFICO LINEAL

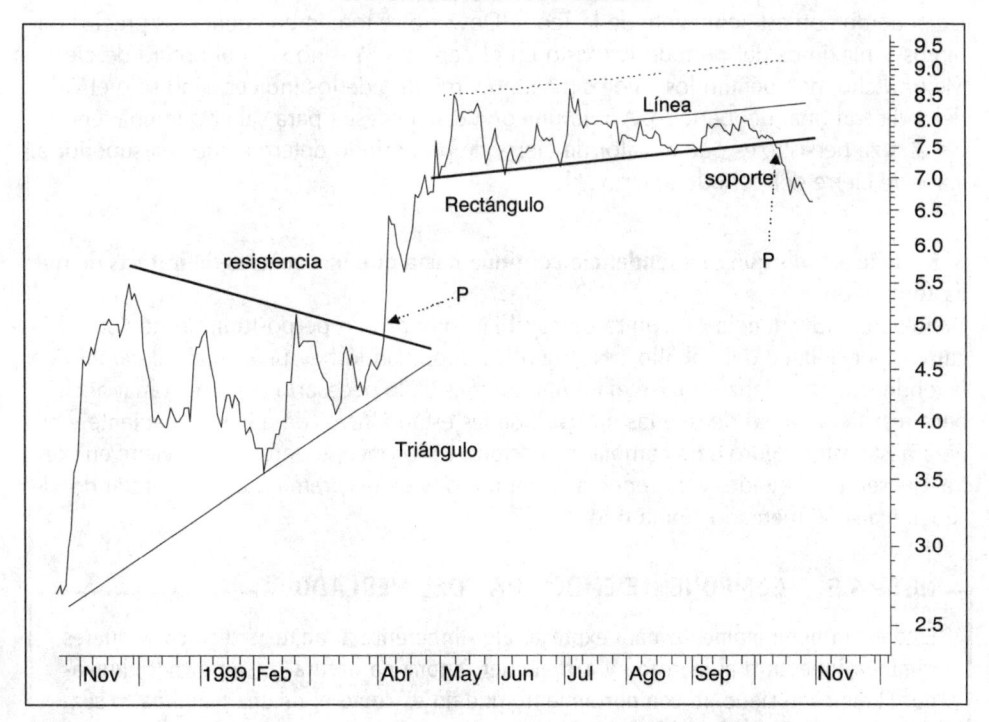

Figura 4.1 Gráfico de Lanchile que muestra dos zonas de congestión de precios o movimientos laterales. La primera es un triángulo y la segunda un rectángulo que se transforma en una línea con oscilaciones muy pequeñas. Se muestra el rompimiento o penetración (P) del nivel de resistencia en el triángulo y del nivel de soporte en la línea.

son bastante frecuentes y por ello es importante buscarlas, ya que al terminar dan señales claras y consistentes del movimiento que sigue.

Es común que las líneas se presenten como interludios o consolidaciones a la mitad de una tendencia mayor; pero también pueden presentarse en las zonas altas de los mercados *bull* (puntos llamados techos) y en las partes bajas de los *bears* (puntos llamados fondos o pisos).

Como ya veremos con más detalle, en estos puntos extremos las líneas representan periodos de distribución, (cuando están en la parte alta de un mercado *bull*) o de acumulación (cuando están en la parte baja de un mercado *bear*), respectivamente, como se explica a continuación.

Queremos insistir en que si la duración de una línea es corta (menos de un par de meses), aunque el rompimiento de sus límites también tiene valor predictivo, su efecto puede ser más bien corto. Aún más, el principio de que la duración de una figura está relacionada de forma directa con la magnitud de la consecuencia que de ella se derive es válido para todas las figuras o formaciones que iremos identificando en los próximos capítulos.

5. Sólo se usan los precios de cierre

De acuerdo con este concepto de la Teoría Dow, no se toman en cuenta los precios mínimos y máximos del periodo (ya visto en el capítulo 3), sino sólo el precio de cierre. Mejor dicho, no cuentan los valores máximo y mínimo de los índices, sino sólo el valor del índice al final del periodo. Así, lo único que se necesita para saber que una tendencia al alza persiste, es que el valor de cierre de un periodo determinado sea superior al valor de cierre del periodo anterior.

6. Se debe asumir que una tendencia continúa hasta que hay señales definitivas de que ha terminado

Esto es una advertencia en contra de cambiar muy pronto de postura, de no "poner la carreta por delante del caballo". No significa que cuando hay una señal de cambio en la tendencia, uno deba tardarse ni un minuto más de lo necesario antes de tomar acción; pero resalta el hecho de que las probabilidades están a favor de quien es paciente y espera hasta estar seguro para cambiar su postura. Este concepto también previene en contra de ser precipitado y acceder a comprar o vender prematuramente tratando de "adelantarse al mercado" (nota 4.5).

NOTA 4.5   COMPONENTE EMOCIONAL DEL MERCADO

Éste es un buen momento para expresar algo inherente al análisis técnico, y que es también inherente al mercado y a cualquier fenómeno natural y, sobre todo, humano. El mercado tiene un comportamiento que no es como el de una máquina, o sea, rígido, preciso, racional. De hecho es bastante irracional o, si se quiere, muy emocional, pero no por ello está exento de un orden interno. El análisis técnico es más arte que ciencia, pero nos da lineamientos que ayudan a comprender lo impreciso. El analista tendrá que decidir muchas de las cuestiones basándose en su temperamento, en su tolerancia o adversidad al riesgo, y en la filosofía más que en supuestas "verdades". Hay que utilizar en parte la mente y en parte la intuición.

Es evidente que los mercados *bull* no suben para siempre y los mercados *bear* tarde o temprano tocan fondo. De hecho, no debe olvidarse que después que una nueva tendencia se ha confirmado, ésta puede terminar en cualquier momento. Aun después de cada confirmación y reconfirmación de tendencia, la probabilidad de que ésta continúe va disminuyendo progresivamente; pero mientras no haya señales de que el fin de la tendencia ha llegado, se debe asumir que la tendencia continúa.

Las tres tendencias

La expresión de que "el mercado se mueve siguiendo tendencias" significa que los precios de las acciones en el mercado bursátil no son estáticos o fijos. De hecho, es tan común que estén cambiando, que cuando se mantienen fijos durante varios días o semanas llaman inmediatamente nuestra atención y les damos un nombre específico; en este caso les llamamos "líneas". Ciertamente es esta "volubilidad" o cambio constante de los precios lo que hace atractivo el medio bursátil como una alternativa de inversión potencialmente productiva. Y cuando los precios se mueven o desplazan aumentando o disminuyendo, lo hacen describiendo lo que llamamos *tendencias*. Una *tendencia alcista* es cuando los precios se desplazan en forma ascendente, y una *tendencia bajista* o *a la baja* es cuando los precios decrecen.

¿Qué hace que los precios suban o bajen? La primera respuesta es el desequilibrio existente entre la oferta (aquellos que quieren vender) y la demanda (aquellos que quieren comprar). Ya mencionamos que en cierto momento la batuta la llevan los compradores, mientras que la presión la ejercen los vendedores (provocando bajadas en el precio). En otros momentos los que "mandan" son los vendedores y los que hacen presión son los compradores (provocando que el precio suba).

A estos movimientos preferentemente alcistas o bajistas es a los que llamamos tendencias. Y decimos preferentemente porque aunque en una tendencia, en términos generales el precio, se desplaza sobre todo hacia arriba o sobre todo hacia abajo, dentro del movimiento general hay pequeños movimientos en contra de la tendencia principal. Ya mencionamos cómo se parece esto a las olas del mar y a las mareas. De la misma manera que durante la marea creciente podemos decir esquemáticamente que cada nueva ola llega un poco más arriba sobre la playa que la anterior, y cada retroceso se queda también un poco más adelante que el anterior; de la misma forma, en las tendencias alcistas de la bolsa, durante un impulso de subida, cada nuevo pico que alcanza el precio es más alto que el anterior, y en los retrocesos parciales que ocurren periódicamente cada valle o fondo del regreso se detiene un poco más arriba que el anterior.

Desde el punto de vista de magnitud hay tres tendencias fundamentales: una primaria, mayor o principal, una secundaria o intermedia y una terciaria o menor (figura 4.2). Como mencionamos antes, la tendencia primaria o mayor es una oscilación amplia que toma varios años en completarse y resulta en la apreciación o depreciación de más de 20% del valor de las acciones.

Los movimientos de tendencia primaria son interrumpidos por oscilaciones secundarias que tienen dirección contraria a la primaria. Las tendencias secundarias o de mediano plazo corresponden a reacciones o correcciones que suceden, de acuerdo con una interpretación, cuando la tendencia primaria "se adelanta a sí misma". En otras palabras, es común que durante la evolución de una tendencia primaria dada, por ejemplo un *bull*, la presión que ejerce la compra sea excesiva, al grado de adelantar los precios en forma exagerada. La consecuencia natural es que la línea que describen los precios en el gráfico se "acelere" por así decirlo, y adquiera una velocidad superior a la de la propia tendencia. Como respuesta, llegará un momento en que este exceso tenga que remediarse, por lo que vendrá un movimiento contrario a la tendencia primaria: precisamente el secundario, que corregirá el exceso y regresará la línea de precio al nivel natural de la tendencia, como se muestra en la figura 4.3.

Finalmente, las tendencias secundarias se componen de tendencias menores o terciarias o fluctuaciones cotidianas que no son importantes desde el punto de vista de negociación. Los movimientos terciarios que son al alza reciben el nombre de *rallies*, y cuando son a la baja se llaman "correcciones menores".

DESC B. GRÁFICO DE BARRAS

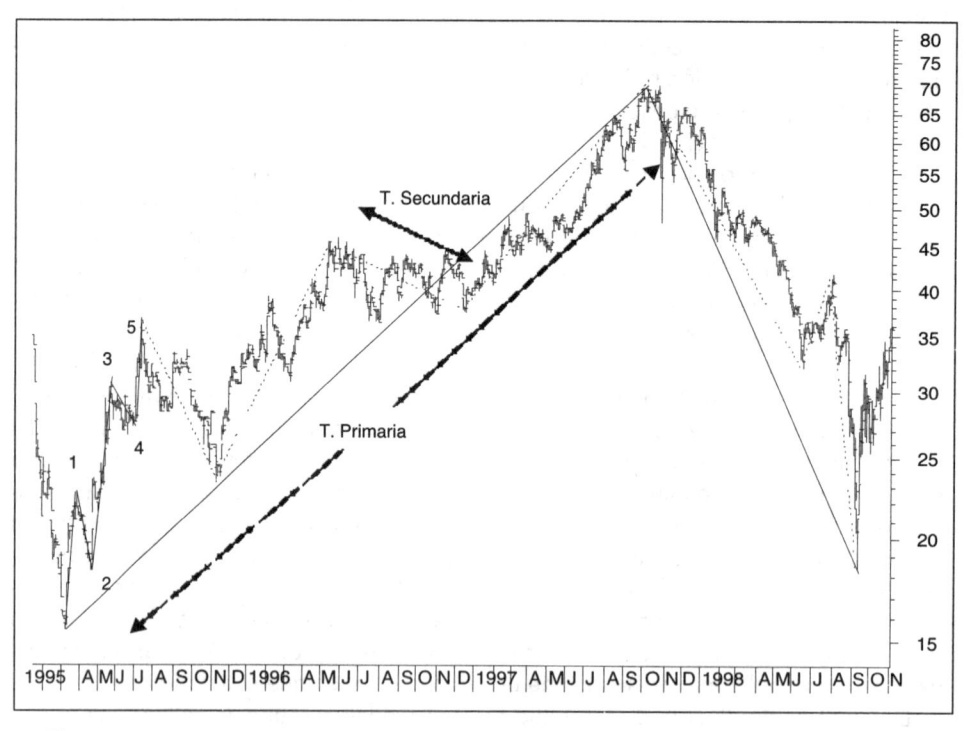

Figura 4.2 Gráfico de Desc B en el que se han identificado las tres tendencias. Se señalan: la tendencia primaria alcista (T. Primaria) de marzo de 1995 a septiembre de 1997, una tendencia secundaria lateral (T. Secundaria) de mayo a diciembre de 1996, y cinco tendencias terciarias (1, 2, 3, 4 y 5) entre marzo y julio de 1995.

Tendencia primaria

Cuando la tendencia primaria es ascendente se llama mercado *bull*. Lo inverso es mercado *bear*. Los ciclos completos (nota 4.6) que incluyen un *bull* y un *bear* pueden tomar desde menos de un año hasta varios años en desarrollarse. En promedio, entre un valle y el que sigue, o sea del inicio de una fase *bull* al fin de la fase *bear* siguiente, transcurren 3.6 años, pero la variabilidad es muy amplia (nota 4.7).

> **NOTA 4.6 LOS CICLOS EN EL MOVIMIENTO DEL MERCADO**
>
> Llamamos ciclo al conjunto de una tendencia ascendente y la tendencia descendente que le sigue del mismo nivel de magnitud. Esto es aplicable tanto en la dimensión o magnitud primaria como a la secundaria.

Capítulo 4 Teoría Dow **51**

MICROSOFT. TENDENCIA BÁSICA

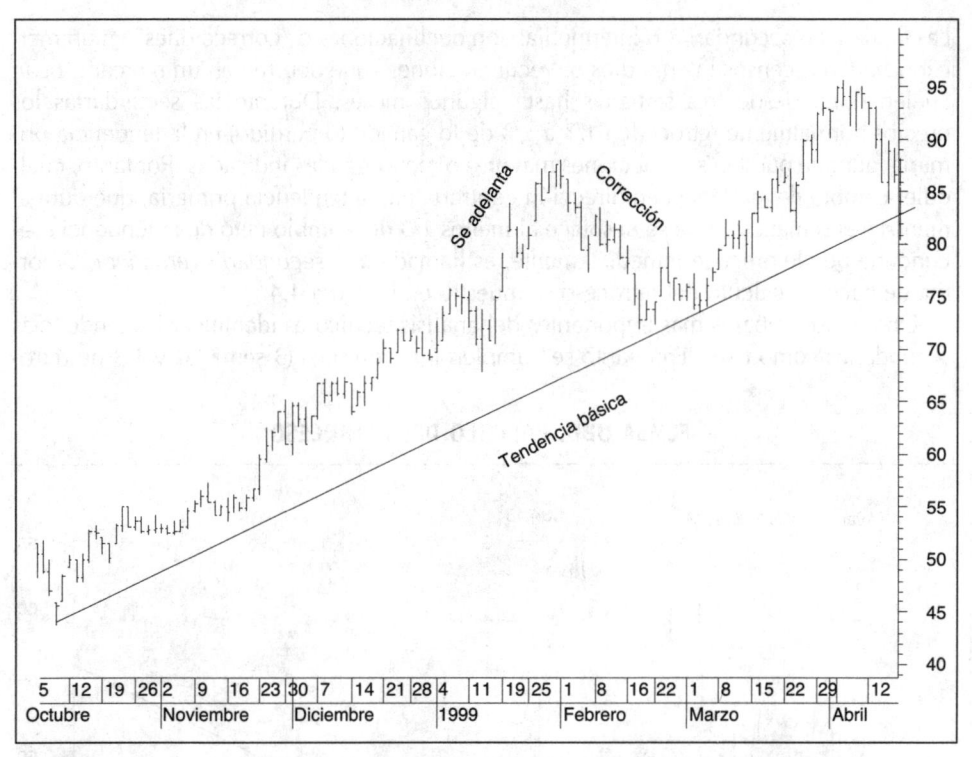

Figura 4.3. Gráfico de Microsoft (valores nominales) en la que se señala cómo el aumento de precio se suele "acelerar" (Se adelanta) con respecto a la línea de tendencia (Tendencia básica), y cómo esto ha de corregirse mediante un movimiento secundario en contra de la tendencia básica (Corrección).

NOTA 4.7 CUÁNDO EMPLEAR LOS TÉRMINOS *BULL* Y *BEAR*

Estos términos *bull* y *bear* sólo deben emplearse cuando se habla de la tendencia primaria desde el punto de vista Dow y no en cualesquiera subidas o bajadas que pudieran ser secundarias o menores.

El inversionista de largo plazo debe preocuparse sólo de la tendencia primaria. Su objetivo es comprar acciones en el mercado *bull* tan pronto como sea confirmado y venderlas sólo cuando es evidente que comienza una fase *bear*. Por otro lado, el inversionista de corto o mediano plazo puede y debe ocuparse también de oscilaciones secundarias y lo puede hacer con ganancias cuantiosas. La fase *bull* generalmente dura más que la fase *bear* y las subidas generalmente son más lentas que las bajadas.

Tendencia intermedia o secundaria

Las tendencias secundarias o intermedias son declinaciones o "correcciones" en un mercado *bull,* o ascensos intermedios o "recuperaciones" que ocurren en un mercado *bear.* Suelen durar desde tres semanas hasta algunos meses. Durante las secundarias los precios normalmente retroceden 1/3 a 2/3 de lo ganado (o perdido) en la tendencia primaria, aunque pueden ser fracciones mayores o menores a las indicadas. Por tanto, cualquier cambio de tendencia en dirección contraria a una tendencia primaria, que dure al menos tres semanas y que se desplace al menos 1/3 del cambio neto de la tendencia secundaria que le precede inmediatamente, es llamada una *secundaria verdadera.* La forma de hacer el cálculo del retroceso se muestra en la figura 4.4.

Uno de los trabajos más importantes del análisis técnico es identificar las tendencias secundarias como tales. En cuanto se cumplen los requisitos (3 semanas y 1/3 de retro-

FEMSA UBD. CÁLCULO DEL RETROCESO

Figura 4.4 Gráfico de Femsa UBD que muestra la manera de hacer el cálculo del porcentaje de retroceso a la baja hecho dentro de un primario alcista, durante un movimiento secundario de corrección. Nótese que de marzo a septiembre de 1995, la emisora incrementa su precio $27.73 (de $36.75 a $64.48) lo que constituye el 100% de avance. Posteriormente, entre septiembre y octubre de 95 retrocede $19.05 (de $64.48 a $45.43) correspondiente al 68.7% del avance previo (los valores en el eje vertical corresponden al valor real deflactado).

ceso), debe suponerse que un cambio contrario a la tendencia primaria es un secundario, pero debe estarse alerta ante la posibilidad de que se trate de un cambio de dirección o de velocidad del primario en vez de un secundario (nota 4.8).

NOTA 4.8 MOVIMIENTOS DE IMPULSO Y MOVIMIENTOS CORRECTIVOS

Por lo común, una tendencia primaria, tiene cinco segmentos intermedios. Tres de ellos van con la tendencia primaria (movimientos primarios intermedios) y dos en contra de ella (movimientos secundarios o reacciones). Los movimientos primarios intermedios son de mayor duración y mayor amplitud que los movimientos secundarios. La técnica que se basa en el estudio de estas secuencias de tendencias o impulsos que avanzan o retroceden en forma cíclica, es el Principio de la Onda de Elliott, al cual referimos a nuestros lectores en la obra de Frost y Prechter.

Tendencia menor o terciaria

Las tendencias menores son variaciones pequeñas y breves (entre seis días y cuatro semanas de duración) que componen las porciones intermedias de una tendencia de orden secundario. Son insignificantes desde el punto de vista de la Teoría Dow. Se dice que son las únicas, si acaso, que se pueden manipular artificialmente, ya que las primarias y secundarias por su magnitud no pueden manipularse.

En este punto esperamos haber hecho evidente que los movimientos de los precios de cualquier mercado, como el oleaje del mar en la playa, reciben la influencia simultánea de tendencias de diferente orden o magnitud, y es importante entender cuál de ellas estamos estudiando para tener expectativas realistas en cuanto al monto de los desplazamientos que esperamos, ya que si estamos siguiendo un *rally* terciario, es de esperarse un desplazamiento muy discreto antes de encontrar una reacción, mientras que si estamos proponiendo el objetivo de un movimiento secundario (o sea, hasta dónde va a llegar el movimiento referido), éste puede completarse como una reacción de 30 hasta 60% del movimiento primario precedente y tomar hasta varios meses en desarrollarse.

El mercado *bull*

Una tendencia primaria alcista usualmente se puede dividir en tres fases, mismas que se muestran en la figura 4.5. La primera es llamada fase de *acumulación*. Durante esta fase el mercado está deprimido, los tenedores de acciones decepcionados, los informes financieros son malos pero se espera que haya una reversión de la tendencia. Se llama de *acumulación* porque durante esta fase, los que anticipan la subida empiezan a acumular acciones comprándolas a bajo precio porque hay mucha oferta y aún poca demanda. Esto lo hacen poco a poco, tratando de no llamar la atención para que no suban de precio.

Esta acumulación continúa sin incrementar el precio de las acciones, hasta que se ha comprado la casi totalidad de las acciones "flotantes" que se ofrecían en el mercado. Entonces, quien ha acumulado se espera hasta que la gente empiece a desear esas acciones. La oferta en este momento es muy baja o nula. Los que quieren comprar empiezan a ofrecer mejores precios a los que tienen las acciones. Es aquí cuando la actividad, o sea, el número de operaciones realizadas o volumen, empieza a aumentar en los *rallies* a pesar de que los precios estén subiendo.

La segunda fase del *bull* es un avance sostenido de actividad y precio. Las ganancias acumuladas empiezan a llamar la atención. Es la fase de grandes ganancias para el analista técnico. El volumen continúa aumentando al tiempo que suben los precios. Esta fase es calificada como la más dinámica, o sea que hay amplios movimientos de precio acompañados de volúmenes siempre crecientes.

Finalmente, llega la tercera fase en la cual hay una ebullición en el mercado, la sala de remates está abarrotada y todas las noticias financieras son buenas. El conductor del taxi, la peluquera, los primos de la costa y hasta el limpiador de calzado hablan de la Bolsa. Nuevas emisiones salen al mercado cada semana.

Al final de esta fase, aún aumentan los precios debido a la especulación desmedida, por lo que aparecen con mayor frecuencia, zonas en el gráfico de precios donde no se opera, que forman "bolsas de aire". (*Véase* "Brechas" en el capítulo 11.) Las acciones de baja calidad, poco valor y mala reputación también tienen ascensos muy notables, ya que en la fase final del mercado *bull* se compran activamente. Pero cada vez con más frecuencia las acciones sólidas y de mayor calidad se niegan a seguir estos precios alcistas. Sin embargo, esto no suele desanimar al gran público poco enterado, quienes están convencidos de que en la bolsa sólo se puede ganar.

Mercado *bear*

El mercado a la baja generalmente también tiene tres fases que se muestran en la figura 4.6. La primera es la llamada fase de *distribución*, que realmente empieza al final de la fase *bull*. Durante esta fase, los inversionistas que están realmente sintiendo el movimiento del mercado, se dan cuenta de que las ganancias han alcanzado un nivel exageradamente alto por lo que empiezan a vender a paso rápido, pero de manera calculada, ya que si arrojan todas sus acciones al mercado, rápidamente caerán los precios antes que se deshagan de todas ellas, en cuyo caso perderían parte de sus ganancias.

La salida (distribución) de las acciones debe ser pausada para no desplomar los precios. Generalmente los precios empiezan a estancarse después de periodos de alzas marcadas. El volumen de negociación sigue siendo alto pero tiende a disminuir en los *rallies* sucesivos y si bien el público aún está activo y hay compradores, empiezan a dar muestras de frustración conforme se desvanecen las expectativas de grandes ganancias. En esta fase, la oferta sigue un poco atrás de la demanda, lo que sostiene los precios.

La segunda fase del *bear* es la de pánico. Desaparecen los compradores y a los vendedores les entran las prisas, por lo que bajan rápidamente sus precios con tal de deshacerse de las "malas" acciones para capitalizarse o invertir en otra cosa. La tendencia a la baja se hace prácticamente vertical y en esta fase el volumen negociado alcanza un clímax. Después del clímax de venta (*véase* el capítulo 10) viene una situación de movimiento lateral o recuperación secundaria larga en la que sin embargo, no logra disiparse el temor por lo que si acaso hay aumento de precios, éste se da con volúmenes progresivamente menores.

VITRO A. FASES DEL MERCADO *BULL*

Figura 4.5 Este gráfico de Vitro A representa las tres fases del mercado *bull*. Entre junio y noviembre de 1993 es la fase de Acumulación. Entre noviembre de 1993 y agosto de 1994 la fase de Avance Sostenido. Por último, agosto y septiembre de 1994 corresponden a la fase de Euforia, última etapa del bull.

VITRO A. FASES DEL MERCADO *BEAR*

Figura 4.6 Una vez más, este gráfico de Vitro A representa las tres fases del mercado *bear*. Entre agosto de 1997 y abril de 1998 la fase de Distribución. Entre mayo y agosto de 1998 la fase de Venta de pánico. Por último, de septiembre de 1998 a noviembre de 1999 corresponde a la fase de Ventas descorazonadas, última etapa del *bear* que en ocasiones se continúa de manera imperceptible con la fase de acumulación del siguiente mercado *bull*.

La tercera fase se caracteriza por ventas descorazonadas por aquellos tenedores de acciones que aguantaron la fase de pánico o los que compraron por ver los precios bajos comparados con lo que había unos pocos meses antes, sólo para ver que pronto estarían aún más bajos. En esta etapa terminan por deteriorarse las noticias de los negocios. La caída ahora es más lenta pero más duradera y es mantenida por aquellos que quieren vender para obtener efectivo y de alguna manera tratar de rescatar parte de lo perdido. Es entonces cuando las malas acciones que fueron las últimas en subir al final del *bull*, empiezan a decaer y llegan a perder todo lo ganado en la tercera fase del *bull*. Las mejores acciones decaen más lentamente porque sus tenedores se aferran a ellas hasta el final y, en consecuencia, la fase final del mercado *bear* se concentra en ellas. El mercado *bear* termina cuando todo lo que sea malas noticias, lo peor que pudiera pasar ha sido descontado porque ya sucedió.

Debe tenerse presente que dos *bears* o dos *bulls* no son idénticos. Las fases pueden presentarse de muy distinta duración. La tercera fase del *bull* puede durar más de un año o solamente un par de meses, y la caída de pánico (segunda fase del *bear*), aunque suele durar pocos días o semanas a lo más, puede repetirse varias veces a lo largo de un *bear*.

Ciclos seculares

La tendencia primaria consiste en varios ciclos intermedios, pero de igual manera la tendencia secular o de muy largo plazo está construida por un número variable de ciclos primarios. Este "superciclo" u onda larga se extiende usualmente durante más de 10 años y, en ocasiones, hasta 25 años.

Es muy útil entender la dirección de la tendencia secular, pues en la misma forma en que la tendencia primaria afecta la magnitud de los movimientos intermedios haciendo que los *rallies* y las reacciones contra-cíclicas (nota 4.9), sean muy diferentes en el *bull* que en el *bear*, los propios *bulls* y *bears* (los primarios) serán muy distintos en la fase ascendente de un superciclo que en la descendente. En otras palabras, la tendencia secular influencia la magnitud y duración de la fase ascendente o descendente del ciclo primario. En consecuencia, en la porción alcista de una tendencia secular, los mercados primarios *bull* serán mucho más amplios en magnitud y duración que los mercados primarios *bear*. Por el contrario, en la bajada secular, los mercados *bear* serán mucho más poderosos y les tomará más tiempo desarrollarse que a los mercados *bull*.

NOTA 4.9 MOVIMIENTOS CONTRACÍCLICOS

Llamamos movimiento *contracíclico* a aquel movimiento de un nivel de magnitud equis que se desplaza en contra del movimiento de un nivel de magnitud superior.

CAPÍTULO 5

LÍNEAS DE TENDENCIA

Definición e importancia

De manera simple, podemos decir que *línea de tendencia* es la línea recta que mejor describe esquemáticamente los movimientos del mercado. El analista traza estas líneas manualmente en los gráficos, pues no son generadas ni por el propio mercado ni por el software que se utilice para trazar los gráficos; por tanto, aprender a trazar correctamente estas líneas es uno de los puntos clave del análisis técnico y, de hecho, trazar líneas de tendencia tiene más de arte que de ciencia.

Las líneas de tendencia son auxiliares visuales que nos ayudan a ubicar la situación de los precios actuales en relación con los eventos recientes y remotos del pasado, a identificar momentos de entrada y salida del mercado y a entender la relevancia de un movimiento determinado de los precios en relación con una perspectiva amplia. Estas funciones de las líneas de tendencia se realizan o se pueden realizar en los diferentes niveles u órdenes de magnitud, esto es, en el nivel de superciclos (ciclos de hasta decenas de años de duración), ciclos primarios, movimientos secundarios y aun en movimientos terciarios o menores.

Para entrar en el análisis de las líneas de tendencia, quisiéramos revisar conceptos importantes, de los cuales algunos ya han sido mencionados en capítulos anteriores.

Patrones generados en el gráfico de barras

Al estudiar una gráfica observamos que los precios no se mueven en completo desorden, sino que lo hacen siguiendo cursos que por diferentes periodos de tiempo son más o menos rectilíneos. A estos periodos los llamamos *tendencias*.

Las tendencias pueden ser ascendentes o descendentes. A las situaciones horizontales no les llamamos propiamente tendencias, sino *periodos de negociación* o *trading*. Estas tres formas de movimiento del mercado están representadas en la figura 5.1.

ESQUEMA DE UN CICLO COMPLETO.

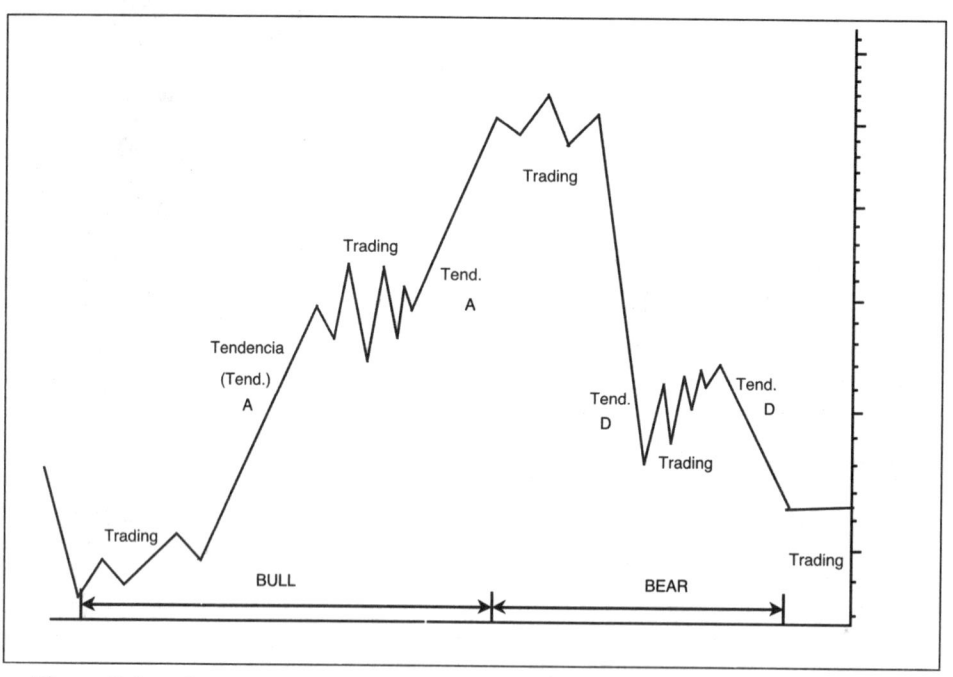

Figura 5.1. Esquema que representa en un ciclo *bull* y *bear* completo. Se señalan periodos con tendencia ascendente (Tend. A), tendencia descendente (Tend. D) y periodos de *trading* (Trading).

En la bolsa de valores las ganancias se obtienen aprovechando las tendencias alcistas comprando *en largo* al comienzo de la tendencia. También en mercados a la baja se pueden generar ganancias; en este caso, vendiendo *en corto* al comienzo de la tendencia descendente (nota 5.1). (*Véase* "vender en corto" en el capítulo 2, Mercado de capitales.)

NOTA 5.1 LA LABOR DEL ANALISTA TÉCNICO

La labor del analista es reconocer una tendencia capaz de generar ganancias lo más temprano posible en su desarrollo, y después detectar su final para tomar utilidades al vender las posiciones en largo o al cubrir las posiciones en corto. Para llegar a la conclusión de que una tendencia incipiente tiene el potencial para generar ganancias, el analista va reuniendo fundamentos (señales técnicas aditivas no redundantes) que confirmen, cada vez con mayor certeza, lo que está sucediendo; en este caso, que se está gestando una tendencia potencialmente productiva. Cuanto más incipientes sean las señales, tanto mayor será el riesgo de que no se confirmen éstas y que la aparente tendencia no genere ganancias, pero también mayores serán las ganancias si finalmente la tendencia se confirma. Por el contrario, cuantas más "pruebas" se reúnan para confirmar la sospecha de que la tendencia puede generar ganancias, tanto menores riesgos se correrán, pero también menores ganancias se obtendrán. Encontrar el punto de equilibrio entre riesgo y ganancias potenciales es un elemento primeramente de conocimiento y templanza y, en segundo lugar, de autocontrol y de intuición. Estas virtudes sólo se pueden lograr con experiencia y práctica autocrítica.

Ya mencionamos durante el estudio de la Teoría Dow que en ocasiones las llamadas *líneas*, que en efecto son una variedad de periodos de *trading*, pueden ser *descansos* en una tendencia que continuará. En este caso reciben el nombre de *consolidaciones*. En el caso de una *línea de consolidación* (o, para el caso, de cualquier otra formación de consolidación), la tendencia reanudará su camino previo al final de la *línea*. Puede suceder que la consolidación no se verifique mediante una línea, sino mediante la construcción de una figura más complexa, llamada en este caso "formación de continuación" (nota 5.2).

NOTA 5.2 FORMACIONES DE PRECIOS

Llamamos *figura*, *formación* o *patrón* al trazo que a partir de movimientos de subida y de bajada del precio adopta en el gráfico una estructura característica. En estas estructuras podemos identificar imágenes sugestivas de triángulos, rectángulos, diamantes o rombos, picos dobles o triples como las cumbres de dos o tres montañas contiguas, todas ellas con significados importantes. En los capítulos 8, 9, 10 y 11 analizaremos ampliamente las características de las distintas variedades de figuras técnicas o formaciones de continuación o *consolidaciones* así como las *formaciones de reversa* y las *brechas*. Cabe mencionar aquí que detectar estas formaciones requiere práctica y cierta capacidad de percepción. En cambio —y esto es definitivo—, una formación que no se conoce o que no se entiende adecuadamente no podrá identificarse de manera correcta. Por otro lado, no está por demás advertir al principiante de abstenerse de sobreinterpretar las figuras o formaciones y de buscar que se cumplan los criterios necesarios antes de "etiquetarlas".

Las líneas no sólo son formaciones de continuación; pueden, además, representar el final de una tendencia alcista o de una tendencia a la baja. En estos casos, la línea será una *formación de reversa*. De hecho, el final de cualquier tendencia importante usualmente se anuncia o se manifiesta mediante la construcción de una formación de reversa que podemos identificar en el gráfico y que, como en el caso de los *patrones de continuación*, puede adoptar la forma de una figura más compleja que la línea. Estas formaciones de reversa, como las de continuación, constan de movimientos de precios y cambios de volúmenes característicos que iremos describiendo en su momento.

Lo primero que ha de determinarse al estudiar un gráfico (de un índice o una emisora) es la tendencia. O sea, se debe definir si el gráfico de la emisora o el índice está en a) tendencia al alza, b) en tendencia a la baja o c) en *trading* (nota 5.3).

NOTA 5.3 TENDENCIA ALCISTA, TENDENCIA A LA BAJA Y *TRADING*

La definición operativa de una tendencia al alza es, pues, un movimiento o desplazamiento de los precios de tal manera que el pico o *techo* sucesivo de cada impulso ascendente sea progresivamente más alto y que, al mismo tiempo, el valle o piso sucesivo de cada regreso o retracción parcial (también llamada corrección) sea asimismo progresivamente más alto. Todo esto debe ser de tal manera que aunque los movimientos pequeños sean en forma de zigzag, del movimiento de la tendencia alcista resulte una ganancia neta progresiva en el precio de la acción. Por el contrario, la definición operativa de una tendencia a la baja es un desplazamiento de precios, de tal forma que el piso o valle de cada impulso descendente alcance un nivel menor que el anterior y que, a su vez, cada techo o pico de cada regreso ascendente alcance también un nivel inferior al anterior, dando como resultado una disminución neta progresiva en el precio de la acción. La definición de *trading* será la situación en la que a pesar de haber movimientos de subida y bajada en el precio, más o menos amplios, al final del *trading* no se dé un desplazamiento neto del precio, ni al alza ni a la baja.

Si el gráfico está en *trading*, el siguiente paso será determinar si dicho periodo viene esbozando una *formación de reversa*, o si más bien pudiera estar haciendo una *consolidación* o *formación de continuación*. En caso de ser una formación de reversa, al concluir ésta dará lugar a una tendencia contraria a la que le dio origen. En caso de ser una consolidación, su conclusión dará lugar a una nueva fase de la tendencia previa. Muchas veces (la mayoría) no podrá saberse si la formación en evolución es de continuación o si es de reversa hasta que dicha figura termine. Aceptar esta necesidad de paciencia y orden requiere disciplina y madurez, recursos que nos librarán de caer en la tentación de "adivinar" lo que sucederá sin tener evidencias técnicas para pronosticar con sensatez.

En la figura 5.2 se representan ejemplos de estas cuatro situaciones posibles, esto es, tendencia al alza, tendencia a la baja, formación de reversa y formación de consolidación.

Al poder definir cuál de estas cuatro situaciones se está efectuando, prácticamente estaremos en condiciones de emitir el primer juicio desde el punto de vista del análisis técnico. Así de simple. Aunque quizá no sea tan fácil cuando tratamos de hacerlo en el presente, al momento en que se desarrollan los eventos.

Trazo de las líneas de tendencia

Las líneas de tendencia son uno de los elementos primarios necesarios para determinar la situación en que se encuentra el mercado. El otro elemento que nos ayuda a determi-

Capítulo 5 Líneas de tendencia **61**

WALMEX C. DISTINTAS SITUACIONES DEL MERCADO

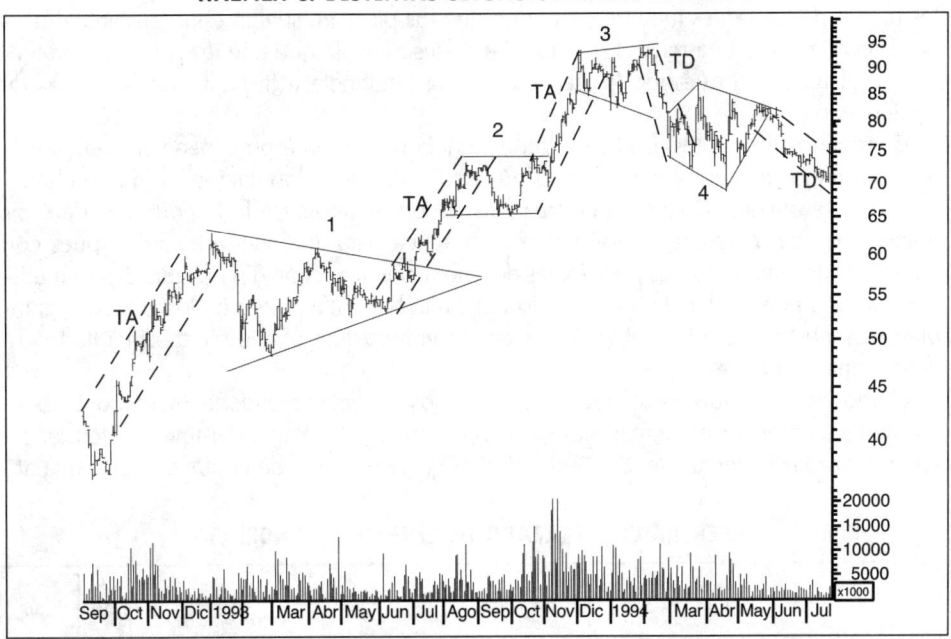

Figura 5.2 Gráfico de Walmex C que muestra tres periodos de tendencia alcista (TA), dos de tendencia descendente (TD), y cuatro periodos de trading en donde se forman patrones de precios de continuación (#1 = triángulo, #2 = rectángulo y #4 = diamante) o de reversa (#3 = triángulo expansivo).

nar los cambios o finales de tendencia (o de periodos de *trading*) son los niveles de soporte y de resistencia que serán estudiados en el capítulo siguiente.

De acuerdo con la definición que anotamos al inicio del capítulo, a la línea recta que mejor describe esquemáticamente el movimiento del mercado se le llama **línea de tendencia**. Cuando la tendencia es alcista, la línea de tendencia será aquella que una los *pisos* o extremos inferiores de las correcciones menores. En una tendencia alcista, los *techos* sucesivos suelen alcanzar alturas menos regulares que los pisos (nota 5.4), no obstante, la línea que une los techos en una tendencia alcista puede ser también útil, como veremos más adelante (véase *líneas de retorno*).

NOTA 5.4 PISO Y TECHO DE UN MOVIMIENTO

Los términos *techo* y *piso* hacen referencia a los puntos en los gráficos en que los movimientos del mercado cambian de dirección. El techo corresponde al precio máximo que se opera al final de un movimiento alcista, y el piso corresponde al precio más bajo que se opera al final de un movimiento a la baja. Debe resultar obvio que en un mismo gráfico pueden haber diferentes líneas de tendencia dependiendo de la magnitud u orden de que se trate (mayor, secundario o menor).
---

62 Invierta con éxito en la bolsa de valores

Por el contrario, en una tendencia descendente, la línea de tendencia es la que une los techos de los *rallies* menores, en tanto que los pisos no suelen estar tan bien alineados con relación a una recta. Estas dos líneas descritas, la que une los pisos en una tendencia al alza y la que une los techos en una tendencia a la baja, son las líneas de tendencia básicas.

Como anotamos antes, las líneas de tendencia no surgen espontáneamente en el gráfico de precios ni son dibujadas por algún programa de computación, sino que el analista es quien decide dónde ha de trazarlas. Debe reconocerse la importancia de éstas líneas y dedicar mucha atención y mucha práctica para aprender a trazarlas, pues con base en ellas tomaremos las principales decisiones de inversión. En la figura 5.3 se muestran las líneas de tendencia básica alcista a) y a la baja b) trazadas en los gráficos y también se muestran c) líneas alternativas en un gráfico que ofrece cierta dificultad para definir una sola línea.

Hemos mencionado que el análisis técnico nos ayuda a entender el mercado. En buena medida, entender el mercado es saber oportunamente dónde termina una tendencia y comienza la siguiente. De este "entender" surge la decisión de dónde comprar una ac-

ELEKTRA CPO. TRAZADO DE LÍNEAS DE TENDENCIA

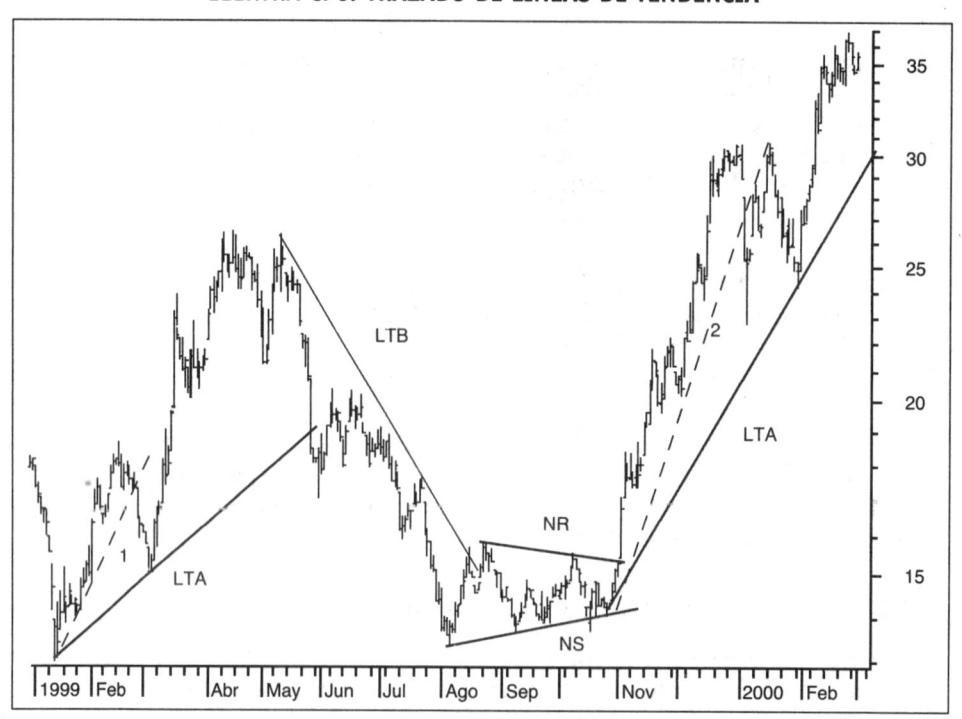

Figura 5.3 Gráfico de Elektra CPO en el que se señalan dos líneas de tendencia principal al alza (LTA) y una a la baja (LTB). El periodo de trading que se dio entre agosto y octubre de 1999 está limitado no por líneas de tendencia sino por niveles de soporte (NS) y de resistencia (NR). Las líneas punteadas (#1 y #2) señalan líneas de tendencia secundarias.

ción, hasta donde esperar que suba el precio, y dónde venderla para tomar utilidades. O bien, donde asumir una pérdida razonable antes de que ésta alcance proporciones de desastre. Las líneas de tendencia son uno de los recursos que nos ayudan a resolver todas estas cuestiones.

De estos criterios resulta claro que para trazar una línea de tendencia es requisito mínimo indispensable contar con un *punto basal*, o primer punto del que parte la nueva tendencia. En el caso de una tendencia alcista, el segundo punto será el siguiente piso local, superior al punto basal. En caso de una tendencia a la baja, el segundo punto corresponderá a un segundo techo local, inferior al punto basal (adelante se hace una discusión a fondo sobre cómo identificar un punto basal).

Dicho de otra forma, si sospechamos que ha comenzado una tendencia alcista, la primera señal la dará el último piso local de la tendencia a la baja o del periodo de *trading* que le precede. A partir de este punto puede comenzar una tendencia alcista la cual se irá revelando poco a poco en forma de señales acumulativas; una vez que se ha identificado un piso local (primera señal). Lo siguiente que ocurrirá es que se supere el último techo local anterior. Esto será la segunda señal. Al ser superado el techo local anterior, es de esperarse que el precio tenga una corrección menor a la baja y que forme un piso local en un punto más alto que el punto basal o piso local anterior. Esta será la tercera señal. Por la regla de los tres días (véase adelante), a este último piso local le deberán seguir tres días al alza. Sólo a partir de este momento en que contamos con un segundo piso local podremos trazar la línea de tendencia alcista. Aun entonces necesitaremos contar con volumen creciente para aceptar que tenemos suficiente certeza de que la nueva tendencia alcista ha comenzado. El volumen creciente será considerado la cuarta señal. Finalmente tendremos un segundo techo local que supere al primero (quinta señal), seguido por un tercer piso local que sea superior al segundo (sexta señal) y que al mismo tiempo "confirme" la nueva línea de tendencia, o sea, que corrobore que esta línea marca los puntos en los cuales se detendrán las correcciones menores para dar origen a los impulsos sucesivos que producirán un aumento neto del valor de la acción (figura 5.4). Entonces tendremos bastante certeza de que estamos en una nueva tendencia.

Hemos indicado que para identificar los pisos y los techos locales y saber dónde apoyar las líneas de tendencia utilizaremos la regla de los tres días que a continuación enunciamos.

Regla de los tres días

Se denominará *piso local* al punto más bajo en el gráfico (el precio mínimo del día) seguido por un incremento en el precio que se sostenga durante tres días consecutivos. Para ello, todo el rango de precios de tres días subsecuentes debe estar por encima del precio más bajo del día que es candidato a ser piso local, como se muestra en la figura 5.5.

El mismo criterio se utiliza para designar un *techo local* cuando hay una reacción dentro de un mercado alcista (o un *rally* de un mercado a la baja). El techo local será el punto más alto del movimiento seguido por tres días de precios por debajo del nivel en cuestión (figura 5.5).

KIMBER A. SEÑALES DE CAMBIO DE TENDENCIA

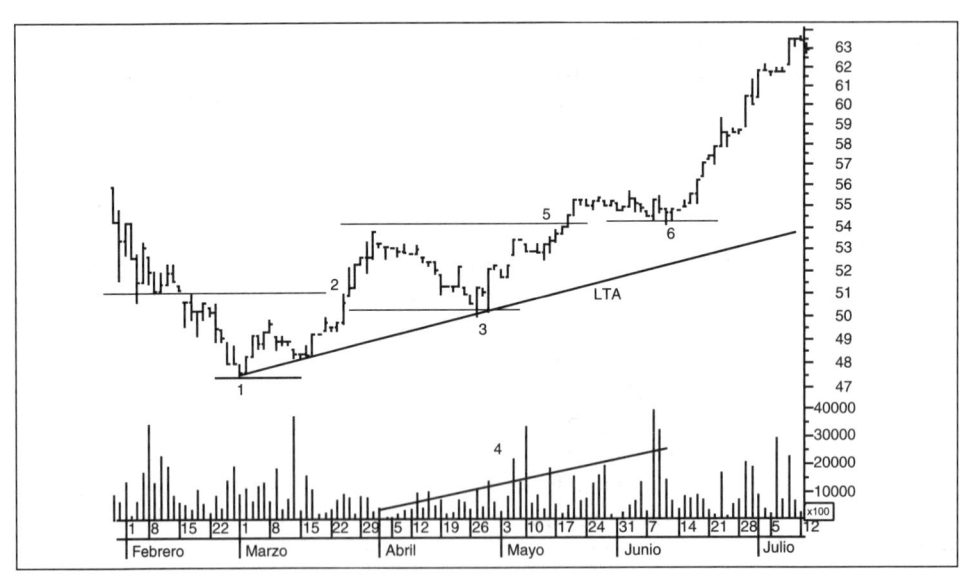

Figura 5.4 Gráfico de Kimber A en el que se identifican las seis señales sucesivas que marcan una nueva tendencia y que dan los elementos para trazar la línea de tendencia (véase explicación en el texto). La aparición de cada nueva señal aumenta la certeza de que efectivamente ha iniciado una nueva tendencia, en este caso al alza (LTA).

ALFA A. REGLA DE LOS TRES DÍAS

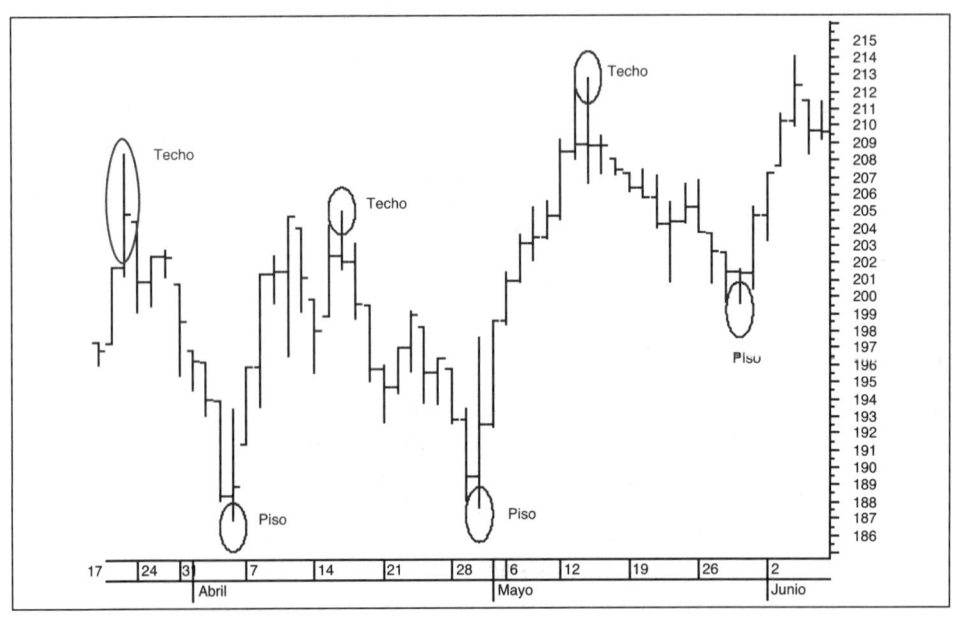

Figura 5.5 Gráfica de Alfa A en la que se señalan Pisos locales (Piso) y Techos locales (Techo) que se identifican mediante la regla de los tres días (véase texto).

Puntos basales

Ya dijimos que a los puntos que utilizamos para iniciar el trazo de una línea de tendencia les llamamos *puntos basales*. Debe resultar claro que la mayoría de las veces los puntos basales (de piso o de techo) coincidirán con los *pisos locales* (en tendencia alcista) o con los *techos locales* (en tendencia a la baja) de tendencias menores, a partir de los cuales se inicie una nueva tendencia tal vez intermedia o mayor.

Operativamente debemos considerar a los puntos basales no sólo para trazar una línea de tendencia, sino también para determinar el nivel en que se colocarán las órdenes de venta en caso de que sea necesario limitar las pérdidas por una operación que resulta contraria a nuestra postura (en corto o en largo). Los puntos basales más obvios serán los precios mínimos de los pisos locales más recientes en un mercado *bull* que comienza y los precios máximos de los techos locales más recientes en un mercado *bear* incipiente, pero hay otras condiciones que analizaremos a continuación (nota 5.5).

NOTA 5.5   DEFINICIÓN DE LOS PUNTOS BASALES

No siempre pueden identificarse claramente los puntos basales, sobre todo en los momentos en que parece estarse formando una consolidación. En estos casos debe uno formarse un criterio personal para definir los puntos extremos a partir de los cuales inicia una nueva tendencia alcista o bajista. Si el regreso que sigue a un avance sustancial es escaso o en realidad es sólo un movimiento lateral sin un claro punto inferior, el punto basal podrá ser definido como el punto a partir del cual se retome el movimiento primario, siempre y cuando el volumen sea el adecuado para confirmarlo. (*Véase* el capítulo 7, Volumen.) En el caso de una tendencia a la baja precedida por una formación de reversa, para identificar el techo local a partir del cuál trazaremos la línea de tendencia descendente, será más conveniente tomar como referencia el último punto alto sobresaliente que precede inmediatamente a la bajada, aunque no sea el punto más alto que se alcanzó durante la formación o la tendencia que le precedió.

En las tendencias al alza, es aconsejable elegir el piso local claramente identificable inmediatamente anterior al día de repunte alcista (el día que generalmente tiene volumen elevado) que esté dentro de los 3 a 4 días previos. Esto es tan cierto para trazar líneas de tendencia, como para determinar niveles de soporte o resistencia o para determinar los niveles a los cuales se decida tomar una pérdida (*Véase* el capítulo 2, Limitación de pérdidas o *stop loss*).

En ocasiones es conveniente desechar un piso local y tomar como basal de piso un punto diferente para iniciar el trazado de una línea de tendencia alcista. Tal es el caso de finales de movimientos a la baja muy rápidos en los que ha existido un clímax de venta seguido de un rebote rápido y un segundo piso pero esta vez a nivel menos profundo pero más consistente. (*Véase* "Clímax de venta" en el capítulo 10.) En casos como éste será conveniente tomar como punto basal el segundo nivel bajo en vez del nivel más profundo, y a partir de él trazar la línea de tendencia nueva, como se muestra en la figura 5.6.

TELMEX L. LÍNEA DE TENDENCIAY CLÍMAX DE VENTA

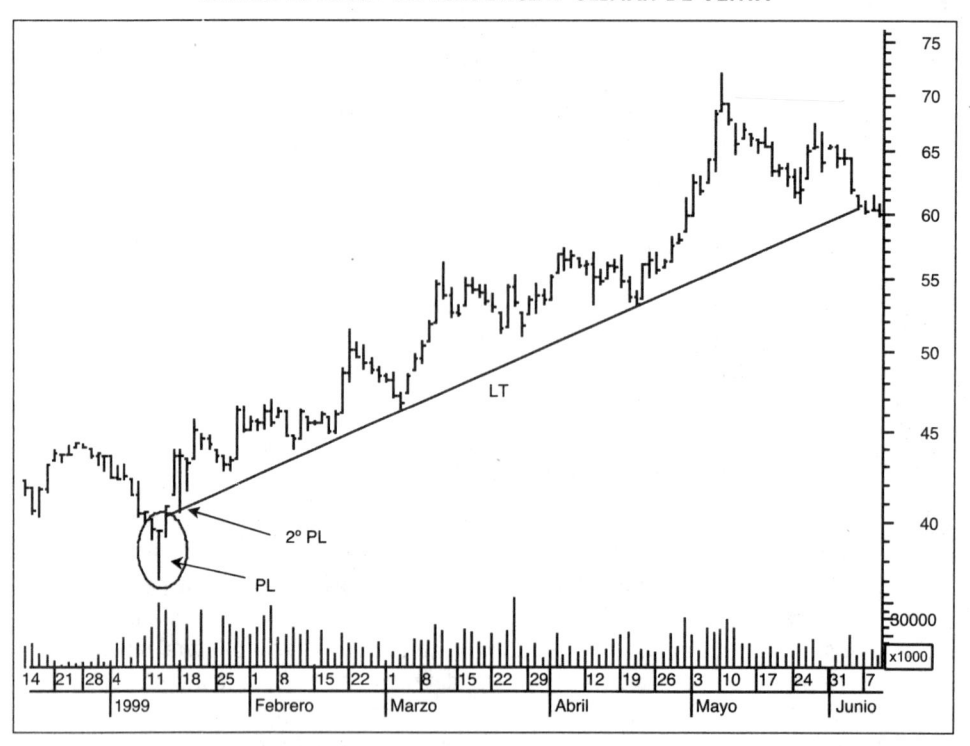

Figura 5.6 Gráfica de Telmex L en la que se ha trazado la línea de tendencia (LT) a partir del tercer día siguiente al pico local (PL). Cabe recordar que después de que los precios caen violentamente como en los clímax de venta, es recomendable considerar el trazo de la nueva línea de tendencia alcista no a partir del piso local o fondo del clímax de venta (señalado con un óvalo), sino a partir del segundo piso local (2°PL) como se ha hecho en este caso.

En otras palabras, creemos que las mejores líneas de tendencia en un mercado *bull* temprano se trazan no a partir del punto más bajo del *bear* precedente, sino a partir del piso que se forma después de la primera reacción. Una razón es que el área de acumulación en la parte temprana de un *bull* es muy amplia y aplanada y la línea que se traza basada en este punto suele ser demasiado horizontal y no refleja la verdadera tendencia mayor. Otra posibilidad es, como ya dijimos, que el fin de la tendencia bajista anterior se dé con un clímax de venta y que el piso local represente un movimiento "exagerado" o "excesivo" que no refleje el verdadero punto final de la caída y el verdadero principio de la nueva subida.

Penetración de una línea de tendencia

Nos permitimos insistir en que las líneas de tendencia son siempre dibujadas a partir de un piso local (o punto basal de piso) a otro piso local, o a partir de un techo local (o pun-

Capítulo 5   Líneas de tendencia   **67**

to basal de techo) a otro techo local y nunca de un piso a un techo o viceversa. De acuerdo con esto, las líneas de tendencia nunca deben atravesar la gráfica de precios, pero los precios pueden atravesar a la línea después de trazada y **¡este punto en que una línea de tendencia correctamente trazada es atravesada por los precios es uno de los signos más importantes en el análisis técnico!**

De hecho, las líneas de tendencia se trazan precisamente para identificar ya sea el "rebote" del precio sobre la línea de tendencia (a la cual le llamamos respetar o confirmar la línea), o bien, el momento en que las líneas de tendencia sean atravesadas o rotas por la línea de precios. A este último fenómeno le llamamos penetración o *rompimiento* de líneas de tendencia. El principal significado del rompimiento de una línea de tendencia es indicar que está comenzando un nuevo movimiento de distinta tendencia que el precedente. Hay ocasiones en que la penetración de una línea de tendencia indica simplemente que continúa la tendencia previa pero con una aceleración mayor o menor. En la figura 5.7 se representa la "penetración" de la línea de tendencia (nota 5.6).

KIMBER A. PENETRACIÓN DE LA LÍNEA DE TENDENCIA.

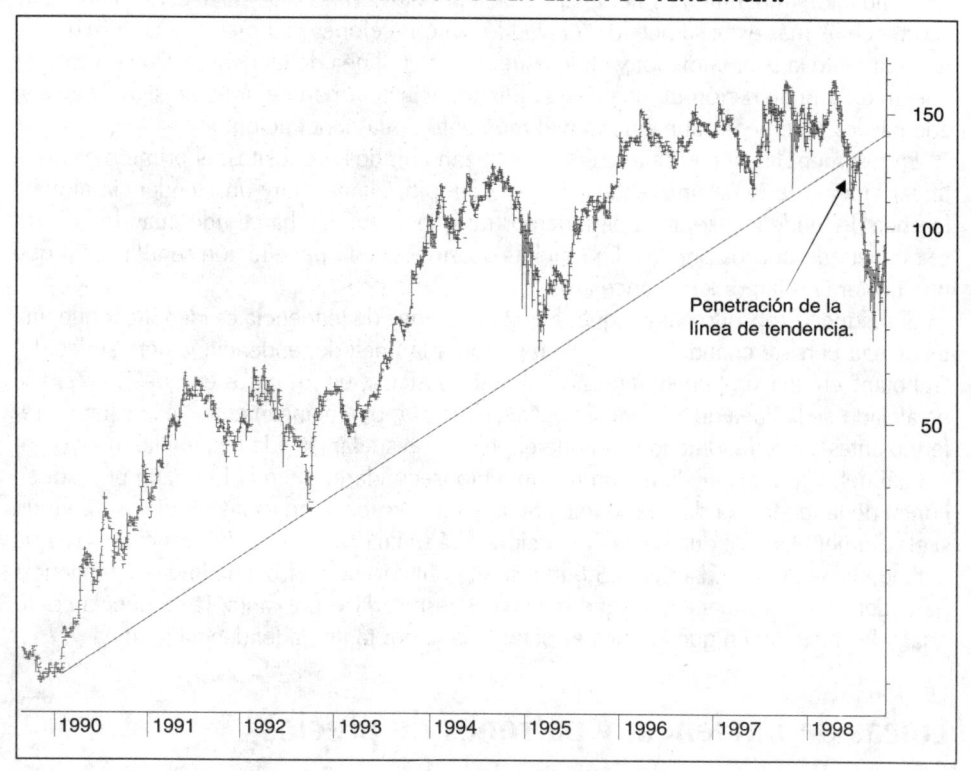

Figura 5.7   Gráfica de Kimber A que muestra la penetración de la línea de tendencia cuando ésta termina. En este caso, la tendencia alcista se mantuvo por más de siete años. La penetración de una línea de esta duración no debe desdeñarse.

> **NOTA 5.6 PENETRACIÓN DE LA LÍNEA DE TENDENCIA**
>
> No todas las veces que una línea de tendencia es "penetrada" será señal de cambio de tendencia. Esto dependerá de la importancia de la tendencia cuya línea es penetrada y de otros datos técnicos, como el volumen que se alcanza después de la penetración. Por tanto, es importante distinguir cuáles penetraciones son significativas y cuáles se deben a situaciones sin consecuencia, como que hemos trazado la línea un poco fuera de lugar, lo que nos obliga a mover un poco la línea que hemos dibujado. Además, debe quedar claro que la magnitud de la tendencia cuya línea es penetrada guardará proporción con la magnitud de la nueva tendencia, de tal manera que si la línea de tendencia que se penetra es de corto plazo, la nueva tendencia también será de corto plazo.

Cuando en una tendencia ascendente —al menos del tamaño de un movimiento secundario— los precios descienden claramente por debajo de la línea de tendencia, podemos concluir que la tendencia ha sido completada y que la emisora hará una consolidación (movimiento lateral) antes de tener otro avance. De no hacerlo, sufrirá una "corrección" más extensa que los "clavaditos" (correcciones menores o terciarias) que se echó durante la subida menor y en los que respetó la línea de tendencia. Como veremos adelante, la penetración de una línea de tendencia será particularmente significativa si además los volúmenes aumentan en el momento de la penetración.

En resumen, las líneas de tendencia se trazan con dos propósitos: el primero es identificar cuándo termina una tendencia. Por ejemplo, cuando hay una tendencia al alza, la línea de tendencia se traza para demostrar que el avance ha cesado cuando la línea sea penetrada por los precios. En muchas ocasiones, esta penetración será la señal que una postura en largo debe cancelarse.

El segundo propósito para el que se traza una línea de tendencia es identificar que una tendencia persiste cuando los precios regresan a la línea de tendencia y, por así decirlo, "rebotan" en ella sin penetrarla. Esto habrá de buscarse en los casos en que el precio se ha alejado de la línea de tendencia por "acelerarse" momentáneamente. Ya nos hemos referido antes a este fenómeno en el que el precio "se adelanta" a la tendencia, motivo por el cual debe corregir mediante un movimiento (secundario o terciario, según el caso) en contra de la tendencia de que se trate. Si la línea se respeta (no es penetrada), sobre todo si el volumen decrece durante la corrección, será señal de aumentar las posiciones ya que la tendencia continúa. La figura 5.8 muestra la utilidad de una buena línea de tendencia para identificar la situación en que la línea es respetada y, por tanto, la tendencia continúa, y la situación en que la línea es penetrada y, por tanto, la tendencia termina.

Líneas de tendencia y patrones de precios

Una situación interesante se presenta cuando se forma un pequeño patrón de reversa en los precios bastante por encima de la línea de tendencia y hay espacio para que se complete el patrón de reversa sin penetrar la línea de tendencia. Entonces, el patrón debe pasarse por alto (desde el punto de vista operativo) mientras no se penetre la línea de

GISSA B. DIFERENTES LÍNEAS DE TENDENCIA POSIBLES.

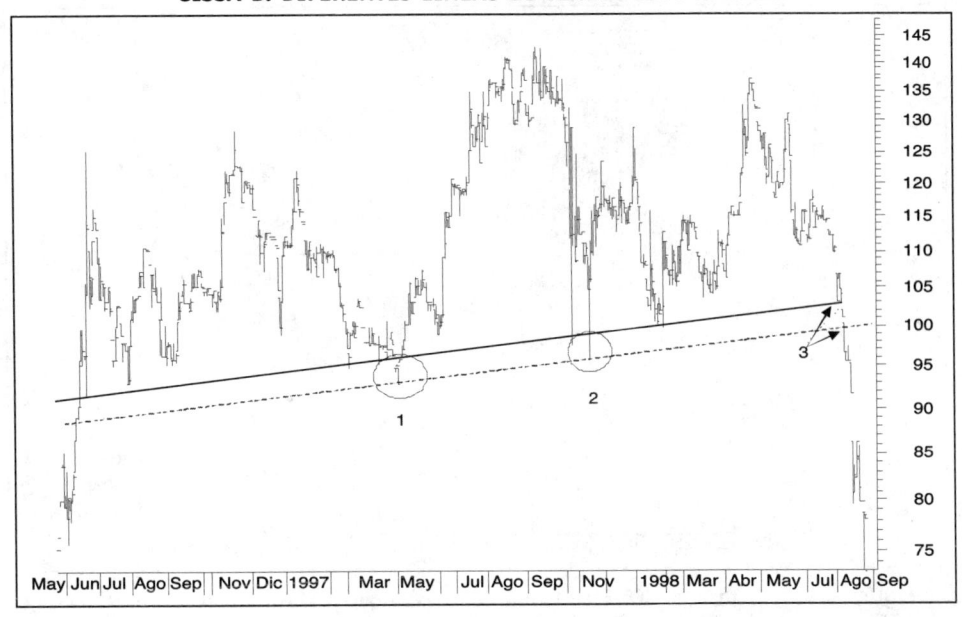

Figura 5.8 Gráfica de Gissa B en la que se muestran dos posibles líneas de tendencia paralelas. Si se acepta la línea superior (continua), tendría la ventaja de ser tocada por varios puntos importantes, pero tendría el defecto de ser penetrada "en falso" en dos ocasiones (#1 y #2). Por otro lado, si se considera la línea inferior (punteada) como verdadera, ésta es respetada en todo su trayecto aunque sólo es tocada por el precio en dos puntos. En el #3, las dos líneas son penetradas de manera definitiva y aunque la línea superior es penetrada un poco antes, consideramos que la verdadera señal de cambio de tendencia (y en este caso de que se ha completado la formación de cabeza y hombros) es la penetración de la línea inferior (punteada).

tendencia, pues al final puede ser que se trate de una consolidación y que el patrón o figura que está en evolución resultará ser de continuación y no de reversa (figura 5.9a).

La situación opuesta se presenta cuando la línea de tendencia es penetrada antes de que se complete el patrón de reversa. En este caso no será necesario esperar a que se termine el patrón de reversa para tomar decisiones. Esta situación se representa con claridad en la figura 5.9b.

Otra situación en que una línea de tendencia y una figura o formación de precios se relacionan íntimamente. Se presenta cuando la línea de tendencia describe el límite de la formación. En estos casos, la penetración de la línea de tendencia y el rompimiento del patrón de precios se verificarán de manera simultánea, lo cual refuerza la validez del rompimiento (figura 5.9c).

Las siguientes son algunas características que refuerzan la validez de una línea de tendencia que hemos trazado.

Criterios de validez de una línea de tendencia

a) Cuantos más pisos locales de ondas menores toquen justamente la línea de tendencia, tanta mayor importancia tendrá esa línea desde el punto de vista técnico. En cada prueba sucesiva de la línea de tendencia por los precios se refuerza la relevancia

GCC B. LÍNEA DE TENDENCIA Y PATRÓN DE PRECIOS

Figura 5.9a Gráfica de GCC B en la que se muestra que la línea de tendencia descendente (LTD) es penetrada (#4) después que se ha completado la formación de un patrón de reversa (#3), que en este caso corresponde a un doble fondo (#1) (véase capítulo 8, Formaciones de reversa). En la gráfica se señala la "línea de resistencia" (#2) que delimita hacia arriba al doble fondo. También se señala el regreso de los precios a la línea de tendencia previamente penetrada (#5), fenómeno llamado pullback. En este caso atípico, el pullback rebasa la LTD haciendo una formación de reversa "en isla" (véase capítulo 11, Brechas).

DESC B. LÍNEA DE TENDENCIA Y PATRÓN DE REVERSA

Figura 5.9b Gráfica de Desc B en que la línea de tendencia ascendente (LTA) es penetrada (#1) antes de que se complete la formación de reversa, que en este caso corresponde a una formación de "cabeza y hombros" (#3) (véase capítulo 8, Formaciones de reversa). La formación de reversa se completa cuando la "línea de cuello" (horizontal punteada) es penetrada (#2).

INDICE NIKKEI. LÍNEA DE TENDENCIA Y PATRÓN DE REVERSA.

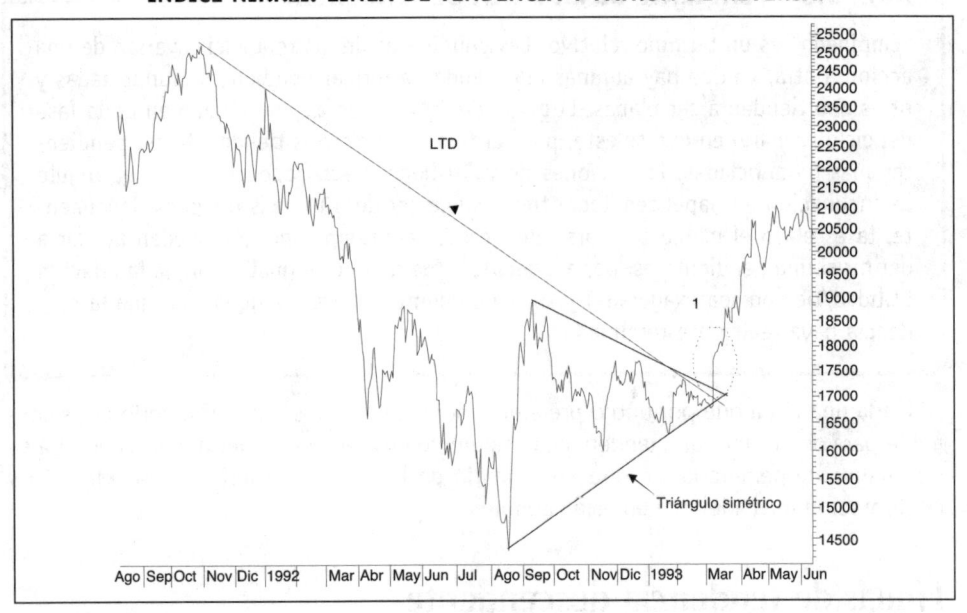

Figura 5.9c Gráfica del Indice Nikkei. La línea descendente (LTD) es penetrada (#1) al mismo tiempo que se completa un triángulo simétrico (véase Formaciones de reversa en el capítulo 8).

de la línea. La tercera vez que el precio regresa a la línea y la respeta, ésta se considera confirmada.

b) Cuanto más larga sea la línea de tendencia antes de ser penetrada, tanto mayor será el significado técnico de su penetración. Esto será más cierto cuando los dos puntos originales con los que se trazó la línea de tendencia estén bastante separados entre sí y, por tanto, sean componentes claramente independientes de la tendencia que intentan definir. Si además de ello entre ambos puntos de contacto con la línea el precio se aleja bastante de la línea, con mayor probabilidad será una tendencia sólida (nota 5.7).

NOTA 5.7 SOLIDEZ DE LA LÍNEA DE TENDENCIA

Como prueba de la solidez de una línea, es más importante el número de veces que dicha línea es alcanzada sin penetrarse que la longitud de la línea que no ha sido penetrada.

c) El ángulo de inclinación de la línea de tendencia es otra característica importante en las tendencias intermedias. Una línea de pendiente muy pronunciada será penetrada fácilmente por un patrón de consolidación menor, sin que esto represente el fin de la tendencia. Estas líneas demasiado "empinadas" son poco útiles para el analista técnico. Cuanto más horizontal sea la pendiente, tanto más significativa será su ruptura o penetración (nota 5.8).

> **NOTA 5.8   PENDIENTE DE LA LÍNEA DE TENDENCIA**
>
> "Empinado" es un término relativo. Las pendientes de las tendencias varían de una acción a otra, ya que hay algunas que tienden a formar pendientes pronunciadas y otras que tienden a ser planas. El grado de inclinación depende también de la fase del ciclo primario en que se esté, pues al final de los ciclos tiende a haber pendientes más pronunciadas. En acciones de volatilidad y actividad promedio, el ángulo de inclinación en papel semilogarítmico suele ser de 30°, más o menos. Finalmente, la escala o el marco temporal que se esté contemplando nos pueden ayudar a definir si una pendiente es, por así decirlo, "fuera de lo normal" (porque la relación utilidad/tiempo sea exagerada) y su rompimiento sea casi obligado sin que la tendencia haya realmente terminado.

Dada una línea que por uno o preferentemente dos de los criterios anteriores es confiable para determinar una tendencia, el siguiente problema es determinar cuando ha sido finalmente penetrada. Lo que será tratado en la sección Criterios de penetración y confirmación más adelante en este capítulo.

Líneas de tendencia descendente

Los descensos en un mercado *bear* son menos regulares y uniformes que los ascensos en un mercado *bull*. Sus ángulos de pendiente son más pronunciados, lo cual es particularmente cierto en las fases de pánico de la segunda fase *bear*. De hecho, durante la fase rápida de caída en un mercado *bear*, la línea de precios se aleja rápidamente de la línea de tendencia que se traza entre las puntas o techos locales de los dos primeros *rallies*, ya que la caída se acelera progresivamente (nota 5.9) como se muestra en la figura 5.10.

> **NOTA 5.9   PENETRACIÓN DE LA LÍNEA DE TENDENCIA DESCENDENTE**
>
> Esto hace que cuando termina el descenso y la tendencia cambia al alza, la penetración de la línea de tendencia y la señal de fin de tendencia sean muy tardías, pues los precios se han alejado mucho de la línea y divagan en un terreno muy amplio que queda entre el precio menor de la tendencia a la baja (el fondo de la caída) y la línea de tendencia respectiva. Y aunque esta línea originalmente trazada no sea útil para indicar la entrada a la nueva tendencia —por dar una señal tardía— debe recordarse (o mantenerse en el gráfico), ya que su penetración es lo que importa para definir con certeza una nueva tendencia.

Sin embargo, el último descenso intermedio de un mercado *bear*, el que conduce al último piso local, usualmente es más limpio, más claro y más regular que el primer descenso que es más violento. Identificando esta fase más pausada de descenso tendremos una primera pista muy buena que señala el próximo fin de un mercado *bear* (nota 5.10).

ÍNDICE DE LA BOLSA DE MADRID. LÍNEA DE TENDENCIA Y LÍNEA DE RETORNO

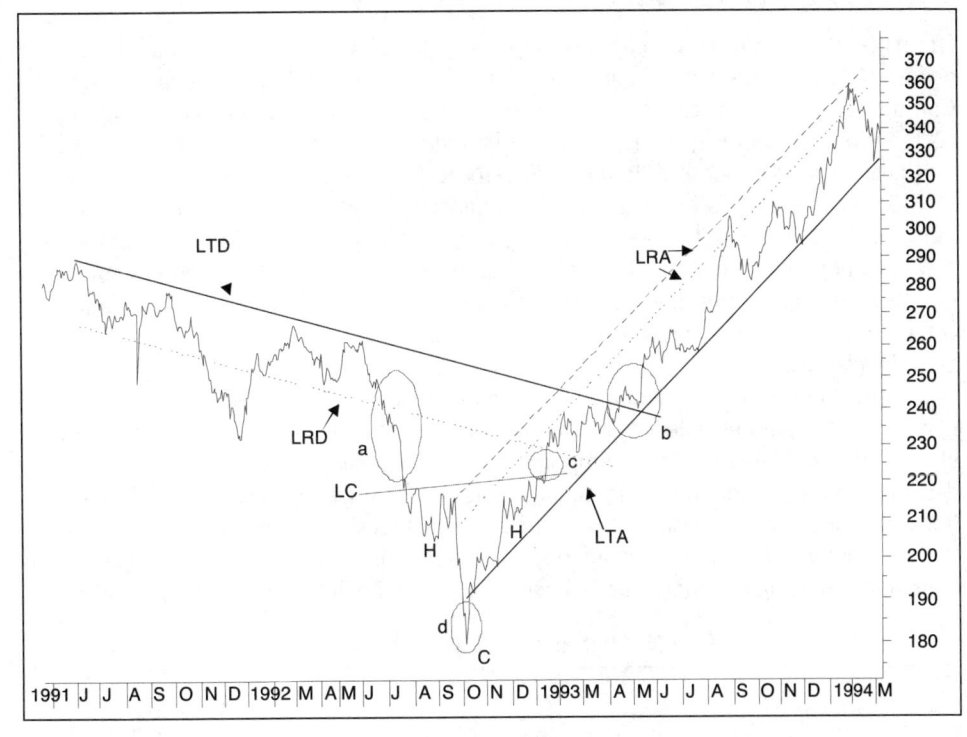

Figura 5.10. Gráfica del Índice de la Bolsa de Madrid en el que se señala la línea de tendencia descendente (LTD) y su paralela, la línea de retorno (LRD) en un mercado a la baja. Se han señalado asimismo la línea de tendencia ascendente (LTA) y sus paralelas, dos posibles líneas de retorno (LRA) en un mercado alcista. Nótese que la línea de retorno descendente no es respetada y a partir del óvalo "a" el precio se aleja mucho de la línea de tendencia descendente. Antes de la penetración de la LTD ("b") se completa una formación de reversa que corresponde a una Cabeza y Hombros del fondo (HCH) la cual se completa en el óvalo "c" (véase Formaciones de reversa en el capítulo 8). En el gráfico se señala la "línea de cuello" (LC) que delimita hacia arriba la formación de CyH. El óvalo marcado con "d" que corresponde a la cabeza, es además una figura llamada clímax de venta (véase Capítulo 10). Ese movimiento no se ha utilizado como punto de partida para trazar la LTA por razones que se explican en el texto.

NOTA 5.10 EL FINAL DEL *BEAR*

Cuando en una tendencia *bear*, después de pasado algún tiempo desde la terminación del *bull* anterior y que los precios hayan recorrido una distancia considerable, y después de que haya sucedido al menos una venta de pánico, sigue un nuevo descenso en forma más ordenada y menos rápida. Si esta bajada tiene una buena línea de tendencia de la que no se aleja mucho, hay que vigilarla muy de cerca, ya que la penetración hacia arriba de la línea de tendencia puede muy bien representar un regreso mayor y por tanto el comienzo a un nuevo mercado *bull*.

Canales de tendencia

En una tendencia alcista, con frecuencia es posible trazar una línea que toca los techos de los *rallies* menores y que suele ser paralela a la línea de tendencia básica (figura 5.11). Con menos frecuencia, en un mercado *bear* puede trazarse una línea bajo los pisos de las recesiones menores que sea paralela a la línea de tendencia básica (figura 5.11). Estas líneas reciben el nombre de *líneas de retorno*.

Al área comprendida entre la línea de tendencia y la línea de retorno se le conoce como *canal de tendencia*. La línea de retorno puede representar una zona de soporte o resistencia, dependiendo de la dirección de la tendencia, como se verá en el capítulo 6. Por ahora es importante mencionar que cuando se logra definir un canal de tendencia como los mencionados, deben estudiarse con detalle por varias razones que a continuación detallamos.

Aunque la impresión inmediata es que en una tendencia alcista podría utilizarse la línea de retorno para establecer el punto de toma de utilidades, lo cual en general no es el caso (nota 5.11), la verdadera importancia de un canal de tendencia es que si en un desplazamiento ascendente no logra alcanzarse dicha línea de retorno (la paralela de la línea de tendencia que pasa por los techos locales sucesivos de los *rallies* menores), esto deberá interpretarse como un signo temprano pero importante de debilidad en la tendencia. Además, la distancia que le hace falta al movimiento ascendente para alcanzar

GMEXICO B. CANAL DE TENDENCIA

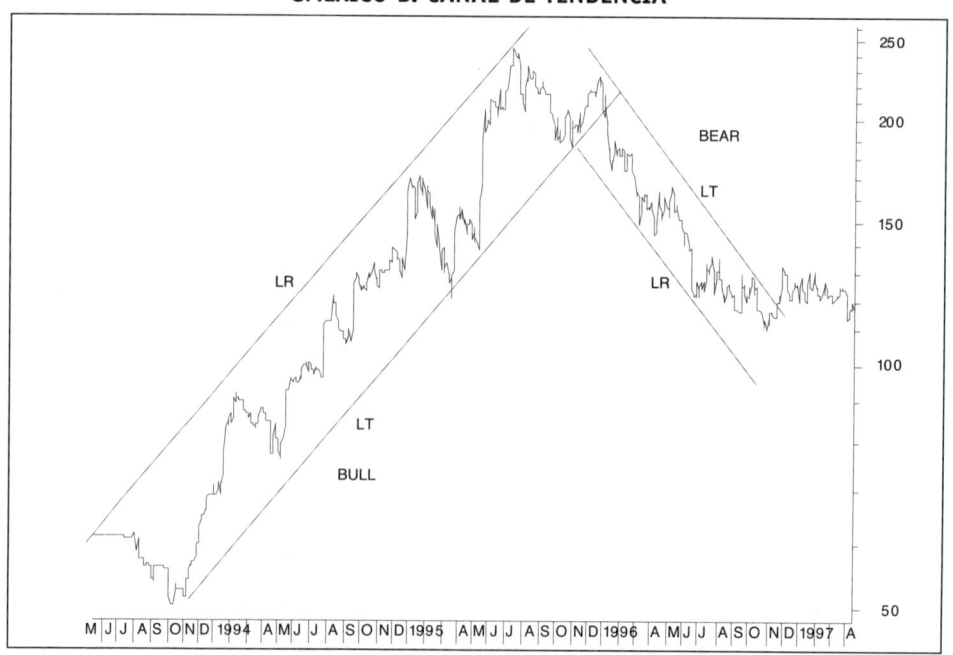

Figura 5.11 Canal de tendencia en un *bull* y en un *bear*, limitados por la Línea de Tendencia (LT) y la Línea de Retorno (LR). En este caso particular (Gmexico B), la línea de retorno del *bear* se ha respetado, lo que no sucede con mucha frecuencia en las tendencias descendentes.

Capítulo 5 Líneas de tendencia 75

la línea de retorno es casi siempre la misma distancia que cuando el precio excede a la línea de tendencia al penetrarla, antes de hacer un alto o iniciar un *pullback* o *regreso a confirmar,* como se muestra en la figura 5.12. (*Véase* más adelante *pullback*.).

NOTA 5.11 TOMA DE UTILIDADES EN LA LÍNEA DE RETORNO

Aunque no es deseable establecer como criterio general tomar utilidades en el momento en que el precio alcanza la línea de retorno en una tendencia alcista, sino que se sugiere esperar a tener evidencia clara de que la tendencia ha terminado (como podría ser al desarrollarse una formación de reversa o penetrarse la línea de tendencia), hay casos en los que puede ser una buena decisión tomar cuando menos utilidades parciales en caso de existir datos indirectos de debilidad en la tendencia o de que haya coincidencia entre el nivel marcado por la línea de retorno y un nivel importante de resistencia histórica o cuando la pendiente de la tendencia alcista sea muy grande.

De igual forma, una vez establecido un canal de tendencia a la baja, cuando una reacción desde la línea de tendencia no alcanza la línea de retorno sino que antes de recorrer todo el canal vuelve a ascender, es de esperarse que penetre la línea de tendencia y que la rebase en una altura proporcional a la que le faltó para alcanzar la línea de retorno en la reacción anterior, como se muestra en la figura 5.12.

GCC B. TENDENCIA CADUCA Y LÍNEA DE RETORNO

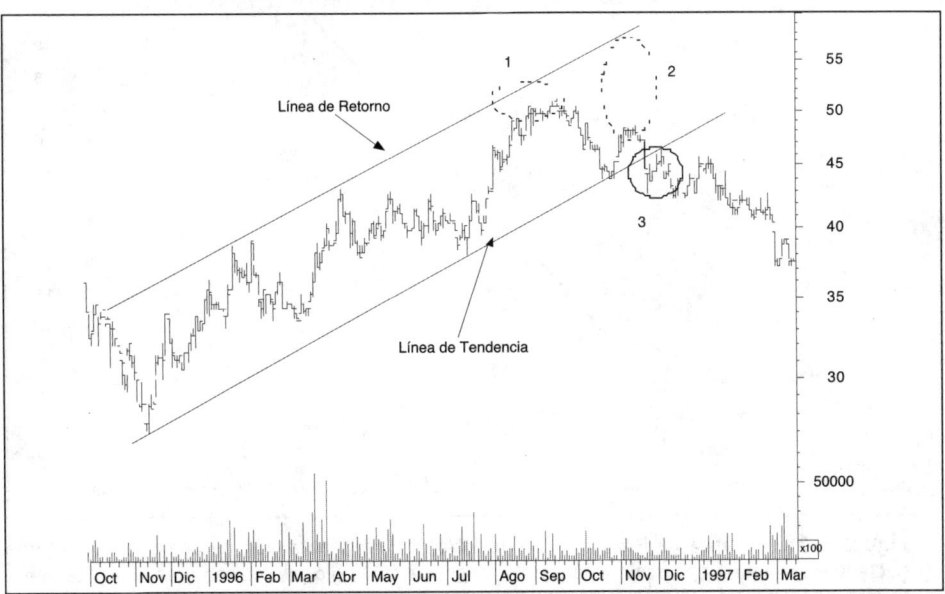

Figura 5.12 Gráfico de GCC B en que se muestra cómo los precios no logran alcanzar la línea de retorno en una tendencia alcista caduca (#1 y #2) lo que sucede cuando la tendencia está próxima a terminar. En el #3 se señala el *pullback* que confirma la penetración y con ello el final de la tendencia.

76 Invierta con éxito en la bolsa de valores

Por el contrario, la penetración de la línea de retorno significa que la tendencia se va a acelerar aumentando a partir de ese punto la pendiente de la línea de tendencia —lo menos probable— o que una reversa en la tendencia básica —de proporciones cuando menos moderadas— está por ocurrir. Y lo que estamos observando entonces es un "exceso" típico de finales de tendencias (menores o mayores), también llamado *throwover*. Si el ángulo de inclinación de la tendencia antes de la penetración es bajo, lo más probable es que se trate de una aceleración (figura 5.13). Si por el contrario, el ángulo de la tendencia antes de la penetración es pronunciado, entonces lo más probable es que la penetración sea una señal de agotamiento (figura 5.13).

Estos canales de tendencia se observan sobre todo en acciones intercambiadas muy activamente (acciones de alta bursatilidad) y no tanto en las acciones muy delgadas que sólo esporádicamente son negociadas (acciones de baja bursatilidad). Definir con precisión un canal de tendencia tiene importancia táctica, como se verá más adelante.

HILASAL A. PENETRACIÓN DE LA LÍNEA DE RETORNO

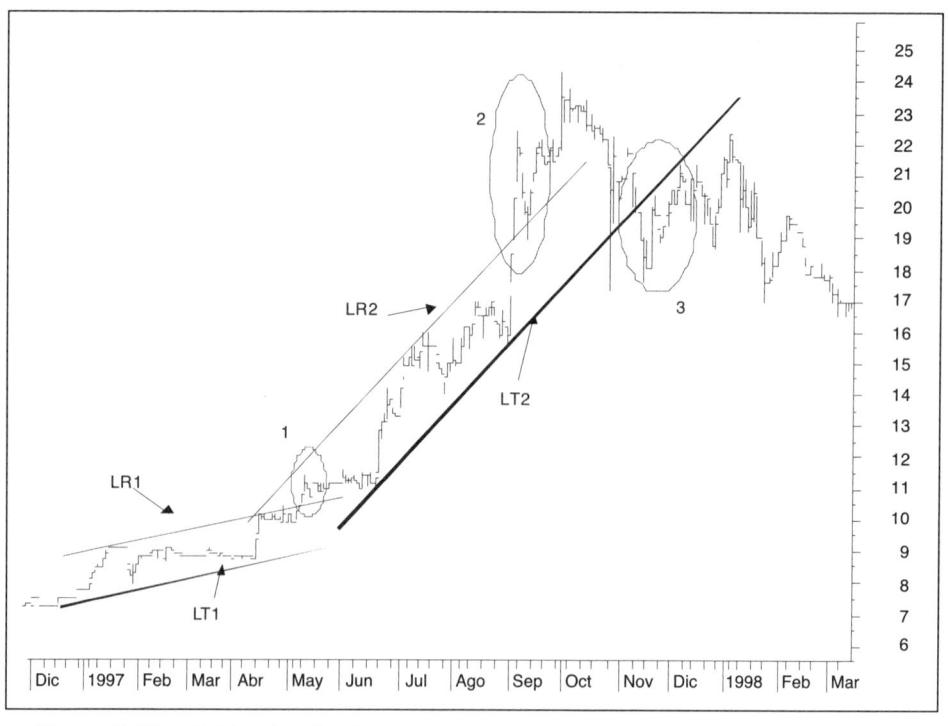

Figura 5.13 Gráfica de Hilasal A que muestra (#1) la penetración de una línea de retorno (LR1) que da lugar a una aceleración de la tendencia (LT1). Por el contrario, en el #2, la penetración de la segunda línea de retorno (LR2) precede a una corrección importante en la tendencia que corresponde a la segunda línea de tendencia (LT2). Este fenómeno es frecuentemente observado cuando se acerca el final de una tendencia ascendente larga y de pendiente pronunciada. El #3 señala el final de la tendencia, la penetración de la línea de tendencia alcista (LT2) y un *pullback* amplio.

En los mercados *bear,* en general, la línea de retorno (la línea que une los pisos de los *rallies* menores) tienen muy poca utilidad práctica, porque es rápidamente penetrada hacia abajo al acelerarse la caída de los precios. De hecho es difícil encontrar verdaderos canales de tendencia descendentes en magnitudes igual o mayor a un secundario.

Líneas de tendencia y escala semilogarítmica

Cuando se trata de líneas de tendencia mayor es importante la diferencia obtenida con papel aritmético o semilogarítmico. En papel aritmético, las tendencias *bull* de largo plazo siguen un curso que hacia el final se acelera y su pendiente se va acentuando progresivamente. Muchas de estas curvas aparecen como líneas rectas en papel semilogarítmico. En este caso la penetración de la línea de tendencia da una señal certera y temprana de cambio de tendencia. Por tanto, el gráfico semilogarítmico da una información más útil en cuanto a cambio de tendencia cuando se trata de periodos de tiempo amplios (meses o años).

Sin embargo, algunas de las acciones más sólidas tienden a avanzar siguiendo cursos rectos en gráficos aritméticos. Sus tendencias en gráficos semilogarítmicos, se ven como desaceleradas (hipérbolas ascendentes). Hay una tercera clase de acciones que incluso en papel aritmético dan un gráfico desacelerado, ya que conforme aumenta su precio disminuye de manera marcada su aceleración. En estos casos, la penetración de una línea de tendencia puede ser mucho antes del verdadero fin de la tendencia alcista (nota 5.12).

NOTA 5.12   DESACELERACIÓN DE LA TENDENCIA

Hay una formación o figura de reversa que es el *techo redondo*. (*Véase* el capítulo 8.) Deberá tenerse cuidado en no confundir una figura de estas con la descripción que hacemos de desaceleración de la tendencia. Aunque de hecho el techo redondo es una desaceleración de una tendencia alcista, la figura técnica de reversa a la que nos referimos generalmente tarda en desarrollarse entre unas pocas semanas o hasta varios meses, mientras que la tendencia desacelerada de la que hablamos en este capítulo tarda varios años en manifestarse. Ciertamente hay una zona intermedia (de magnitud temporal) en la que son imposibles de distinguir; pero llegando a esos extremos, los cambios son tan lentos que siempre tendremos muchos argumentos accesorios que nos permitirán decidir la operación a realizar.

Muchas acciones se sitúan entre la primera y la segunda formas, o sea, que se desprenden de la recta hacia arriba en papel aritmético, pero se frenan y penetran en falso una línea recta en papel semilogarítmico (figuras 5.14 a y b). Ya que generalmente no estaremos cambiando de una escala a la otra para comprobar esto, deberá tenerse siempre presente que la penetración de una línea de tendencia es solamente una señal de probable cambio de tendencia y no una confirmación definitiva.

MICROSOFT. LÍNEA DE TENDENCIA EN ESCALA ARITMÉTICA

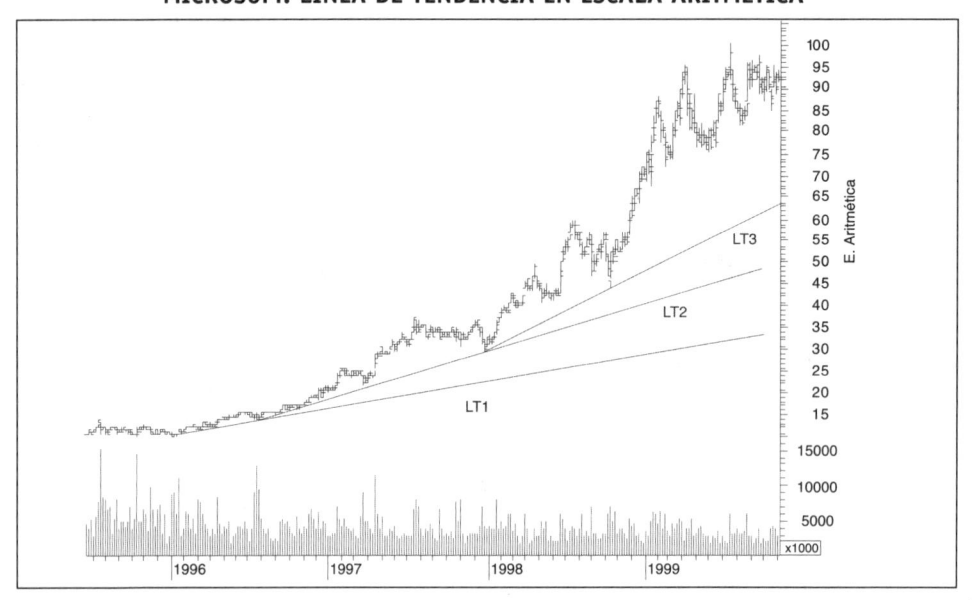

Figura 5.14a

MICROSOFT. LÍNEA DE TENDENCIA EN ESCALA SEMILOGARÍTMICA

Figura 5.14b En estas gráficas de Microsoft se muestra la aceleración de una tendencia y el efecto que se genera al utilizar un gráfico con escala aritmética (5.14a) o semilogarítmica (5.14b). En la figura 5.14a, la línea de tendencia original (LT1) muy pronto deja de ser operante. Incluso las otras dos líneas de tendencia trazadas en la figura (LT2 y LT3) pronto pierden la función de describir la tendencia existente. Por el contrario, en la Figura 5.14b, que abarca el mismo periodo de tiempo, la línea de tendencia (LT) es claramente identificable y una sola línea cumple la función de describir la tendencia a todo lo largo del periodo de ascenso.

Líneas y canales de tendencia mayor

Las pruebas para demostrar la importancia técnica de una *línea de tendencia mayor* son básicamente las mismas que en las de *tendencia intermedia*; sin embargo, las penetraciones en tendencia mayor deben ser más claras, ya que se manejan datos más gruesos y, por tanto, las oscilaciones suelen ser mayores. Desde este punto de vista, es conveniente utilizar gráficos semanales o aun mensuales para estudiar las tendencias mayores, sin olvidar que lo que se quiere en éstos gráficos es perspectiva, no fineza.

Al contrario de lo que sucede en los primarios *bull*, muy pocos mercados *bear* han producido líneas de tendencia mayor con algún significado práctico en los gráficos de acciones individuales. El mercado *bear* normal no sólo tiene una tendencia más empinada que la del mercado *bull* (ya que los mercados *bear* duran aproximadamente la mitad de tiempo que el *bull*), sino que el gráfico que generan es del tipo acelerado o de curva descendente que rápidamente hace que el precio se desprenda o aleje de la línea de tendencia como ya indicamos. Esta peculiaridad se acentúa en escala semilogarítmica y por tanto es difícil proyectarla en forma efectiva.

En resumen, creemos que el trazo de líneas de tendencia mayor operativamente no ayudan mucho para identificar el cambio de un primario *bear* a un primario *bull*, pues su señal es demasiado retrasada para cualquier efecto práctico; sin embargo, seguirán siendo útiles como señal confirmatoria.

Si las líneas de tendencia plantean muchas preguntas en relación con qué forma de gráfico utilizar, los canales de tendencia mayor son aún más difíciles de definir, ya que las oscilaciones primarias son mayores y, por tanto, los canales suelen hacerse muy amplios y la línea de retorno tiende a apartarse mucho de la paralela de la básica. Ocasionalmente, se forma algún canal de tendencia mayor —sobre todo en los *bulls*—, en el que los precios describen canales fragmentarios o subdivididos de tal manera que por una temporada más o menos larga el canal está formado por la línea de tendencia básica y una determinada paralela de ésta que se constituye como línea de retorno. Más adelante la línea de retorno puede pasar a ser la línea de tendencia básica y una segunda paralela pasa a tener la función de línea de retorno. De esta manera, el canal propiamente tal tiene dos niveles y el precio puede cambiar del inferior al superior o viceversa, conservando al mismo tiempo una tendencia de pendiente invariable (figura 5.15a).

Esto es aún más impreciso en los *bears* primarios, y aunque muchas veces en ninguna forma de gráfico se logra un trazo realmente útil vale la pena buscar la posibilidad de trazar un canal simple o múltiple en un *bear* ya que puede ser una excelente herramienta que guíe la operación como se muestra en la figura 5.15b.

Líneas de tendencia en los promedios

Casi todo lo que se ha dicho en el capítulo precedente en relación con líneas de tendencia intermedias para acciones individuales es aplicable también a los promedios. De hecho, las líneas trazadas en los promedios son más precisas, y una penetración menor es más significativa que en las acciones individuales. En este caso, una penetración de 2% deberá considerarse suficiente para dar una señal confiable de ruptura como veremos en la siguiente sección.

COMERCI UBC. DOBLE CANAL DE TENDENCIA.

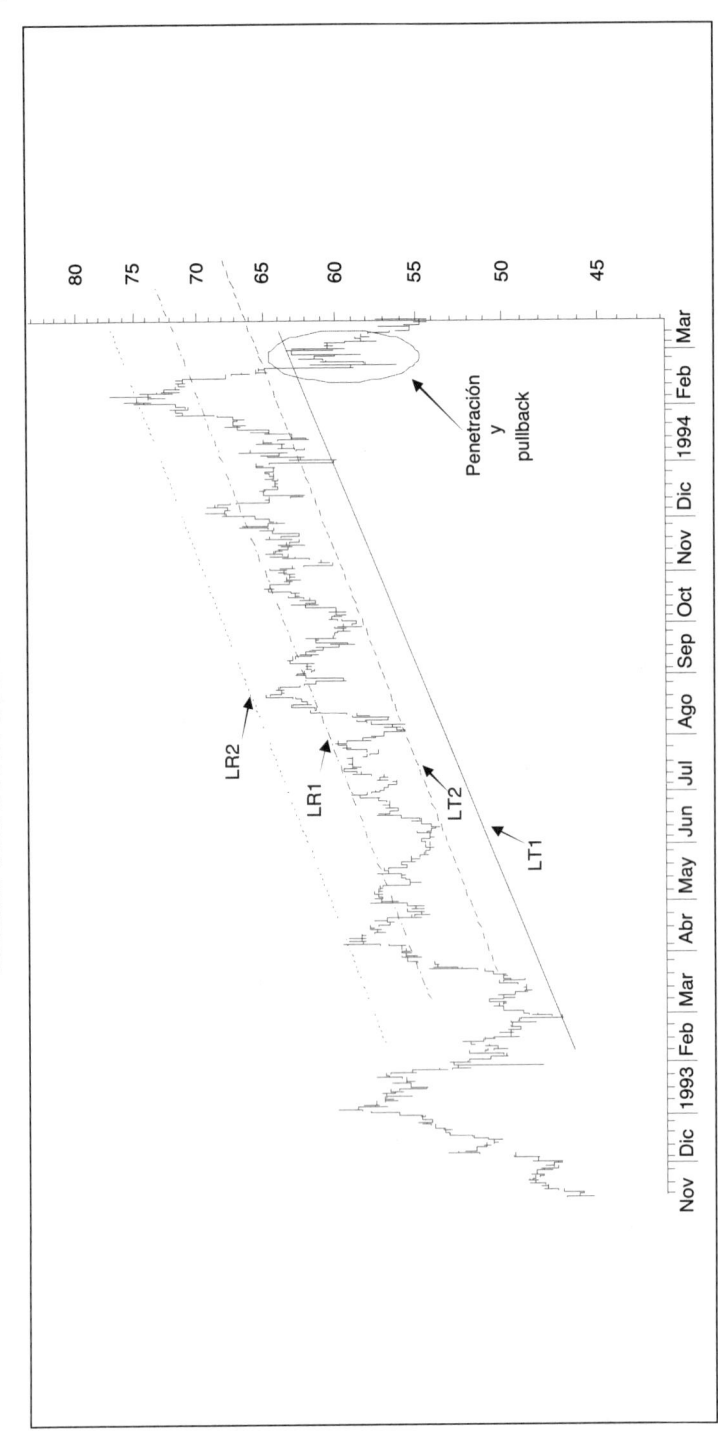

Figura 5.15a Gráfica de Comerci UBC que muestra un doble canal de tendencia alcista en un primario *bull*. Se señala la línea de tendencia principal o externa (LT1), una línea de tendencia accesoria interna (LT2), la línea de retorno interna (LR1) y la línea de retorno externa (LR2). El óvalo muestra el momento de la penetración de la línea de tendencia principal y el *pullback* que le sigue. A pesar de que en este caso la línea de tendencia principal (LT1) sólo se toca en dos puntos y la accesoria interna (LT2) deja pasar varios puntos al principio (marzo de 1993) y al final (enero de 1994) del periodo alcista, es claro que las cuatro paralelas anotadas son las líneas que mejor describen el movimiento de los precios por lo tanto la penetración de la línea inferior (LT1) se toma como señal definitiva del final de la tendencia alcista.

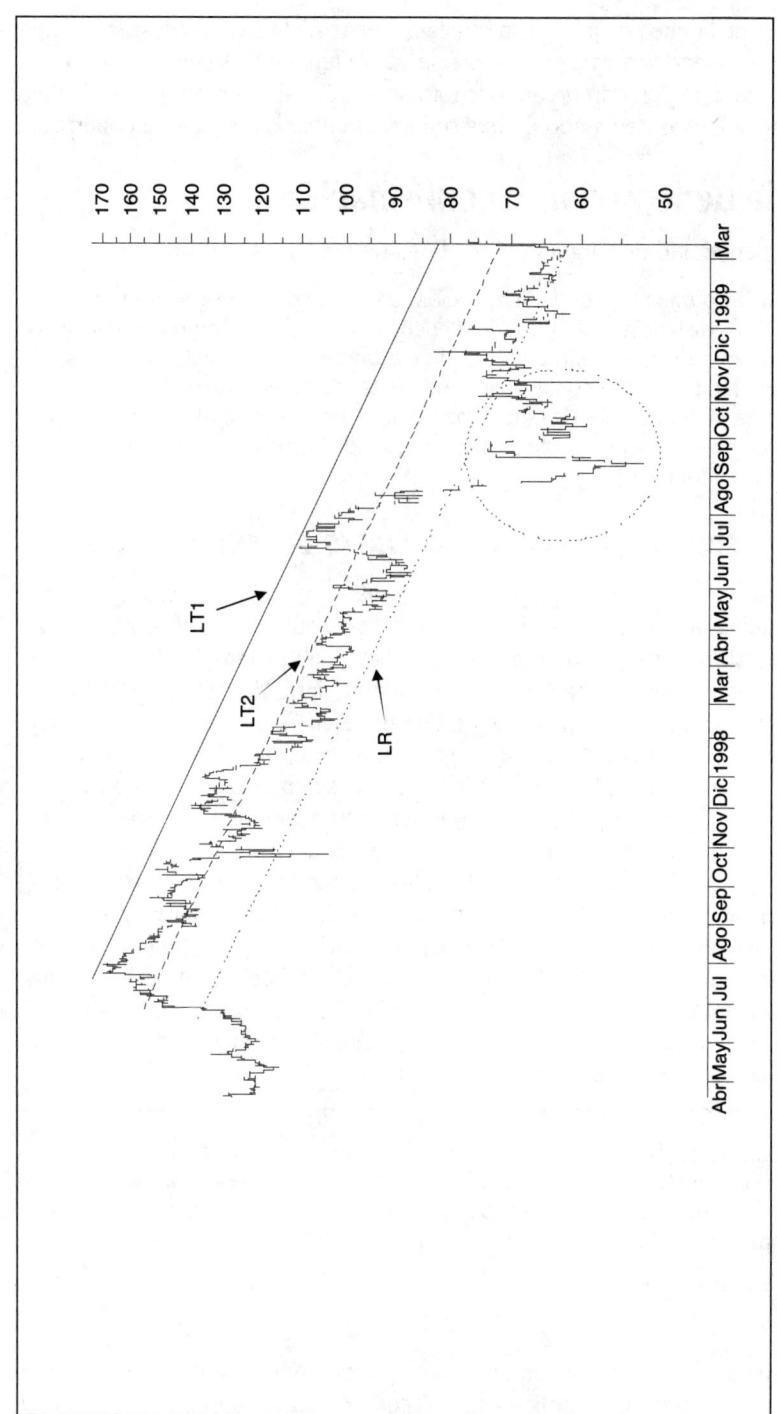

GFINBUR B. DOBLE CANAL DE TENDENCIA

Figura 5.15b Gráfica de Gfinbur B que muestra un doble canal de tendencia a la baja en un primario *bear*. Se señala la línea de tendencia principal (LT1), una línea de tendencia accesoria interna (LT2) y la línea de retorno (LR). El óvalo muestra un clímax de venta (véase capítulo 10. Patrones secundarios de reversa) en el que los precios caen violentamente rompiendo la línea de retorno. Nótese que al regresar al canal de tendencia (al salir del óvalo) prosigue la tendencia a la baja. Como se señala en el capítulo 10, es poco común que un clímax de venta sea el movimiento final de un mercado *bear*, y como en este caso, después de la recuperación que sigue al clímax, generalmente hay un último descenso más pausado que precede al inicio del nuevo *bull*.

La penetración de la línea de tendencia básica puede tener tres resultados: 1) la tendencia se ha acabado y viene una caída en los precios; 2) la tendencia se ha acabado y viene un periodo de consolidación con un área de formación; 3) habrá un retorno al límite del canal de tendencia apenas penetrado, lo que se llama *pullback,* o regreso a confirmar.

Criterios de penetración y confirmación

Los criterios de penetración o ruptura de una línea de tendencia son los siguientes:

a) *Profundidad o magnitud de la penetración.* Los precios deben **cerrar** cuando menos a 3% de distancia de la línea de tendencia penetrada. Esto no tiene que suceder en un solo día, pero por lo general lo es. De hecho, esta regla es cierta sólo para penetración de tendencias mayores y líneas de largo plazo, y no necesariamente para penetraciones de corto plazo. Para tendencias de mediano o corto plazo, 1% debe ser suficiente para considerar cuando menos probable una penetración (nota 5.13).

NOTA 5.13   SUBJETIVIDAD AL TRAZAR LÍNEAS DE TENDENCIA

Recomendamos a nuestros lectores que cuando haya alguna duda o cuando la decisión que se derive de una penetración sea muy trascendente desde el punto de vista de su inversión, antes de dar por efectiva la penetración de una línea de tendencia que es apenas marginal (3%) se espere al cierre de las operaciones del día y, antes de darla por buena, considere una línea de tendencia alterna que tal vez no habría sido penetrada. Si no hay línea de tendencia que bien trazada no sea penetrada, entonces deberá darse por válida la penetración si cumple los otros criterios necesarios (volumen principalmente) y operar de acuerdo con la penetración. Tal vez éste sea el punto donde más fácilmente se pierde la objetividad y se traza una línea que permite ver no lo que está sucediendo sino lo que se quisiera que estuviera sucediendo. De hecho hay momentos en que por razones ajenas al análisis no queremos vender, en este caso siempre podrá trazarse una línea "nueva" que no se haya penetrado aún. Cuando una situación así sea realmente difícil hacer una evaluación completamente objetiva, recomendamos operar de manera parcial la decisión en duda, por ejemplo vendiendo o comprando sólo la mitad de la cantidad de títulos que se había decidido operar.

---

b) *Volumen negociado.* Este criterio es muy importante en las rupturas hacia arriba ya que para confirmar estas penetraciones deberán darse con volumen elevado. Sin embargo, las rupturas hacia abajo pueden darse sin un incremento considerable de volumen, al menos en el primer día en que se penetra la línea de tendencia, aunque en general sucede que aun en los rompimientos a la baja hay un incremento de actividad en el mercado.

Aunque no se alcance 3% de penetración, siempre que hay elevación en el volumen se considerará una señal bastante sólida como criterio de penetración. No obstante, debe tenerse cuidado de no reaccionar en forma precipitada ya que minutos antes del cierre puede darse un regreso súbito que hagan nula la penetración.

   c) El *pullback, o regreso a confirmar*. Llamamos *pullback*, o regreso a confirmar, a una figura técnica común, pero no obligada que se presenta después de la penetración de una línea de tendencia. Consiste en un retorno de los precios hacia y hasta la línea recién penetrada, pero sin volverla a penetrar en sentido contrario. Cuando se presenta, se le considera el tercer criterio de penetración, ya que después del *pullback* casi siempre se verifica la corrección que se esperaba tras la penetración de la línea de tendencia y puede ser la última oportunidad para tomar posiciones (o para cerrar posiciones, según el caso), como se muestra en la figura 5.16. El *pullback* como criterio de confirmación se aplica también en situaciones en las que una penetración hacia abajo apenas cumplió con los criterios con relación al volumen o al porcentaje (nota 5.14).

NOTA 5.14 PENETRACIÓN HACIA ABAJO DE UNA LÍNEA DE TENDENCIA

En penetraciones hacia abajo, por ejemplo, en las que por uno o dos días el precio ha estado apenas por debajo de la línea de soporte, sin aumento significativo de volumen y que el precio presenta un *rally* hasta llegar a la línea apenas penetrada sin aumentar el volumen o, aun mejor, disminuyéndolo, esto es altamente sugestivo de situación *bearish* —de tendencia *bear*—. Y el mínimo indicio de presión de venta debe considerarse como una señal de penetración definitiva. Esta forma de regreso hacia una línea ya penetrada es precisamente lo que se llama *pullback*.

Hay que mencionar que no existen *pullbacks* cuando es penetrada la línea de retorno, es decir, cuando la penetración ha sido por el límite superior de un canal de tendencia ascendente. Dicho de otra forma, la línea de retorno no funciona como un soporte para los precios cuando la han rebasado. Simplemente, si ha sido rebasada por un *rally* muy intenso, será nuevamente penetrada hacia abajo sin ningún titubeo y sin mayor importancia predictiva.

   d) *Tiempo de vigencia de la penetración*. Quizá como cuarto criterio de penetración puede mencionarse que si una línea ha sido marginalmente penetrada al cierre por dos días consecutivos, la penetración se considera tentativamente confirmada.
   e) Si ocurre la penetración de una línea de tendencia en forma simultánea con la terminación de un patrón de reversa, por ejemplo un patrón de cabeza y hombros (*véase* el capítulo 8, Patrones de reversa) o el rompimiento de un promedio móvil (*véase* el capítulo 12, Promedios móviles), o la presencia de una "brecha" entonces la penetración de la línea de tendencia y el fenómeno técnico accesorio se refuerzan mutuamente como criterio de confirmación.

A veces la penetración de la línea de tendencia ocurre en forma aislada, sin mediación de algún patrón de reversa. En este caso dicha penetración puede ser o no una señal de cambio de tendencia. Otras veces la penetración de la línea de tendencia ocurre antes de completarse la formación de un patrón de reversa, en cuyo caso esta penetración es un aviso de alerta o preparatorio y entonces el fin del patrón de reversa será de hecho la confirmación del cambio de tendencia.

A continuación anotamos algunos criterios que ayudarán al analista a interpretar el significado que pudiera tener la penetración de una línea de tendencia, principalmente en relación con la magnitud de la consecuencia que derive de dicha penetración.

Criterios de significado de una penetración

a) Cuanto más tiempo tenga de vida una tendencia cuya línea es penetrada, mayor significado tendrá la penetración.
b) Cuantas más veces haya sido tocada una línea de tendencia sin ser penetrada, mayor significado tendrá su penetración.
c) Cuanto más vertical sea una línea de tendencia es más probable que sea penetrada, pero su penetración es de menor consecuencia que la penetración de una línea de ascenso más pausado. Generalmente, después de penetrarse una línea muy vertical hay una corrección seguida por reanudación de la tendencia a paso más lento. (*Véase* más adelante el Principio del abanico.)

Aunque estas reglas suelen ser válidas para penetraciones de líneas de tendencia, de líneas de soporte o resistencia y para líneas limítrofes de patrones de precios, no pueden aplicarse a ciegas. Las líneas de tendencia y las de soporte o resistencia no tienen la misma firmeza que las líneas que delimitan a las formaciones de consolidación o de reversa, las cuáles son muy sólidas y su penetración es muy confiable.

Es importante saber cuándo una penetración marginal no confirmada de una línea invalida a la línea supuestamente penetrada y, por tanto, nos obliga a definirla nuevamente, o bien debe considerarse dicha línea vigente a pesar de haber sido penetrada "en falso". Si la línea originalmente escogida dependía de sólo dos puntos y en el tercer regreso fue penetrada, es mejor volverla a trazar del primero al tercer punto (ya que no había sido ni fue confirmada); desde luego que esto se hará una vez que los precios reboten de este tercer punto y definan un nuevo piso local de acuerdo con la regla de los tres días. Como alternativa, tal vez tenga que volverse a definir la línea del segundo al tercer punto, una vez que quede evidente que el primero fue en realidad una "reversa de un día" o un "clímax de venta" (*véase* el capítulo 10, Patrones secundarios de reversa) con el precio al cierre muy por encima del rango inferior de dicho día.

Si por el contrario, una línea trazada ha sido confirmada por un tercero o cuarto piso menor que la alcanza sin penetrarla y después un nuevo nivel la penetra en forma indecisa, debe descartarse esta penetración y considerar que la línea original se sostiene y que la penetración fue "un exceso del mercado".

Una penetración (hacia arriba) de una línea de tendencia descendente durante el día, pero que cierra por abajo de la línea, debe descartarse como penetración. De hecho, en ocasiones los precios de cierre hacen mejores líneas de tendencia que los máximos o mínimos del día (sobre todo en acciones volátiles con amplias oscilaciones) y es un buen hábito probar varias líneas, entre ellas alguna trazada sobre el gráfico de línea (que sólo incluye los cierres, como se describe en el capítulo 3, El gráfico de precios) antes de decidirse por una (nota 5.15).

> **NOTA 5.15   ALTERNATIVAS AL TRAZAR LÍNEAS DE TENDENCIA**
>
> Hay otro fenómeno en los precios que puede obligar a cambiar líneas de tendencia. Cuando se ha trazado una línea alcista en los dos primeros fondos y se forma uno tercero pero muy por encima de lo esperado, entonces conviene trazar una nueva línea alterna considerando el segundo y tercer fondos pero sin borrar la primera línea. Si el avance después del tercer fondo pronto termina y ésta segunda línea es pronto penetrada, entonces se ignora esta línea y se queda uno con la primera que se trazó. Si por el contrario el tercer fondo prueba ser fuerte y la nueva línea se sostiene por varias semanas, y más aún si desde el comienzo no tenía una pendiente demasiado pronunciada, entonces la primera línea se ignora y la nueva se considera como la verdadera.

Línea de tendencia paralela funcional

En ocasiones hay dos líneas paralelas poco separadas (entre 2% y 5% de distancia) que describen más correctamente el comportamiento del mercado, ya que a veces las migraciones se detienen en una de ellas y a veces en la otra. Entre las dos líneas queda una zona o rango que generalmente está vacío salvo algunas ocasionales incursiones de los precios más allá de la primera línea (la línea de tendencia básica) y hasta la segunda (la paralela funcional). Estas dobles líneas no son raras, y conviene aprender a encontrarlas, ya que explican muchas de las situaciones en que hay dificultad de decidirse por una sola línea. La figura 5.16 representa un ejemplo de este caso. En dichos casos, no se debe considerar penetrada la línea hasta que la segunda (la paralela funcional) sea penetrada. Un detalle más; cuando se alcanza la línea paralela en forma tranquila en vez hacerlo de manera agresiva es más probable que se penetre. Por el contrario, cuando esta línea es alcanzada por movimientos bruscos, usualmente rebotan en ella los precios y se regresan sin penetrarla.

Ya hemos mencionado que las certezas de lo que está sucediendo en los gráficos de precios se alcanzan progresivamente reuniendo "evidencias" que confirmen la impresión técnica. Un solo dato no suele bastar para poder dar una sólida opinión de analista profesional. Así, por ejemplo, en una tendencia ascendente el simple incumplimiento de la regla de que techos sucesivos son progresivamente más altos no es señal suficiente de cambio de tendencia como tampoco lo es la simple penetración de la línea de tendencia, sobre todo si ésta tiene una pendiente muy pronunciada. En este caso, después de que un nuevo techo sea inferior al precedente, la confirmación del cambio de tendencia será la penetración del nivel de soporte del piso precedente (*véase* capítulo 6, Soporte y resistencia), lo que sí constituye la señal completa.

Principio del abanico

Las reacciones secundarias en contra de la dirección o tendencia mayor del mercado adoptan formas diversas. A veces adoptan formaciones de consolidación como triángulos, cuñas o rectángulos, en las que no hay avance o retroceso importante en los precios,

TELECOM A1. LÍNEA PARALELA FUNCIONAL

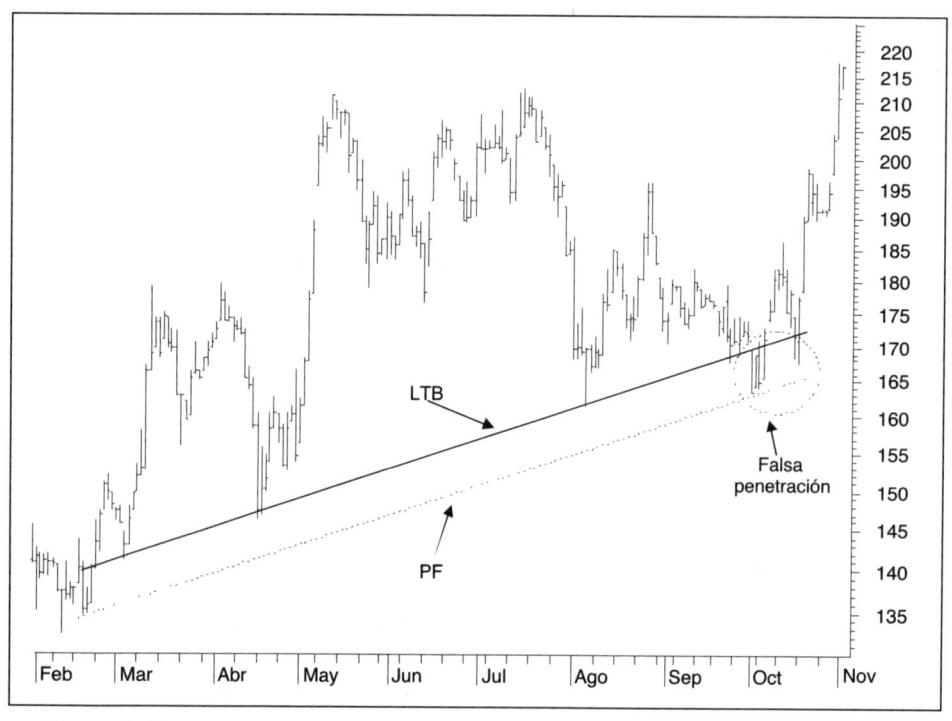

Figura 5.16 Gráfico de Telecom A1 que muestra una línea de tendencia básica (LTB) y su paralela funcional (PF). Existirá la posibilidad de trazar una paralela a la línea de tendencia principal como ésta cuando el punto basal no corresponde al piso local (el punto más inferior) al inicio de la tendencia alcista como en este caso, o cuando existan penetraciones "en falso" a lo largo de una tendencia. El reconocer esta situación podrá evitar que consideremos que ha existido una penetración cuando no sea el caso.

pero al paso del tiempo se refuerzan posiciones hasta que se vuelve a tomar la tendencia primaria. (*Véase* el capítulo 9, Patrones de continuación.) En estos casos no se necesita trazar ninguna línea de tendencia intermedia sino únicamente se trazan los límites de la formación de consolidación y su rompimiento ratificará la continuación de la tendencia previa.

En otras ocasiones hay movimientos correctivos que se originan en líneas rectas más o menos ordenadas, con pendiente moderada, hasta llegar al próximo nivel de resistencia o de soporte intermedio, retrocediendo probablemente 1/3 o 1/2 del camino primario recorrido. Estas reacciones producen buenas líneas de tendencia cuya penetración es un buen signo de cambio de tendencia intermedia. Las correcciones intermedias de este tipo son poco comunes pero cuando ocurren representan buenas oportunidades de inversión.

Una tercera forma de proceder de estas reacciones intermedias, tan común como la primera y mucho más común que la segunda mencionada es la que adopta la forma de una sierra o abanico que ahora describimos.

En un mercado *bull* por ejemplo, la *corrección en abanico* se presenta de la siguiente forma: el primer elemento es una bajada bastante pronunciada que sigue una línea de tendencia descendente clara que finalmente rompe después de varios días o hasta 2 semanas con un *rally* menor (segundo elemento). A continuación, nuevamente hay una segunda bajada (tercer elemento), ahora con una pendiente menos pronunciada que la primera. Puede trazarse una segunda línea de tendencia desde el punto de reacción original cuando primero se rompió la tendencia alcista. Esta segunda línea es también penetrada eventualmente por un nuevo pequeño *rally* (cuarto elemento) que una vez más es seguido por una tercera bajada (quinto elemento), todavía con menor pendiente que la segunda. Una nueva línea de tendencia trazada desde el punto original hasta el pico de inicio de esta tercera reacción tiene un ángulo aun menor. Como regla general, el rompimiento de esta tercera línea de tendencia mediante un nuevo *rally* ahora mayor (sexto elemento), marca el momento en que se restablece el mercado *bull,* como se representa en la figura 5.17. Este principio llamado de los "tres abanicos" también tiene

GCARSO A1. PRINCIPIO DEL ABANICO

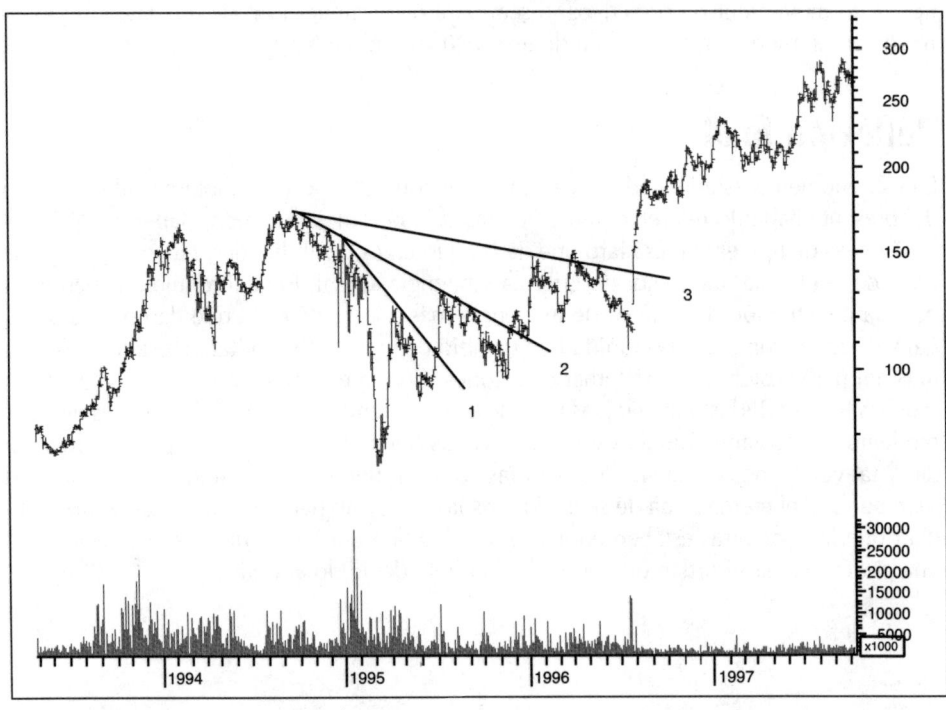

Figura 5.17 Gráfica de Gcarso A1 en que se representa el principio del abanico en un mercado *bear*. Se han señalado con números (1, 2 y 3) cada una de las fases de la corrección del abanico. La línea de tendencia #1 es penetrada por el rally que en el texto hemos llamado "segundo elemento" (ver texto). El tercer elemento es el movimiento a la baja que acompaña (por debajo) a la línea de tendencia #2. El cuarto elemento es el *rally* que rompe la línea #2. El quinto elemento es el movimiento a la baja que acompaña por debajo a la línea de tendencia #3. Finalmente, el sexto elemento es el *rally* que rompe la línea de tendencia #3 y confirma el inicio de un nuevo mercado *bull*.

excepciones pero es bastante confiable y en caso de que no se cumpla, permite al inversionista saber en que nivel poner una orden de *stop* y limitar su pérdida o le permite identificar hasta que nivel deberá mantener una posición que finalmente puede ser productiva (nota 5.16).

> **NOTA 5.16 PRINCIPIO DEL ABANICO Y LA TENDENCIA PRIMARIA**
>
> En otras palabras, el principio del abanico nos dice que una corrección intermedia puede presentarse como un movimiento en tres tiempos y, por tanto, mientras no se viole la línea de tendencia del tercer tiempo (mientras no se penetre la línea de tendencia el tercer abanico) no deberá darse por terminada la tendencia primaria.

Este principio se aplica también a los mercados *bear* que tienen recuperaciones intermedias donde adoptan una forma redondeada. Debe notarse que este principio sólo se aplica en movimientos correctivos, o sea, para determinar el fin de una reacción intermedia en un mercado *bull* o el fin de una recuperación intermedia en un mercado *bear*.

Reflexión final

En este momento es adecuado hacer una reflexión sobre lo que anotamos al comienzo del presente capítulo referente a la dificultad e importancia que tiene saber trazar "buenas" líneas de tendencia. Es claro que de las diferentes posibilidades, hay que escoger la línea de tendencia que mejor describa la tendencia actual, lo cual requiere experiencia pues la penetración de la línea de tendencia más adecuada es la que da una mejor señal y describe con más oportunidad un cambio de tendencia. Por tanto, esa línea será la más útil para indicar cuando tomar decisiones. Con la experiencia se logra evitar trazar muchas líneas fallidas o inefectivas para describir la tendencia y para dar señales de rompimiento; no obstante, muchas veces hay varias líneas que nos pueden parecer adecuadas y tal vez la mejor manera de operarlas sea considerando que aunque varias de ellas sean buenas, el mercado ha de seleccionar sólo una; y no necesariamente debemos concluir que la o las otras estaban equivocadas sino que aunque varias eran correctas sólo una podía reflejar el orden que el mercado había decidido adoptar.

CAPÍTULO 6

SOPORTE Y RESISTENCIA

Al estudiar un gráfico de precios es evidente que al completar un movimiento a la baja los precios suelen alcanzar una y otra vez un mismo nivel inferior donde "algo" detiene su caída, precisamente en un punto en el que previamente (semanas, meses o años atrás) la detuvo. A este punto lo llamaremos *nivel de soporte*. Igualmente sucede que hay un nivel que al ser alcanzado durante las subidas, parece mostrar una barrera o límite más allá del cuál el precio no ha podido ascender. A este punto lo llamaremos *nivel de resistencia*.

En otras ocasiones, los precios se detienen en la caída o en la subida, no exactamente a un mismo nivel, sino que trazando líneas inclinadas que unan los pisos o los techos, aun apartados años de distancia, sucede que nuevamente es el mismo piso o el mismo techo proyectados desde el pasado, el que detiene la caída o la subida del precio de la acción. En la figura 6.1 se muestran estas situaciones.

Como se muestra en la figura 6.1, lo que hemos llamado nivel de soporte o de resistencia puede ser un nivel de precios fijos (horizontal), o un nivel que puede ser definido por la proyección ascendente o descendente de una línea recta que une diversos precios a lo largo del tiempo. Así, puede haber niveles de soporte o resistencia definidos tanto por líneas horizontales como por líneas oblicuas (nota 6.1).

NOTA 6.1 FUNCIÓN DE SOPORTE Y RESISTENCIA DE LAS LÍNEAS DE TENDENCIA

Debe resultar evidente de esta descripción y de la gráfica que la acompaña (figura 6.1) que una línea de tendencia ascendente también es una línea que señala niveles de soporte, y que una línea de tendencia descendente también es una línea que indica niveles de resistencia. Esto se describe con más detalle posteriormente en este mismo capítulo.

ÍNDICE HANG SENG. SOPORTE Y RESISTENCIA

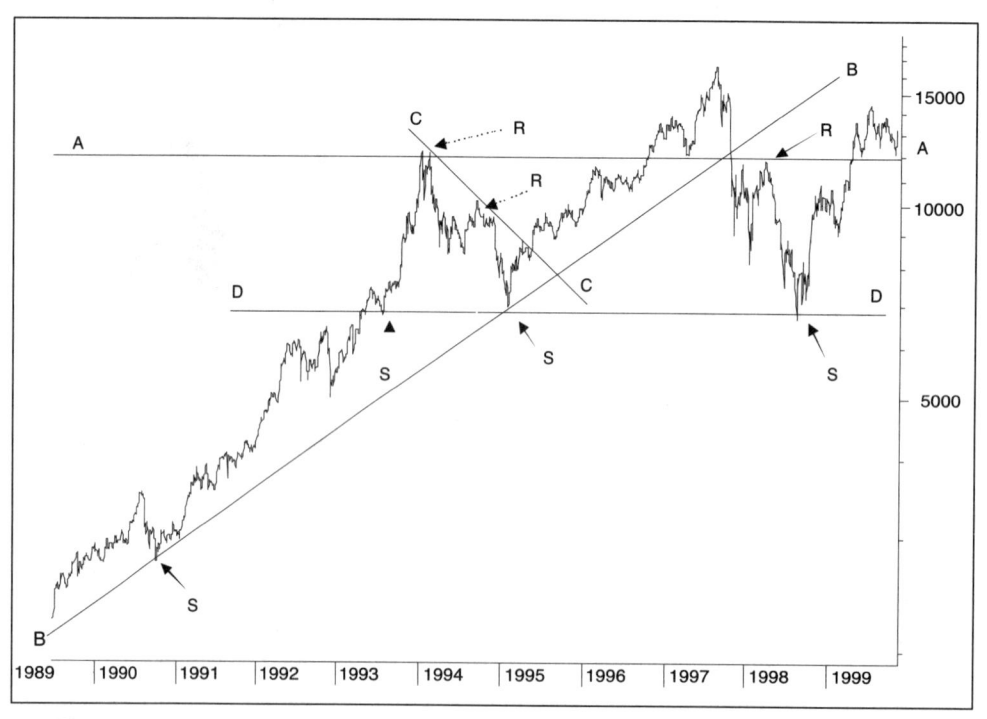

Figura 6.1 Gráfico del índice de la Bolsa de Valores de Hong Kong (Índice Hang Seng) en el que se muestran niveles de soporte y resistencia en un gráfico de barras de mediano plazo. Se han trazado tres líneas: La línea AA y la DD señalan niveles horizontales de soporte (S) y resistencia (R). A su vez, las líneas BB y CC señalan niveles oblicuos de soporte (S) y resistencia (R).

Podrá observarse que una vez que es penetrado un nivel de resistencia, o sea, el máximo avance anterior, desde el lado superior hacia abajo, pasa a constituir un piso que detiene el regreso o la caída, y que funcionalmente se convierte en un soporte. Como si la misma "barrera" que tiempo atrás impidió la subida ahora detuviera la bajada (nota 6.2).

NOTA 6.2. CAMBIO DE FUNCIÓN DE SOPORTE A RESISTENCIA Y VICEVERSA

Como en un edificio de departamentos en que el techo (del primer nivel), una vez superado (por el ascensor o las escaleras) pasa a ser el piso (del segundo nivel).

Estos niveles de soporte y resistencia son creados por precios a los cuales se concentra actividad de compraventa. Desde el punto de vista operativo, sirven para indicar dónde puede ser ventajoso tomar una posición (comprar en largo justo sobre el nivel de un soporte o vender acciones en corto justo por debajo de un nivel de resistencia); pero su función técnica más importante es mostrar dónde puede hacerse más lento el desplazamiento del precio dentro de una tendencia o dónde puede parar.

Estrictamente hablando, lo que buscamos es determinar a qué nivel es de esperarse que una acción cuyo precio va subiendo encuentre una resistencia que frene su ascenso, o bien, a qué precio una acción cuyo precio está descendiendo encuentre un soporte que detendrá su caída, según sea el caso, como se representa en la figura 6.2.

Por esto, antes de comprar una acción, **SIEMPRE** hay que estudiar el patrón de precios que le dio origen a la situación actual, lo que indica qué fuerza tiene detrás el movimiento presente y qué perspectivas razonables hay de desplazamientos hacia arriba o hacia abajo antes de toparse con una "barrera" de este tipo. **SIEMPRE** que se piense tomar una posición o fijar un nivel de salida (tanto por *stop loss* como por toma de utilidades), debe analizarse la historia de niveles de soporte y resistencia que tiene la acción.

ÍNDICE IGPA. SOPORTE A RESISTENCIA Y VICEVERSA

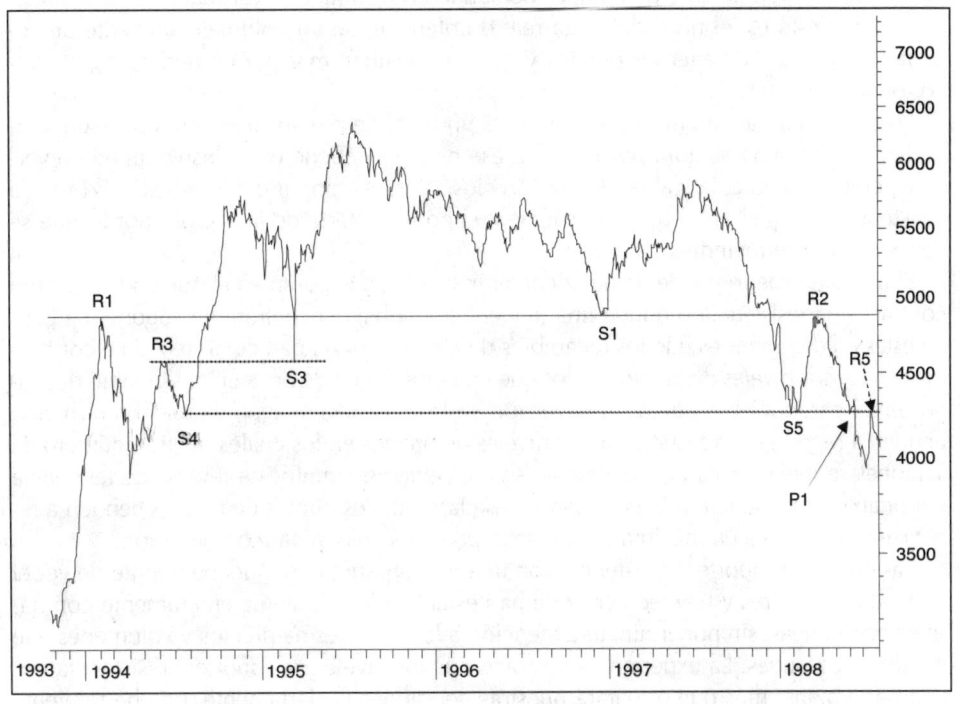

Figura 6.2 Gráfico del Indice IGPA de la Bolsa de Valores de Chile que muestra cómo una resistencia (R1) se convierte en soporte (S1) y nuevamente en resistencia (R2). Del mismo modo, el nivel que en S4 funcionó como soporte, nuevamente lo hace en S5 y al contrario, una vez penetrado dicho nivel (P1), ahora en R5 tiene la función de resistencia. La gráfica también muestra cómo los precios detienen su caída (S3) cuando encuentran un nivel de demanda concentrada que es un nivel de soporte (R3) o detienen su ascenso (R2 y R5) cuando encuentran un nivel de oferta concentrada (resistencia) como sucede en R1 y en R2.

Esto dará una indicación probable de hasta dónde puede proseguir el movimiento actual sin dificultad y seguir obteniendo ganancias o a partir de qué punto es deseable considerar tomar utilidades, ya que pudiera ser el límite del movimiento presente (nota 6.3).

NOTA 6.3 ¿HASTA DÓNDE MATENER UNA POSTURA CON PÉRDIDA?

Si tomamos una postura en largo sobre un nivel de soporte cercano y hay un movimiento adverso (en contra de nuestra postura) lo aconsejable será mantener la postura mientras no sea violado el nivel de soporte, ya que tomar una pérdida antes de la penetración del soporte podría ser prematuro e innecesario.

Definiciones e importancia

Podemos definir un soporte como el nivel real o potencial de precio de compra de volúmenes bastante grandes de una acción como para detener un descenso de los precios por un periodo apreciable de tiempo (demanda concentrada). Resistencia es la antítesis de soporte, esto es, el nivel de venta real o potencial, de un volumen suficiente de acciones como para detener los precios y que ya no suban más por un tiempo significativo (oferta concentrada).

En otras palabras, un nivel de soporte es un nivel de precios en el cual hay suficiente demanda de una acción, por lo que a ese nivel se detiene o, inclusive, puede revertirse temporalmente la caída de los precios. Por el contrario, un nivel o zona de resistencia es aquel en el que hay suficiente aporte u oferta de la acción, por lo que se detiene y aun se revierte su ascenso.

El analista experto puede predecir con gran precisión el punto en el que un avance encontrará una resistencia o dónde una tendencia a la baja encontrará un soporte. La base de estas predicciones es que los recambios de algún valor en particular tienden a concentrarse a ciertos niveles de precios en los que un número grande de acciones cambió de manos en el pasado. Estos puntos de inversión en la tendencia (mayor, secundaria o menor) tienden a repetirse. Y ya que aquellos niveles de precios en los cuales un gran número de acciones se intercambian generalmente se convierten en puntos de reversa de tendencia importantes (mayor, intermedia o menor), es claro que los puntos de reversa tienden a repetirse y por ello es de máxima importancia poderlos determinar con precisión.

Las líneas de soporte y resistencia son una forma particular e independiente de ver el mercado de valores y hay técnicos que han establecido su sistema enteramente con base en estas líneas, sin poner ninguna atención a los patrones de precios y volúmenes que trataremos después. La experiencia nos dice que los niveles de soporte y resistencia son una herramienta más que orientará nuestras decisiones y, ciertamente, una herramienta de primera calidad.

Como hemos indicado, estos puntos pueden cambiar su papel de soporte a resistencia y viceversa una vez que son rebasados. Esto es, un techo anterior que funcionó como nivel de resistencia, una vez superado se convierte en un piso o zona de soporte en la bajada subsecuente. De igual manera, un piso anterior, una vez penetrado, se transforma en una zona de resistencia o techo en una fase alcista posterior.

Fuerza de un nivel de soporte o resistencia

Es claro que algunos de estos niveles tienen un efecto transitorio y si en una ocasión funcionan como soporte o como resistencia, pronto pierden esa función y son superados por el movimiento de los precios. Otros niveles muestran que su función de soporte o resistencia sigue patente meses o años después de la primera vez en que detuvieron una migración de precios. Por lo tanto es importante hacer una estimación semicuantitativa de la fuerza de un nivel de soporte o resistencia para evaluar la posibilidad de que sean penetrados.

El volumen negociado. Hay varios criterios que nos permiten estimar la fuerza o el poder de un nivel de resistencia (o de soporte). Ya que hemos dicho que son niveles de demanda (soporte) o de oferta (resistencia) concentrada, el primer criterio es obviamente el volumen. Como ejemplo presentamos dos formaciones de precios que serán estudiadas a fondo en el capítulo 9, Patrones de continuación: un rectángulo y un triángulo simétrico. Como se muestra en las figuras 6.3a y 6.3b, ambas formaciones tienen muchos pisos al mismo nivel o a niveles similares. Durante el desarrollo de la formación o figura, el ni-

GMODELO C. CONCENTRACIÓN DE OPERACIONES

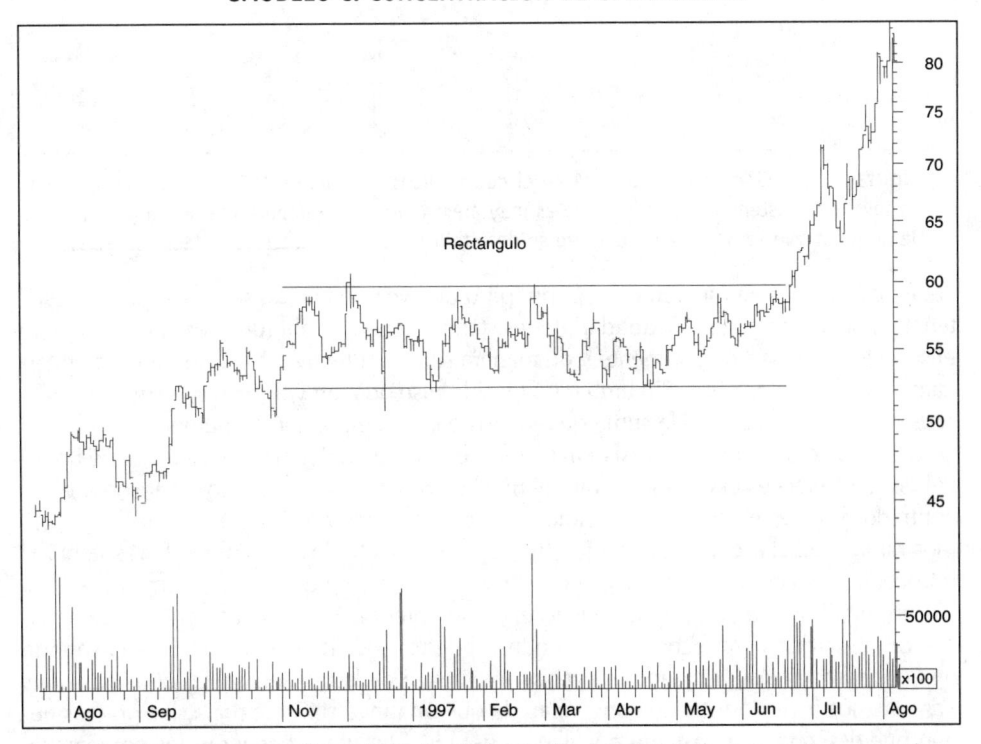

Figura 6.3a Ejemplo (Gmodelo C) de niveles horizontales en que se concentran operaciones de compra-venta y que a la larga adquieren por ello la función de niveles de soporte y/o resistencia en un rectángulo.

GCARSO A1. GENERACIÓN DE NIVEL DE RESISTENCIA

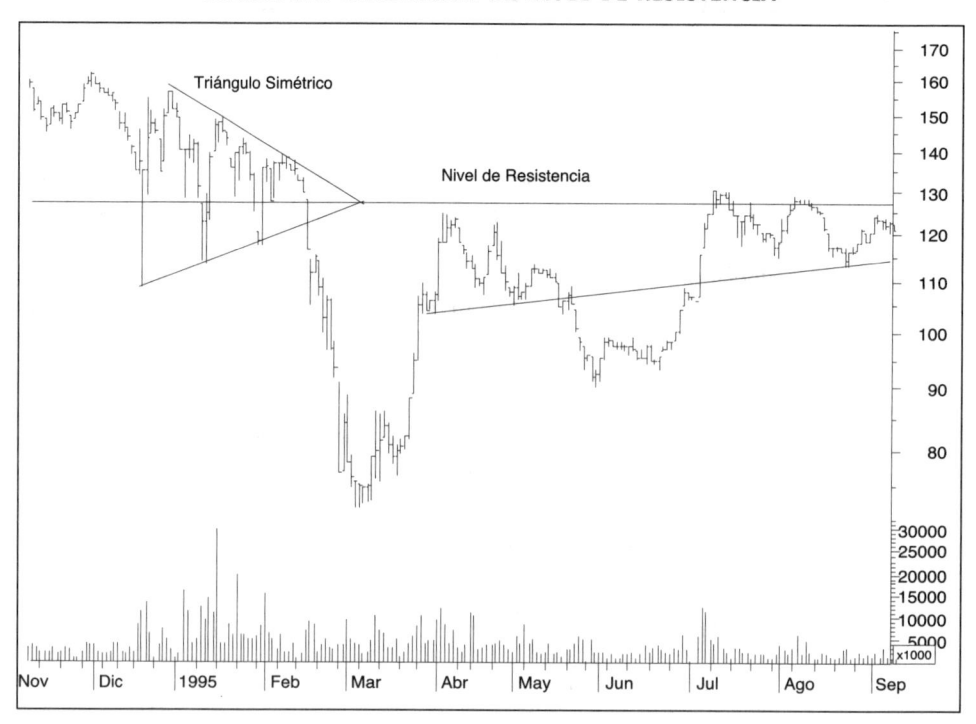

Figura 6.3b Gráfico de Gcarso A1 en el que se muestra cómo un triángulo simétrico genera un nivel de resistencia que aunque no es muy preciso sí es muy importante por el gran número de acciones que se negociaron durante su desarrollo.

vel en cuestión tiene función de soporte, pero una vez penetrado se convertirá en resistencia. Podemos estimar la cantidad de resistencia generada ahí (una vez que se penetre el soporte) sumando mentalmente y de manera semicuantitativa, los volúmenes de intercambio de todos los pisos. Sin embargo, un solo piso de gran volumen suele generar una resistencia más fuerte que la suma de muchos puntos de pequeño volumen.

Distancia entre soporte y resistencia. Otro criterio para determinar la fuerza de un nivel de resistencia es la distancia entre el nivel de resistencia en cuestión y el soporte encontrado después de haber alcanzado (y respetado) dicha resistencia. En la figura 6.4 mostramos que el precio de la acción llega hasta un techo local (el nivel de resistencia), retrocede sin haberlo superado y encuentra un soporte, y nuevamente aumenta el precio disponiéndose a "atacar" de nuevo el techo anterior. En términos generales, cuanto mayor sea la distancia recorrida entre el nivel de resistencia que no superó y el soporte en que se apoyó después, tanto mayor será la fuerza de la resistencia. En otras palabras, para que los inversionistas se convenzan de que una inversión fue mala, los precios tienen que descender lo bastante por debajo del nivel en que se hicieron las compras de una acción, o sea, deben tenerse pérdidas significativas antes de aceptar que una inversión fue mala y buscar salir de ella (nota 6.4).

NOTA 6.4 ¿CUÁNDO UN TECHO LOCAL SE CONSTITUYE EN RESISTENCIA?

Se considera que una caída hasta o por debajo de 10% es suficiente para que el techo local que se alcanzó en el último rally se constituya en un verdadero nivel de resistencia, a menos que el precio de la acción sea muy bajo, en cuyo caso pueden tolerarse tranquilamente pérdidas hasta de 20%. Este criterio se basa en dos actitudes psicológicas: para el inversionista que compró la acción a un precio dado que muy pronto se cayó, la actitud está determinada por el deseo de vender esa mala inversión en cuanto se recupere el precio de compra con el fin de salir "tablas" (sin pérdida y sin ganancia); por otro lado, para el inversionista que compró en el nuevo "piso", el objetivo será vender cuando se dé la recuperación al nivel del techo local anterior (nivel previo de resistencia). Ambos grupos acentúan más el efecto mencionado y le dan fuerza al nivel de resistencia.

ICH B. FUNCIÓN DEL VOLUMEN Y LA DISTANCIA

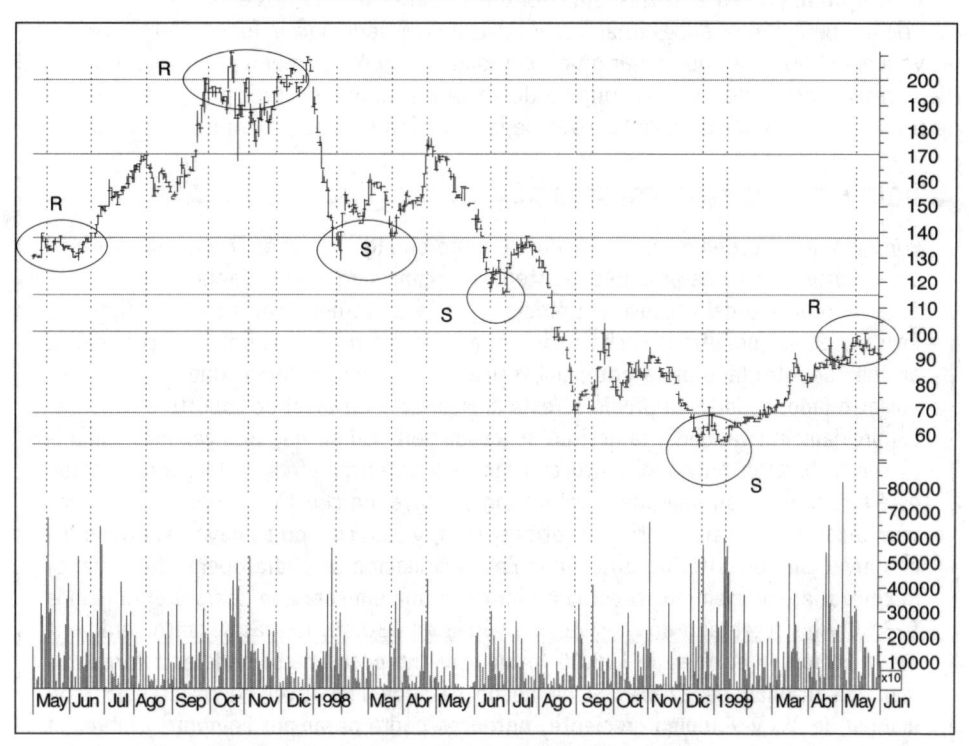

Figura 6.4 Gráfico de ICH B que muestra cómo la fuerza de un nivel de soporte (o de resistencia) está en función de la distancia que lo separa del nivel de resistencia (o de soporte) inmediato anterior, y también en función del volumen de acciones negociadas en cada nivel. Las líneas verticales muestran los puntos en que se concentra el volumen y los óvalos resaltan los principales puntos de soporte (S) o resistencia (R) desarrollados.

El tiempo. El tercer criterio para estimar la fuerza de resistencia en un punto dado es el tiempo. Cuanto mayor sea el tiempo transcurrido desde que se definió un nivel de resistencia, menor será la resistencia que ofrezca, sobre todo si se tratan de 3 a 5 años de distancia. Sin embargo, no se pierde del todo la posibilidad de encontrar una resistencia, particularmente si en el ínterin no hubo ningún "ataque" de los precios a ese nivel (ningún intento fallido por superarlo). Sin embargo, si un antiguo nivel de resistencia fue "atacado" previamente, pero no fue penetrado, es obvio que habrá perdido parte de su poder, ya que parte de la oferta excedente que (por definición) se encontró a ese nivel, fue utilizada en repeler el ataque previo.

Intentos de penetración previos. Es posible estimar qué tanto poder perdió un nivel de resistencia (o soporte) que ha sido atacado y respetado observando la gráfica de volumen en el ataque anterior. De acuerdo con esto, se considera como probable que un tercer intento penetre una línea de resistencia que previamente había sido respetada, y conforme se suman los intentos sucesivos, se debilitará la fuerza del nivel de soporte o resistencia y aumentará la probabilidad de ser penetrado en un nuevo intento.

Concepto importante. El riesgo mayor en aplicar estos criterios en la toma de decisiones de la operación es subestimar la cantidad de resistencia (o la fuerza del soporte) que se va a encontrar. Hay que tener mucho cuidado con eso; es mejor sobrestimar la fuerza de la resistencia (o del soporte) que ha de encontrarse, que despreciarla y probablemente ser sorprendido por un pronto revés de la situación en nuestra contra (nota 6.5).

NOTA 6.5   UN BUEN CONSEJO

Por ejemplo, si tenemos una posición en largo en alguna acción y tenemos utilidad significativa, ante una probable resistencia cercana será mejor suponer que va a detener el progreso del ascenso del precio y por lo tanto deberemos tomar utilidades. En caso de ser penetrada dicha resistencia, siempre podremos volver a comprar la acción "del otro lado de la potencial resistencia" si consideramos que es oportuno. Por otro lado, cuando un precio se está acercando a un nivel de soporte o resistencia previamente validado, la actitud adecuada será asumir que una vez más cumplirá con la función previa. Nuestro consejo será entonces efectuar la operación que esté de acuerdo con una nueva validación del nivel en cuestión (si es que tenemos que tomar una decisión antes de corroborarlo), y sólo cuando se haya penetrado dicho nivel con los criterios suficientes de confirmación se podrá operar de la manera contraria. Por ejemplo, si estoy en largo en una emisora que compré en digamos $23.50 y he detectado una resistencia válida en $30.00, lo más sensato será vender la acción en el nivel de $30.00 (o inclusive un poco antes), y de esta forma tomar una utilidad de 27.6%. Si de hecho se supera el nivel de resistencia (con margen de 3% y volumen creciente) entonces podré optar por comprar otra vez la acción. La mayoría de las veces esta decisión será la más provechosa y segura.

Estos criterios son aplicables para estimar la fuerza de una resistencia al igual que para estimar la fuerza de un nivel de soporte.

Zonas de soporte y resistencia

En ocasiones no puede definirse de manera limpia un nivel de soporte o resistencia, ya que los precios aparentemente han "penetrado" hacia arriba y hacia abajo, aunque sea por distancias cortas, cualquier nivel tentativo. En estos casos, para calcular el centro aproximado de una zona de soporte o resistencia se deben observar los precios de cierre de los días cercanos, anteriores y posteriores, a la zona en cuestión y hacer un promedio mental o visual, de estos precios, lo que representará algo muy parecido al nivel o centro de gravedad de la zona de soporte o resistencia. De manera alterna se puede asumir que toda la zona en cuestión es de soporte o resistencia y que mientras no se penetre el nivel superior (cuando se trata de resistencia) o el nivel inferior (cuando se trata de soporte) según el caso, no se considerará realmente penetrado el nivel en cuestión. La figura 6.5 representa una zona de soporte que no puede definirse con toda nitidez pero que es claramente funcional.

El gráfico diario es bueno para determinar niveles de soporte y resistencia de corto plazo en tendencias menores, pero no es lo mejor para demostrar zonas de soporte y resis-

IPC (VALOR REAL). NIVEL DIFUSO DE SOPORTE Y RESISTENCIA

Figura 6.5 Gráfico del IPC de la BMV que muestra cómo el eje central de una tendencia descendente (línea continua) corresponde en este caso a una zona de soporte y resistencia (zona comprendida entre ambas líneas punteadas) que aún sin definición nítida resulta muy importante.

tencia mayores e intermedias. Uno tiende a sobrestimar el potencial de un soporte menor recientemente ocurrido y minimizar la importancia de un nivel verdadero que haya ocurrido hace varios meses. Para tener una perspectiva más adecuada de la historia de niveles de soporte y resistencia, es necesario un gráfico semanal con volúmenes incluidos que comprenda cuando menos el último ciclo *bull* y *bear* completos (4 a 8 años o más).

Significado de la penetración de un soporte

En una tendencia alcista, la ruptura de un soporte, aun de dimensión menor (penetración de un piso local), debe ser vista como la primera señal de la posible reversa de una tendencia intermedia y quizá como señal de vender posiciones. Esta ruptura puede acabar estructurando una formación de consolidación después de la cual se retome la tendencia previa. En ese caso siempre habrá oportunidad de volver a comprar las acciones. Por lo mismo, cuando hay una ruptura en un nivel de soporte de magnitud ahora intermedia, esto puede ser el primer signo de una reversa en la tendencia mayor y deberá tomarse con mucho respeto y tal vez considerar deshacer los compromisos que se tengan en largo.

Significado de la penetración de una resistencia

Cualquier estudio analítico de los gráficos de registro mostrará rápidamente que es más fácil que los precios penetren hacia arriba un nivel previo de techo que a través de la resistencia formada por un piso previo voluminoso (y viceversa en las bajadas). Esto es, que un nivel de resistencia definido por un piso previo voluminoso será más importante que un nivel de resistencia definido por un techo local.

En el caso opuesto a la baja, un nivel de soporte definido por un techo anterior que ya se penetró será más importante que un soporte definido por un piso local histórico. Después de todo, una tendencia alcista se define como una sucesión de rupturas de niveles de resistencia formados por techos locales cada vez más altos y una tendencia a la baja se define como una sucesión de rupturas de niveles de soporte formados por pisos locales cada vez inferiores y por lo tanto la violación de pisos locales en una tendencia a la baja y la violación de techos locales en una tendencia alcista son situaciones enteramente naturales y hasta necesarias para que se desarrolle una tendencia.

Cuando una acción alcanza un nivel histórico alto y se mueve en "aire libre", la única forma de definir niveles de resistencia será cuando el precio de la acción llegue a un número redondo el cual funcionará como nivel de resistencia psicológico como apuntamos con más detalles a continuación.

En las figuras 6.6a y 6.6b se muestra cómo un nivel de soporte anterior (ya penetrado) es una resistencia más importante que un techo histórico máximo.

Los números redondos como niveles de soporte y resistencia

Una forma distinta de soporte y resistencia la constituyen los *números redondos*, tanto en los precios de las acciones como en los índices ($200.00 en Televisa, $8.00 en Lan-

COMERCI UBC. LÍNEA DE CUELLO

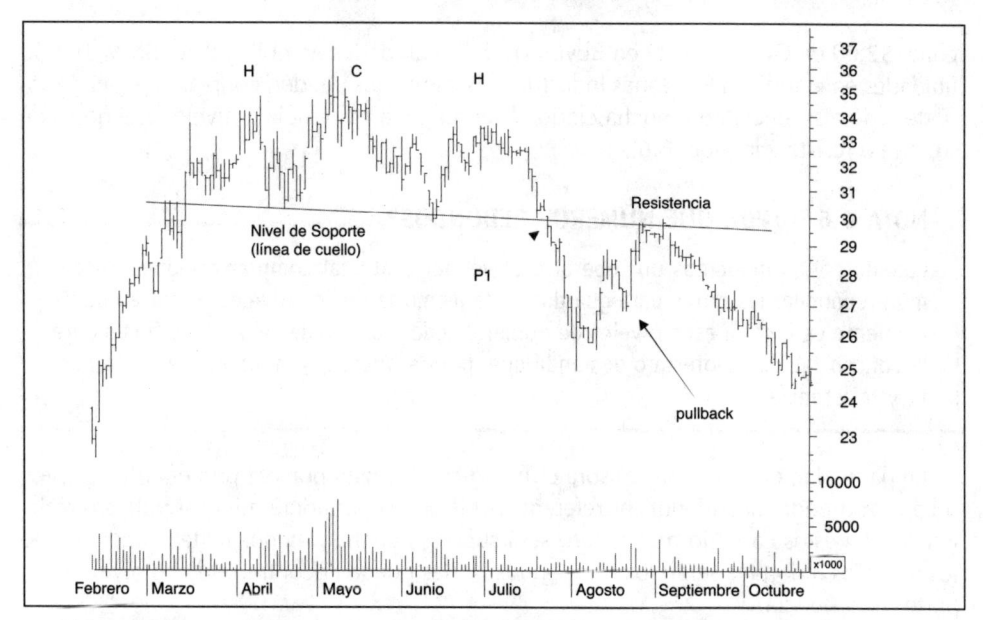

Figuras 6.6a Gráfico de Comerci UBC que muestra un nivel de resistencia que anteriormente fue un soporte importante y que en este caso recibe el nombre de línea de cuello por delimitar una formación de Cabeza y Hombros (HCH)(véase capítulo 8. Patrones de reversa). El *pullback* es el *rally* que ocurre después de que la línea de cuello es penetrada (P1).

DESC B. MÁXIMO HISTÓRICO COMO NIVEL DE RESISTENCIA

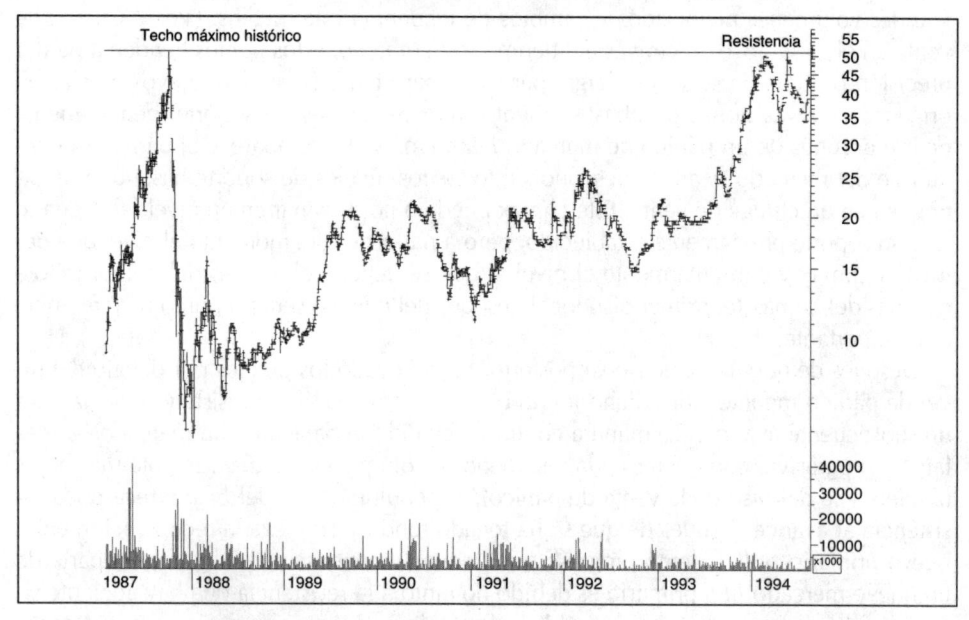

Figura 6.6b Gráfico de Desc B que muestra un nivel de resistencia que anteriormente fue un techo local (máximo histórico).

chile, $2.00 en Gfb-O, $1.00 en Bbvpro-B, 5000 unidades en el IPC de la BMV, 10,000 unidades en el Índice Dow Jones Industrial). Estos niveles pueden adoptar el papel de soporte o de resistencia con mucha claridad sin ninguna referencia a niveles anteriores de soporte o resistencia (nota 6.6).

NOTA 6.6 ¿POR QUÉ NÚMEROS REDONDOS?

Cuando nos proponemos un tope al cual vender o al cual comprar acciones, es común redondear las cifras para guardar en la memoria dichos niveles. Resulta que finalmente es justo a esos niveles de números redondos donde se produce finalmente la concentración de oferta o demanda que, por definición, son los niveles de soporte y resistencia.

En particular, cuando una emisora o un índice alcanzan por vez primera niveles altos o bajos, no podremos identificar referencias históricas para determinar soportes o resistencias, en estos casos lo más seguro será suponer, cuando menos tentativamente, que los números redondos serán los sitios en los cuales pueda encontrarse dicho nivel de soporte o resistencia.

Soporte y resistencia en ventas de pánico

Una vez que se han formado niveles de soporte o de resistencia que siempre han "trabajado" se verá que se repiten ciclo tras ciclo. En estos puntos históricos suele haber grandes volúmenes negociados y cambios de tendencia intermedios. (*Véase* Clímax de venta en el capítulo 10.) A través del tiempo, sin embargo, estos puntos tienden a perder precisión o a ampliarse y, a la larga, perderse, pero también surgen nuevos niveles. El origen de nuevas zonas de abastecimiento (nuevos niveles de soporte) generalmente ocurre después de un pánico de mercado *bear*. Una vez que aparece el pánico (segunda fase del mercado *bear*), se desconocen todos los niveles de soporte hasta que se extinguen en un clímax de venta. Este clímax puede o no terminar en un nivel relacionado con un soporte previamente establecido, pero a partir de este momento el nivel que detuvo el clímax y particularmente el nivel al que se detiene el regreso del primer rebote después del clímax (el primer piso local después del clímax) será un punto de referencia muy importante.

Después de que una caída *bear* posterior haya llevado los precios por debajo del nivel de pánico mencionado, dicho fondo o piso representará una resistencia obvia para un subsecuente avance. De manera contraria, cuando la bajada en un mercado *bear* es larga y progresiva, con interés cada vez menor y volúmenes progresivamente más bajos (a diferencia del piso de la venta de pánico), el penúltimo piso del *bear* ofrece poca resistencia al avance después de que se ha tocado fondo y empieza la recuperación en el nuevo primario *bull*. El lento progreso que frecuentemente se ve en la primera parte de un nuevo mercado *bull* primario es debido no tanto a la resistencia que hay adelante sino a la falta de esperanzas en un público decepcionado.

No hay ninguna razón por la que una tendencia alcista deba seguir subiendo mientras no alcance una zona de resistencia. Es cierto, como corolario, que los precios pueden y, de hecho, suben fácilmente a lo largo de un rango de precios donde no se formaron pisos o áreas de congestión en bajadas previas; pero si el primer nivel de resistencia establecido está muy lejano hacia arriba, el avance puede agotarse antes de alcanzarlo. Por lo tanto, debe pensarse en un nivel de resistencia lejano como un máximo posible más que como una meta segura. Sin embargo, entre dos acciones que se considera comprar, si todo lo demás es igual, por supuesto debe seleccionarse la que tiene un camino más llano hacia arriba y que por lo tanto puede subir más antes de encontrar una zona de resistencia ya establecida.

Niveles de soporte y resistencia en los índices

Los principios de soporte y resistencia se pueden aplicar tanto a los promedios como a las acciones individuales; no obstante, los niveles no pueden definirse con la misma precisión en los índices, sobre todo para movimientos de magnitud menor (terciarios). Particularmente los techos o pisos menores de los promedios son menos confiables como niveles de soporte o resistencia. Sin embargo, niveles claros de cambio en tendencia secundaria o primaria tienen una gran fuerza ya que casi siempre representan niveles simultáneos de reversa de muchas o todas las acciones (nota 6.7).

NOTA 6.7 EMISORAS PARTICULARMENTE FUERTES.

Si ante una penetración de un nivel de soporte de un índice, una acción en particular permanece firme y respeta su propio nivel de soporte (cuando el índice no lo ha hecho), esto evidencia fuerza en dicha acción y por ello, al iniciarse un nuevo *rally* del mercado en general, esa acción particular pudiera ser muy atractiva.

Líneas de tendencia como zonas de soporte y resistencia

En el capítulo 5, Líneas de tendencia, mencionamos cómo en una tendencia dada los precios hacen avances y retrocesos sucesivos en un desplazamiento zigzagueante y cómo es dable determinar los puntos precisos en que estos movimientos se revertirán. De aquí deriva que en la línea de tendencia queda implícito el concepto de soporte y resistencia ya que por ejemplo la línea de tendencia alcista (la que une los pisos locales), coincide con el punto que detiene el movimiento de retroceso en cada corrección. De igual manera, la línea de tendencia a la baja (la que une los techos locales) contiene los puntos de resistencia que limitan el ascenso de cada *rally* correctivo.

Hemos visto, al hablar del fenómeno de *pullback*, cómo la línea de tendencia alcista (la de soporte), una vez penetrada se convierte en resistencia al detener el *rally* del propio *pullback* y en el caso de una línea de tendencia a la baja (la de resistencia), al ser penetrada por una nueva tendencia alcista, se convierte en soporte capaz de detener en este caso el *pullback* correctivo. En la figura 6.7 se muestran ejemplos de líneas de tendencia que se convierten de soporte a resistencia y viceversa.

WALMEX C. CAMBIO DE POLARIDAD

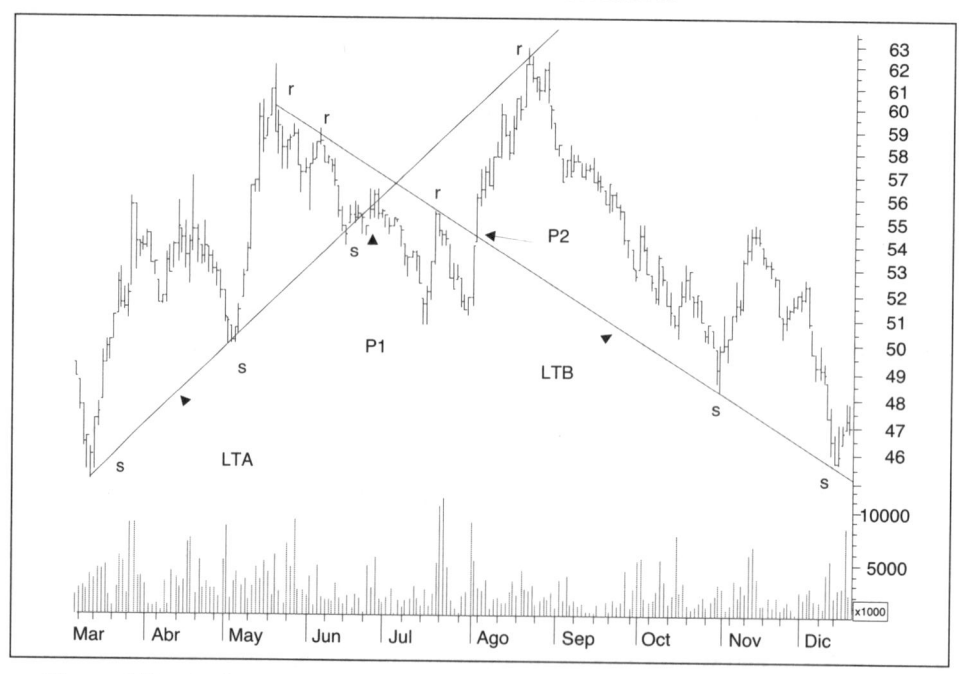

Figura 6.7 Gráfico de Walmex C en que se ha trazado una línea de tendencia alcista (LTA) que se convierte de soporte (s) a resistencia (r) después de ser penetrada en el punto P1. A este cambio Steve Nison (ver Bibliografía) le llama cambio de polaridad. También se ha trazado una línea de tendencia a la baja (LTB) que se convierte de resistencia (r) a soporte (s) después de su penetración (P2).

Promedios móviles como zonas de soporte y resistencia

En el capítulo 12 se estudiarán a fondo los promedios móviles, pero creemos conveniente hacer ver desde este momento la función de nivel de soporte o resistencia que manifiestan. Como veremos en su momento, los promedios móviles se calculan de diversas maneras y de distintos periodos de tiempo (5, 8, 13, 20, 30, 50, etcétera periodos), y esto podría hacer suponer que si cada uno de ellos cursa por diferentes puntos o precios en un momento dado, resultaría absurdo pensar que todos los puntos son niveles de soporte y resistencia. Esto es lógicamente argumentable y de hecho empíricamente absurdo. Lo cierto es que para cada emisora o índice, hay uno o varios promedios móviles (pero no todos) que coinciden con alguna regularidad con niveles en que se detienen las caídas (soporte) o los ascensos (resistencia) en los precios. Encontrar éstos promedios móviles que "coinciden" con (o describen o simplemente nos muestran) niveles de soporte y resistencia es muy conveniente pero como cualquier otra herramienta del análisis técnico, debe utilizarse con prudencia y no sobreinterpretar sus señales. En la figura 6.8 se muestra cómo un promedio móvil de 144 semanas ha descrito con gran precisión

IPC (VALOR REAL). PROMEDIO MÓVIL COMO NIVEL DE SOPORTE Y RESISTENCIA

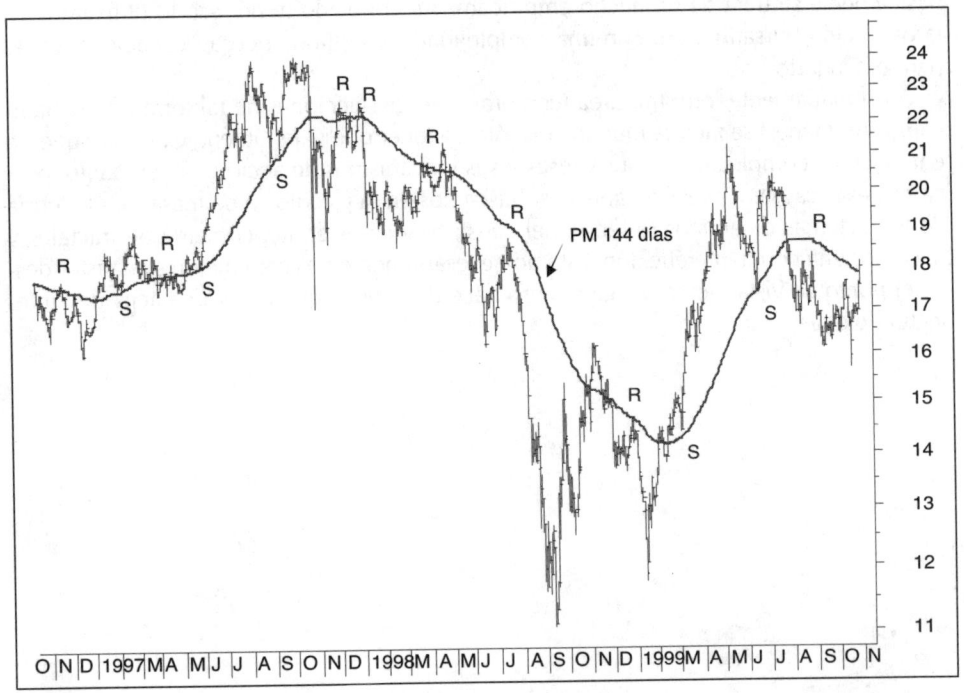

Figura 6.8 Gráfico del IPC de la BMV (en valores reales) con promedio móvil (PM) de 144 días (ponderado) que revela niveles de soporte (S) y resistencia (R) de gran importancia.

los niveles de soporte y resistencia en el trazo semanal del IPC (expresado en términos reales).

Reflexión final

Parecería que creemos y pretendemos hacer creer a nuestros lectores que las líneas que trazamos en los gráficos tienen el poder de detener los movimientos de los precios. No es así. Ni las líneas de tendencia, ni las horizontales que trazamos a lo largo de la historia gráfica de una emisora, ni los promedios móviles, tienen ese poder. Si acaso los números redondos en determinado momento pueden adquirir ciertos poderes "metafísicos" (por llamarlos de alguna manera) que les permiten detener caídas o ascensos al menos momentáneamente.

Los libros tradicionales de análisis hablan con gran autoridad de las razones psicológicas, financieras o de otro tipo que hacen que si una caída se detuvo en $6.48 hace 11 meses y también hace 3 años ahora lo volverá a hacer, o nos explican por qué si al Índice Dow Jones Industrial "le costó mucho trabajo" superar los 9,380 puntos, ahora que vaya de bajada le ofrecerá un soporte sólido. Creemos que todas esas explicaciones, razones, metáforas o modelos tienen algo de cierto, pero estamos más convencidos de que básicamente se trata de un hecho empíricamente conocido (y por eso lo utilizamos en la operación bursátil), pero con una complejidad más allá de nuestra capacidad actual para entenderlo.

Afortunadamente, nuestra tarea (comprar y vender acciones de tal forma que obtengamos utilidades) se facilita mucho con sólo conocer que el fenómeno existe aunque no entendamos completamente sus causas y sus mecanismos de acción. Sin embargo, buscamos esas causas y esos mecanismos, buscamos en la psicología de masas, en la teoría de los sistemas dinámicos (o teoría del caos), buscamos en la geometría de fractales y hacemos una cotidiana reflexión. Esto no necesariamente nos hará mejores analistas desde el punto de vista mercadológico, pero hace de nuestro que hacer una actividad intelectual plena.

CAPÍTULO 7

VOLUMEN

El *volumen* nunca se analiza en forma aislada sino que se debe relacionar con fenómenos que observamos en los precios, como tendencias, patrones de reversa o de continuación, ascensos o caídas violentas en los precios y otros hechos técnicos particulares. Por tanto, las señales características del volumen se estudian en cada una de las secciones específicas pertinentes; no obstante, dada su relevancia, hemos considerado conveniente reunir en el presente capítulo lo más sobresaliente de las señales que derivan del volumen. Rogamos al lector que acepte los conceptos aquí incluidos, aunque no comprenda cabalmente todo lo expuesto, con la seguridad de que en los capítulos referidos haremos todo lo necesario para que así sea.

Definición e importancia

Hemos mencionado que el volumen es el número de títulos que se negocian en un periodo determinado. Por lo general, el análisis técnico se realiza en gráficos elaborados con periodos de un día; por tanto, la cifra que corresponde al volumen generalmente es el número de títulos de una emisora que se negocian en una jornada de operaciones bursátiles.

Si bien el precio de una acción es el elemento más importante en el análisis técnico, el volumen es muy útil; en muchas ocasiones nos da una señal de confirmación de lo que aparentemente está sucediendo con el precio. De acuerdo con esto, el volumen deberá ser analizado cotidianamente y siempre se deberá estar alerta para detectar situaciones donde el volumen nos da advertencias importantes (nota 7.1).

> **NOTA 7.1 IMPORTANCIA DEL VOLUMEN. UN SÍMIL**
>
> En cierta forma, estudiar un gráfico de precios sin analizar al mismo tiempo el volumen (además de los niveles de soporte y resistencia) es como pretender evaluar el peso de un sujeto sin conocer su edad y su talla. Decir, por ejemplo, que Juan tiene sobrepeso porque la báscula marcó 47 kilogramos (sin saber si Juan tiene 6 o 46 años, o si mide 1.2 o 1.92 metros de estatura) es igual que decir que es bueno comprar una acción porque en los últimos 6 días de operación su precio ha subido 4.7% o porque el índice de la bolsa subió 1.2% el día de ayer, desconociendo completamente el volumen (la edad) o la presencia o ausencia de niveles de resistencia o de soporte (la talla).

El volumen va con la tendencia

Ya se mencionó en el capítulo 4 (Teoría Dow), que el volumen va con la tendencia. De acuerdo con esto, en un mercado alcista un volumen creciente indica fuerza del mercado, y un volumen decreciente, debilidad. Por el contrario, en un mercado a la baja un volumen creciente indica fuerza de la tendencia a la baja (por tanto, indica que seguirá el descenso de los precios). A su vez, un volumen decreciente indica debilidad de la tendencia (disminución de la presión a la baja) y sugiere así que la tendencia pronto puede revertirse (nota 7.2).

> **NOTA 7.2 EL VOLUMEN REFLEJA LA FUERZA DE UNA TENDENCIA**
>
> El volumen en una tendencia mide la urgencia que hay detrás de un movimiento de precios. Un volumen mayor refleja un grado más elevado de intensidad o presión en el movimiento actual, y viceversa. Esta información puede confirmar un movimiento del precio o, por el contrario, advertir que a ese movimiento no se le ha de confiar. Esto, como ya mencionamos, indica que el volumen debe expandirse o aumentar en la dirección de la tendencia. Mientras esto continúe, se dice que el volumen confirma la tendencia y, por tanto, podemos inferir que la tendencia proseguirá.

Divergencia entre precio y volumen

Un dato que siempre debe buscarse en el gráfico es la divergencia entre el precio y el volumen, concepto que a continuación explicamos. Como se muestra en la figura 7.1, en un alza ocurre divergencia si los precios sucesivamente mayores se presentan con un volumen que no crece en la misma magnitud (picos mayores en los precios no se acompañan de picos mayores en el volumen). Una situación diferente sería cuando el volumen no sólo no crece sino que decrece con movimientos ascendentes sucesivos de los precios (figura 7.1). Ambas situaciones son señales de alarma de que la presión de compra está disminuyendo. Si además de esto el volumen muestra una tendencia a levantarse en las correcciones (bajadas) del precio, o sea que aumenta en movimientos contra la tendencia, se podrá pronosticar que la tendencia alcista está por terminar (figura 7.1).

CIE B. DIVERGENCIA ENTRE EL VOLUMEN Y EL PRECIO

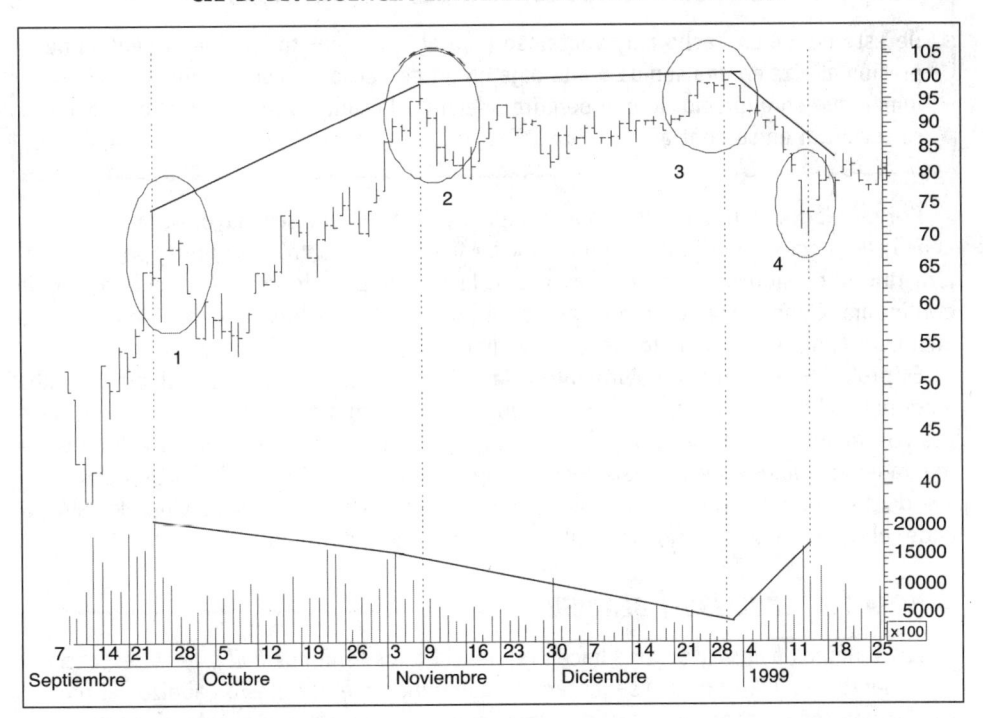

Figura 7.1 Gráfico de Cie B en el que se muestra la divergencia entre el precio y el volumen en una tendencia alcista que cursa de septiembre a diciembre de 1998. La divergencia se puede notar primero entre el punto 1 y el punto 2 y nuevamente entre el punto 2 y el punto 3, ya que en ambas ocasiones el volumen tiende a disminuir mientras el precio aumenta. En este periodo, el volumen va en contra de la tendencia. Por último, entre el punto 3 y el punto 4 se muestra que el volumen va con la nueva tendencia a la baja, ya que conforme cae el precio de la acción, el volumen aumenta.

En otras palabras, un *rally* que alcanza un nuevo nivel alto o un nuevo techo con aumento de volumen pero menor que el incremento del *rally* anterior muestra una divergencia entre el precio y el volumen. Esto es indicativo de debilidad en la tendencia alcista. Un *rally* que se presenta con contracción del volumen es aún más sospechoso y advierte de un probable cambio de tendencia en poco tiempo.

La señal de debilidad del volumen se manifiesta frecuentemente antes de detectarse en el precio, lo que ofrece un aviso ventajoso de un cambio de tendencia potencial antes que suceda un regreso significativo en el precio. Al vigilar y estudiar el precio y el volumen juntos, de hecho estamos midiendo la misma cosa con dos herramientas distintas: *la presión que impulsa a la tendencia*. Al ver que los precios están subiendo sabemos que hay más presión de compra que de venta. Es obvio entonces que el volumen debe guardar la misma dirección que la tendencia, o sea, aumentar en los ascensos del precio para confirmar nuestra impresión (nota 7.3).

> **NOTA 7.3   EL VOLUMEN NOS DA SEÑALES ADELANTADAS**
>
> De esto deriva un hecho muy ventajoso para el inversionista, ya que la pérdida de presión al alza en una subida o a la baja en un descenso se muestra antes en el volumen que en el precio, lo que permite adelantar la salida antes de que los precios se reviertan en su contra.

Por otro lado, en una tendencia a la baja el volumen debe ser mayor durante los descensos de precio y deprimirse en los *rallies*. Mientras este patrón continúe, podemos inferir que la presión de venta es mayor que la de compra y que la tendencia a la baja continuará. Cuando este patrón se altere, el analista deberá buscar signos de que se ha alcanzado un piso y que la tendencia puede cambiar.

Es probable que en un movimiento a la baja el primer signo de debilidad de dicha tendencia se manifiesta cuando el volumen disminuye en movimientos descendentes sucesivos (divergencia positiva o *bullish*). El siguiente signo será quizá que el volumen aumenta en los *rallies* sucesivos (aumenta comparado con el volumen de los descensos) en vez de disminuir. En este caso el volumen va en contra de la tendencia. Cuando esto sucede, el fin del descenso seguramente estará próximo (nota 7.4).

> **NOTA 7.4   BULLISH Y BEARISH**
>
> Los términos *bullish* y *bearish* hacen referencia a los términos *bull* y *bear*, respectivamente. Así *bullish* es una señal técnica que indica que hay presión al alza del precio; una señal *bearish* es aquella señal técnica que sugiere presión de disminución del precio o de tendencia a la baja.

Signos *bullish* y *bearish* en el volumen

Si después de un descenso prolongado el precio se recupera y pronto vuelve a descender hasta cerca del piso anterior (poco más arriba o poco más abajo), pero en esta ocasión el descenso se verifica con volumen significativamente más bajo que el que se tuvo en la primera caída (*véase* figura 7.2), se trata de un claro signo *bullish,* y corresponde a un doble piso como se verá en el tema Patrones de reversa (capítulo 10). Si además el volumen aumenta más en el segundo *rally* que en el primero, esto hace inminente el repunte (la confirmación se dará cuando el precio supere el nivel máximo alcanzado en el primer repunte, como se menciona en el mismo capítulo).

La penetración hacia abajo del límite inferior de un patrón de precios, de una línea de tendencia ascendente, de una línea de soporte o de un promedio móvil, hecha con volumen elevado, es un signo *bearish* que anuncia o confirma, según el caso, una tendencia a la baja (figura 7.3a). Por otro lado, la penetración hacia arriba de una línea de resistencia, de una línea de tendencia descendente, del límite superior de un patrón de precios o de un promedio móvil, es un signo *bullish* que igualmente da un aviso anticipado, o permite confirmar el inicio de una tendencia alcista, según el caso (figura 7.3 b).

Capítulo 7 Volumen **109**

CEMEX CPO. VOLUMEN CARACTERÍSTICO EN UN PATRÓN DE DOBLE PISO

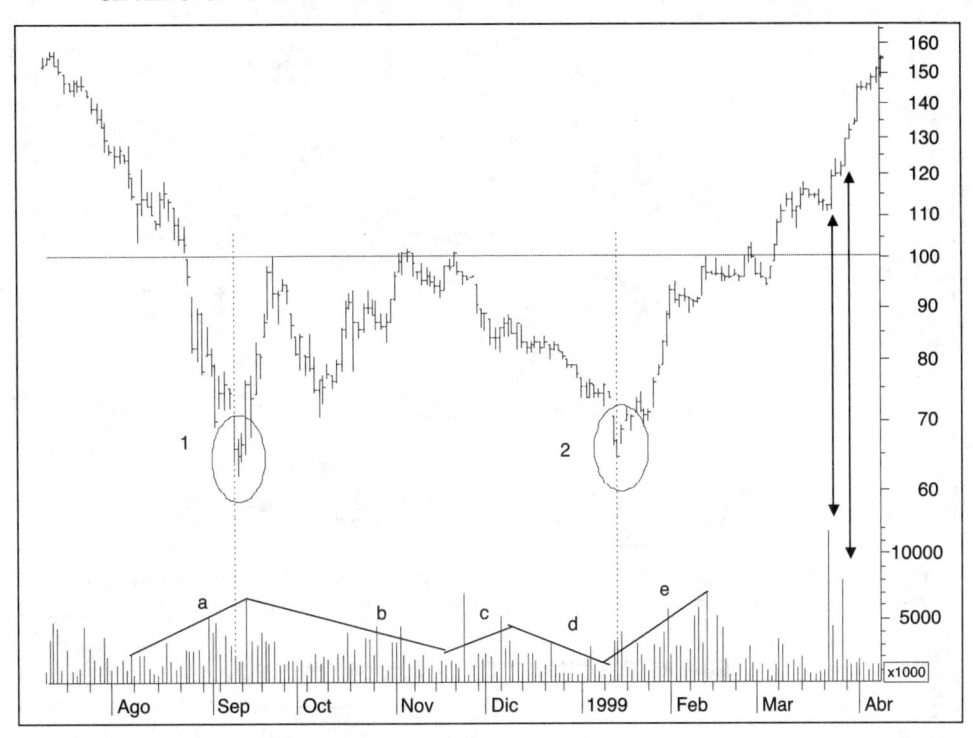

Figura 7.2 Gráfico de Cemex CPO que muestra un doble piso con patrón de volumen característico. El primer piso está señalado con un círculo y el #1. El segundo piso con otro círculo y el #2. El volumen se ha marcado con letras. En (a) el volumen va con la tendencia descendente (*bearish*). En (b) la corrección al alza se acompaña de volumen decreciente (aún *bearish*). En (c) al principio el volumen continúa con la tendencia descendente pero en (d) aparece el primer signo *bullish* al disminuir el volumen conforme se alcanza el nuevo piso. En (e) se confirma el signo *bullish* al aumentar el volumen en el *rally* que sigue al segundo piso. Los nuevos picos de volumen que se dan a finales de marzo de 1999 (dobles flechas) confirman el vigor de la tendencia alcista.

Debe quedar muy claro que la penetración hacia arriba de una línea de resistencia o del límite superior de una figura o formación de precios hecha sin volumen alto la hace altamente dudosa, no así una penetración hacia debajo de un soporte o de un límite inferior de una figura, ya que la penetración hacia abajo puede darse sin aumento claro de volumen, aunque generalmente sí lo presenta.

Cuando el mercado ha estado subiendo por muchos meses y la última fase de una subida, ya poco vigorosa, se acompaña de volumen claramente elevado, debe interpretarse como un signo *bearish* pues representa distribución y pronostica una inminente caída, y a pesar de que en este caso el volumen vaya con la tendencia, en las condiciones indicadas debemos interpretarlo como signo de agotamiento.

BANACCI O. AUMENTO DE VOLUMEN AL PENETRAR LA LÍNEA DE TENDENCIA

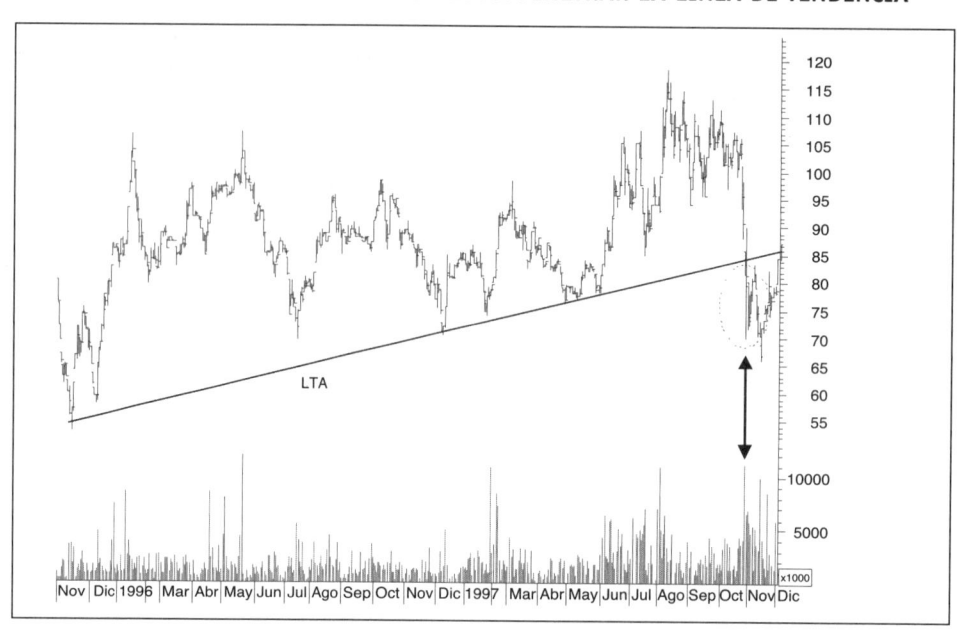

Figura 7.3a Gráfico de Banacci O en el que se muestra (óvalo) la penetración hacia abajo de una línea de tendencia ascendente (LTA) con aumento de volumen (doble flecha).

BBVPRO B. EL VOLUMEN VA CON LA TENDENCIA

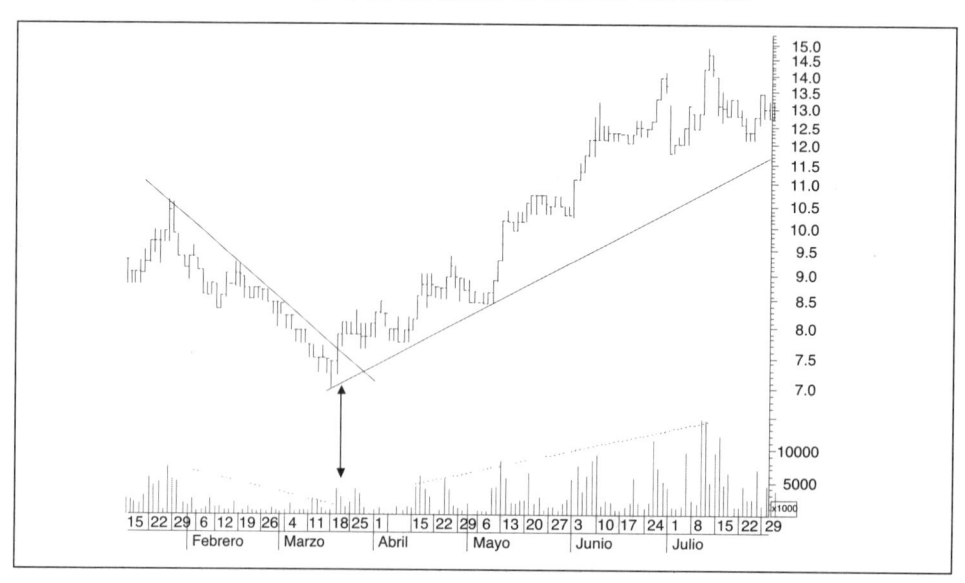

Figura 7.3b En este gráfico de Bbvpro B se observa que en el final del movimiento a la baja el volumen desciende en forma consistente, lo que anuncia un probable final de tendencia. Nótese el claro aumento de volumen al darse la penetración de la línea de tendencia a la baja el 19 de marzo (doble flecha) y la manera consistente en que aumenta el volumen cada vez más en cada nuevo rally de la nueva tendencia alcista.

De la misma forma, en las últimas fases de un movimiento secundario de precios a la baja el volumen aumenta levemente conforme se alcanza el fondo del movimiento. Esto no debe interpretarse como signo *bearish,* a pesar de que nuevamente el volumen vaya con la tendencia, sino al contrario, bajo estas condiciones es un signo *bullish* que anuncia que la corrección está próxima a su fin. Después de tocar fondo, durante la fase de acumulación (primera fase de la nueva tendencia ascendente, antes del repunte del precio), el volumen típicamente disminuye en forma notoria. No obstante, conforme se llega al fin de la acumulación, el volumen nuevamente empieza a aumentar a pesar de que el precio apenas aumenta. Este aumento de volumen que se presenta al final de la acumulación es un claro signo *bullish* que se refleja muy efectivamente en el indicador llamado balance de volumen (*on balance volume*), que se analiza en el capítulo 14.

Volumen en los patrones de continuación

Como se verá con detalle en el capítulo 9 (Patrones de continuación), durante el desarrollo de este tipo de patrones, como los triángulos simétricos (figura 7.4a), los rectángulos, las cuñas (figura 7.4b), los diamantes, las banderas y los banderines, el volumen

BANACCI O. DESCENSO DE VOLUMEN EN UN TRIÁNGULO

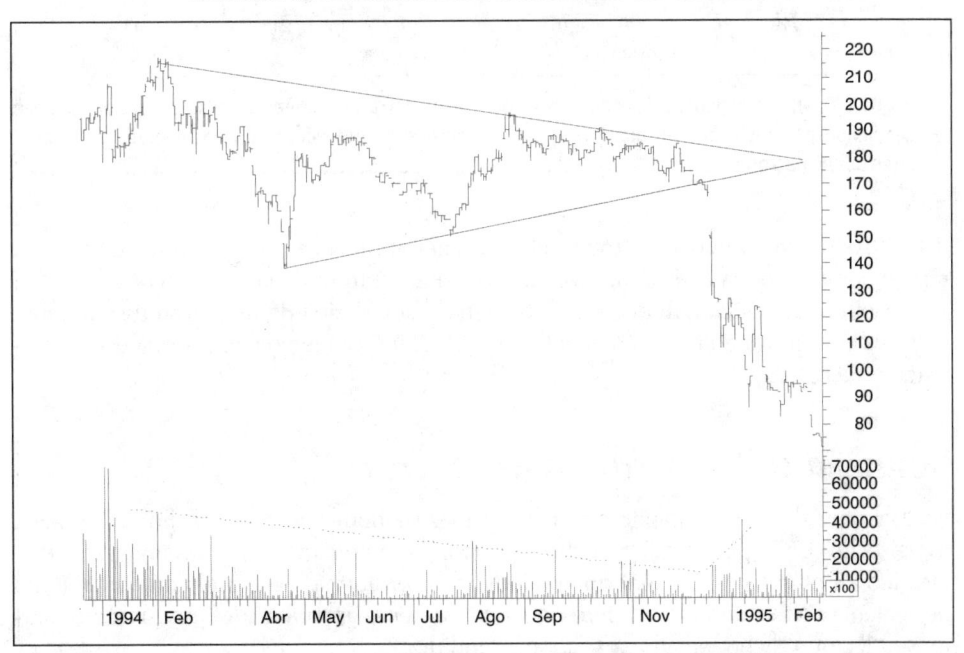

Figura 7.4a En este gráfico de Banacci O se muestra el descenso progresivo de volumen en la formación de un triángulo simétrico. Nótese que en el *rally* que se da en el mes de agosto de 1994 hay un aumento moderado y transitorio de volumen. En diciembre del mismo año hay un nuevo aumento de volumen un poco mayor que corresponde al rompimiento de la formación.

APASCO*. AUMENTO DE VOLUMEN AL ROMPIMIENTO DE UNA CUÑA.

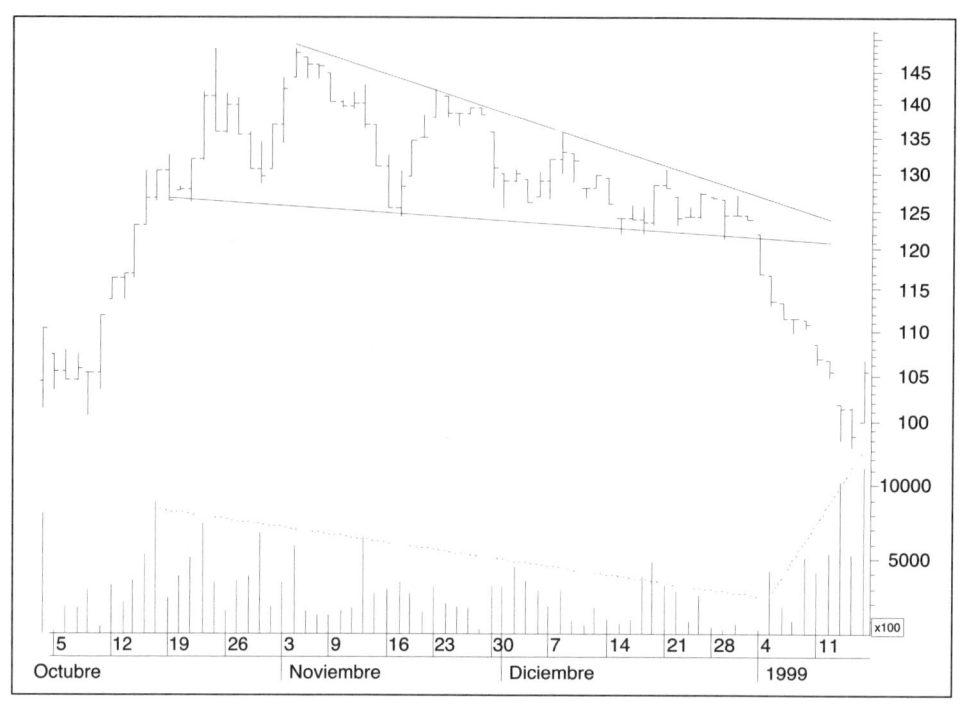

Figura 7.4b Gráfico de Apasco* en el que se muestra una cuña durante la cuál el volumen desciende progresivamente, mostrando un aumento sostenido del volumen después del rompimiento del patrón.

disminuye progresivamente en todos ellos y en el rompimiento del patrón suele haber un rápido aumento de la actividad, sobre todo cuando el rompimiento es hacia arriba.

Por otro lado, es común que el rompimiento hacia arriba de un patrón de continuación sea con mayor aumento en el volumen que el rompimiento hacia arriba de una formación de reversa.

Volumen en los patrones de reversa

Los patrones de reversa (capítulo 8) como cabeza y hombros, doble techo, doble piso, triple techo, triple piso, tazón y techo redondo, también tienen comportamiento característico en el volumen (anteriormente indicamos en forma somera el comportamiento del volumen en el doble piso) pero no es conveniente generalizarlo, por lo que remitimos al lector a dicho tema para evitar confundirlo.

Podemos hacer una generalización en los patrones de reversa del fondo (los patrones con que cambia de una tendencia a la baja a una tendencia alcista): conforme se completa el patrón, el volumen disminuye notablemente, lo cual es dato de acumulación. En cuanto se supera un nivel de resistencia hacia arriba, súbitamente el volumen aumenta en forma marcada. Este surgir de volumen elevado es la mejor confirmación de un rompimiento. Sin este volumen, el rompimiento hacia arriba probablemente será falso.

Volumen en el alza explosiva, o *blowoff*

En ocasiones, tanto el precio como el volumen se expanden gradualmente hasta alcanzar una subida exponencial con un estadio final explosivo. A esta situación se le llama *blowoff*, o *alza explosiva*. Después de esto, tanto el precio como el volumen caen agudamente. Esto representa un movimiento de agotamiento característico de una reversa de tendencia. El significado de esta reversa, o sea, la consecuencia que pueda tener el movimiento que le siga, dependerá de la magnitud del avance previo y del grado de expansión del volumen que se dio al final del ascenso.

Situaciones especiales de volumen alto

El volumen es un indicador cotidiano muy importante y hay cuatro ocasiones en que debe buscarse la presencia de volumen excepcionalmente elevado:

   a) El día de una ruptura de un patrón o un periodo de movimiento lateral, especialmente si el rompimiento es hacia arriba. Aquí el volumen alto confirma el rompimiento y su falta lo pone en duda.
   b) El día en que la acción alcanza nuevo terreno en la dirección primaria o intermedia, o sea, por arriba del último techo local en un mercado *bull* o por abajo del último piso local en un mercado *bear*. Aquí también el volumen confirma el rompimiento o la continuación de la tendencia.
   c) El día en que un movimiento menor es completado, se forma un nuevo techo local en un mercado *bull* o un nuevo piso local en un mercado *bear* (de acuerdo con la regla de los tres días). Es de esperarse que en el primer caso, durante la corrección que sigue al techo local, el volumen disminuya y también es de esperarse que en el segundo caso, durante el *rally*, el volumen disminuya. Estos casos también confirman la tendencia vigente.
   d) Cualquier día en el que haya volumen elevado que no corresponda a los anteriores casos deberá considerarse que será el fin de un movimiento intermedio, hasta que no se demuestre lo contrario. Una señal de este tipo puede estar indicando el fin del movimiento, sobre todo si se da por debajo de un nivel de resistencia en una tendencia alcista o por arriba de un nivel de soporte en una tendencia a la baja. Esto será cierto aunque no se haya alcanzado el objetivo del movimiento actual (nota 7.5).

NOTA 7.5   SEÑALES DE FINAL DE TENDENCIA

La reversa de un día (capítulo 10), la brecha de agotamiento (capítulo 11) o cualquier día de volumen alto excepcional después de varios días de un avance menor son fuertes indicadores de que esa tendencia se acabó. Cualesquiera de las tres señales es importante y pueden darse juntas o aisladas. Dos de ellas juntas tienen más peso que una sola y las tres juntas tienen fuertes implicaciones de un techo o piso, cuando menos de dimensión menor.

El volumen en el *pullback*

Es común que poco después de una penetración hacia abajo haya un repunte de los precios que condicionen una recuperación o *pullback* (capítulo 5). Este avance invariablemente debe estar acompañado por un volumen declinante, el cual por si mismo refuerza la impresión *bearish*. Este *rally* suele alcanzar justo la línea de resistencia que era la de línea de soporte en la formación de reversa. En el caso contrario en que se penetra hacia arriba una resistencia, el *pullback* que siga lógicamente será un movimiento hacia abajo que igualmente se detiene justo al nivel de la resistencia que recién se penetró (que ahora es soporte). También en este caso, el *pullback* deberá verificarse con volumen declinante.

Captura del volumen en el gráfico que analizamos

Hay un último detalle particular del volumen que consideramos adecuado proponer a nuestros lectores. Esto es, la necesidad, utilidad o conveniencia de modificar la captura de cantidades extraordinarias de títulos negociados en algunos periodos. En el capítulo 2 (El mercado de capitales) mencionamos que hay dos situaciones especiales en los intercambios de acciones: los cruces y los paquetes. Sin entrar en detalles, hemos dicho que cruces son intercambios de acciones dentro de una misma casa de bolsa; paquetes son volúmenes considerables de acciones que se intercambian en un solo movimiento entre dos casas de bolsa distintas.

Por diversos motivos, creemos conveniente eliminar del registro cotidiano aquellos paquetes o cruces que rebasan una cantidad determinada de acciones. No hay un valor específico, pero habitualmente se decide eliminar aquellos que alcanzan o rebasan ya sea medio millón o un millón de acciones por paquete o por cruce. (Véase el capítulo 2.) Nosotros utilizamos la cifra de un millón de acciones y eliminamos dichas cifras de la captura individual de la emisora en cuestión, así como del total de títulos negociados en el día (para fines de captura en el índice correspondiente).

Entre estas razones destaca en primer lugar la dificultad que surge para leer el volumen habitual en un gráfico en el que en un periodo se intercambió un número inusualmente elevado de acciones ya que con objeto de representar el día extraordinario, las líneas verticales que representan el volumen de cada periodo habitual quedarían "empequeñecidas" relativamente y sería muy difícil o imposible apreciar lo que realmente está sucediendo. Otra razón importante es que estos cruces o intercambio de grandes paquetes generalmente se operan obedeciendo razones particulares y habiendo llegado a acuerdos de antemano sobre el precio entre la parte compradora y la parte vendedora, razones que las más de las veces no obedecen a fenómenos de libre mercado (nota 7.6).

> **NOTA 7.6 CRUCES MUY VOLUMINOSOS DE ACCIONES**
>
> Hemos encontrado que esta práctica está suficientemente diseminada en el gremio, por lo que seguimos realizándola aunque ciertamente no es una práctica unánime ni obligada.

Reflexión final

Como muchas cosas en la vida, cuando empezamos a realizar una nueva actividad hay una serie de decisiones y actitudes que tenemos que tomar de manera consciente y mediante el ejercicio de la voluntad. Posteriormente, parece que una parte del cerebro (el inconsciente) se encarga de una multitud de decisiones y que las hace de manera automática. Por ejemplo, cuando hemos aprendido a andar en bicicleta, ya no tenemos que pensar en los pedales, el manubrio, los frenos, el terreno sobre el que andamos, los peligros u obstáculos que se nos presentan, movimientos de las piernas, movimientos de los brazos o en mantener el equilibrio. Una parte automática del cerebro se encarga de todo eso —por cierto con gran eficiencia—, mientras disfrutamos del paisaje, de la compañía o, simplemente, ocupamos la mente consciente en pensar en muchas otras cosas.

En el análisis técnico suele ocurrir algo similar; al principio sólo podemos dirigir nuestra atención a un asunto a la vez, o buscamos tendencias o dibujamos líneas de tendencia o niveles de soporte o resistencia. Si no hacemos consciente la necesidad de buscar patrones de precios o si no volteamos especialmente a ver los volúmenes y su relación con los otros fenómenos, es probable que no detectemos divergencias o francas señales contrarias a la tendencia actual (*bullish* en un *bear* o *bearish* en un *bull*). De hecho, el estudio cuidadoso del volumen es quizá la carencia o el olvido más frecuente en un analista novato.

Sólo la disciplina, la constancia, el estudio y la autocrítica nos permitirán "pasearnos" sobre las gráficas y sin dejar pasar ningún elemento importante disfrutar el "paisaje" muy rico y muy interesante que se nos presenta.

Como tocar el violín, el análisis es un arte; no basta con usar la parte analítica del cerebro, tenemos que entrenar a la porción intuitiva (definitivamente la más eficiente y poderosa) para que "en automático" nos brinden las señales paradójicas o contradictorias, los focos rojos de alarma y los avisos de grandes oportunidades que nos permitan tomar a tiempo una decisión. Sin un sólido conocimiento teórico y sin un entrenamiento adecuado se podrán tomar muchas decisiones erróneas. ¡Es tan fácil perder dinero en la Bolsa!

CAPÍTULO 8

PATRONES DE REVERSA

Por lo general, el cambio o reversa de una tendencia primaria (y con frecuencia también secundaria) se verifica mediante una fase de transición en la que hay cierto equilibrio entre compradores y vendedores. Es común que la fase de transición no se identifique como tal hasta que ya ha evolucionado en buena parte o hasta que ha concluido del todo. Esta fase de transición (que hemos llamado de negociación o de *trading* en el capítulo 1) es una zona de precios más o menos amplia, delimitada hacia arriba por una línea o nivel de resistencia y hacia abajo por un nivel de soporte, dentro de la cual los precios se comportan de manera característica. A estas fases y a la forma que adquieren entre sus niveles de soporte y de resistencia se les conoce como *figuras, formaciones o patrones de reversa* o de cambio (nota 8.1).

NOTA 8.1   PATRÓN, FIGURA O FORMACIÓN DE PRECIOS

En la nota 5.2 del capítulo 5 (Líneas de tendencia) se define lo que es una figura, formación o patrón de precios.

También ocurre que en el curso de una tendencia, llegue el momento en que se detenga el avance de los precios (hacia arriba o hacia abajo) y que el mercado en general, o la emisora en particular, "se tomen un descanso" antes de proseguir con la misma tendencia. Estos "descansos" también se dan mediante fases de equilibrio más o menos complejas, con características suficientemente consistentes como para hacer posible su identificación oportuna. A estas formaciones se les conoce como *figuras o patrones de continuación o de consolidación*.

Éste y los próximos dos capítulos se han dedicado a describir y ejemplificar las figuras de reversa y de continuación (nota 8.2).

NOTA 8.2 FUNCIÓN DE LOS PATRONES DE PRECIOS

Desde el punto de vista funcional, los patrones de reversa en el techo de un mercado *bull* se comportan como áreas de distribución. Por el contrario, los patrones de reversa en el fondo de un mercado *bear* funcionan como áreas de acumulación. De igual manera, en relación con las formaciones de continuación, en un primario *bull* un patrón de continuación equivale a un área de acumulación y dentro de un primario *bear*, un patrón de consolidación equivale a un área de distribución.

Al identificar los patrones de continuación y de reversa podremos tener la seguridad, de que lo que acaba de pasar es lo que creemos que es y no lo que quisiéramos que fuera. En otras palabras, cuando observamos un patrón que sea típico en su forma, duración y volumen, será poco probable que estemos identificando equivocadamente una situación. De manera que sabiendo con certeza qué está pasando, no estaremos adivinando el futuro sino que tendremos la capacidad de hacer un pronóstico basado en las probabilidades de lo que podrá suceder en el futuro inmediato o mediato, dependiendo del entorno en el que se da el patrón o figura respectiva.

Patrones de reversa

Antes de iniciar el análisis de los patrones de reversa, hay unos puntos que deben considerarse y que son comunes a todos ellos.

Un requisito para cualquier patrón de reversa es la existencia de una tendencia previa desarrollada que pueda ser revertida. Si se identifica en el gráfico lo que parece ser un patrón de reversa pero no hay nada que revertir (no hubo una tendencia previa), debe dudarse mucho del significado del patrón. De esta manera, sabiendo dónde es más probable que aparezca cada tipo de patrón será más objetiva su interpretación (nota 8.3).

NOTA 8.3 PATRÓN DE REVERSA Y LÍNEA DE TENDENCIA

Con frecuencia la primera señal de una inminente reversa de tendencia es el rompimiento de una línea de tendencia importante. Algunas veces el rompimiento de la línea de tendencia es el comienzo de un patrón de reversa pero otras veces el patrón se forma antes del rompimiento de la línea de tendencia y éste puede coincidir con el rompimiento del propio patrón de reversa.

Hay diferencias interesantes entre los patrones de reversa que se forman en los techos y los que se forman en los fondos. Los de los techos generalmente son más breves en duración y más volátiles (de cambios de precio más amplios) que los de los fondos. Dicho de otra forma, las oscilaciones de precios son más violentas en los techos. Los precios tienden a caer más rápidamente con respecto al tiempo que les toma subir. Por esto pueden lograrse mayores utilidades más rápidamente operando en corto durante las fases *bear*, sin embargo, es más difícil identificar el fin de las figuras de reversa en los techos que en los fondos por lo que las señales de entrada son más claras y más fáciles de seguir al alza que a la baja.

El volumen es más importante y necesario en las subidas que en las bajadas. Ya hemos visto que generalmente el volumen aumenta conforme los precios se desplazan en la dirección de la tendencia y disminuye cuando el precio se mueve en contra de la tendencia. El volumen también disminuye durante la formación de los patrones de consolidación y de reversa y aumenta al rompimiento del patrón, aunque esto vuelve a ser menos importante en el rompimiento de los patrones de reversa en los techos que en los fondos. Una notable excepción es el "patrón que se ensancha" en los techos (*véase* capítulo 10, Patrones secundarios) en el cual, aunque en forma irregular, el volumen tiende a aumentar conforme se desarrolla la figura.

Los patrones de precios son de los pocos instrumentos del análisis técnico que permiten calcular o predecir la magnitud y duración de una tendencia subsecuente. Hablando en general, cuanto mayor sea el área tomada por un patrón de reversa, o sea, cuanto mayor sea la fluctuación de precios y más tiempo tome para formarse, y cuantas más acciones se intercambien en su construcción, tanto más importantes serán sus implicaciones o sus consecuencias.

Al nivel final que se espera sea alcanzado en un movimiento dado (y que es el nivel que tratamos de calcular con base en el patrón de reversa o de continuación) se le llama *objetivo*. En ocasiones, las formaciones de reversa o de continuación permiten estimar objetivos o metas que con alta probabilidad serán alcanzadas en los movimientos que siguen a dichas formaciones. En la mayoría de los casos el objetivo mínimo esperado equivale a la altura del patrón formado, medida a partir del punto de rompimiento de la figura (nota 8.4). Por otro lado, el objetivo máximo después de los patrones de reversa, será el total de la altura de la tendencia previa que será revertida después de concluido el patrón de reversa. No obstante, no debe olvidarse que en cualquier caso, la tendencia que siga a un patrón de reversa nunca podrá estimarse mayor que la tendencia que precedió al propio patrón.

NOTA 8.4 ROMPIMIENTO DE UN PATRÓN DE PRECIOS

Se llama rompimiento de una figura al momento en que el precio sobrepasa uno de los niveles que delimitan a una figura de reversa o de continuación, ya sea el superior (de resistencia) o el inferior (de soporte).

Formación de cabeza y hombros (CyH)

Esta figura aparece en el techo de una tendencia alcista. Como se muestra en la figura 8.1, está formada por tres cimas consecutivas, de las cuales la segunda es siempre la más alta (la *cabeza*) y las otras dos (los *hombros izquierdo* y *derecho*, respectivamente) tienen una altura máxima semejante. El fondo de los valles que se encuentran a ambos lados del pico mayor también está a una altura similar. A la línea que une estos dos fondos se le llama *línea del cuello*, y su penetración hacia abajo es la señal de confirmación (y rompimiento) de la figura (nota 8.5).

NOTA 8.5 INCLINACIÓN DE LA LÍNEA DE CUELLO

La línea del cuello puede deslizarse (inclinarse) un poco hacia arriba o hacia abajo, pero es importante que cuando se deslice hacia arriba el fondo de la reacción entre la cabeza y el hombro derecho esté en un punto claramente inferior a la cima del hombro izquierdo. La frecuencia con la que la línea del cuello es horizontal es similar a los casos en que se desliza un poco hacia arriba. Menos frecuentemente la línea de cuello está inclinada hacia abajo. En este último caso el hombro derecho suele ser más pequeño, lo que revela debilidad del mercado.

ALFA A. CABEZA Y HOMBROS

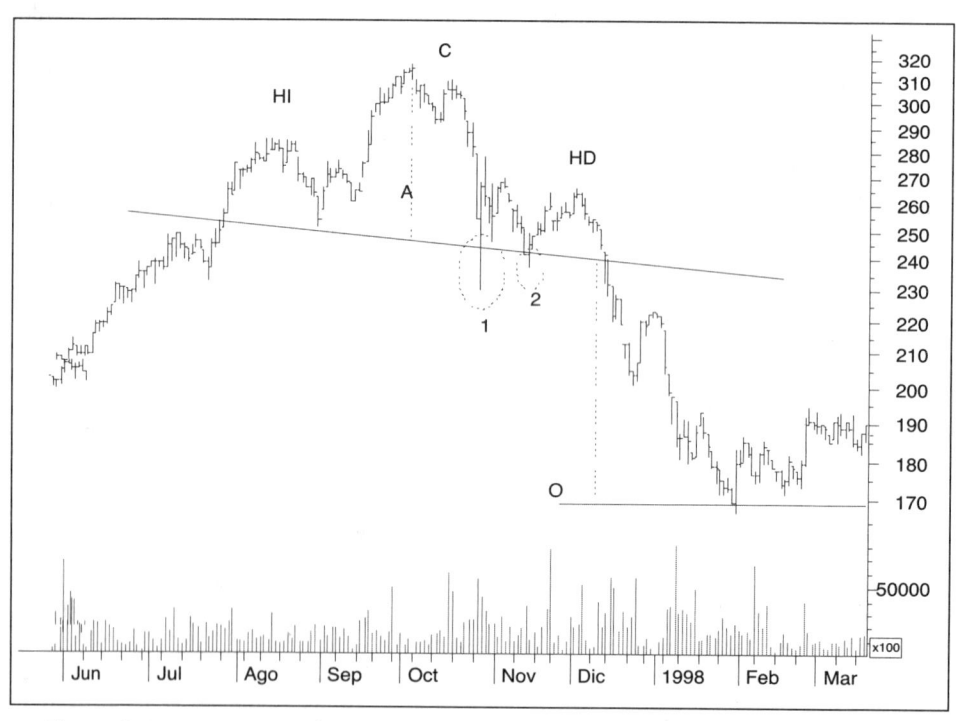

Figura 8.1 Gráfico que muestra un trazo real de patrón de Cabeza y Hombros. Se señalan el hombro izquierdo (HI), la cabeza (C), el hombro derecho (HD), la línea de cuello (LC) que en este caso se inclina hacia abajo, la altura de la cabeza (A) y el objetivo medido (O). En los óvalos se muestra (1) el efecto de la caída en las bolsas orientales (28 de octubre de 1997) y en (2) otra penetración en falso de la línea de cuello intradía (13 de noviembre de 1997) que no se confirmó. La penetración definitiva de la línea de cuello ocurrió el 15 de diciembre de 1997.

El patrón de CyH es uno de los patrones de reversa más común, más fácil de identificar, mejor conocido y más confiable. Puede tomar en formarse desde 3 a 4 semanas hasta ¡varios años! Cuanto más tarda, representa una distribución mayor y, por tanto, la tendencia resultante será más larga. Los patrones CyH pueden aparecer en gráficas diarias y en gráficas de largo plazo (semanales o mensuales).

El hombro izquierdo (el primero en formarse) suele ser el final de un *rally* largo. Durante la subida de este hombro el volumen es moderado y baja durante la reacción. En la subida del cuello a la cabeza el volumen suele ser bajo o moderado, pero en ocasiones es alto (una tercera parte de las veces). La caída después de la cabeza debe alcanzar necesariamente un nivel inferior al techo del hombro izquierdo para que corresponda a un patrón de CyH. En el *rally* del hombro derecho (el segundo hombro) el volumen debe ser francamente bajo, de otra forma deberá hacernos dudar de nuestra interpretación de la figura. Este segundo hombro de hecho viene a ser el primer *rally* de rectificación en una nueva tendencia descendente que comenzó a partir del techo de la cabeza.

Después de la bajada del hombro derecho, cuando el precio de cierre baja más de 3% del precio de la línea de cuello, o cuando cierra por debajo de dicha línea por 2 días consecutivos, se considera un rompimiento y una confirmación de la figura y del cambio de tendencia (nota 8.6).

NOTA 8.6 CONSISTENCIA DEL PATRÓN DE CABEZA Y HOMBROS

Es raro que una formación de CyH falle y no se complete, y más raro que se confirme y no sea seguida por un cambio de tendencia, pero puede suceder. No obstante, cuando así sucede, aún la falla es una señal de alarma y de cambio inminente de tendencia y por tanto debe considerarse que la próxima vez que algo como un patrón de reversa se empiece a formar, lo más probable es que se vaya a completar y que se dé la reversión esperada.

El primer aviso de que está estableciéndose un patrón de CyH suele ser que el volumen en el *rally* de la cabeza es menor que en el del hombro izquierdo ([1] en la figura 8.2). El segundo aviso (2) es cuando en el curso de la segunda reacción (bajada de la cabeza) los precios caen por abajo del precio máximo del primer *rally* (el techo del hombro izquierdo). El tercer aviso (3), muy importante, es cuando durante el *rally* del hombro derecho el volumen se mantiene bajo. Para entonces ya puede considerarse una línea de cuello y si al empezar a redondearse este hombro derecho (cuarto aviso [4]) se muestra la incapacidad del *rally* del hombro derecho para alcanzar el techo de la cabeza y el volumen sigue bajo, ya se tiene 75% de seguridad de que hay un cambio de tendencia en puerta. No obstante, mientras la línea de cuello no sea sobrepasada por 3% (quinto aviso [5]), lo cual es definitivamente confirmatorio, existe aún 20% de posibilidad de que el patrón no se confirme y que se retome la tendencia alcista. El sexto aviso será el aumento de volumen a la baja que se presenta después del rompimiento de la línea de cuello (6). Si este aumento de volumen no sucede, es común que se presente un regreso con bajo volumen hasta la línea de cuello (*pullback*), pero sin penetrarla hacia arriba (séptimo aviso [7]).

ESQUEMA (FICTICIO). CABEZA Y HOMBROS

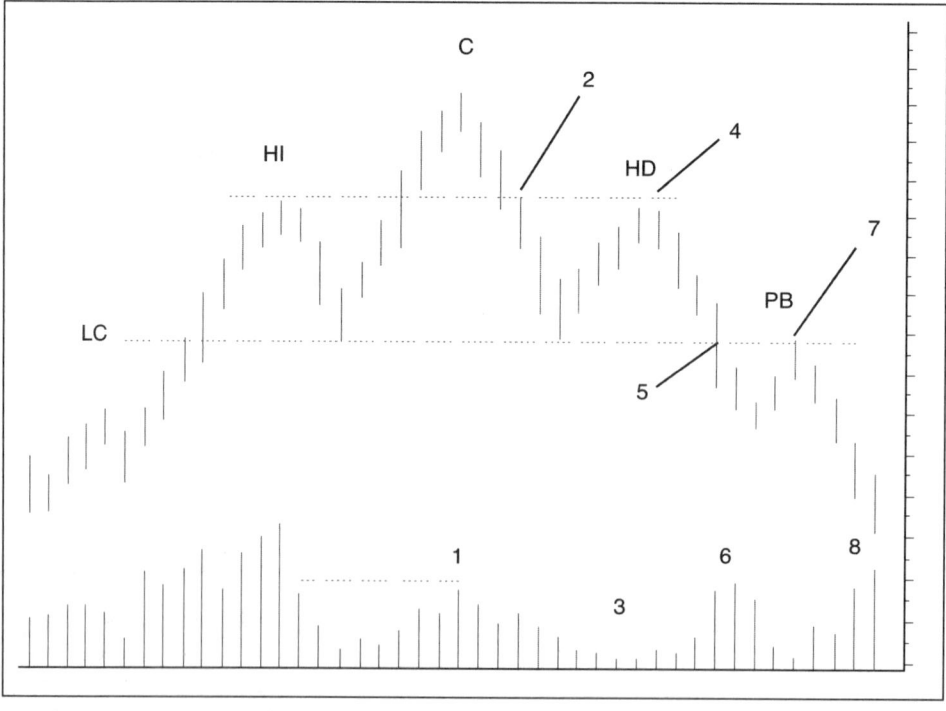

Figura 8.2 Esquema que representa un patrón de Cabeza y Hombros en el que se muestran cada uno de los siete avisos de la formación y confirmación del patrón (1-7) como se describen en el texto.

Si el hombro derecho es pequeño y corto, lo más probable es que haya un *pullback* después del rompimiento. Por el contrario, si el cambio de tendencia descrito por el patrón de cabeza y hombros coincide con una caída general del mercado, es improbable que haya *pullback*.

Este *pullback* casi siempre va seguido por una nueva caída, esta vez sí con volumen progresivamente mayor (octavo aviso [8]).

Aunque este patrón es bastante simétrico, los hombros pueden ser de distinto tamaño o de distinta duración, y uno o los dos pueden acercarse bastante al tamaño de la cabeza.

En ocasiones el volumen de negociación es muy bajo en el hombro derecho y entonces éste se hace más largo. En cierta forma entre los dos hombros están balanceados el precio, el volumen y el tiempo.

La mínima distancia que se espera que caigan los precios después de este patrón equivale a la altura comprendida entre la línea del cuello y la cima de la cabeza, medida a partir del punto donde la línea del cuello es penetrada como se muestra en la figura 8.1. Otros factores que cuentan para calcular la magnitud de la caída (sobre todo el máximo y no el mínimo) son por ejemplo: la magnitud de la subida en la tendencia previa al desarrollo del patrón, el tamaño, volumen y duración del patrón de CyH, el tamaño de la tendencia primaria general del mercado (muy importante) y la distancia que los precios pudieran caer antes de encontrar un nivel de soporte importante (nota 8.7).

---NOTA 8.7   FALLAS DEL PATRÓN DE CABEZA Y HOMBROS---

A los patrones de CyH fallidos suelen seguirles *rallies* explosivos. Sin embargo, aun estos patrones abortados indican que aunque todavía le queda algo de vida a una tendencia, el fin está cerca. Desdichadamente, los CyH fallidos cada vez son más frecuentes, y no podremos estar seguros de que han fallado hasta que el nivel del techo del segundo hombro es penetrado hacia arriba con volumen elevado. Por tanto, hay que estar seguros del rompimiento del cuello antes de darlo por bueno.

Patrón de cabeza y hombros en el fondo

El patrón de CyH que ocurre en el fondo de una tendencia a la baja se parece mucho al de CyH de la cima. El volumen se comporta de manera similar al de un CyH típico, aunque con variaciones en la segunda mitad, como anotamos a continuación.

Por lo general hay una caída profunda de los precios hacia el primer hombro, acompañada de volumen creciente (figura 8.3). Durante la recuperación (el primer *rally*) que completa el primer hombro, el volumen disminuye de los niveles que alcanzó en la caída. A esto sigue otra caída de precios (hacia la cabeza) más baja que el fondo del hombro izquierdo, durante la cual hay aumento de volumen, pero no tan importante como en la caída anterior del hombro izquierdo. Durante la primera recuperación que sigue a la cabeza (segundo *rally*), el volumen nuevamente disminuye, pero menos que en la subida del hombro izquierdo. Este segundo *rally* llega más arriba que el fondo (piso local) del hombro izquierdo.

Durante la caída de precios que forma la primera parte del segundo hombro hay una clara disminución de volumen, paralela al patrón de precios del hombro. Esta caída es seguida por un nuevo *rally* de recuperación del precio (tercero), pero éste se da con aumento notable de volumen.

Finalmente, este tercer *rally* rebasa la línea del cuello por más de tres por ciento. Esta señal representa el "rompimiento" de la figura. Si no hay aumento de volumen cuando se alcanza la línea del cuello no se puede considerar que el rompimiento de la figura ha sido confirmado.

Como en el caso de los patrones de CyH de los techos, también existen patrones de CyH en el fondo que resultan fallidos, y con el misma significado que los CyH fallidos en techos, los del fondo son seguidos por caídas rápidas que preconizan el fin del *bear* (nota 8.8).

COLGATE. CABEZA Y HOMBROS DEL FONDO

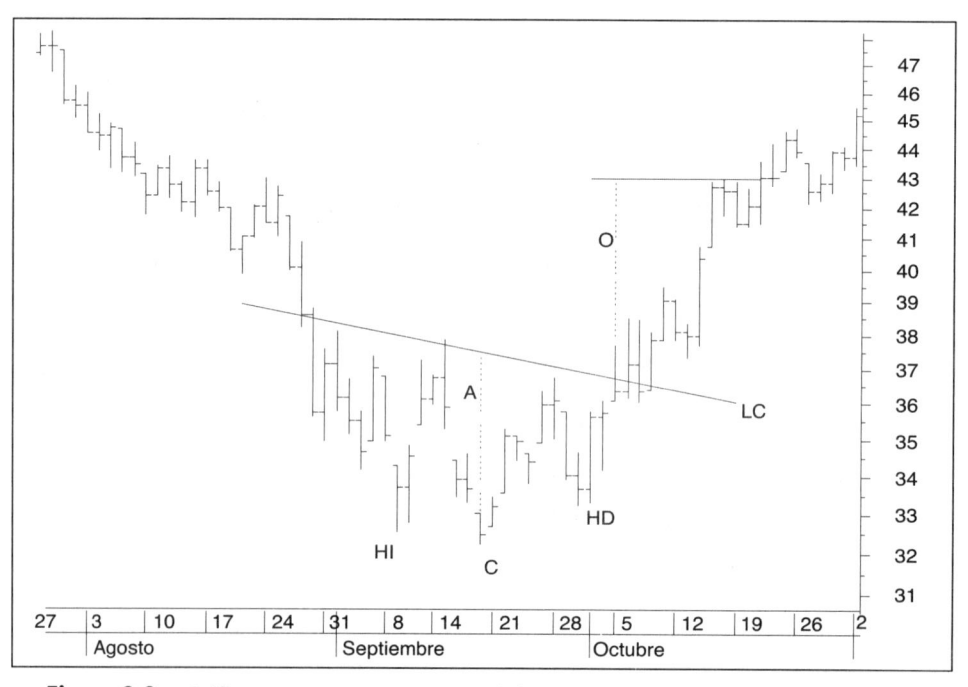

Figura 8.3 Gráfico que muestra un trazo real de Patrón de Cabeza y Hombros del fondo. Se muestran el hombro izquierdo (HI), la cabeza (C), el hombro derecho (HD), la línea de cuello (LC), la altura de la cabeza (A) y el objetivo medido (O).

NOTA 8.8 VOLUMEN EN EL ROMPIMIENTO DEL PATRÓN DE CYH

En el caso de un patrón de CyH en el techo, no es necesario que el volumen sea alto al rompimiento, porque como ya mencionamos, "el precio puede caer por su propio peso". No obstante, en una formación de CyH del fondo se requiere que el volumen sea alto para que este volumen eleve el precio al momento del rompimiento de la línea de cuello. Esta consideración hecha en relación con la importancia del volumen es igualmente cierta para otros patrones de reversa en los fondos.

Ya mencionamos que los patrones de reversa de los fondos tardan más tiempo en completarse que en los techos. Esto es particularmente cierto cuando se trata de un cambio en la tendencia primaria. La tendencia a la simetría y las variaciones en tamaños de los hombros e inclinación de la línea del cuello son iguales en los fondos que en los techos.

La línea del cuello suele ser horizontal o estar un poco inclinada hacia arriba, lo cual denota fuerza del mercado por lo que con frecuencia se acompañará de un hombro derecho pequeño (nota 8.9).

--- NOTA 8.9 PENETRACIÓN DE LÍNEA DE TENDENCIA Y DEL PATRÓN DE CYH ---

Cuando la línea de tendencia es penetrada antes que la del cuello, por ejemplo al empezar la bajada del hombro derecho, no es necesario esperar a que el precio cruce la línea del cuello para tomar acción, ya que bajo estas circunstancias la penetración de la línea de tendencia es señal suficiente. En este caso, podrá aprovecharse el techo del hombro derecho para salir de cualquier posición en largo o para tomar posiciones en corto.

Patrón de cabeza y hombros múltiple, o compuesto

Existe una variedad de CyH que ocurre principalmente en los fondos de las tendencias a la baja (invertido) aunque también se ven en los techos de las tendencias alcistas (más común en las tendencias primarias que en las intermedias), que es el patrón de CyH múltiple, o compuesto, también llamado formación compleja de reversa.

En este patrón, uno o los dos hombros, y/o la cabeza, pueden ser dobles o triples o más numerosos. Estos patrones son muy variables pero en esencia tienen las mismas características y connotación que los CyH simples. Las variantes comunes son HHCHH, HHHCCHHH, HHC*HH (cada H es un hombro, cada C una cabeza, y C* corresponde a un pequeño patrón de CyH). En la figura 8.4 mostramos un ejemplo de CyH compuesto con estructura HHCCHH.

GISSA B. CABEZA Y HOMBROS MÚLTIPLE

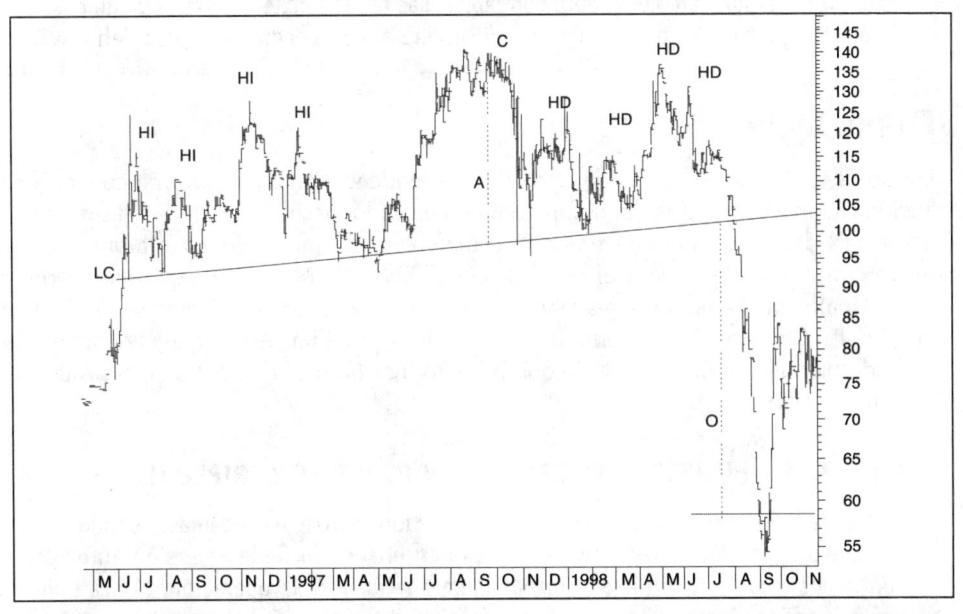

Figura 8.4 Gráfico que muestra un patrón de Cabeza y Hombros múltiple o compuesto formado por cuatro hombros izquierdos (HI), una cabeza (C) y cuatro hombros derechos (HD). En la gráfica se ha trazado la línea de cuello (LC), la altura de la cabeza (A) y el objetivo medido (O) que se ha rebasado.

Si en el CyH simple es clara la tendencia a la simetría, esto es más consistente aún en las formaciones complejas. La mitad derecha de la formación es casi siempre una imagen en espejo de la mitad izquierda. Además, en los CyH múltiples la línea del cuello casi siempre es horizontal y sólo rara vez está inclinada, sin embargo, a veces no son tan claros los puntos extremos sobre los que hay que trazar la línea. A veces hay dos líneas del cuello, una interna (superior) y otra externa (inferior), y hasta que no se alcance la externa no habrá un cambio de precios considerable.

Por otro lado, la fuerza que desarrolla el movimiento que sigue a un patrón de CyH complejo es menor que en un CyH simple. En la formación simple es común que después de un *pullback*, la caída alcance rápidamente el objetivo esperado y lo rebase ampliamente. En cambio en el CyH múltiple, una vez penetrada la línea del cuello, el precio con mucha calma alcanza el objetivo y apenas lo llega a rebasar. Cuando la formación compleja de reversa da lugar a un cambio de tendencia primaria, es habitual que se llegue a rebasar el objetivo mínimo, pero por lo común este exceso le sigue un rebote muy importante hasta las cercanías del propio objetivo (nota 8.10).

NOTA 8.10   SIMETRÍA EN EL PATRÓN MÚLTIPLE DE CYH

Es muy interesante ver desarrollarse un patrón múltiple de CyH, pues debido a su carácter simétrico se predice con una gran precisión el comportamiento final. No obstante, una vez completo el patrón puede ser desesperante ver que no se define la tendencia posterior y suele aceptarse que simplemente se abortó la señal. Sin embargo, estos patrones son completamente confiables. Las falsas señales son raras y aun cuando pueden ocurrir, de todas maneras indican que pronto vendrá la reversa definitiva.

Doble techo

Un doble techo se localiza en la cima de una tendencia alcista. Se forma cuando una acción alcanza cierto límite alto con volumen elevado, después se regresa disminuyendo la actividad (el volumen). De nuevo avanza hasta el límite anterior (o a uno muy similar) con nueva elevación del volumen en el *rally* (aunque menor que en el primer pico). Finalmente, la figura se resuelve con una declinación mayor. Como se muestra en la figura 8.5, este patrón está formada por dos picos de altura casi igual (generalmente el segundo pico es un poco más bajo que primero, por no más de 3%), separados por un valle (nota 8.11).

NOTA 8.11   LIMITACIONES DEL PATRÓN DE DOBLE Y TRIPLE TECHO

Los verdaderos techos dobles son raros y más aún los triples. Además, cuando son verdaderos, los precios han migrado mucho en el sentido de la reversión antes de confirmarse, con lo que pierden utilidad como señal para la operación. Nunca pueden ser adivinados por adelantado o identificados antes de que concluyan; pues mientras no cumplan con todos los criterios necesarios, las formaciones que en apariencia son un doble techo pueden acabar siendo de otro tipo.

APASCO*. DOBLE TECHO

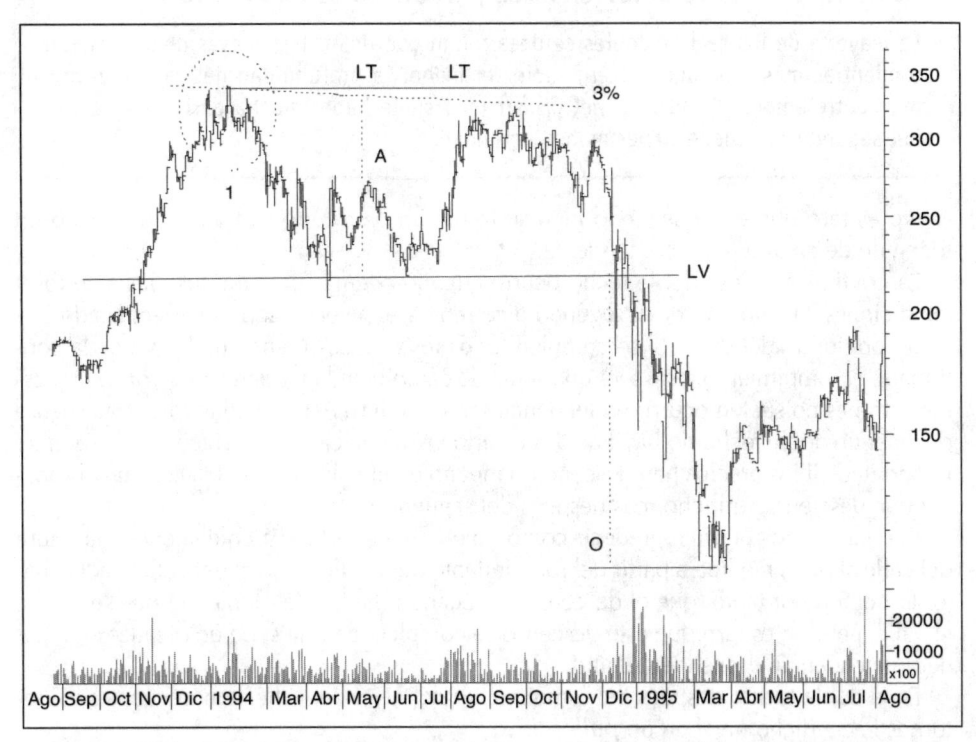

Figura 8.5 Gráfica de un patrón de Doble Techo. Se muestra la línea de los techos (LT) con desviación del 3% con respecto a la horizontal, la línea de los valles (LV), la altura del valle al techo (A), el objetivo medido (O) y se señala con un óvalo un patrón de cabeza y hombros pequeño en el primer techo (1).

Hacemos énfasis en la poca utilidad de estas formaciones en la operación no porque no existan, sino porque deben ser vistas con mucha precaución, ya que al principio no son distinguibles de otros trazos (como por ejemplo de un triángulo o un rectángulo cuando se empieza a formar), en cuyo caso, con mayor probabilidad se tratará de una formación de continuación y no una reversa. Por ello hay que tener en cuenta los siguientes principios que caracterizan a un doble techo.

Si dos techos aparecen al mismo nivel pero muy cerca en el tiempo y con sólo una reacción menor entre ellos, lo más probable es que sean parte de un área de consolidación, y si se aproxima un cambio de tendencia, habrá antes más actividad, más ascenso en los precios, antes de declararse el cambio. Si por el contrario, hay una reacción amplia entre ambos techos (más de un mes), que sea paulatina y profunda (20% de diferencia entre el pico y el valle), más o menos redondeada, seguida de un segundo techo en cuyo *rally* no hay tanto volumen como en el primero, puede estar describiéndose un doble techo (nota 8.12).

> **NOTA 8.12   CARACTERÍSTICAS DEL PATRÓN DE DOBLE TECHO**
>
> La mayoría de los techos dobles se desarrollan con dos o tres meses de separación y mientras más separados estén, suele ser menor la profundidad del valle que forman entre ambos. En el *rally* del primer pico suele haber mucha actividad y en el del segundo pico debe haber menos actividad.

No es raro que en el segundo pico se forme un patrón de cabeza y hombros o un triángulo de ángulo recto descendente.

La confirmación del doble techo ocurre cuando además de cumplirse las anteriores condiciones, la caída desde el segundo pico rebasa el nivel de soporte, identificado a la altura del fondo del valle. Si se cumplen todos los criterios mencionados y queda confirmado el rompimiento, este será una señal de cambio en la tendencia mayor ya que estos patrones no suelen ocurrir en tendencias intermedias. Así que cuando se está seguro de tener un doble techo no hay que desdeñarlo ya que la caída que sigue puede ser muy importante. Si los precios han descendido mucho en el valle (hasta 20%), es muy probable que desciendan mucho más después del segundo pico.

Este patrón nos permite predecir como objetivo una distancia equivalente a la altura del valle al pico, medida a partir del rompimiento del cuello (o nivel del valle) hacia abajo. Es común por tanto, que el descenso sea cuando menos del doble del que se dio en el valle, pero no es raro que este descenso se complete en una serie de oleadas en lugar de una tendencia descendente nítida.

En el doble techo, después del rompimiento del nivel del valle, son frecuentes los retornos hacia dicho nivel en un *pullback*.

Doble fondo

En la figura de doble fondo todo es similar al doble techo pero de cabeza. En este caso, la figura se localiza al final de una tendencia a la baja y está formada por dos valles que encierran un pico intermedio. El segundo valle del doble fondo es notoriamente bajo en actividad (tiene muy poco volumen) y es más redondeado que el primero, a diferencia del segundo pico de los dobles techos el cual es claramente agudo, pues aunque el *rally* que lo forma no es particularmente rápido, la caída que le sigue si lo es. La figura 7.2 que se muestra en el capítulo 7 es un doble fondo típico.

En esta figura, el segundo ascenso (después del segundo fondo) se acompaña de volumen progresivamente mayor, y alcanza niveles muy elevados al rebasarse la línea de resistencia del pico intermedio o domo que está entre los dos fondos (la equivalente a la "línea del cuello".) (Véase nota 8.13).

> **NOTA 8.13   CONFIRMACIÓN DEL PATRÓN DE DOBLE TECHO**
>
> Antes de que se confirme la figura mediante el rompimiento de la "línea del cuello", siempre puede haber un regreso a un tercer fondo o a un cuarto, en cuyo ca-

so es posible que el rompimiento finalmente sea contrario al esperado, o sea, hacia abajo del nivel de los fondos y por tanto que se continúe la tendencia a la baja ya que se habrá formado un rectángulo de continuación en lugar de una figura de reversa como sería el doble fondo.

Triple techo y triple fondo

El triple techo es una figura localizada en la parte superior de una tendencia alcista. Está formada por tres picos consecutivos separados por dos valles intercalados (figura 8.6).

El patrón tiene las siguientes características identificables en la figura 8.6: Los picos están muy separados y los valles son bastante hondos, generalmente redondeados. El volumen característicamente es menor en el segundo *rally* que en el primero y todavía menor en el tercero, en el cual prácticamente no hay aumento de actividad comparada con la que hay durante la segunda caída. En el triple techo, los picos no tienen que estar tan separados como en el doble techo. Además la distancia entre ellos no tiene que ser la

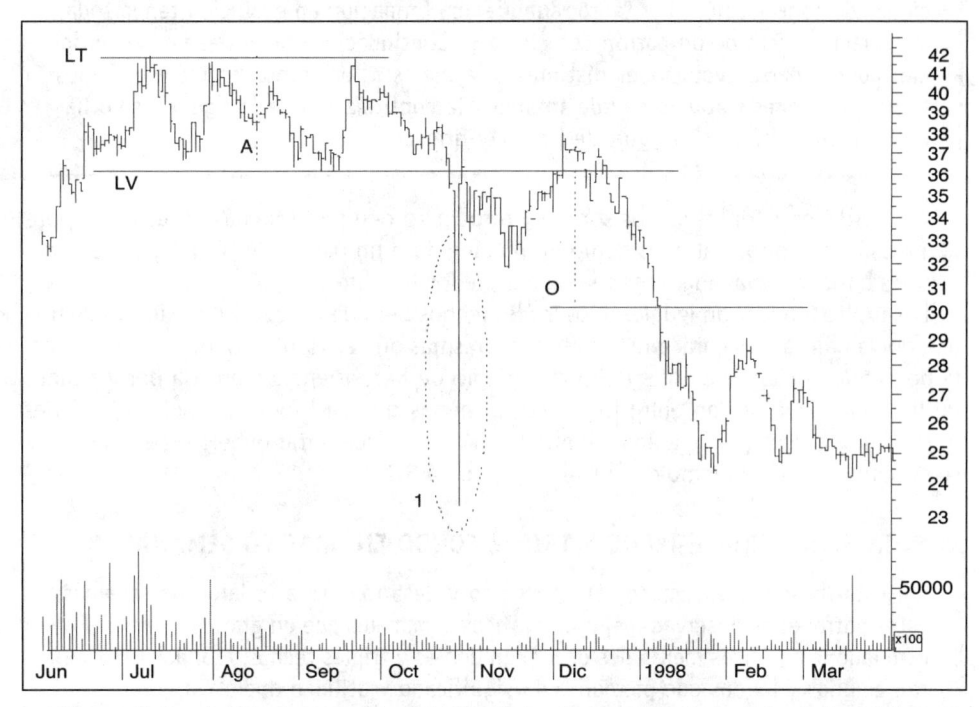

Figura 8.6 Gráfica de un patrón de Triple Techo. Se señala la línea de los techos (LT), la línea de los valles (LV), la altura del valle al techo (A), el objetivo medido (O) y con un óvalo punteado (1) se señala el día en que cayeron las bolsas de valores de oriente el 28 de octubre de 1997.

misma, de tal forma que el segundo pico puede estar cerca (de dos a cuatro semanas) del primero y el tercero más lejos (de cinco a ocho semanas o más) del segundo. Los valles que presentan entre sí los picos tampoco tienen que ser exactamente de la misma profundidad. La regla de 3% de tolerancia en las diferencias entre los picos que mencionamos en los dobles techos, sigue siendo aplicable para las diferencias entre los tres picos y también para la diferencia entre los dos valles en esta figura.

La confirmación del triple techo se da cuando se rebasa la línea de soporte del valle más bajo. Sólo en caso de que la actividad sea marcadamente pobre en el tercer *rally* y que haya un claro avance en la caída después del tercer pico, podrá adelantarse la operación de venta antes de que se confirme el rompimiento de la resistencia de los valles (nota 8.14).

NOTA 8.14 CONFIRMACIÓN DEL ROMPIMIENTO DE PATRONES DE PRECIO

Nótese que hemos estado mencionando que las confirmaciones de las figuras o patrones de reversa se dan cuando la figura se ha completado y se ha penetrado el nivel de soporte o resistencia específico. Esto es igualmente válido para las formaciones de continuación, por tanto, aunque una formación en evolución tenga todas las características de un patrón de reversa (o continuación), mientras no se confirme, podrán darse evoluciones distintas a la prevista, por tanto no recomendamos tomar posiciones tratando de adelantarse a la confirmación de la figura y sólo hacerlo cuando el fin de la figura se haya confirmado.

Los verdaderos triples techos son muy raros pero ocurren. Muchas veces corresponden más bien a otros patrones como un rectángulo o un patrón de "CyH" donde la cabeza es bastante aplanada, casi del tamaño de los hombros.

Los triples fondos son iguales a los triples techos pero de cabeza y en el fondo de una tendencia bajista. Las características son las mismas que en dobles fondos, y aquí no está permitido adelantarse antes del rompimiento de la resistencia marcada por los picos de los *rallies* que se dan entre los valles, a menos que casi todas las demás acciones muestren una tendencia claramente alcista. Si no se quiere errar deberá esperarse a que se confirme el rompimiento de la resistencia (nota 8.15).

NOTA 8.15 TRIPLE TECHO Y TRIPLE FONDO EN GRÁFICO SEMANAL

Por estar bastante espaciados en el tiempo y desarrollarse a lo largo de semanas, estos patrones se observan mejor en gráficos semanales que en gráficos diarios. Por otro lado los gráficos mensuales describen dobles y triples techos y fondos pero son tan amplios y burdos que pierden todo significado y utilidad operativa.

Tazón o fondo redondo y techo redondo

Si llevamos el patrón CyH complejo aún más hacia el extremo de la complejidad, se forma otro patrón de reversa llamado en los fondos *tazón* o *fondo redondo* y en los techos *tazón invertido* o *techo redondo*.

Este patrón muestra un cambio gradual, progresivo y bastante simétrico en la dirección de la tendencia. El cambio de tendencia es producido a su vez por un cambio gradual en el balance de fuerzas entre los compradores y los vendedores. Así, en el techo redondo, mientras los compradores dominen a los vendedores, el precio tiende a subir; conforme los vendedores empiezan a sobresalir se frena primero la velocidad de subida hasta que finalmente el precio queda estacionado por un tiempo mientras están en equilibrio la fuerza de compradores y vendedores. Posteriormente, cuando la fuerza de los vendedores supera a la de los compradores, el precio empezará a caer. Estas formacio-

ÍNDICE CAC 40. TAZÓN

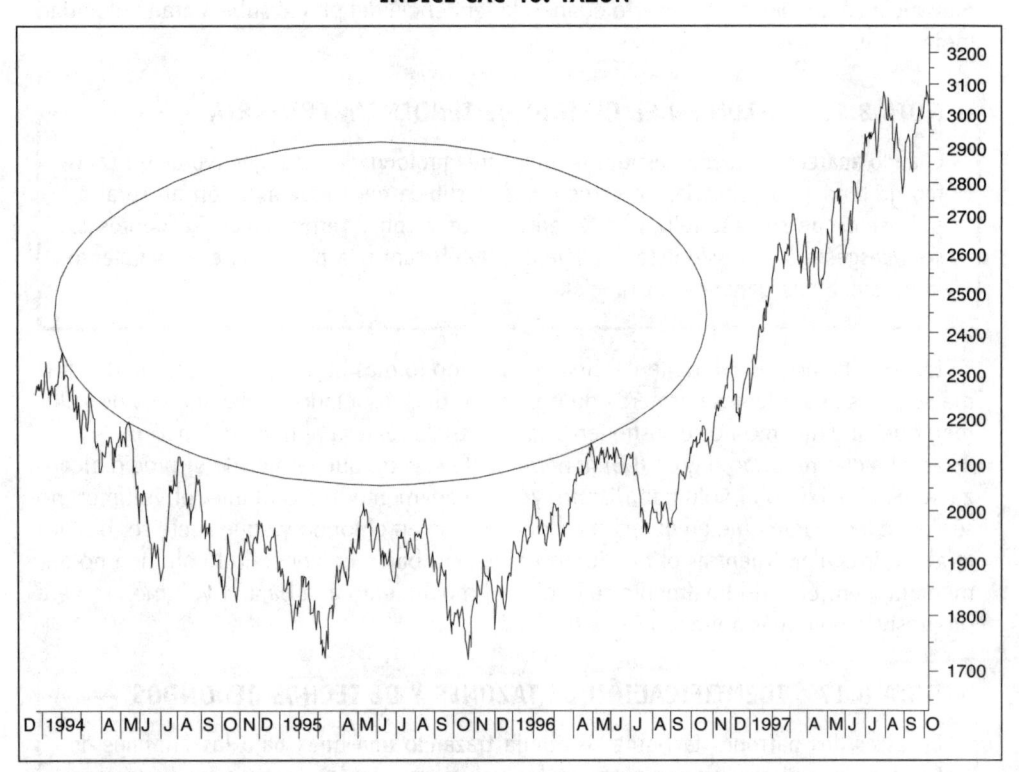

Figura 8.7 Gráfica de un patrón de Tazón o Fondo Redondo en el índice CAC 40 de París. El óvalo trazado describe el contorno general del movimiento de reversa.

nes pueden ser de reversa o de consolidación y pueden tardar en formarse tan poco como tres semanas o hasta varios años.

Los tazones (en el fondo) son menos frecuentes que los patrones de CyH y generalmente suceden en acciones de bajo precio y en períodos muy largos de tiempo (meses o años), como se muestra en la figura 8.7. Por el contrario, los techos redondeados ocurren en acciones de elevado precio y no en las que compra el público especulador, sino más bien en acciones que intercambian los que hacen inversiones a largo plazo. Los techos redondeados son poco frecuentes.

El patrón de volumen en estas formaciones es tan claro e importante como el precio. En el tazón del fondo observamos que el volumen, que ha sido relativamente alto durante la bajada, tiende a disminuir progresivamente al disminuir el precio. Al alcanzar el fondo, cuando el precio ya no cambia y las dos fuerzas (de compradores y de vendedores) están en equilibrio, el volumen de intercambio permanece muy bajo por un período de tiempo más o menos largo. Después la demanda empieza a subir paulatinamente, y conforme suben los precios también sube el volumen. Con frecuencia el volumen alcanza un pico pronunciado cuando la tendencia del precio sube a gran velocidad (nota 8.16).

NOTA 8.16 TAZÓN EN EL CAMBIO DE TENDENCIA PRIMARIA

Cuando aparece un tazón después de una caída prolongada, es sugestivo de un cambio de tendencia primaria. En estos casos la subida que sigue al tazón no será rápida sino que se desarrollará muy lentamente y con interrupciones frecuentes lo cual desgasta al inversionista impaciente. No obstante, la paciencia eventualmente le consigue una ganancia sustancial.

Durante la fase de subida lenta, una vez pasado lo más bajo de la curva, pueden formarse picos ascendentes pasajeros de uno o dos días, asociados a elevaciones de volumen que sin embargo no se sostienen y la tendencia regresa al nivel del tazón.

En el techo redondo (figura 8.8) generalmente sucede que conforme el precio alcanza su nivel máximo el volumen disminuye marcadamente. No obstante, el volumen no se define tan claramente en el techo redondo como en el fondo ya que suele ser bastante alto e irregular. Mientras el precio no empiece a bajar, en general el volumen no aumentará, pero cuando finalmente se decida el movimiento a la baja el volumen se verá progresivamente más animado (nota 8.17).

NOTA 8.17 IDENTIFICACIÓN DE TAZONES Y DE TECHOS REDONDOS

En estos dos patrones la figura se dibuja trazando una línea bajo los mínimos de los precios y otra sobre los picos de los volúmenes. En los tazones las líneas son paralelas pues ambas tienen la concavidad hacia arriba. En el techo redondo la línea trazada en los precios y la de los volúmenes son de concavidad opuestas adoptando la tendencia a formar un círculo o una lente biconvexa entre ambas.

Capítulo 8 Patrones de reversa   **133**

ICA*. TECHO REDONDO

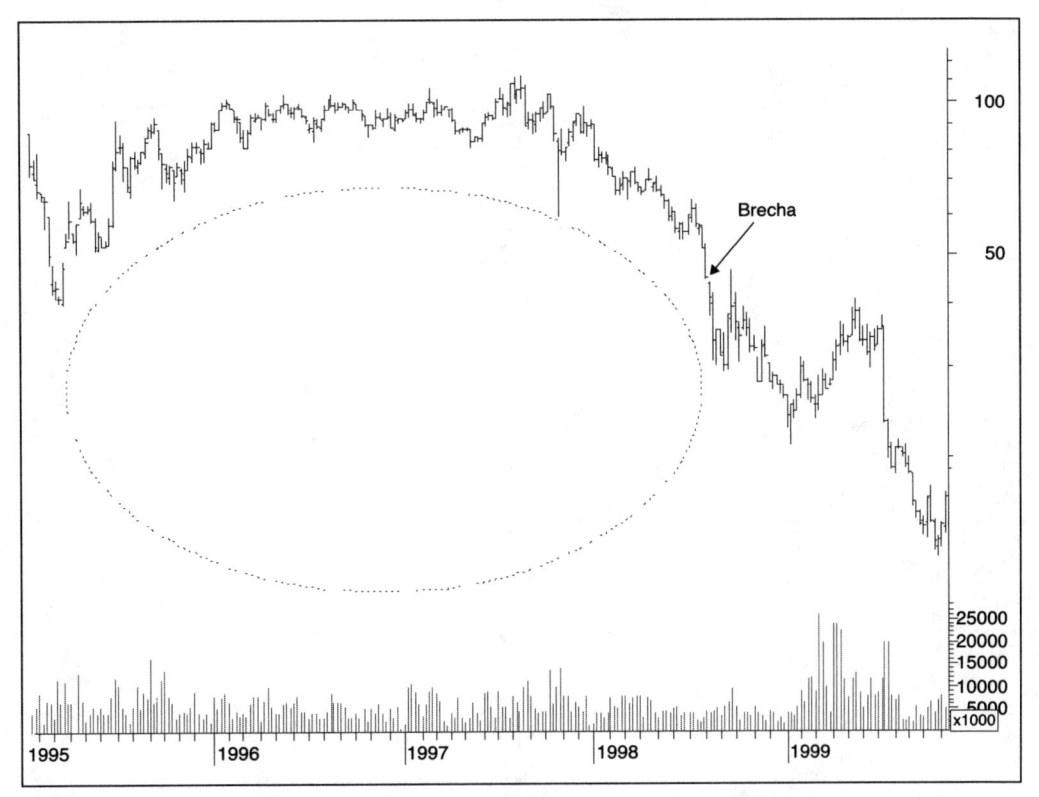

Figura 8.8   Gráfica de un patrón de Techo Redondo. Nótese cómo el volumen adopta una línea opuesta a la línea de precios y cómo entre ambas líneas se forma un círculo o una lente biconvexa. Es común encontrar en el techo redondo una brecha como la que se señala en la salida del patrón, lo cual marcará el final del mismo.

En estos patrones no se puede determinar un punto de ruptura o penetración ya que se desarrollan lentamente y no hay un nivel de resistencia (en el tazón) o de soporte (en el techo redondo) que los delimite en el lado en que se daría la penetración, por tanto no hay una fórmula para calcular el objetivo después de un cambio redondeado. No obstante, con cierta frecuencia en el sitio que se considera la salida de éstos patrones, se forma una brecha que puede servir para determinar el final del patrón, como se muestra en la figura 8.8. Lo que sin duda puede decirse que estos patrones rara vez defraudan y que si la tendencia que les dio origen fue grande, la magnitud de la nueva tendencia también lo será. Esto se ve más claramente en las gráficas semanales o mensuales que en las cotidianas.

CAPÍTULO 9

PATRONES DE CONTINUACIÓN

Ya hemos mencionado que los patrones de continuación son áreas de consolidación o fases de transición (o de *trading*) en la que los precios de las acciones "se toman un descanso" antes de proseguir con la misma tendencia que les precede, a diferencia de las formaciones de reversa que al resolverse dan lugar a una tendencia contraria a la precedente. A estas formaciones se les conoce como *figuras o patrones de continuación* o de consolidación.

Triángulo simétrico

Un triángulo simétrico es un área de *trading* cuyo límite superior está marcado por una línea descendente y su límite inferior por una línea ascendente (figura 9.1). No es necesario que las dos líneas guarden exactamente el mismo ángulo con la horizontal. Estas figuras suelen aparecer en las fases intermedias de las tendencias mayores alcistas o bajistas y generalmente son precedidas y seguidas por la fase más veloz de un *bull* o de un *bear*.

En el triángulo simétrico, el volumen tiende a disminuir progresivamente conforme se desarrolla la figura, aunque de manera irregular. Por definición, la amplitud de las oscilaciones del precio van disminuyendo progresivamente hasta que entre la mitad y las tres cuartas partes del recorrido del triángulo desde su base hacia su vértice, o ápice, los precios se escapan por el límite superior o inferior del triángulo. Si la salida es hacia arriba, el volumen debe aumentar en forma notoria para confirmar el rompimiento del triángulo. En la salida o rompimiento hacia abajo, no es necesario que se presente el aumento de volumen, aunque suele suceder en la mayoría de los casos (nota 9.1).

136 Invierta con éxito en la bolsa de valores

ÍNDICE MIBTEL. TRIÁNGULO SIMÉTRICO

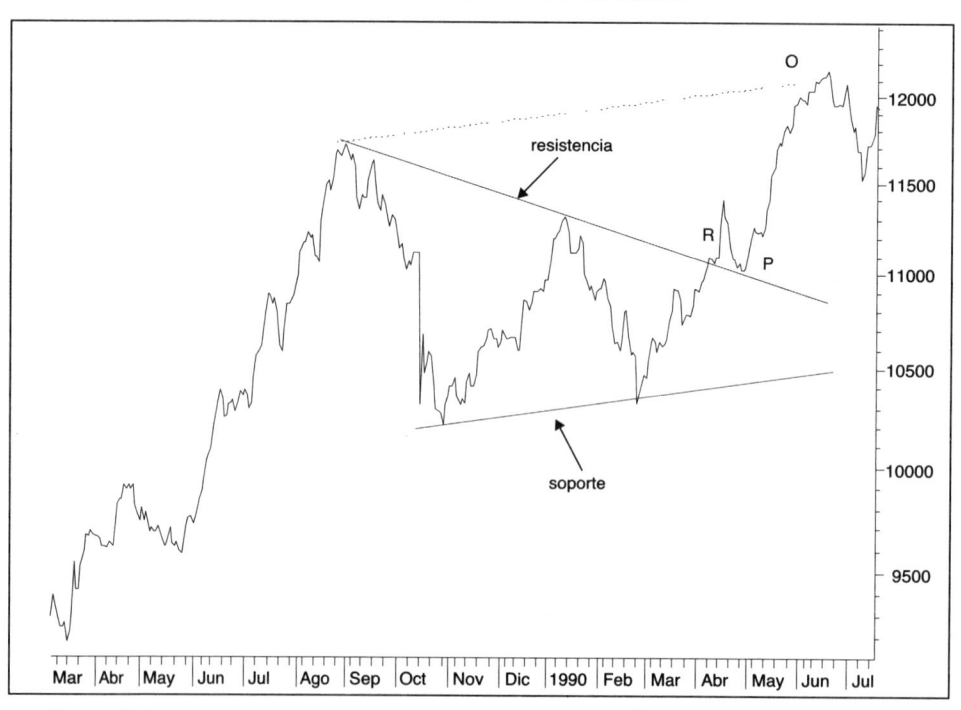

Figura 9.1 El gráfico muestra un triángulo simétrico en el Índice Mibtel de Milán, Italia. Se señala el punto de rompimiento de la figura (R), el *pullback* (P), y el objetivo calculado (O) mediante una línea paralela al límite inferior (soporte), trazada a partir del comienzo del límite superior (resistencia).

NOTA 9.1 LÍMITES DEL TRIÁNGULO SIMÉTRICO

Para trazar los límites superior (de resistencia) e inferior (de soporte) del triángulo son necesarios dos techos locales y dos pisos o fondos locales (recordar la regla de los tres días en el capítulo 5, Líneas de tendencia). Antes de tener estos cuatro puntos no deberá suponerse que se trata de un triángulo simétrico. Tampoco debe asumirse que se ha salido de un triángulo hasta que el precio rebasa el límite correspondiente, por lo menos 3%.

La magnitud del avance de los precios después del rompimiento de un triángulo (el objetivo) tiende a ser igual a la altura máxima de la primera oscilación al inicio del triángulo (la base del triángulo) medida a partir del rompimiento (figura 9.2). Los triángulos simétricos no dan aviso de hacia dónde va a ser el rompimiento antes de que suceda. Sin embargo observando lo que sucede en otras emisoras que vayan un poco "adelantadas" podemos orientarnos hacia donde será la salida del triángulo sin olvidar que tres de

ÍNDICE FTSE. TRIÁNGULO DE ÁNGULO RECTO

Figura 9.2 En este gráfico del Índice FTSE de Londres se muestra un triángulo de ángulo recto ascendente, en el que se señala el objetivo (O) calculado por la medición de la altura del triángulo en su base (A) llevada al nivel de la resistencia horizontal en el punto de rompimiento de la figura. Se señala también una penetración prematura en el círculo #1 seguida por la penetración definitiva en el óvalo #2.

cada cuatro veces (75%) un triángulo simétrico se comporta como figura de continuación de la tendencia, y sólo en el restante 25% es un patrón de reversa. Esto es todavía más frecuente si el triángulo ocurre temprano en el curso de un nuevo ciclo *bull* o *bear* (nota 9.2).

NOTA 9.2   ROMPIMIENTO DEL TRIÁNGULO SIMÉTRICO

Hemos mencionado que generalmente el rompimiento se da entre la mitad y las dos terceras partes del triángulo en el camino de su base al vértice. Sin embargo, cuanto más hacia el vértice del triángulo sea la salida, tanto más debilitado estará el mercado y habrá menor cambio posterior en los precios. En ocasiones se alcanza el vértice y, entonces, sigue una línea horizontal en los precios, sin ningún interés para el analista y sin capacidad de predecir el movimiento ulterior.

A veces hay que volver a definir los límites superior o inferior de un triángulo después de que se han trazado las líneas, pues los puntos donde habíamos supuesto que pasarían dichos límites son rebasados (sobre todo por movimientos intradía) por sucesivas migraciones en los precios, sin darse el rompimiento como tal. Esta situación nos debe hacer considerar que lo que se había estimado como techos o fondos pudieran no ser realmente eso.

En los triángulos, como en otras figuras, puede haber *salidas en falso* o *salidas prematuras* (nota 9.3). Es más común que una salida en falso en tendencia alcista sea hacia abajo, sobre todo si los precios se han acercado bastante al vértice. Lo común es que después de una salida en falso hacia abajo venga un repunte verdadero y sostenido confirmándose un rompimiento hacia arriba, con el cual se retoma la tendencia anterior. Afortunadamente, más del 60% de las veces, los triángulos simétricos sí dan una señal verdadera al rompimiento, a este fenómeno se le llama "resorte".

NOTA 9.3 ROMPIMIENTO EN FALSO Y ROMPIMIENTO PREMATURO

Se llama salida en falso a un rompimiento de un patrón de precios hecho por el límite contrario al que realmente se confirma más tarde. Queda implícito que un rompimiento en falso es "abortado", o sea, que después de dicho rompimiento los precios regresan al área comprendida dentro de los límites del patrón para posteriormente hacer un segundo rompimiento por el lado contrario, el cual ahora sí se confirma y trasciende en la forma esperada. Por otro lado, se llama salida prematura a una salida igualmente "abortada" pues los precios regresan al área del patrón, pero, en este caso, se da por el mismo lado que después se confirmará en el segundo rompimiento verdadero.

Triángulo de ángulo recto

Los triángulos de ángulo recto se parecen a los triángulos simétricos y se comportan igual que ellos en muchos aspectos, pero con la ventaja de que éstos sí indican con anterioridad hacia dónde van a resolver o romper. Como se muestra en la figura 9.2, los triángulos de ángulo recto tienen uno de sus límites horizontal. El otro límite define el tipo de triángulo de que se trate, esto es, ascendente o descendente según dicho límite sea también ascendente o descendente. Es raro que estos triángulos fallen en su capacidad de predicción.

Como en otras formaciones de precios, el volumen tiende a disminuir conforme se avanza a lo largo de un triángulo de ángulo recto. En los triángulos ascendentes generalmente aumenta un poco el volumen en cada *rally*; lo opuesto es cierto en los triángulos descendentes. Los rompimientos hacia arriba en los triángulos ascendentes, por supuesto, se acompañan de un franco incremento en el volumen. Si no se da este aumento de volumen, cualquier rompimiento hacia arriba debe tomarse con sospecha. En los rompimientos hacia abajo el volumen generalmente también aumenta, pero esto puede no ser notorio hasta dos o tres días después de la salida del triángulo.

En este tipo de triángulos, como en los simétricos, es igualmente válido el concepto de que cuanto más temprano en la evolución del triángulo sea la salida o rompimiento, más importante será la migración, y si la salida es muy cercana al vértice, probablemente tampoco habrá un movimiento definitivo después del rompimiento.

En cuanto a la medición de objetivo, la manera de hacerlo es trazando una paralela al borde inclinado del triángulo a partir del extremo inicial del lado horizontal (figura 9.1). Lo más probable es que después del rompimiento se alcance cuando menos esta línea y que ello se dé con un movimiento cuya pendiente sea similar a la pendiente que tenía la tendencia antes de iniciar la formación del triángulo. Esta forma de medición es igualmente válida en los tres tipos de triángulos: simétricos, de ángulo recto ascendentes y de ángulo recto descendentes (nota 9.4).

NOTA 9.4 TRIÁNGULOS EN GRÁFICOS SEMANALES

Las formaciones triangulares también pueden aparecer en registros semanales con implicaciones confiables y claras, pero los patrones triangulares que pueden llegar a formarse en gráficas mensuales, especialmente si toman años en describirse, deben descartarse pues no tienen significado alguno.

Rectángulo

Un rectángulo es una figura formada por fluctuaciones de los precios dentro de un área de *trading* cuyos límites tanto superior como inferior son horizontales o casi horizontales. En la figura 9.3 se muestran dos ejemplos de rectángulos, el que está marcado con R1 es horizontal y el R2 presenta una suave inclinación hacia abajo. Si la desviación de la horizontal de dichos límites es mínima, pueden considerarse rectángulos para fines prácticos. Igualmente, si dichos límites tienden discretamente a converger, pueden manejarse tanto como rectángulos o como triángulos simétricos, pues desde el punto de vista técnico da lo mismo. Incluso cualquier otra formación como cabeza y hombros, formaciones complejas de CyH, tazones (*véase* el capítulo 8, Patrones de reversa), etcétera. En ocasiones tienden a parecerse a los rectángulos, aunque el comportamiento del volumen y algunas otras circunstancias son claramente distintas (nota 9.5).

NOTA 9.5 ¿HACIA DÓNDE ROMPE UN RECTÁNGULO?

Los rectángulos se parecen mucho a los triángulos simétricos en que no podemos asegurar hacia dónde continuarán hasta que se dé el rompimiento, si bien sabemos que 75% de las veces, igual que en los triángulos simétricos, la tendencia continuará en el sentido anterior y por lo tanto, la figura será de continuación y sólo en 25% de los casos será de reversa.

El rectángulo es una figura de conflicto en el sentido de que la oferta y la demanda contraponen fuerzas similares. Los vendedores quieren vender a un precio determinado y los compradores quieren comprar a otro precio más bajo pero también fijo, hasta que súbitamente uno de los equipos se da por vencido o cambia de opinión. No se puede saber quién ganará hasta que se rompe alguna de las líneas (de soporte o de resistencia).

140 Invierta con éxito en la bolsa de valores

MICROSOFT. RECTÁNGULO

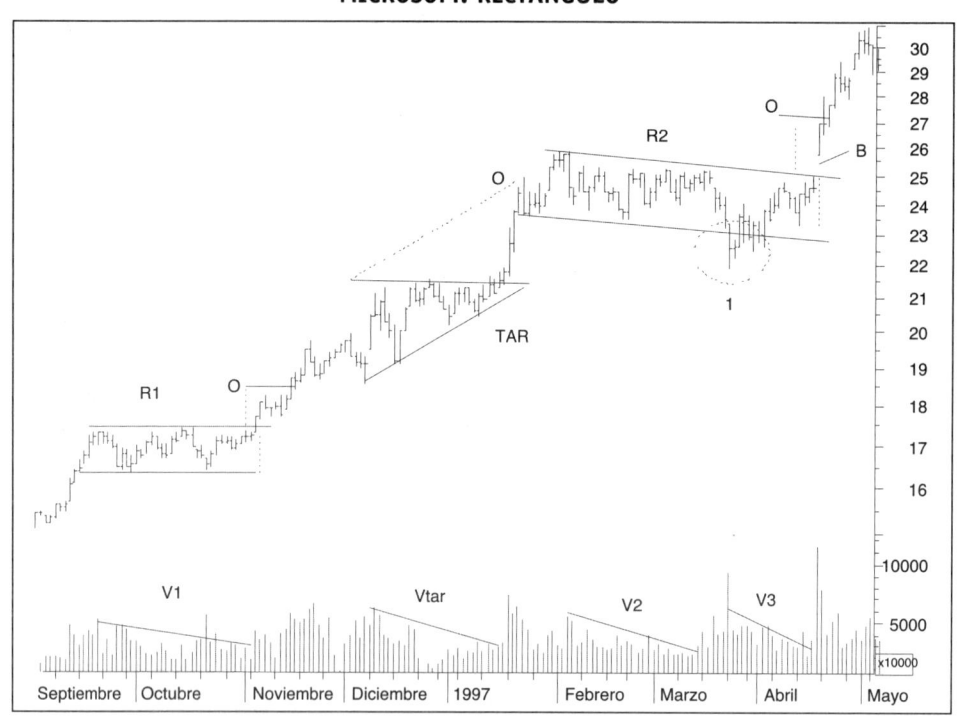

Figura 9.3 En este gráfico de Microsoft se muestran dos rectángulos de continuación (R1 y R2) con los objetivos respectivos calculados (O). En el rectángulo R2 se ha marcado con el #1 una penetración en falso seguida por una penetración definitiva marcada con B, en donde se deja una brecha de escape. Se muestra además un triángulo de ángulo recto ascendente (TAR) con su objetivo medido (O). Se anotan además los volúmenes V1, Vtar, V2 y V3 que se comportan de la manera habitual, esto es, descendiendo durante el desarrollo de la congestión de precios. Cabe hacer notar que el volumen alto el día de la penetración falsa (#1) en el rectángulo R2 puede desorientar al sugerir que por el volumen alto queda confirmada la penetración. En este caso los dos datos que pudieran evitar la salida inadecuada de una posición en largo son la falta de un margen suficiente al rompimiento, ya que el cierre fue con 2.5% y hemos sugerido considerar 3% como necesario para dar por buena una penetración, y el que únicamente dos días hayan cerrado por debajo del soporte del rectángulo.

Esta figura muestra claramente que el límite superior corresponde al nivel de oferta definido por los vendedores y el límite inferior corresponde al nivel de demanda definido por los compradores.

En ocasiones, hay un tercer grupo de individuos que, detectando el juego establecido entre los dos grandes grupos (los que quieren vender alto y los que quieren comprar bajo), aprovecha la situación para comprar abajo y vender arriba dentro del patrón y tener así ganancias. Esto se da cuando la diferencia entre el límite de oferta y el de demanda es suficientemente amplia, por lo menos de 8 a 10%, (nota 9.6).

> **NOTA 9.6** *TRADING* **EN UN RECTÁNGULO**
>
> Esto se llama negociar dentro de un rectángulo; y si se protege con *stops* en ambos lados, puede ser muy provechoso.

En los rectángulos el volumen se comporta como en los triángulos: disminuye progresivamente al irse formando el rectángulo. Cualquier otro comportamiento del volumen, a menos que sea momentáneo, debe considerarse sospechoso. Sin embargo, es posible encontrar que en cada migración dentro del rectángulo el volumen tiende a concentrarse en los puntos extremos (los techos y los pisos), disminuyendo de manera marcada en la parte media de la formación. Característica que si bien es común a otras formaciones es más claramente visible en los rectángulos. Esta misma característica provoca las llamadas brechas, comunes o de área, que se analizarán en el capítulo 11, Brechas.

Los escapes o salidas hacia arriba de los rectángulos van acompañados de importantes aumentos en el volumen, de otra forma debe dudarse de su validez y temer que sea en falso. Por el contrario, las salidas hacia abajo pueden no ir acompañadas de aumentos importantes del volumen, pero en pocos días éste tenderá a subir. Cuanto más temprano sea el rompimiento, más probable será definitivo; de todas formas, en el rectángulo las salidas en falso son mucho más raras que en los triángulos; no obstante, las salidas prematuras no son raras en los rectángulos. Por otro lado, en los Rectángulos son comunes los *pullbacks* presentándose en 40% de los casos. Casi siempre, los *pullbacks* ocurren entre tres días y tres semanas después del rompimiento de un rectángulo (nota 9.7).

> **NOTA 9.7 ALGUNAS CARACTERÍSTICAS DE LOS RECTÁNGULOS**
>
> El rectángulo es más una figura de consolidación que de reversa. Como patrón de reversa, ocurre más frecuentemente en los pisos o fondos que en los techos; entonces el rectángulo es pequeño y se transforma progresivamente en un tazón. Los rectángulos amplios y cortos, que más parecen cuadrados, son más dinámicos que los rectángulos delgados y largos.

Puede estimarse que el objetivo después del escape será cuando menos de la misma magnitud que la altura del área de *trading* del rectángulo medida a partir de la línea de rompimiento.

Un concepto interesante es que si un rectángulo es una formación de distribución, será seguido por una caída de precios. Una vez alcanzado el objetivo, será necesario un periodo de acumulación equivalente al de distribución que lo antecede antes de que se vuelva al ciclo ascendente. En otras palabras, cuando a un rectángulo le sigue una caída de precios, antes de que se dé el ascenso de los precios será necesario un periodo horizontal de acumulación con una duración similar a la del propio rectángulo que tuvo la función de distribución (nota 9.8).

> **NOTA 9.8   RECTÁNGULOS O LÍNEAS LATERALES**
>
> Los rectángulos se parecen mucho a las formaciones laterales o líneas de la Teoría Dow pero como rectángulos, propiamente tales, con límites bien definidos, sólo suceden en acciones individuales y no en los índices. Las líneas laterales que aparecen en los índices como el Dow son la resultante de que en acciones individuales están sucediendo cambios divergentes que se neutralizan.

Es común que una figura que parece que va a ser un triángulo de ángulo recto acabe siendo rectángulo. En este caso el comportamiento es como el del triángulo de ángulo recto, pero la salida es, muy probablemente, aunque no invariablemente, en el sentido que la marcaba el triángulo incipiente original.

De igual manera que en otras formaciones, cuantas más veces se respeten los límites del rectángulo y cuanto más grande sea la tendencia que precede a la formación, tanto más importante será el rompimiento y de mayor significado el movimiento subsecuente.

Las cuñas

Las *cuñas* son formaciones parecidas a los triángulos, en los que las fluctuaciones de precios están confinadas entre dos límites convergentes; a diferencia de los triángulos, en las cuñas ambas líneas van hacia arriba o hacia abajo: así, se nombran *cuñas ascendentes* o *cuñas descendentes,* como se presenta en la figura 9.4.

Por lo común estas formaciones son movimientos secundarios, pero pueden aparecer como movimientos terciarios o menores.

La *cuña ascendente* representa una pérdida progresiva del interés en alguna acción. Los precios suben, pero cada oscilación es más breve que la anterior. Finalmente, la demanda falla por completo y la tendencia se invierte. De acuerdo con lo anterior, una cuña ascendente representa una situación de debilitamiento progresivo. En una cuña ascendente, a diferencia de un canal de tendencia ascendente (*véase* el capítulo 5, Líneas de tendencia), en lugar de hacerse más atractivo adquirir una acción, pronostica un punto (el de convergencia de los límites) cerca del cual el avance se detendrá y a partir del cual caerá el precio.

La cuña tarda normalmente más de tres semanas en formarse. Si es más corta, se le llama *banderín* o *gallardete*. Por lo general, se recorren dos terceras partes de la longitud de la cuña antes de caerse los precios. Sin embargo, a diferencia de lo que sucede en los triángulos, que cuando se completan hasta el ápice (o *ápex*) pierden su capacidad para predecir, las cuñas puede completarse y hasta rebasar el vértice y seguirán teniendo la capacidad de predecir el movimiento subsiguiente.

En cuanto al objetivo, se considera que en el retroceso el precio generalmente pierde todo lo ganado por la cuña y más (nota 9.9). El volumen de negociación generalmente se comporta como en el triángulo: desciende progresivamente conforme se avanza al vértice.

Capítulo 9 Patrones de continuación 143

GISSA B. CUÑA ASCENDENTE

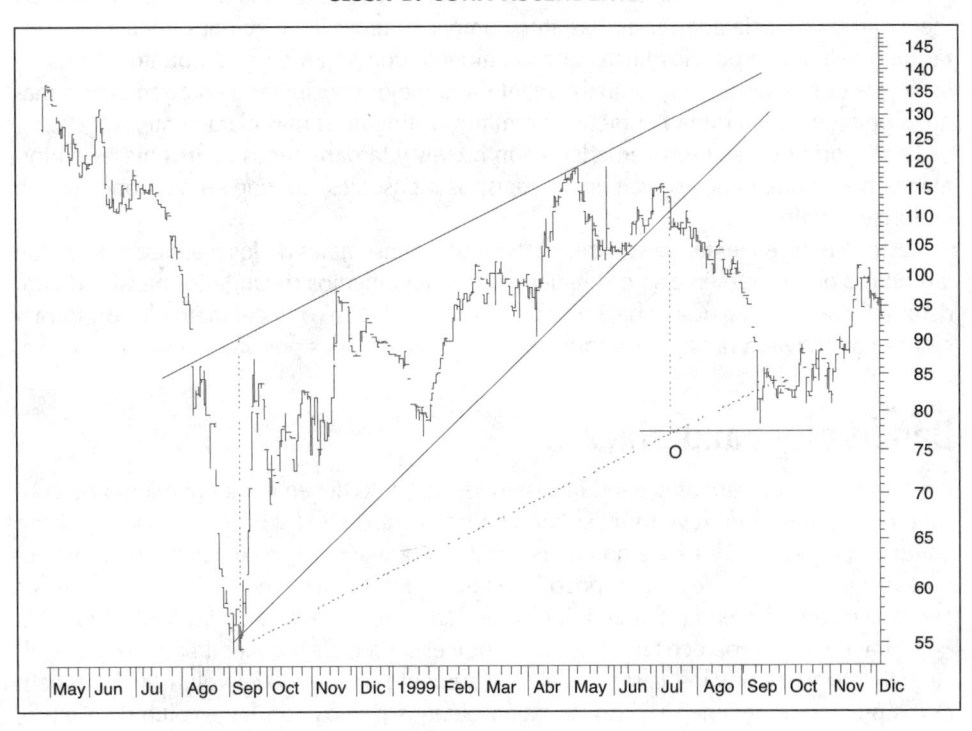

Figura 9.4 Éste gráfico de Gissa B muestra una gran cuña de 10 meses de duración que finalmente rompe en julio de 1999 y cumple su objetivo (O) en septiembre del mismo año. La figura es un patrón de continuación de la tendencia a la baja que comenzó desde el mes de mayo de 1998.

NOTA 9.9 CÁLCULO DE OBJETIVO EN LAS CUÑAS

La forma gráfica de calcular el objetivo es como en los triángulos, trazando una paralela al límite opuesto al del rompimiento a partir del punto de origen de la cuña. Esta paralela nos muestra el nivel de precios que probablemente se alcanzará, cuando menos, en el movimiento que siga al rompimiento (figura 9.4).

La *cuña descendente* representa lo mismo que la ascendente, pero apunta hacia abajo. Es un movimiento de caída que se debilita rápidamente.

A diferencia de la cuña ascendente que es seguida por una marcada y rápida caída en precios, a la descendente le sigue un movimiento lateral o un lento tazón (*véase* el capítulo 8, Patrones de reversa), y después por una subida lenta. De acuerdo con esto, una cuña ascendente motiva una rápida acción para vender, en tanto que una cuña descendente permite hacer una decisión tranquila para comprar en el momento oportuno.

Para poder catalogar una formación como cuña debe tener una inclinación marcada (hacia arriba o hacia abajo), ser bastante compacta, tener fluctuaciones frecuentes y estar bien delimitada por dos líneas que claramente converjan en algún punto. Si una de las líneas es casi horizontal, probablemente será mejor considerarla como triángulo más que como cuña. Sin duda la práctica permitirá distinguirlas más claramente.

La mayoría de las cuñas verdaderas son breves y tardan menos de tres meses en formarse, por lo que nunca se ven en los registros mensuales, aunque en ocasiones se ven en los semanales.

Las cuñas ascendentes se ven frecuentemente como *rallies* de los mercados *bear*. Son tan típicas que claramente se distinguen como movimientos secundarios alcistas dentro de una tendencia mayor a la baja. Por lo común, en la fase *bull* del mercado son formaciones correctivas a la baja y cuando terminan son seguidas por una nueva fase al alza.

Banderas y banderines

Las *banderas* y los *banderines* son formaciones que sólo tienen comportamiento de consolidación y nunca de reversa. Una bandera parece eso en el gráfico; puede describirse como un pequeño paralelogramo compacto de fluctuación de precios o como un rectángulo inclinado que se desliza un poco hacia abajo en una tendencia alcista, y viceversa, como se ejemplifica en las figura 9.5. Un banderín o gallardete es un triángulo pequeño.

La bandera que aparece en un mercado *bull* está precedida generalmente por una alza marcada en los precios, casi vertical, con aumento progresivo de volumen. De repente los precios se detienen y después bajan algunos puntos con bajo volumen. Ocurre entonces un pequeño *rally* que no logra alcanzar el pico máximo previo. Hay otra breve caída seguida de otro repunte un poco menor que el anterior con disminución aún más marcada en el volumen. En cada oscilación los techos y fondos son un poco más bajos, al igual que el volumen, que en pocos días casi llega a cero.

Cada subida y bajada dentro de la bandera toma de uno a tres días. Esto puede durar en total desde cinco días hasta tres o máximo cuatro semanas. De repente los precios suben hasta rebasar el límite superior de la bandera por una altura que generalmente es tan grande como el "mástil" o "asta" que dio origen a la bandera. Si una bandera no se resuelve después de cuatro semanas, su interpretación se vuelve sospechosa.

En la bandera típica, la inclinación del patrón de precios es hacia abajo (en tendencia alcista), pero en las banderas muy compactas puede ser prácticamente horizontal y parecer un cuadrado sólido, o aun irse un poco hacia arriba.

En las tendencias a la baja, las banderas se forman casi de la misma manera y con la misma connotación. Las banderas que aparecen en estos casos tienen su eje principal inclinado hacia arriba. Aquí también los volúmenes disminuyen durante su formación y aumentan nuevamente cuando los precios rompen hacia abajo.

La única diferencia importante entre los banderines y las banderas es que aquéllos están delimitados por líneas convergentes, y éstas por paralelas. Al igual que la bandera, el banderín se desliza hacia abajo cuando aparece en una tendencia primaria alcista y hacia arriba cuando aparece en un mercado a la baja. Como las banderas, los banderines aparecen después de un avance marcado (o descenso marcado) y durante su desa-

Capítulo 9 Patrones de continuación 145

GENERAL MOTORS. BANDERA

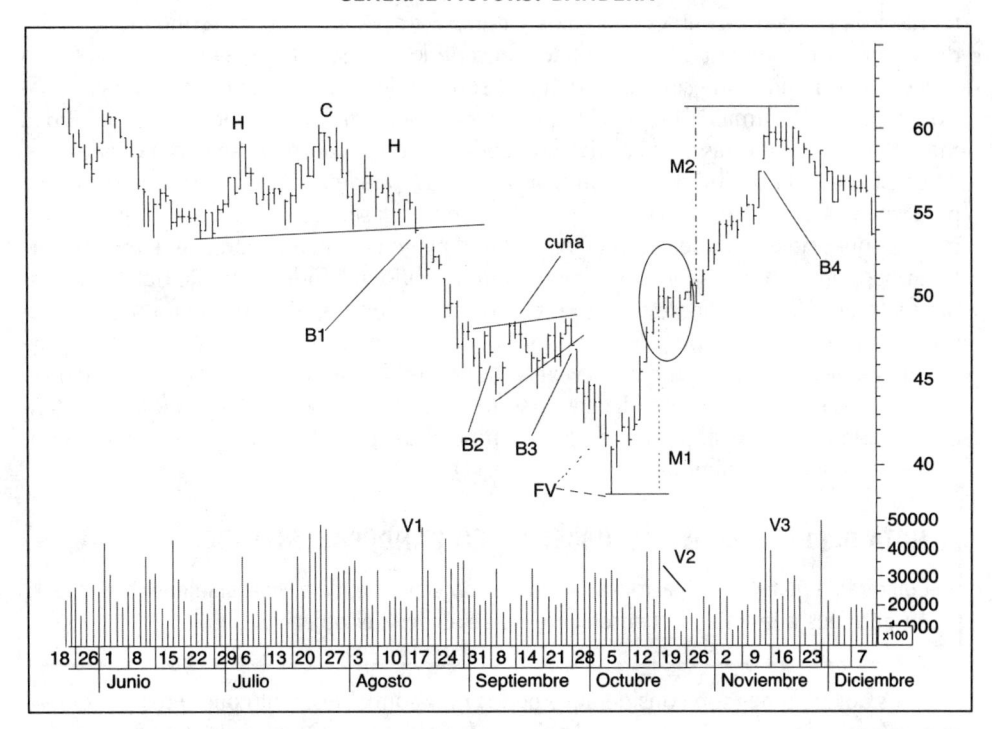

Figura 9.5 El gráfico de General Motors muestra varios patrones interesantes. En el óvalo punteado se ha marcado una bandera pudiéndose observar la caída rápida de volumen (V2) y la posibilidad de hacer una medición del objetivo con base en la descripción de "media asta" (M1 y M2). Al final del rally que sigue a la bandera, se muestra una brecha de agotamiento (B4) señalando el volumen elevado (V3) que se presenta al día siguiente de la brecha de este tipo. Además observamos en la parte izquierda del gráfico una formación de cabeza y hombros de continuación (HCH) que al rompimiento deja una brecha de rompimiento (B1) que se completa con volumen elevado (V1). Más adelante hay una cuña ascendente (cuña) con dos brechas de área (B2) y nuevamente una brecha de rompimiento (B3) Véase capítulo 11, Brechas. Después de la cuña, la tendencia a la baja se revierte mediante una Formación en V (FV).

rrollo disminuye notablemente el volumen de intercambio, incluso más que en las banderas (nota 9.10).

NOTA 9.10 BANDERINES Y CUÑAS

Puede decirse que un banderín es una cuña pequeña en la que hay una marcada disminución de la actividad. Tiene, de hecho, la misma implicación de que se romperá el límite hacia el lado opuesto a la inclinación, como casi siempre es el caso con los banderines.

Hay variantes del banderín como las encontradas en las banderas. Por ejemplo, los banderines pueden ser muy compactos y cortos, y casi horizontales o, inclusive, cuando la punta del banderín se inclina hacia el sentido opuesto al eje del mismo, parecería que el eje del banderín está inclinado en el sentido de la tendencia primaria. Así, el patrón adquiere la forma de un cuerno que apunta hacia arriba. A pesar de la variabilidad mencionada, todas estas distintas figuras pueden y deben interpretarse como banderines.

En cuanto a la posibilidad de calcular objetivos, puede aplicarse la misma regla que para las banderas. Ambos son patrones de "medio mástil" (o "media asta") que se forman después de una subida de precios sostenida y generalmente marcada. La medida se toma del punto en que se inició el movimiento previo al banderín donde hubo un rompimiento de la formación de reversa o de consolidación previa, o desde un nivel de resistencia previo que se rompió. Este punto puede ser reconocido por un brote súbito de actividad. Se mide la distancia que existe desde ahí hasta el nivel donde la bandera o banderín se empezó a formar. Después se toma esta medida en la dirección de la tendencia primaria desde el punto donde se rompe el patrón del banderín. Este último punto será el objetivo mínimo esperado (nota 9.11).

NOTA 9.11 CÁLCULO DE OBJETIVO EN BANDERAS Y BANDERINES

Como regla general, en patrones alcistas el objetivo tiende a rebasarse mientras que en patrones a la baja frecuentemente no se alcanza el objetivo.

Estos dos patrones son considerados de los más confiables, tanto para predecir el movimiento que les seguirá como para calcular los objetivos. Ocasionalmente fallan, pero casi siempre dan aviso de esto al no sujetarse a las condiciones necesarias que son:

1. La consolidación debe ocurrir después de un movimiento rectilíneo de subida o bajada.
2. El volumen debe disminuir apreciablemente y en forma constante durante la construcción del patrón, así como seguir disminuyendo hasta que los precios rompan el patrón.
3. Los precios deben romper en la dirección esperada en menos de cuatro semanas desde el comienzo de la formación.

Con relación al volumen debemos enfatizar que si tiende a aumentar o se mantiene irregular en vez de disminuir, es frecuente que el patrón represente un área de reversa menor en la que haya una reacción en contra de la tendencia anterior y no una continuación de ella.

Por su breve duración, los banderines y banderas no pueden aparecer en trazos mensuales y de hecho rara vez aparecen en trazos semanales.

En resumen, las banderas y los banderines son típicos de un mercado rápido. En forma natural aparecen en la fase dinámica de un mercado *bull*, después de que la acumulación y la parte inicial más pausada del ascenso han pasado. Por lo tanto, su aparición es una advertencia de que se está en la fase de avance rápido. En el mercado *bear* la fase rápida es la segunda, después de la distribución, y es aquí donde aparecen los banderines y las banderas. Si estas formaciones se prolongan más de tres a cuatro semanas y, sobre todo si el volumen aumenta durante su construcción, serán seguidas por reacciones muy pequeñas (9.12).

NOTA 9.12 OPERACIÓN CON BASE EN BANDERAS Y BANDERINES

En general, se puede decir que estos patrones son más confiables y más comunes en mercados alcistas donde representan un periodo de toma de utilidades controlado. En caso de presentarse en mercados a la baja, a menos que se apeguen estrictamente a la descripción anterior, no debe negociarse con base en ellas.

A diferencia de las banderas y banderines que son habitantes de las fases rápidas intermedias o finales de un mercado *bull*, los rectángulos aparecen en las fases iniciales de un mercado *bear*, justo antes de una caída de pánico, o al final del *bear*, precediendo a una venta (caída) terminal estrictamente limitada. Esta última manifestación probablemente refleja una acumulación prematura por inversionistas que creen que los precios han llegado a niveles suficientemente bajos para sus propósitos. Aunque estos inversionistas habrán comprado prematuramente, finalmente podrán obtener ganancias si aguantan la fase final del mercado *bear* hasta que empiece la recuperación.

Cabe mencionar que los patrones de CyH, los dobles y triples techos y fondos, los tazones, los triángulos de ángulo recto, las cuñas, las banderas y los banderines, antes de completarse, ya sabemos qué tendencia seguirán los precios después del rompimiento. Por el contrario, los triángulos simétricos y los rectángulos no advierten hacia donde surgirá la tendencia del precio, pero sabemos que más frecuentemente señalan una continuación o consolidación que reversa. No obstante, ambos pueden aparecer en techos o fondos mayores, es decir, ambos pueden ser patrones de reversa.

CAPÍTULO 10

PATRONES SECUNDARIOS

Patrones de reversa secundarios

Techo que se ensancha o triángulo expansivo

Este patrón se parece a los triángulos que ya describimos, pero colocado al revés, es decir, el vértice es anterior y en forma progresiva, las oscilaciones de precios se van haciendo más amplias entre límites divergentes en vez de oscilar entre límites convergentes, como se muestra en la figura 10.1. Su forma habitual es la de tres o más oscilaciones de precios donde los techos son cada vez más elevados y los pisos cada vez más bajos.

A pesar del parecido, el triángulo expansivo tiene un significado muy distinto a los triángulos simétricos o de ángulo recto. Los otros triángulos representan una situación de "duda" del mercado, que espera ser clarificada. El rectángulo representa un "conflicto" controlado entre compradores y vendedores. Por su parte, la formación que se ensancha representa un mercado desordenado y sin control, una situación en la que el público está comprometido emocionalmente y que se guía por rumores y no por razones consistentes. No obstante, hay casos en que un patrón así se forma sin motivos aparentes o entendibles.

Estas formaciones aparecen casi siempre (9 de cada 10 veces) al final de un ascenso marcado de un mercado *bull* de una tendencia primaria. De acuerdo con esto, dichos patrones tienen un pronóstico claramente *bearish*, y si los precios aún pueden subir, muy pronto tendrán que bajar. La actitud más saludable ante una figura así es no hacer compras nuevas y decidir cubrir las posiciones que se tengan en largo.

Los triángulos expansivos pueden ser simétricos, ascendentes o descendentes, dependiendo de si ambos límites guardan ángulos similares con la horizontal, o de si alguno de ellos tiende a la horizontal, lo que comentaremos más adelante. No obstante, en general las figuras suelen ser laxas e irregulares, y sus límites no son muy precisos. Toman varias semanas en completarse.

GENERSA. TRIÁNGULO EXPANSIVO

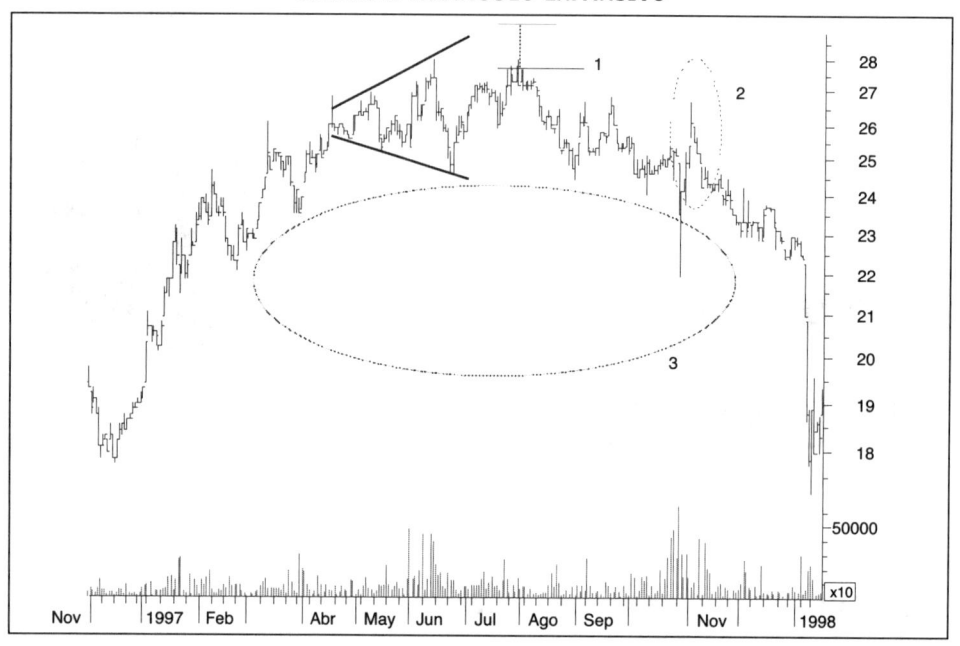

Figura 10.1 En este gráfico de GENERSA se muestra un triángulo expansivo típico como formación de reversa en un techo. Nótese que el último *rally* dentro del triángulo no alcanza la línea de resistencia (techo) faltándole la distancia marcada con el #1. El óvalo punteado pequeño (#2) marca un intento fallido de retomar la tendencia alcista. Éste tipo de movimientos ocurre después del rompimiento hacia abajo pero estrictamente no constituye un *pullback* pues no alcanza ninguna línea que sea límite de la formación. Cabe notar el volumen irregular durante el desarrollo de la formación. Además, cabe hacer notar que la figura completa corresponde a un techo redondo, como lo perfila el óvalo grande (#3).

El volumen tiende a subir en los *rallies,* pero cada vez menos. No obstante, permanece alto e irregular durante todo el trazo. Cuando esta figura ocurre en una tendencia alcista, como generalmente sucede, en la primera caída hay aumento de volumen, pero también lo hay en el segundo *rally* y en el tercero.

No es raro que el tercero y último *rally* sea más pequeño de lo esperado y que por ello no alcance el techo o límite superior del patrón. Esta característica presagia fuertemente que la tendencia ascendente va a virar y el patrón a "romperse" hacia abajo (nota 10.1).

NOTA 10.1 ROMPIMIENTO HACIA ARRIBA DEL TRIÁNGULO EXPANSIVO

En los pocos casos en que el rompimiento sea hacia arriba, una señal adelantada que vemos ocasionalmente es que el último movimiento a la baja no alcanza el límite inferior que habíamos registrado, sino que repunta antes y, finalmente, rompe hacia arriba. Para considerar confirmado el rompimiento es indispensable que se dé con volumen elevado.

Es bastante común (4 de cada 5 veces) que una vez que se haya confirmado la ruptura hacia abajo, haya un regreso fallido hasta la mitad o las dos terceras partes del camino recorrido en la bajada desde el último *rally* del patrón. Esta recuperación finalmente se desplomará en lo que constituirá una tendencia mayor a la baja (nota 10.2). Debido a los límites imprecisos de estas figuras, el nivel del rompimiento no siempre se puede definir con precisión.

NOTA 10.2 *PULLBACK* ATÍPICO EN EL TRIÁNGULO EXPANSIVO

Esta recuperación fallida descrita, que se puede observar en la figura 10.1, no es un *pullback* ortodoxo, ya que no se detiene en el límite del patrón antes penetrado, sino que en este caso el regreso de los precios alcanza un nivel cercano a la parte media (verticalmente hablando) del patrón.

Puede suceder que haya un cuarto pico aún más alto que el tercero, pero no debe esperarse éste. Aun cuando así sucediera, la connotación *bearish* es invariable y lo más seguro será vender las acciones. Debe reconocerse que cuando menos se necesitan tres picos o techos y dos valles o pisos para tener la forma ortodoxa del patrón descrito. En cierta forma, este patrón equivale a un CyH con un hombro derecho muy alto y una línea de cuello descendente (nota 10.3).

NOTA 10.3 ACLARACIÓN

No existen formaciones que se ensanchan como reversas del fondo.

Como indicamos antes, hay formaciones que se ensanchan en ángulo recto, llamadas *de fondo achatado* o *de techo achatado*. Estas figuras son raras. En estos casos alguno de sus límites, el superior o el inferior, es horizontal o casi horizontal. El triángulo expansivo de fondo achatado es una figura de distribución. Tiene un gran parecido con el patrón de *cabeza y hombros*.

Por el contrario, una formación que se ensancha con límite superior horizontal puede ser una formación de acumulación, y en forma excepcional puede romper hacia arriba. Si esta formación ocurre después de un avance considerable, es posible que en realidad sea un patrón de continuación de una tendencia alcista, aunque no es lo más probable. Lo más frecuente es que incluso en este caso el rompimiento sea hacia abajo y siga una declinación marcada (nota 10.4).

NOTA 10.4 TRIÁNGULO EXPANSIVO COMO PATRÓN DE CONTINUACIÓN

Los casos en que hay continuación tienen como peculiaridad que el volumen en la tercera caída es muy bajo, a diferencia de la formación que se ensancha típica, y que la tercera (o cuarta) caída se detiene y se invierte antes de alcanzar el punto más bajo de la caída precedente. Esto lo convierte en algo similar a un patrón de *cabeza y hombros* o un *diamante de consolidación*.

El fondo dormido

Es una variación lenta del tazón (véase el capítulo 8, Patrones de reversa), de la que es una forma extrema. Aparece en acciones "livianas", o sea, aquellas en las que el número total de acciones disponibles en el mercado es muy reducido.

La formación aparece después de un periodo de varios meses de muy bajo intercambio a un precio sostenido. Esto es seguido por varios días sin operar que alternan con días de muy poca actividad, dándole a la gráfica aspecto de línea punteada interrumpida. Eventualmente aparece una elevación súbita de la actividad en la que los precios aumentan rápidamente. Este "despertar" puede ser pasajero o puede ser el primero de una serie de pasos escalonados seguidos por una tendencia alcista consistente. Este patrón señala que se viene produciendo una acumulación importante y que tarde o temprano seguramente se resolverá en una tendencia alcista.

Los diamantes de reversa

Esta formación puede describirse como una cabeza y hombros con la línea del cuello en "V", o como una formación que se ensancha y que después de dos o tres oscilaciones se convierte en un triángulo simétrico. La figura no es muy común, aunque es bastante evidente y por ello fácil de detectar como se muestra en la figura 10.2 DR.

Los diamantes necesitan un mercado activo para formarse, por lo que rara vez ocurren en los pisos. Como formación de reversa es más común que aparezcan en los techos mayores o en los techos secundarios después de actividad muy intensa pero pueden aparecer en los pisos en acciones muy bursátiles (nota 10.5).

> **NOTA 10.5   ¡CUIDADO CON SOBREDIAGNOSTICAR DIAMANTES!**
>
> Muchos diamantes son casi un patrón de cabeza y hombros. Debe tenerse cuidado de no sobre diagnosticar diamantes cuando son CyH, por la tentación de aprovechar la ventaja que se obtiene de doblar la línea del cuello y tener antes la señal confirmatoria del cambio de tendencia.

Los diamantes tienen capacidad de predecir objetivos mínimos. A partir del rompimiento, los precios suelen moverse cuando menos una distancia equivalente a la distancia que hay del techo de la cabeza (el pico más alto de la figura) a la "v" del cuello (el valle más profundo). Nos permitimos recordar al lector que una formación de reversa debe tener algo que revertir para tener esa función y por ende esa interpretación.

Las reversas de un día y de dos días

La reversa de un día es un movimiento peculiar de precios y volúmenes que cuando aparece en los techos denota un mercado *bull* que se está cansando, al menos temporalmente, y que suele tener repercusiones importantes, si bien pasajeras.

GFB-O. DIAMANTE DE REVERSA Y DE CONTINUACIÓN

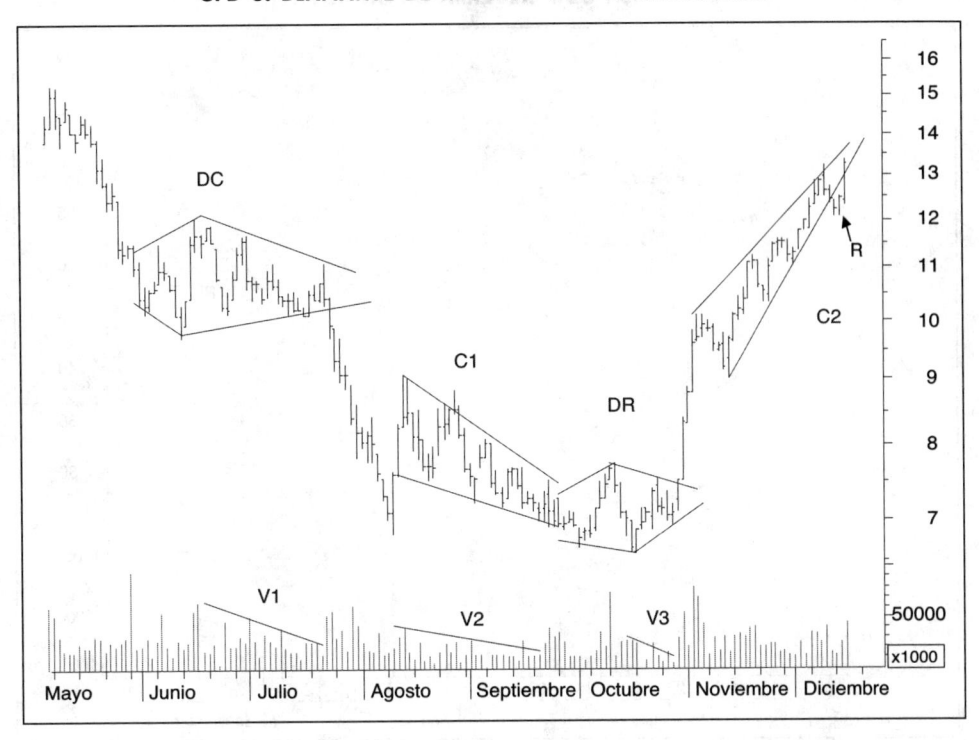

Figura 10.2 Este gráfico de GFB-O tiene un diamante de continuación (DC) y un diamante de reversa (DR). En ambos casos se hace notar la caída de volumen en la segunda mitad del patrón. Además hay dos cuñas, la marcada con C1 termina con el diamante de reversa y la marcada con C2 tiene un rompimiento que no es definitivo (R).

Las reversas de un día generalmente ocurren después de un movimiento amplio, de muchos días o semanas, durante el cual el volumen ha crecido también. Puede formarse en la cabeza de un patrón de CyH o en el primer pico de un triángulo simétrico de consolidación. En el lado bajo puede aparecer en forma notoria y amplificada al final de una venta de pánico, como se verá adelante.

En el día de reversa se establece un nuevo precio máximo (o mínimo) dentro de una tendencia. Los eventos suelen suceder de la siguiente forma: de repente los precios se adelantan mucho sobre los del día anterior, a veces dejando una brecha, y en un par de horas el precio sube lo que debería avanzar en tres o cuatro días. Súbitamente viene un alto y los precios empiezan a bajar tan rápido como subieron. Al cierre, están prácticamente donde empezaron y el cambio neto al cierre, comparado con el día anterior, suele ser muy poco y frecuentemente a la baja. Además, ese día el volumen habrá sido inusualmente elevado, mucho más que los días de volumen alto en muchos meses anteriores como se muestra en la figura 10.3 (nota 10.6).

Invierta con éxito en la bolsa de valores

IMSA UBC. REVERSA DE UN DÍA

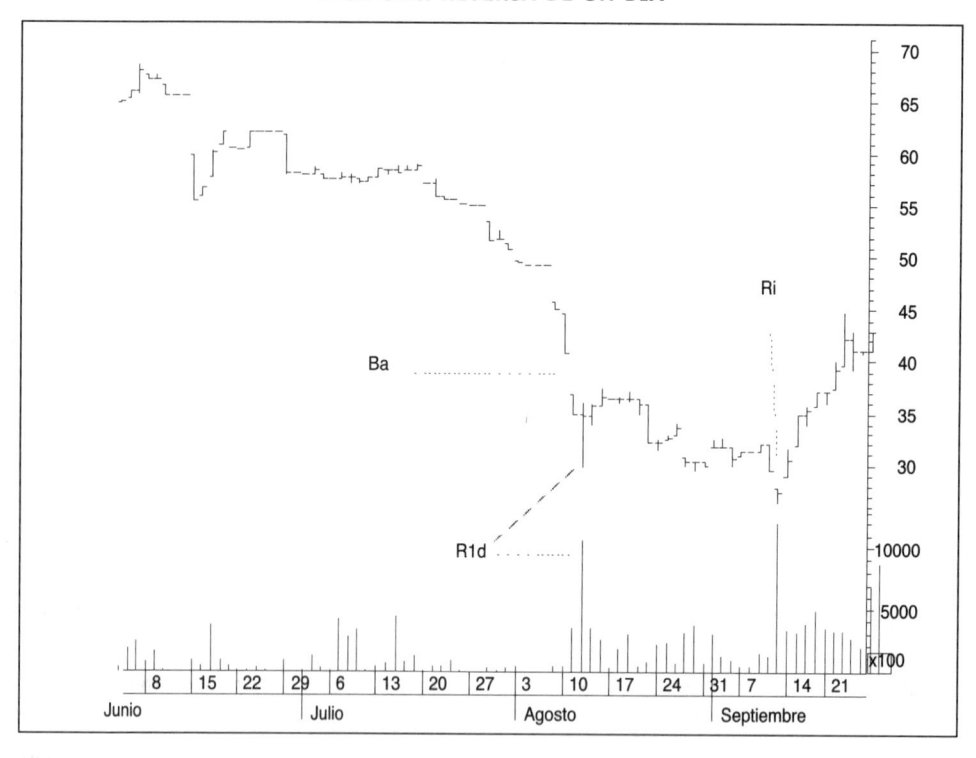

Figura 10.3 El gráfico de IMSA UBC muestra dos reversas de un día. La primera (R1d) es típica y está precedida por una brecha de agotamiento (Ba). La segunda (Ri) corresponde a una reversa en isla en un solo día, está precedida por una brecha de agotamiento y seguida por una de rompimiento. En ambas formaciones de reversa el volumen elevado es característico.

NOTA 10.6   DÍA INTERIOR Y DÍA EXTERIOR

Es común que el día de la *reversa de un día* sea de tipo "exterior", es decir, que el máximo sea superior al del día anterior y que el mínimo sea inferior al del día anterior véase figura 10.4.

Las reversas de un día aparecen frecuentemente en las gráficas de acciones individuales, pero con menos frecuencia se identifican en los promedios.

Para catalogar un patrón como reversa de un día el rango de precios debe haber sido particularmente amplio, equivalente a dos o más días típicos del movimiento precedente, y el volumen también debe ser extraordinariamente elevado. Además, ese día el precio debe hacer un nuevo máximo o nuevo mínimo significativos. Si el evento se presenta en un gráfico semanal y cumple con los requisitos anotados tendrá aún mayor repercusión (nota 10.7).

Capítulo 10   Patrones secundarios   **155**

DÍA INTERIOR Y DÍA EXTERIOR

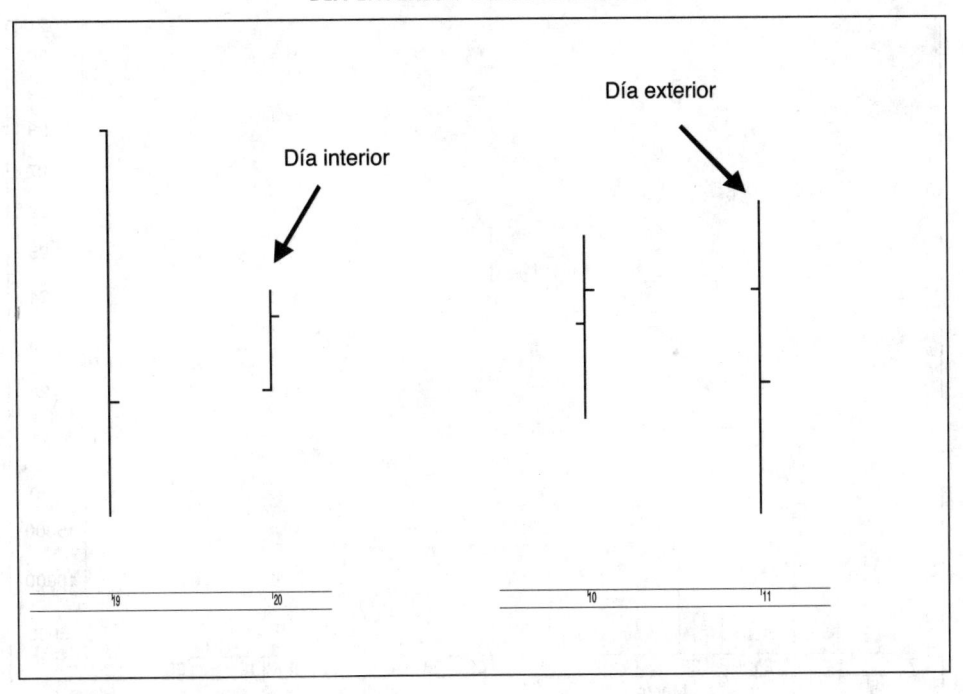

Figura 10.4   A la izquierda se representa un día interior (día 20) ya que el precio máximo es inferior al máximo del día anterior (día 19) y el precio mínimo es superior al mínimo del día anterior. A la derecha se representa un día exterior (día 11) ya que el precio máximo es superior al máximo del día anterior (día 10) y el precio mínimo es inferior al mínimo del día anterior.

NOTA 10.7.   REPERCUSIÓN DEL PATRÓN DE REVERSA DE UN DÍA

Generalmente estas formaciones no tienen implicaciones mayores en las tendencias. Pueden tenerse ganancias basadas en ellas si se brinca afuera en el momento oportuno pero, como regla, la nueva tendencia revelada por esta formación no dura mucho.

Hay reversas muy similares que toman dos días en completarse y son adecuadamente llamadas "reversas de dos días" (figura 10.5). En estos casos, en una tendencia bajista se hace un nuevo mínimo, y al cierre de ese día el precio se encuentra en o cerca del punto más bajo. Al día siguiente, en vez de seguir bajando, los precios abren a un nivel cercano al cierre anterior pero poco más tarde empieza la subida que se acelera para terminar el día con un cierre claramente al alza y en un nivel muy cercano al máximo del día y que también es cercano al máximo del día anterior. Estas formaciones tienen las mismas implicaciones que las reversas de un día.

IPC. REVERSA DE DOS DÍAS

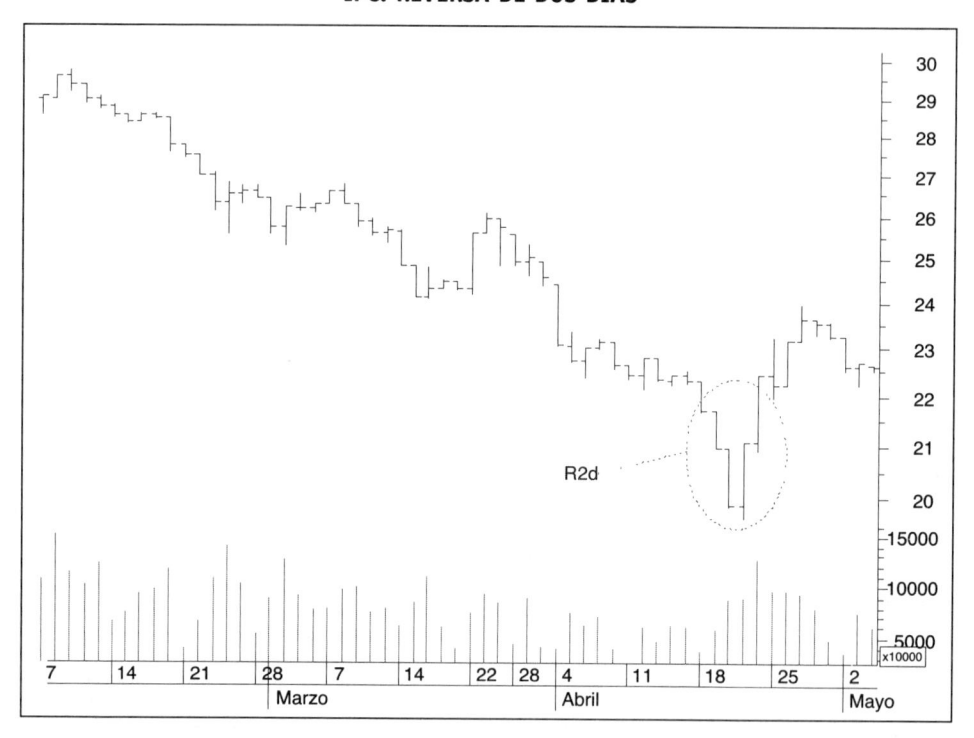

Figura 10.5 Éste gráfico del IPC (valores reales) muestra una reversa de dos días (R2d). El primer día el índice cae en forma marcada y cierra cerca del nivel más bajo del día. El segundo día después de la apertura hay una pequeña caída seguida por un repunte marcado que lleva al IPC al cierre, a niveles superiores que la apertura del primer día. En este caso particular el volumen se elevó levemente. El segundo día de la formación es un día exterior (ver figura 10.4).

Clímax de venta

Los clímax de venta se producen por ventas angustiosas de acciones. Ocurren al final de descensos que agotan los márgenes de reserva de los especuladores, quienes necesitan deshacerse de sus acciones a cualquier precio que les quieran pagar, véase figura 10.6. Una vez iniciado, el fenómeno de venta de pánico es progresivo, ya que cada oleada de ventas forzadas pone en riesgo un nuevo lote de cuentas marginales hasta que al final millones de acciones son tiradas por la borda en una limpia final.

Eventos como el clímax de venta son temporada de cosecha para el inversionista serio que, habiendo evitado el contagio *bullish* en el pico máximo del mercado al asta anterior, tiene fondos de reserva para adquirir acciones a precios sumamente atractivos.

Es obvio que un clímax de venta cambia radicalmente las condiciones del mercado, puesto que en el proceso las acciones pasan de manos débiles que las adquirieron ca-

Capítulo 10 Patrones secundarios   **157**

IPC. CLÍMAX DE VENTA

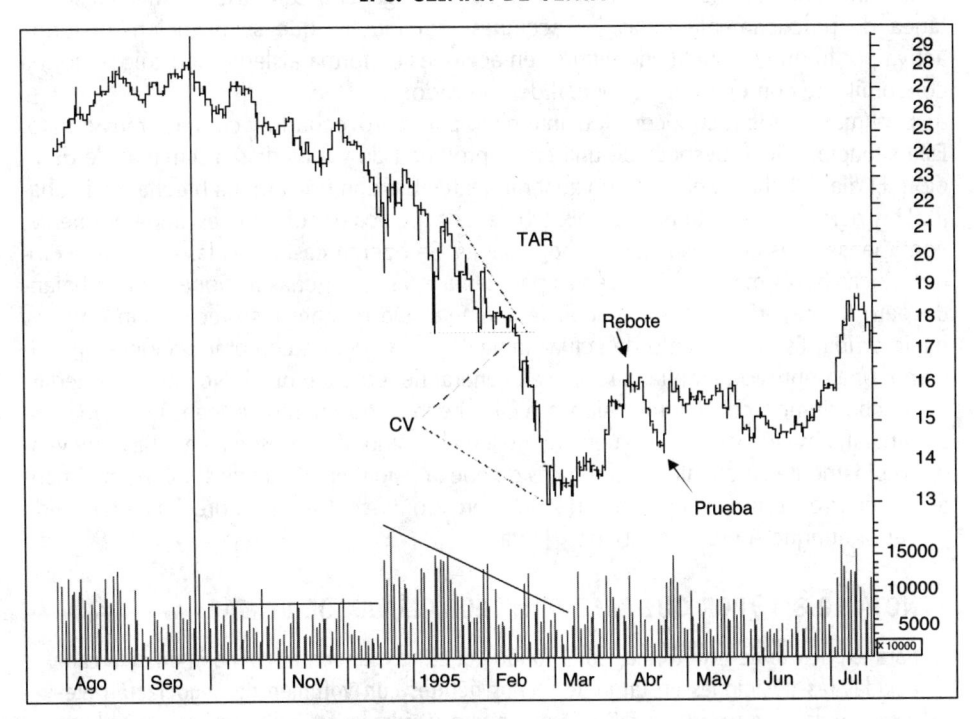

Figura 10.6 Este gráfico del IPC (en términos reales y escala semilogarítmica) muestra un amplio movimiento a la baja que lleva el índice desde 28 hasta 14 unidades en 5 meses. Nótese que en la segunda mitad de este periodo, a partir de mediados de diciembre de 1994, el volumen se acelera primero para decrecer progresivamente conforme se agota la venta. En la parte media del gráfico (enero y febrero de 1995) se muestra un triángulo de ángulo recto descendente (TAR) antes de la caída final que corresponde al clímax de venta (CV). Como en este caso, es común que después de un clímax de venta se presente un *rally* técnico o rebote (Rebote) seguido de una reacción secundaria o prueba (Prueba).

ras, a manos fuertes, a precios muy bajos. La amenaza de venta y caída violenta de precios que había estado colgando en el mercado durante la fase última del *bull* finalmente se ha cumplido y probablemente los precio han sido arrastrados mucho más abajo de su valor real, por lo que suele haber un rápido rebote inicial seguido de varias oscilaciones hasta que el mercado encuentre el verdadero fondo de un nivel superior al que alcanza en el clímax.

En el fondo del clímax de venta puede haber una reversa de uno o dos días. En el segundo caso, poco antes del final del primer día, los precios que caen hacen un alto seguido por recuperación parcial, sin que haya tiempo para mucho avance. Al día siguiente, a partir del momento de apertura, se establece un *rally*, siendo inmediatamente evidente que las ventas de angustia ya no están presentes.

El clímax de venta clásico ocurre en el mercado general con base en la venta simultánea de prácticamente todas las acciones individuales que se negocian en forma activa por lo que no suele encontrarse en acciones en forma aislada, sino sólo en forma concomitante con una limpia general del mercado.

El clímax puede reconocerse de antemano para aprovecharlo y comprar muy barato. Esta situación viene después de una caída profunda de varios días o semanas de duración. El día del clímax el mercado generalmente abre con una amplia brecha hacia abajo. Hay demasiada oferta para ser absorbida. Los precios se colapsan escandalosamente, con apenas unas cuantas acciones negociadas. Se operan casi todas las distintas acciones. Pocas horas más tarde las ventas parecen agotarse. Algunas acciones siguen bajando pero la mayoría empieza a subir lentamente. De repente los precios dan un salto hacia arriba. Es el momento de actuar (nota 10.8). Se deben comprar acciones que tuvieron una depresión amplia pero que en general tienen buen nivel. No hay que quedarse mucho tiempo con las inversiones recién hechas; en cuanto se logre una ganancia sustancial, hay que vender, frecuentemente en el mismo día y, desde luego, hay que vender rápidamente en cuanto haya señales de nueva caída. El clímax de venta normalmente no ocurre como evento final de un mercado *bear*. Casi siempre hay una caída posterior aunque suele ser pausada y lenta.

> **NOTA 10.8 ¿POR QUÉ "REBOTAN" LOS CLÍMAX DE VENTA?**
>
> Para explicarlo de otra forma, en el fondo del clímax de venta, cuando han sido canceladas las posiciones en largo de manos débiles con volumen de negociación elevado, se crea un vacío por falta de venta que rápidamente es llenado en un *rally* de los precios provocado por el urgente interés de manos fuertes que desean adquirir las acciones.

Formación en V, espiga o formación en V invertida y formación en V extendida

Estas formaciones de cambio de tendencia tienen como característica particular que entre la tendencia que les precede y la que les sigue no hay una congestión de precios o un periodo de transición, sino que súbita y violentamente el viraje se hace de una a otra, con frecuencia mediante un día de reversa con muy alto volumen o por medio de una reversa en isla.

Estos patrones son muy difíciles de identificar oportunamente, ya que ocurren en un solo día; pero no son raros y debemos intentar evitar que nos sorprendan desarrollando un alto grado de sospecha cuando se den las condiciones en que pueden suceder.

La formación en V ocurre en los pisos y la espiga o V invertida en los techos (figura 10.7). Ambos casos son iguales a excepción de la dirección de las tendencias que les preceden y les suceden. Habitualmente este fenómeno se presenta al final de una carrera alcista que evoluciona sin correcciones importantes. Muchas veces el gráfico muestra varias brechas en el camino. En estos casos, durante la tendencia que les precede los precios llegan a niveles mucho más allá de las expectativas más optimistas.

GENERAL MOTORS. ESPIGA O V INVERTIDA

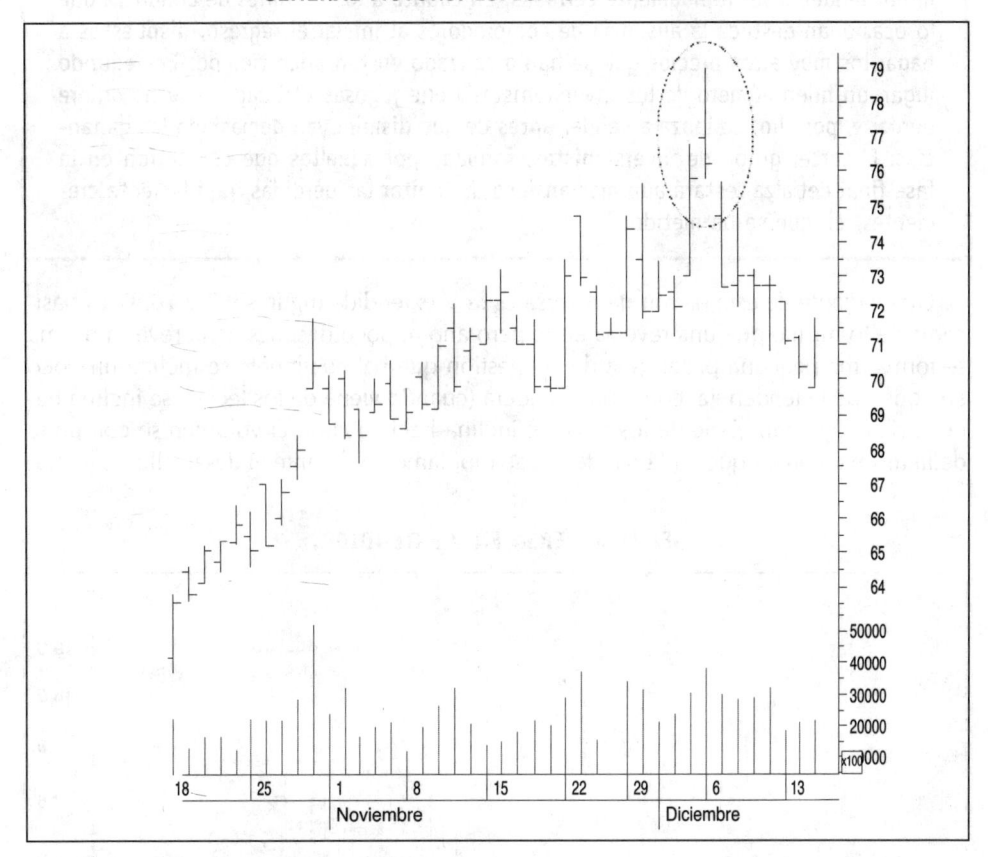

Figura 10.7 El gráfico de General Motors muestra una espiga (señalada con un óvalo) como culminación de un *rally* y formación de reversa.

Cuando se presentan movimientos alcistas como éstos el problema esencial es saber cuándo salirse para aprovechar el máximo posible del impulso. Ya que el regreso después de subidas desenfrenadas, como las descritas, suele ser demasiado brusco y muy amplio, dándose retrocesos de entre 30 y 50% de todo el avance en muy poco tiempo, es importante estar conscientes de que una tendencia que ha evolucionado de manera exagerada y sin respiros puede revertirse sin el menor aviso y sin dar tiempo a salir sin recibir un golpe serio en las utilidades logradas (nota 10.9).

NOTA 10.9 ¿POR QUÉ SE "DESPLOMAN" LAS ESPIGAS?

Dos de las razones técnicas de ese regreso tan amplio y rápido son que por no haber correcciones en el camino previo no hay niveles de soporte o resistencia que frenen el movimiento subsecuente. La otra es que las brechas que quedan en el camino tienden a ser rápidamente cerradas. En cuanto a los patrones de conducta que lo ocasionan destaca la ausencia de compradores al iniciar el regreso, dispuestos a pagar los muy altos precios que se han alcanzado en tan poco tiempo. En segundo lugar, un buen número de los inversionistas tiene jugosas utilidades que no quiere perder y, por ello, se lanza a vender antes de que disminuyan demasiado las ganancias. El tercer grupo de inversionistas, formado por aquellos que compraron en la fase final del alza, estará aún más ansioso de limitar las pérdidas, rápidamente crecientes, en que se ha metido.

Una variante de este patrón de reversa es la V extendida (figuras 9.5 y 10.8). Es básicamente lo mismo que una reversa en V, pero ahora, poco después de la reversa misma se forma una pequeña plataforma de congestión que habitualmente se inclina un poco en contra de la tendencia, como una bandera (cuando viene de los techos se inclina hacia arriba y cuando viene de los pisos se inclina hacia abajo). El volumen se comporta de la misma manera que en la bandera; cae rápidamente durante el desarrollo de la pla-

GFB O. REVERSA EN V EXTENDIDA.

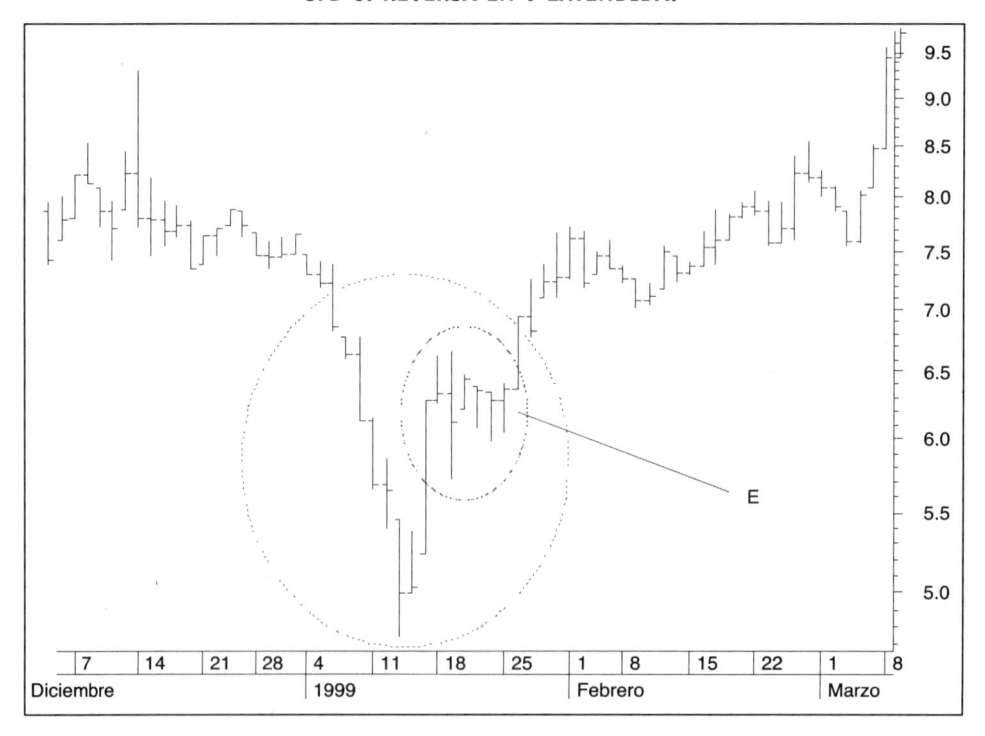

Figura 10.8 Éste gráfico de GFB-O muestra un patrón de Reversa en V extendido (óvalo grande). Nótese la plataforma de congestión que se ha formado después de la V (E) y que se desplaza en contra de la tendencia alcista (óvalo pequeño).

taforma para volver a aumentar al salir de la congestión. Se considera que el patrón en V extendida termina hasta que finaliza el área de congestión de la plataforma.

La V extendida es más rara que el patrón de reversa en V. Una variante aún más rara es la V extendida a la izquierda, es decir un patrón de V (o V invertida) que es precedido por una congestión que ocurre, por supuesto, antes de la reversión de la tendencia. Lo único interesante de esta formación es que el punto inferior de esa área de congestión aporta un nivel de soporte temporal que puede frenar la caída y dar un tiempo extra para actuar.

PATRONES DE CONTINUACIÓN SECUNDARIOS
Cabeza y hombros de continuación

Hay un patrón de consolidación que tiene la forma del patrón de cabeza y hombros pero invertido. En una tendencia alcista, el patrón aparecerá como una CyH del piso (con los hombros y la cabeza hacia abajo), y en un mercado a la baja aparecerá como una CyH del techo (con los hombros y la cabeza hacia arriba), de tal forma que al identificarlos están en posición inversa a la esperada normalmente con relación a la tendencia que les precede (figura 9.5)

Los volúmenes no siguen las reglas de CyH de reversa típico. En el CyH de continuación en una tendencia a la baja el volumen disminuye en lugar de aumentar en el *rally* de la cabeza y del hombro derecho, al igual que en el hombro izquierdo.

Los patrones de CyH de consolidación múltiples o complejos muy rara vez aparecen, aunque teóricamente deben ser manejados igual. El patrón de consolidación de CyH no es tan bueno para cuantificar un objetivo como lo es el de reversa; sin embargo, la fórmula teórica es la misma aunque muchas veces no se cumple.

Tazones repetidos

Aunque esta formación no es un área de congestión o fluctuación de precios con límites más o menos definidos sino más bien una tendencia normal, es tan característica que vale la pena identificarla en este capítulo. Además, como las otras formaciones de consolidación, está relacionada con un avance posterior.

Aparece en acciones que suelen tener alta bursatilidad después de haber permanecido por largos periodos en un fondo inactivo. Al despertar de este fondo suele dar comienzo a un largo avance de tendencia mayor haciendo una serie de "pequeños tazones" (figura 10.9). Cada una de estas formaciones semeja a los tazones o pisos redondos que vimos antes tanto por su volumen como por su forma. En este caso, el punto de salida o final de cada tazón individual alcanza un nivel un poco más alto que el previo. La ganancia neta en cada tazón es variable aunque suele oscilar entre 10 y 15% del precio de la acción, en cambio, la caída total desde el borde al fondo del tazón es de 20 a 30%. La duración total de un tazón individual es de 5 a 7 semanas, siendo muy raro que sea de menos de tres. El avance general es lento pero sostenido.

LANCHILE. TAZONES REPETIDOS

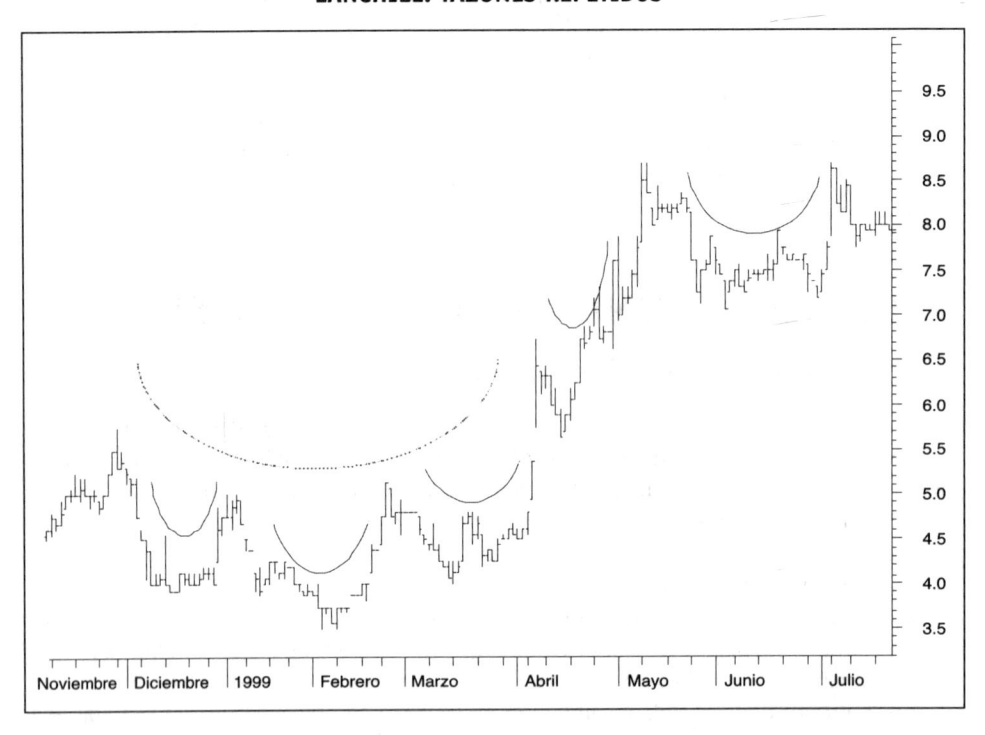

Figura 10.9 El gráfico de Lanchile muestra un trazo de tazones repetidos. Los tres primeros tazones describen a su vez un tazón o fondo redondo (línea curva punteada) que se continúa por varios movimientos típicos de este patrón.

Con frecuencia, un tazón sigue inmediatamente al otro sin un descanso entre ellos, lo que le da un aspecto típico, monótono y simétrico. Como en el fondo redondo, el volumen disminuye en la bajada hacia el fondo del tazón y aumenta en la subida.

Es fácil identificar el fondo del tazón individual para poder hacer una buena compra y también con base en el precio y al volumen se puede identificar el pico que se forma antes del siguiente tazón para hacer las ventas y tener una buena ganancia. Sin embargo, hay la tendencia equivocada a ponerle poco interés a la parte baja de estas formaciones y a hacer las compras en el periodo alcista, cuando el precio hace un nuevo máximo acompañado de volumen.

Lo más importante de esta formación es que una vez que se puede identificar en el gráfico, no abandonará ese patrón sin una clara señal. El aviso se presenta de manera característica cuando los precios se elevan más de lo esperado (más de 15 a 20% de la máxima migración anterior), de tal forma que difícilmente se tendrá pérdida una vez que se compromete uno con una acción de este tipo (nota 10.10).

> **NOTA 10.10 FINAL DEL PATRÓN DE TAZONES REPETIDOS**
>
> Algunas acciones de muy bajo precio pueden mantenerse haciendo "tazones repetidos", justo hasta el final de una tendencia mayor y al llegar a la cima inclusive tienden a intentar formar un último tazón sin lograrlo. Este fracaso no es difícil de detectar y una vez presente el cambio de actitud, habrá buen tiempo para salirse sin pérdida.

Diamantes de continuación

Esta figura es igual al diamante de reversa, pero resuelve en el mismo sentido de la tendencia que le precedió. De hecho, puede describirse como una figura que inicia como una formación que se ensancha y que después de dos o tres oscilaciones se termina como triángulo simétrico (figura 10.2 DC)

El volumen se comporta básicamente como un triángulo, ya que disminuye progresivamente, aunque con cierta irregularidad, conforme se desarrolla el patrón. En cuanto a la medición de objetivo, el mínimo esperado es la altura máxima del diamante en su porción más ancha medida a partir del punto de rompimiento.

CAPÍTULO 11

BRECHAS

Una *brecha* es un rango de precios dentro del cual no hay operaciones, es decir, las acciones cambian de manos a precios que están por arriba y por debajo de la brecha pero no dentro de ella como se muestra en las figuras 11.1 y 11.2.

Puede haber brechas en gráficos diarios y en gráficos semanales, aunque en estos últimos con mucho menor frecuencia. Las brechas son importantes y útiles, pero se ha abusado de ellas por no entenderlas a fondo. La superstición más frecuente con relación a las brechas es que "deben cerrarse", es decir, que una vez formada la brecha los precios deben regresar a operar en el rango dejado por la brecha y así cerrarla (nota 11.1). Hay la creencia de que si no se cierran las brechas, entonces no debe creerse la tendencia que surge a partir de ellas. Esto está equivocado.

NOTA 11.1 CIERRE DE BRECHAS

Se dice que una brecha se cierra cuando después de presentarse hay un retroceso de precios hasta el nivel en que sucedió, seguido de un avance ya sin brechas. Probablemente es verdad que una brecha siempre se va a cerrar. Sin embargo, esto puede suceder meses o años después, lo cual resta importancia al concepto.

Por otro lado, hay muchas brechas dentro de un día que no se notan en el gráfico diario, ya que en el gráfico sólo se reflejarán las brechas que ocurran entre el fin de un día y el principio del siguiente. De hecho, casi todos los rompimientos notables de un rectángulo o un triángulo de ángulo recto suceden mediante la formación de una brecha; pero sólo si ésta se da entre el fin de un día y la apertura del siguiente, será percibida en el gráfico diario (nota 11.2).

TELEVISA CPO. DISTINTAS BRECHAS

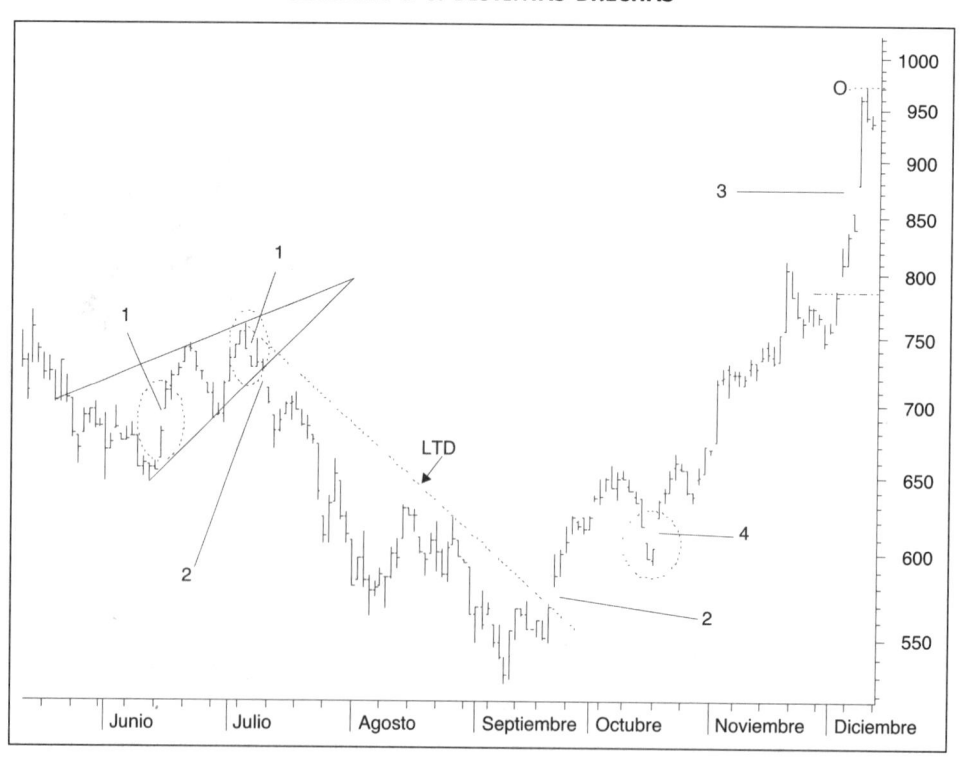

Figura 11.1 En el gráfico existen varias brechas irrelevantes que no se han señalado. Con el #1 se señalan dos brechas comunes o de área dentro de una cuña. Con el #2, dos brechas de rompimiento, la primera rompe la cuña y la segunda penetra la línea de tendencia descendente (LTD). El #3 muestra una brecha de continuación o de medida y el #4 muestra una reversa en isla con su brecha de agotamiento y su brecha de rompimiento que la preceden y la suceden respectivamente. Nótese la posibilidad de calcular el objetivo (O) de un rally con base en una brecha de medida.

NOTA 11.2 BRECHAS INTRADÍA

Para entender por qué decimos que puede haber brechas intradía que no se noten y que sólo las que suceden entre el final de un día y el comienzo del siguiente, debemos recordar el concepto de puja. (*Véase* capítulo 2, Mercado de capitales.) Decimos que hay una brecha intradía cuando los precios en vez de avanzar de puja en puja, una por una, dan saltos de más de 2 pujas a la vez. Sólo si esto ocurre entre el cierre de un día y la apertura del siguiente, será reflejado en el gráfico diario; pero, desde luego, que podrá observarse en un gráfico hecho, digamos, cada 15 minutos, siempre que ocurra entre el fin de uno de estos periodos y el principio del siguiente.

A pesar de las limitantes mencionadas, algunas brechas tienen mucha importancia técnica. Estudiaremos cinco formas distintas de brechas y las llamadas *islas*, indicando la manera de identificarlas y su relevancia.

Brechas irrelevantes

Obviamente, una brecha de dos o de tres pujas no tiene ningún significado, ya que está próxima a la mínima diferencia de precios permitida y necesaria para que haya una tendencia. Además, es un fenómeno que sucede muchas veces en un día en casi todas las acciones que tienen cierta volatilidad. Esto quiere decir que para que una brecha sea importante debe ser más amplia que la diferencia "normal" entre los precios durante las negociaciones. Resulta lógico que las brechas importantes deben ser poco comunes ya que si suele haber muchas brechas en el gráfico de una emisora, ninguna será de verdad importante o simplemente no sabremos cuál es importante y cuál no lo es.

Finalmente, si las brechas aparecen en un gráfico cuando una acción sale *ex-dividendo* (sea que el dividendo se haga efectivo o en garantías, derechos o acciones), tampoco tienen importancia, pues es un artefacto producido por la operación financiera mencionada que, de hecho, sugerimos corregir en la base de datos. (*Véase* dividendos en el capítulo 2, Mercado de capitales.)

Esto nos deja con las brechas que no son demasiado frecuentes y que suceden en acciones cuya negociación generalmente crea trazos "sólidos". Estas formas de brechas importantes son de cuatro tipos: *a)* brechas comunes o de área, *b)* brechas de rompimiento, *c)* brechas de continuación o de huida y *d)* brechas de agotamiento.

Brechas comunes o de área

Las brechas comunes tienden a ocurrir en la zona central dentro de un área de negociación (área de *trading*) o en un patrón de congestión de precios, tanto de continuación como de reversa, como se muestra en las figuras 11.1 y 11.2. Todos los patrones de precios que hemos estudiado, tienden a cursar con disminución progresiva del volumen. Como ya mencionamos, los patrones más consistentes (rectángulos y triángulos) tienden a concentrar su actividad en los límites superior e inferior del patrón, sus líneas de oferta y demanda, en tanto que el área interior es "tierra de nadie". Conociendo esto es fácil ver por qué aquí ocurren brechas.

Estas brechas quedan "cerradas" en pocos días, por razones obvias, ya que el movimiento mismo de los precios dentro del patrón las cierra, si bien, cuando ocurren al final del patrón, pueden quedar "abiertas"; pero, como ya vimos antes, eso no es problema ni tiene valor de predicción.

Estas brechas de área no tienen ninguna importancia como señales de pronóstico y su único interés es que permiten al analista identificar que un patrón de precios está en evolución (nota 11.3).

> **NOTA 11.3   BRECHAS DENTRO DE PATRONES DE PRECIO**
>
> Las brechas de área se forman más frecuentemente en patrones de consolidación que en los de reversa de tal forma que la aparición de varias brechas en un rectángulo o en un triángulo simétrico refuerza la expectativa normal de que será una consolidación más que una reversa.

Brechas de rompimiento

Estas brechas también aparecen en relación con patrones de precios, pero en este caso ocurren precisamente cuando los precios alcanzan el límite de la figura o patrón y se da el rompimiento o penetración, dejando un hueco en los precios junto al límite de la figura, dentro del cual no hay operaciones (figuras 9.3, 9.5; 11.1 y 11.2). Cualquier rompimiento fuera de un límite horizontal como el borde superior de un triángulo ascendente, puede dar lugar a una brecha. De hecho, como ya se mencionó, la mayoría de los rompimientos son así, pero no se ven porque ocurren dentro de un mismo día y no entre un día y el siguiente. Las brechas también ocurren en rompimientos de otros patrones, como cabeza y hombros, o al penetrarse líneas de tendencia, líneas de soporte o de resistencia (nota 11.4).

> **NOTA 11.4   CONFIRMACIÓN DE ROMPIMIENTOS MEDIANTE BRECHAS**
>
> Aunque una brecha de rompimiento refuerza la certeza del rompimiento mismo, no debemos olvidar que los rompimientos hacia arriba necesariamente deben darse con volumen para confirmarse, y no basta que esté presente la brecha para hacer la confirmación.

El interés de estas brechas es en primer lugar hacer notar que ha habido un rompimiento. Rompimientos falsos rara vez están relacionadas con brechas. En segundo lugar, la presencia de una brecha en el rompimiento pone en evidencia que la demanda (o la presión de venta en su caso) que produjo la brecha es mayor de lo que pudiera ser si no existiera dicha brecha. O sea, que puede inferirse que el movimiento subsiguiente será más rápido o más amplio (o ambos) si el rompimiento se da con brecha que de darse sin ella (nota 11.5).

> **NOTA 11.5   ROMPIMIENTOS CON BRECHA O SIN BRECHA**
>
> Sin embargo, este concepto no es absoluto y puede haber decepciones. A pesar de esto, si las demás condiciones son iguales, por ejemplo en el caso de acciones que formen un triángulo rectángulo, debe resultar más interesante una acción que tenga un rompimiento que deja brecha que una que haga el rompimiento sin dejar brecha.

Fuera de denotar que el movimiento trae bastante potencia, una brecha de rompimiento no tiene mayor valor de cálculo de objetivos o de pronóstico. En cuanto a si debemos esperar o no que la brecha "se cierre" antes de comprar, esto depende del volumen de intercambio ocurrido antes y después de la brecha. Si el volumen es alto antes de la brecha y es bajo después de ella y sigue bajo, hay 50% de probabilidades que los precios regresen al nivel anterior de la brecha y que ésta se cierre. Si por el contrario, el volumen es alto en el lado posterior a la brecha y sigue alto al irse alejando de ella, es muy poco probable que se cierre y, de ocurrir una rectificación, ésta casi siempre se detendrá en el límite posterior o delantero de la brecha (nota 11.6).

NOTA 11.6 BRECHAS COMO NIVEL DE SOPORTE O RESISTENCIA

Habitualmente, las brechas de rompimiento se hacen con volumen elevado; cuanto más elevado, tanto menos será probable que la brecha se cierre. Estos puntos representan un área de soporte importante; por tanto, si hay un regreso después de una brecha al alza, como se indicó antes, éste llegará hasta el nivel superior de la brecha. De hecho, si la brecha llegara a cerrarse completamente y los precios regresaran a un nivel dentro del área de precios supuestamente rota, esto sería indicativo de un probable "aborto" de la penetración. De la misma forma, las brechas de rompimiento hacia abajo representan un área de resistencia importante y los *pullbacks* generalmente se detendrán en el nivel inferior de la brecha, antes de "cerrarla".

Brechas de continuación o de huida

Las *brechas de huida* son menos frecuentes que las de área o las de rompimiento. Son más importantes porque tienen una implicación de la extensión probable del movimiento del que forman parte y por ello se ha dado por llamarlas *brechas de medida*. Estas brechas, al igual que las de agotamiento que veremos adelante, no están relacionadas con patrones o congestión de precios sino que ocurren en el curso de rápidos avances o retrocesos de los precios, en movimientos verticales prácticamente rectilíneos de la siguiente manera: cuando hay un movimiento dinámico después de un área de acumulación, la subida de precios parece tomar fuerza, acelerarse por algunos días, después pierde *momento* conforme aumenta la oferta. El volumen de negociación también salta a un pico en el rompimiento inicial, tiende a nivelarse un poco y, después, hay una nueva elevación hasta que finalmente disminuye rápidamente hasta casi desaparecer.

Esta etapa en que el volumen cae rápidamente y los precios frenan su veloz ascenso, en general ocurre a la mitad del punto de rompimiento que inició el movimiento y la altura máxima que alcanzará el día en que revierta la tendencia o aparezca un patrón de congestión. En este punto puede formarse una brecha que permite medir la distancia final que se va a recorrer precisamente porque marca la mitad del camino (figura 11.1 señalamiento #3).

En otras palabras, cuando hay una subida rápida, casi vertical, y en un punto dado cae el volumen y se forma una brecha, hay altas probabilidades de predecir que los precios irán otro tanto más allá de la brecha como la distancia recorrida desde el inicio del movimiento hasta ella (nota 11.7).

> **NOTA 11.7   CÁLCULO DE OBJETIVO EN BRECHAS DE CONTINUACIÓN**
>
> El objetivo final del movimiento que sigue a la brecha se calcula midiendo la distancia que separa el punto en que inicia el movimiento rápido que precede a la brecha hasta ella. Esto es particularmente correcto cuando se usa escala semilogarítmica, tanto calculando hacia arriba en movimientos alcistas como hacia abajo en movimientos descendentes.

Estas brechas son fáciles de identificar retrospectivamente; pero lo importante, aunque difícil, es verlas cuando están sucediendo. Desde luego que no pueden confundirse con brechas de área o de rompimiento, pero sí con *brechas de agotamiento*, como veremos más adelante. De hecho, cualquier brecha que se presente durante un movimiento rápido después de que los precios se han alejado de un área de consolidación puede ser una brecha de huida. Sin embargo es muy importante distinguirla de una brecha de agotamiento. Generalmente, el precio y el volumen del día posterior a la brecha permite hacer el diagnóstico correcto entre las dos situaciones (nota 11.8).

> **NOTA 11.8   BRECHAS SUCESIVAS**
>
> Hay veces en que aparecen dos y tres brechas de huida sucesivas. Son muy raras y casi nunca ocurren en acciones con mucho movimiento, pero pueden ocurrir en subidas muy marcadas de acciones ligeras. En estos casos, es difícil decidir a cuál de ellas le asignaremos el punto medio para fines de pronóstico. El punto medio deberá ser aquel en que los precios se mueven más ágilmente en relación con el número de transacciones. Si hay dos brechas en una subida, el punto medio generalmente estará ubicado en un punto intermedio, en aquella zona en que sea más "ligero" el movimiento. Al mismo tiempo, hay que recordar que cada brecha sucesiva nos lleva necesariamente más cerca del punto de agotamiento. En estos casos se debe ser conservador y no esperar demasiado de segundas o terceras brechas.

Brechas de agotamiento

Las brechas de agotamiento ocurren al final de una carrera de precios (figuras 9.5 señalamiento B4, y 11.2 señalamiento #2). Este tipo de brecha es difícil de distinguir de una de huida. La brecha de agotamiento está relacionada con avances o caídas rápidas. Suceden justo entre el penúltimo y el último día de un avance rápido y, antes de que aparezcan señales de debilitamiento en el movimiento, súbitamente se pierde "toda la presión de vapor" e inmediatamente después de la brecha viene el último esfuerzo de un solo día antes de comenzar la caída.

Si la actividad (el volumen) sube a niveles extraordinarios el día después de la brecha, y sobre todo si el nivel de negociación destaca sobre el nivel medio logrado durante la tendencia que antecede a la brecha, lo más probable es que sea una brecha de agotamiento. Esta hipótesis se torna en certeza si el día que sigue a la brecha se transforma en

DESC B. OTRAS FORMAS DE BRECHAS

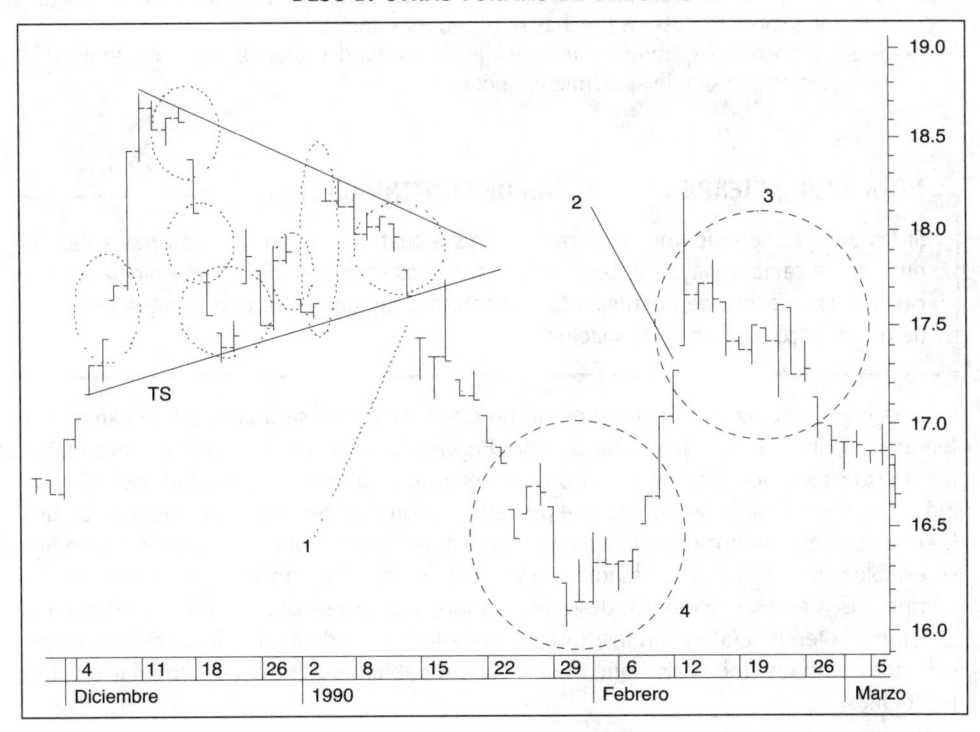

Figura 11.2 En este gráfico se identifica un triángulo simétrico (TS) en el que existen ocho brechas comunes o de área señaladas con los círculos de línea punteada. Al romper el triángulo se deja una brecha de rompimiento señalada con el #1. Con el #2 se señala una brecha de agotamiento que eventualmente da lugar a una reversa en isla señalada con el círculo #3. El círculo señalado con el #4 muestra otra reversa en isla.

una "reversa de un día" (*véase* el capítulo 10, Patrones secundarios), donde el precio de cierre se registre cerca del borde de la brecha apenas formada.

Otros datos del gráfico que nos permiten distinguir las brechas de huida de las de agotamiento son los siguientes:

— Si se ha cumplido el objetivo calculado en función de la formación de congestión previa, lo más probable es que sea una brecha de agotamiento.
— Si falta mucho para que se alcance un objetivo, la brecha, muy probablemente, será de huida.
— Una brecha de agotamiento rara vez es la primer brecha durante una carrera, casi siempre hay una brecha de huida antes de la de agotamiento.
— La primera brecha que aparece en el curso de una subida rápida, más probablemente, es de huida.

— Cuando hay varias brechas, cada brecha sucesiva será, más probablemente, de agotamiento, sobre todo si las brechas se hacen más anchas.
— Si el volumen es extraordinariamente elevado el día después de la brecha, lo más probable es que sea de agotamiento (nota 11.9).

> **NOTA 11.9   CIERRE DE BRECHAS DE CONTINUACIÓN**
>
> Si las brechas de huida no se cierran en tres a cuatro días, no lo harán hasta después de un cambio mayor de tendencia o al menos de proporciones intermedias; en cambio, las brechas de agotamiento son cerradas rápidamente, casi siempre dentro de dos a cinco días de su formación.

Una brecha de agotamiento como tal no debe considerarse una señal de cambio de tendencia primaria, ni siquiera de reversa. Representa una señal de "Alto", pero en general esto es seguido por algún patrón de área que a su vez dará la señal de continuación o de reversa de la tendencia que preceda a la brecha. Sin embargo, después de una brecha de agotamiento suele haber suficiente retraso o una reacción menor antes de que se establezca una nueva tendencia, y esto justifica que se cancelen de inmediato los compromisos en esas acciones; después de todo, siempre se puede volver a comprar si se retoma la tendencia previa. Insistimos en que la brecha de agotamiento debe ser considerada como un "foco rojo" que indica que probablemente se deben liquidar o cubrir posiciones.

Reversa en isla

Podemos describir a la *reversa en isla* como un complejo de señales formado por tres elementos: 1) una brecha de agotamiento localizada al final de un movimiento que generalmente es rápido, 2) un rango compacto de negociación de varios días seguido por 3) una brecha de rompimiento que a su vez da lugar a un movimiento de precios en dirección opuesta, que también suele ser rápido (figura 11.1 señalamiento #4).

En la reversa en isla, ambas brechas, la de agotamiento y la de rompimiento, ocurren aproximadamente al mismo nivel de precios, de tal manera que toda la formación destaca como una isla en el gráfico, separada del resto del trazo por las dos brechas.

El rango de negociación al que nos referimos (la isla propiamente tal) puede ser de un solo día, en cuyo caso se constituye como una *reversa de un día en isla*, o puede tomar varios días o una semana o más, de fluctuaciones menores en una zona compacta que de manera característica tiene volúmenes relativamente elevados.

En cualquier forma en que aparezca este patrón, representa que el avance menor previo será perdido, sea hacia abajo o hacia arriba. En general, una vez que aparece la primera brecha (la de agotamiento) el inversionista se deshace de las acciones, ya que es muy probable que, de no hacerlo, se pierda una buena parte de la utilidad lograda.

Este patrón no tiene significado mayor en cuanto a representar un techo o fondo de una tendencia con un movimiento posterior en contra y de larga duración; pero, como regla general, cuando aparece una isla hace que los precios tengan un retroceso completo del movimiento menor que les precede. Pueden aparecer dentro de un patrón de reversa, como el de CyH, donde suelen ocurrir en el vértice de la cabeza o de uno de los hombros.

… CAPÍTULO 12

INDICADORES

Se conoce como *indicadores* a una serie de modelos matemáticos y los gráficos que con ellos se trazan, que se generan al manipular los precios de las acciones, los volúmenes operados o las relaciones que existen entre ellos. El objetivo general de los indicadores es tener una manera de evaluar cuantitativamente lo que observamos en los movimientos de los precios y los volúmenes de las acciones a lo largo del tiempo. En otras palabras, mediante el empleo de los indicadores buscamos separar "el grano de la paja" en cuanto a los movimientos de precios, conocer "qué tanto es tantito" o distinguir una "señal" significativa, dentro del "ruido" que producen muchos fenómenos bursátiles simultáneos o secuenciales. Como muchos de los conceptos del análisis técnico, las señales que los indicadores generan están basadas en estimaciones estadísticas y de ninguna manera en propiedades adivinatorias, por lo que desde ahora prevenimos al lector de no caer en la tentación de sobreestimar dichas señales. Los indicadores no nos aportan certezas sobre el futuro, sólo probabilidades un poco más altas que las que habría que esperar de fenómenos azarosos.

Partiendo del hecho de que muchos de los eventos que suceden en los precios de las acciones son aleatorios y, por tanto, carentes de significado dentro de las tendencias importantes, y basados en el concepto de que los fenómenos bursátiles tienen un orden y una estructura interna que buscamos descubrir, los indicadores, al igual que las líneas de tendencia y los niveles de soporte y resistencia, nos ayudan a definir esa estructura. Así es posible pronosticar los límites probables de un desplazamiento en los precios.

Los indicadores también sirven para confirmar el significado de un evento lo antes posible, así como para valorar de manera cuantitativa la relevancia de un movimiento dado de los precios.

Es importante dejar claro que los indicadores no son instrumentos diseñados para definir por sí mismos, los momentos de entradas y salidas al mercado, como muchas veces se les quiere utilizar. Los indicadores tampoco anticipan lo que va a suceder en el futuro con los precios. Y aunque no sean instrumentos de oráculo, son muy valiosos para darle objetividad a la impresión que nos causan los fenómenos que observamos al dimensionarlos. Por tanto, nos permiten apoyar, sobre argumentos más sólidos, mucho de lo subjetivo que hay en la manera como percibimos los fenómenos del mercado.

Como cualquier instrumento, los indicadores tienen que emplearse en el uso para el que fueron diseñados, por tanto debemos conocer sus fortalezas y sus debilidades. Debemos aprender qué sí y qué no nos pueden indicar, aunque nos gustaría que lo hicieran. Muy especialmente, debemos aprender cuándo se debe utilizar cada uno de ellos y para qué, siendo su mayor debilidad que únicamente tienen utilidad en ciertas fases del mercado y no en otras (nota 12.1).

NOTA 12.1 INDICADORES COMO ANÁLISIS DE LABORATORIO: UN SÍMIL

Los indicadores son como los análisis de laboratorio que nos solicita el médico cuando busca confirmar un diagnóstico que sospecha, con base en los hallazgos que obtiene cuando le referimos una dolencia y después de habernos practicado un reconocimiento o exploración física. Para que los análisis sean útiles al enfermo, tienen que estar encaminados a confirmar un diagnóstico en particular, tienen que ser realizados en la forma adecuada y el resultado deberá ser interpretado de acuerdo con el contexto pertinente definido por las molestias del paciente y por la enfermedad que se sospecha. Solicitar por ejemplo una radiografía de abdomen cuando alguien se queja de dolor en el oído derecho, o solicitar un examen de orina para estudiar a un individuo que reporta la sensación de adormecimiento en un pie, difícilmente podrán dar luz al entendimiento del padecimiento y su curación.

Algunos indicadores (MACD, Balance de Volumen) tienen parámetros matemáticos fijos; por tanto, su aplicación está estandarizada. Otros (Promedios Móviles, Momento, RSI, ROC, Estocástico, Movimiento Dirigido) requieren que el analista seleccione uno o varios parámetros con base en los cuales se harán los cálculos para generar el indicador. Estos indicadores tienen parámetros típicos o más comunes; pero no hay garantía de que los parámetros que se usan con éxito en una emisora o en un momento dado sean igualmente adecuadas en un periodo distinto. En cada caso buscaremos orientar al lector sobre los parámetros que nos han dado mejores resultados.

En este capítulo trataremos los Promedios Móviles. En el capítulo 13 trataremos los osciladores, desde los más sencillos como el Momento, la Tasa de Cambio o *Rate of Change* (ROC) y el MACD hasta los más complejos como el Índice de Fuerza Relativa (RSI), el Estocástico de Lane y el %R de Williams. En el capítulo 14, describimos varios indicadores; la mediana y el precio ponderado, los indicadores relacionado con el volumen: el Balance de Volumen (*On Balance Volume*) y el Oscilador de Volumen de Chaikin, y también trataremos los indicadores de amplitud. Al final del capítulo 14 se comenta el concepto de Volatilidad. Por último, en el capítulo 15 revisaremos los sistemas de operación automática: el Movimiento Dirigido (*Directional Movement* o DM) el ADXR, el sistema parabólico y el sistema de columpio gráfico (nota 12.2).

> **NOTA 12.2 NECESIDAD DE SELECCIONAS SÓLO ALGUNOS INDICADORES**
>
> Se han diseñado un sinnúmero de indicadores y, desde luego, no vamos a estudiarlos todos. Muchos de ellos tienen funciones similares y no hay ventajas aparentes por utilizar uno u otro. Algunos dan la misma información pero con una presentación particular que para nosotros no representa ventajas. Otros más han sido omitidos simplemente porque en nuestra práctica no han dado ningún resultado positivo. Creemos que la muestra que ofrecemos es representativa de lo que puede utilizarse en forma productiva pero reconocemos que no pretende ser exhaustiva.

Un gran número de analistas ha diseñado su propio indicador. Generalmente, son variaciones de los indicadores convencionales, elaboradas con objeto de obtener alguna información particular que ninguno de los ya existentes ofrece por sí mismo. Nosotros no somos la excepción en este aspecto, por lo que al final del capítulo 14 comentaremos sobre el indicador que llamamos Oscilador-NSC, utilizado para identificar movimientos amplios del mercado en general (nota 12.3).

> **NOTA 12.3 INDICADORES, UN TEMA MUY AMPLIO**
>
> Al redactar los capítulos sobre indicadores, hemos tenido que tomar decisiones particularmente comprometedoras en cuanto al material que se presenta y lo que se omite, por razones de espacio primero y por la complejidad que el análisis matemático pudiera conllevar. Hemos tratado de incluir todo lo necesario para que el lector aprehenda el sentido de la información que el indicador aporta y desde luego la utilidad que tiene. Para un estudio más profundo sugerimos la lectura de las obras de J.W. Wilder, William F. Eng, y la *Encyclopedia* de Colby y Meyers referidas en la Bibliografía.

Promedios móviles

Un *promedio móvil* (PM) es una versión suavizada de los movimientos del precio de las acciones. En cierta forma, un PM minimiza la distorsión que ocasionan movimientos aleatorios o movimientos bruscos y exagerados en los precios, por lo cual nos da una impresión más clara de la verdadera tendencia en el movimiento del precio, de aquella que depende de una "estructura" interna y no sólo de un capricho transitorio del mercado.

El PM es el indicador más utilizado en análisis técnico. Pertenece al grupo de indicadores llamados "seguidores de tendencia". Su función principal es identificar las tendencias y confirmar, pero nunca pronosticar por adelantado, su inicio y terminación. Este indicador es prácticamente inútil cuando el mercado está en fase de *trading*.

El PM genera una línea que se traza directamente sobre el gráfico de precios. Esta línea sigue (no antecede) a los movimientos del precio, hacia arriba y hacia abajo, pero como dijimos antes, suavizándolos y creando una especie de retraso o amortiguamiento en los puntos en que el precio cambia de dirección. Los cambios de dirección en el PM no serán tan violentos como los de los precios, por tanto, el PM se mantendrá más cercano a la media del rango general de los precios dependiendo, desde luego, del periodo o número de periodos que se seleccionen para trazarlo (nota 12.4).

NOTA 12.4   MAGNITUD DEL MOVIMIENTO Y TIPO DE PROMEDIO MÓVIL

Desde el punto de vista de los movimientos primarios, secundarios y terciarios, con fines prácticos podemos decir —sin pretender ser categóricos— que los PM muy cortos (3 a 13 días) siguen a los movimientos terciarios, los PM de amplitud intermedia (20 a 100 días) siguen a los movimientos secundarios y los PM largos (144 o más días) siguen principalmente a los movimientos primarios.

Podemos describir al PM como una línea de tendencia flexible que se curva suavemente al ir acompañando a los cambios de tendencia de los precios. Y de la misma forma en que las penetraciones de las líneas de tendencia nos dan señales importantes para operar el mercado, la penetración de los promedios móviles por los precios, también nos da señales muy importantes, como describiremos adelante.

Como su nombre lo dice, el promedio móvil es un promedio de un grupo de datos que se generan en forma secuencial. Los PM pueden ser calculados para cualquier número entero de periodos (minutos, días o semanas). En su forma más simple, el promedio móvil resulta de sumar los precios de cierre de un número n de días y dividir la suma entre n. El dato obtenido se registra sobre el propio gráfico de precios en el último día del periodo. Cada nuevo día se obtiene de igual manera el nuevo promedio móvil de los últimos n periodos, agregándose el nuevo dato al nuevo cálculo y eliminándose el primer dato del cálculo anterior. Así, resulta una línea que se mueve por encima de los precios si éstos descienden (en tendencia a la baja), discurre por debajo de los precios cuando ascienden (en tendencia alcista), y es cruzada por los precios hacia arriba y hacia abajo, como entorchándose en él, cuando no hay una tendencia clara (en *trading*), como se muestra en la figura 12.1. Desde luego que cuando hay un cambio de tendencia, el promedio móvil será un auxiliar espléndido para confirmar este cambio ya que el precio cruzará de un lado al otro del PM y poco después el propio PM cambiará de dirección, lo cual nos dará señales para entrar o salir del mercado, como se verá en breve (nota 12.5).

NOTA 12.5   TIPOS DE PROMEDIOS MÓVILES

Hay tres tipos de promedios móviles, el simple, el exponencial y el ponderado. Además existen los promedios móviles adelantados, los cuales se desplazan algunos días por delante de la fecha última en que se calcula el promedio, como ya se mencionó. Aquí utilizamos los promedios móviles ponderados o los exponenciales, y salvo raras excepciones, no los adelantamos. La característica particular de los PM exponenciales y los ponderados es que se calculan dando un mayor peso a los datos más recientes y progresivamente menos peso conforme se alejan los datos hacia el pasado. Por ejemplo, para calcular el PM simple de ocho días, se suma el precio de cierre de los ocho días correspondientes y la suma se divide entre ocho. Para calcular el PM ponderado de ocho días, se multiplica el precio de cierre del último día por ocho, el del día anterior por siete, etcétera, hasta llegar al octavo día anterior (primero de la serie), el cual se multiplica por uno. Se suman todos estos valores, y el resultado se divide entre 36, que es la suma de todos los factores de ponderación (8 + 7 + 6 ... + 1 = 36). El cálculo del PM exponencial se basa en la utilización de una constante de suavidad (*SC,* de *smoothing constant*) que se calcula dividiendo 2 entre el número de días + 1. El PM exp. de hoy será igual al precio de cierre de ayer menos el PM exp. de ayer multiplicado por SC, y el resultado se suma al PM exp. de ayer. Ya que una de las variables que se requiere incluir en el cálculo es el PM exp. de ayer, es necesario correr el cálculo a partir de un precio de cierre anterior. El "periodo de estabilización", que así se llama al número de días necesarios para tener un PM exponencial válido, será igual al número de días con que se calculó el SC.

IPC. PROMEDIO MÓVIL PONDERADO

Figura 12.1 Gráfico del IPC en valores reales con un promedio móvil ponderado de 200 días (PM) donde se muestra la relación entre el valor del índice y el PM. En tendencia alcista el PM va por abajo del índice; en tendencia bajista el PM va por arriba y en *trading* el PM y el índice se entrecruzan continuamente.

Uso de los promedios móviles

Esta herramienta sirve para identificar una tendencia poco después de que comienza, para seguirla durante su desarrollo y para identificar su final poco después de que éste ocurra. Por tanto, nos puede dar tres tipos de señal: *a)* el comienzo de una nueva tendencia, *b)* la confirmación de que la tendencia continúa, y *c)* el final de la tendencia (nota 12.6).

NOTA 12.6 ¿CUÁNDO SON ÚTILES LOS PROMEDIOS MÓVILES?

Como se dijo antes, los promedios móviles no son instrumentos útiles en periodos de *trading,* o movimientos laterales del mercado; por tanto, tampoco tienen utilidad mientras se está desarrollando un patrón de precios de reversa o de continuación. De la misma manera adelantamos que los osciladores son relativamente inútiles en periodos de tendencia, sobre todo al principio de una nueva tendencia y durante la parte media de su vida; sin embargo, al final de las tendencias y durante los periodos de *trading* los osciladores son excelentes instrumentos para orientar la operación.

Lo antes dicho nos lleva automáticamente a la cuestión de ¿qué periodo calcular o qué promedio móvil utilizar? La respuesta lógicamente dependerá de la magnitud del movimiento con tendencia que queramos identificar. Resulta entonces evidente que no hay un periodo correcto o conveniente para trazar el PM, sino que la conveniencia dependerá de la dimensión del movimiento que queremos operar. Si es un movimiento primario, tendremos que utilizar un PM de más de 144 días, siendo bastante popular utilizar el de 200 días o aun el de 100 semanas. Si queremos operar un movimiento secundario, será conveniente utilizar un PM entre 20 y 100 días, siendo común utilizar 50 o 60 días. Para seguir movimientos terciarios deberán utilizarse PM muy cortos, entre 5 y 18 días, y 8 días vendría siendo la figura típica para ello. Un PM demasiado corto es sumamente sensible y dará más señales en falso. Un PM demasiado largo dará las señales muy tarde y aunque se pueda estar seguro de un cambio de tendencia, se habrá perdido una oportunidad productiva.

Una vez trazado el o los promedios móviles deseados se buscarán los tres tipos de señales ya anotadas, lo cual dependerá de la relación del gráfico de precios con el promedio móvil, como fue el caso con las señales que derivan de las líneas de tendencia estudiadas en el capítulo 5.

Reglas de penetración de los promedios móviles

Como en el caso de las líneas de tendencia, para entender las señales derivadas de los promedios móviles deberán seguirse reglas que aumentan la certidumbre de las penetraciones o cruces entre el gráfico de precios y el o los promedios móviles (nota 12.7).

NOTA 12.7 PROMEDIOS MÓVILES. PENETRACIÓN PREMATURA Y EN FALSO

Como la penetración de las líneas de tendencia o de los límites de las formaciones o patrones de continuación y reversa, los promedios móviles pueden ser penetrados "en falso" o en forma "prematura".

Las principales reglas son las siguientes:

1. Cuantas más veces es tocado y respetado un promedio móvil, tanto mayor significado tendrá su penetración. En general, cuanto más largo es el periodo elegido para trazar un PM, tanto más significativa será la señal de penetración.

2. Si la penetración de un PM ocurre mientras el PM aún sigue la dirección de la tendencia anterior de los precios, esta situación debe verse como una advertencia preliminar de que se pudiera estar llevando a cabo una reversa de tendencia. La señal se considera confirmada si el PM adopta la horizontal o definitivamente cambia él mismo de dirección después de haber sido penetrado por el precio. Si el PM ya está en posición horizontal al ser penetrado o si ya cambió de dirección en contra de la anterior, su penetración es prueba bastante concluyente de que la tendencia previa ha cambiado (nota 12.8).

NOTA 12.8 CAMBIO DE TENDENCIA NO EQUIVALE A TENDENCIA OPUESTA

Esto no quiere decir que a partir de ese momento ya se está en una tendencia opuesta pues, por ejemplo, un alza pudiera terminar para dar lugar a un periodo lateral o de *trading* y no necesariamente para seguir una baja.

3. Los regresos o cambios en la dirección de la línea del PM son más confiables como señal de nueva tendencia que los cruzamientos o penetraciones hechos por el precio de la acción sobre el PM.

4. Cuando un cambio de dirección del PM coincida o esté muy cercano a un cambio de dirección del mercado, se considerará como una señal muy poderosa y confiable. No obstante, en muchas ocasiones el cambio de dirección de un PM generalmente se da bastante después del cambio de dirección del mercado, en cuyo caso la señal derivada del PM sólo es útil para confirmar el cambio de tendencia que por otro lado ha sido ya evidente en el propio precio.

5. Una penetración del PM por el precio de cierre es más importante que una penetración intradía que no se mantiene al cierre. De igual forma, una penetración es más confiable si se mantiene después del cierre del segundo día que del primero, y aún más si todos los precios manejados durante el segundo día son del lado de la penetración.

6. Tratándose de promedios móviles de corto plazo, se requiere un mínimo de 1% de penetración para darla por buena. En los PM de largo plazo se requiere una penetración de hasta 3% para que la señal sea más confiable.
7. La penetración de un PM junto con la de una línea de tendencia aumenta la probabilidad de la validez de dicha penetración.

Promedio móvil óptimo

Optimizar un promedio móvil consiste en hacer múltiples pruebas con diferentes promedios móviles y evaluar cuál de ellos sería más productivo si se hubieran seguido "indiscriminadamente" las señales de entrada y salida que generó en un periodo dado del pasado. Básicamente, existe el concepto de que para cada acción y en distinto momento, un diferente promedio móvil o una combinación específica de ellos (véase más adelante uso de dos o tres promedios móviles) dará un resultado óptimo. Uno de los problemas que impiden que este concepto sea realmente aplicable es la necesidad de optimizar con cierta regularidad, ya que las condiciones cambiantes del mercado causarán que cambie la combinación óptima de PM que se requiere. No todos los analistas están de acuerdo con la importancia de optimizar. Algunos creen que todo el asunto de la optimización consiste en ajustar hacia el pasado los parámetros del PM para que se "comporte" de manera óptima ¡en el pasado!, no en el futuro, que sería lo interesante. Además los números obtenidos (la productividad hipotética que se hubiera alcanzado en el pasado) nunca son probados en la vida real pues nadie seguirá "indiscriminadamente" (ni deberá hacerlo), todas las señales derivadas de los cruces. Creemos que no es recomendable optimizar los promedios móviles; en cambio, hemos observado que cuando se descubre un PM que con precisión está marcando los niveles de soporte o resistencia en un momento dado, deberán tenerse muy en cuenta las señales que genere, como ya se mencionó al final del capítulo 6, Soporte y resistencia.

¿Cuál es el mejor tipo de promedio móvil?

Distintos estudios han alabado las virtudes de los tres diferentes tipos de PM (simple, ponderado y exponencial) y han mencionado las ventajas de usar uno, dos o tres PM. Algunos autores proponen no desplazar o adelantar el PM obtenido, y otros abogan por adelantarlo tres a cinco días. Incluso últimamente se han diseñado mecanismos para disminuir el retraso natural que los PM sufren con respecto de la línea de precios. No obstante, es precisamente su flexibilidad lo que hace difícil escoger cuál o cuáles utilizar. Hay que hacer pruebas e ir eligiendo. La virtud que sin duda tienen todos los PM es que como dan señales para operar en favor de la tendencia, permiten que las ganancias sigan llegando mientras la tendencia persista y evitan pérdidas crecientes si la tendencia cambia. El asunto importante es que las ventajas del uso de los PM se obtendrán únicamente si se siguen de manera disciplinada las señales de compra y venta en el contexto apropiado. Queremos insistir en que como cualquier sistema que opera siguiendo la tendencia, los PM dan señales adecuadas en mercados con tendencia clara, pero producen muchas entradas y salidas en falso en mercados de *trading* o laterales, esto puede presentarse una buena parte del tiempo.

Operación con promedios móviles

A continuación proponemos algunos lineamientos que pueden ayudarnos a operar el mercado apoyándonos en los promedios móviles. No es un método que pretenda sustituir el análisis técnico formal, sino que es sólo la parte del desarrollo de una estrategia de inversión que partiendo del análisis se apoya en los PM en el momento apropiado, esto es, cuando el mercado está en tendencia.

Tendencias alcistas

a) Después de un movimiento lateral o de un descenso, cuando la línea de precios intersecta la del promedio móvil de abajo hacia arriba, activa una señal de compra. Esto se confirmará si después de la penetración el precio regresa hasta el promedio móvil (sin penetrarlo de regreso) y recupera la tendencia ascendente, a la manera de un *pullback*. La señal será más cierta cuando el promedio móvil adopte también la tendencia alcista (figura 12.2).

ÍNDICE NASDAQ. SEÑALES GENERADAS POR EL PROMEDIO MÓVIL

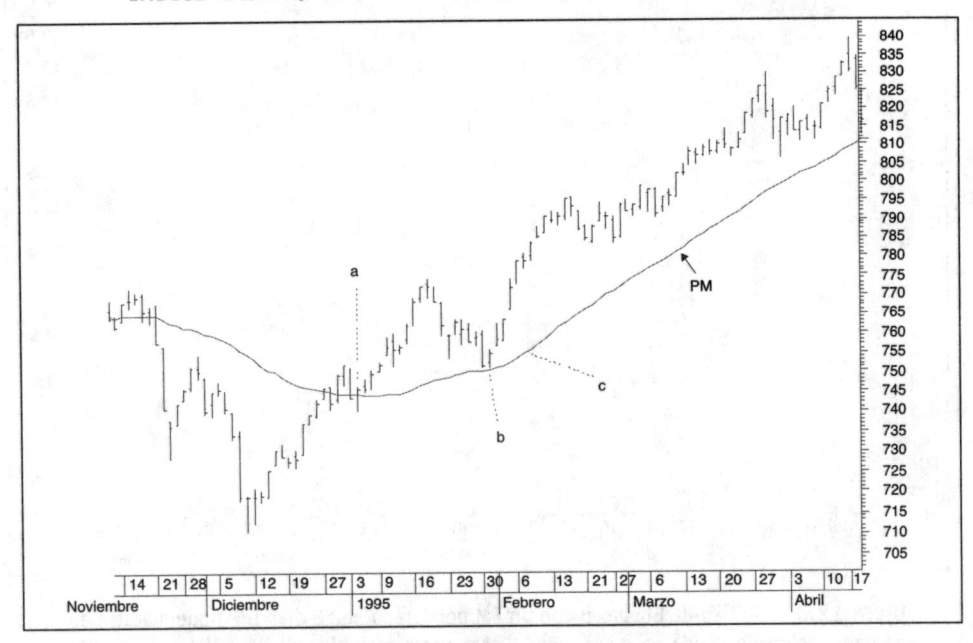

Figura 12.2 Gráfico del Nasdaq con un PM ponderado de 55 días (PM) que muestra los tres tiempos de una señal de entrada. En "a" el índice cruza de abajo hacia arriba al PM mientras éste continúa descendiendo. En "b" hay un *pullback* del índice sobre su promedio móvil. En "c" el propio PM cambia de tendencia conforme el índice retoma el alza.

b) Las posturas en largo deberán mantenerse mientras el precio conserve la tendencia ascendente desplazándose por encima del promedio móvil, mientras éste a su vez conserve la tendencia. Cuando la línea de precios alcance un techo y se regrese hacia abajo, la penetración del promedio móvil (de arriba hacia abajo) será señal de venta que se confirmará cuando el propio promedio móvil cambie su tendencia hacia abajo (figura 12.3).

c) Cuando la línea de precios se aleja por encima de un PM de plazo medio o amplio (por ejemplo, 100 a 200 días) y bruscamente cae hacia el PM y sin penetrarlo retorna al alza, es señal de compra (figura 12.4).

d) Cuando la línea de precios cae por debajo de la línea de PM mientras ésta aún sube, puede ser una señal de compra o advertir de un posible cambio de tendencia. Deberá considerarse disminuir posiciones mientras se aclara la situación. Será una nueva señal de compra si la penetración del PM de regreso

BBVPRO B. PENETRACIÓN DE UN PROMEDIO MÓVIL

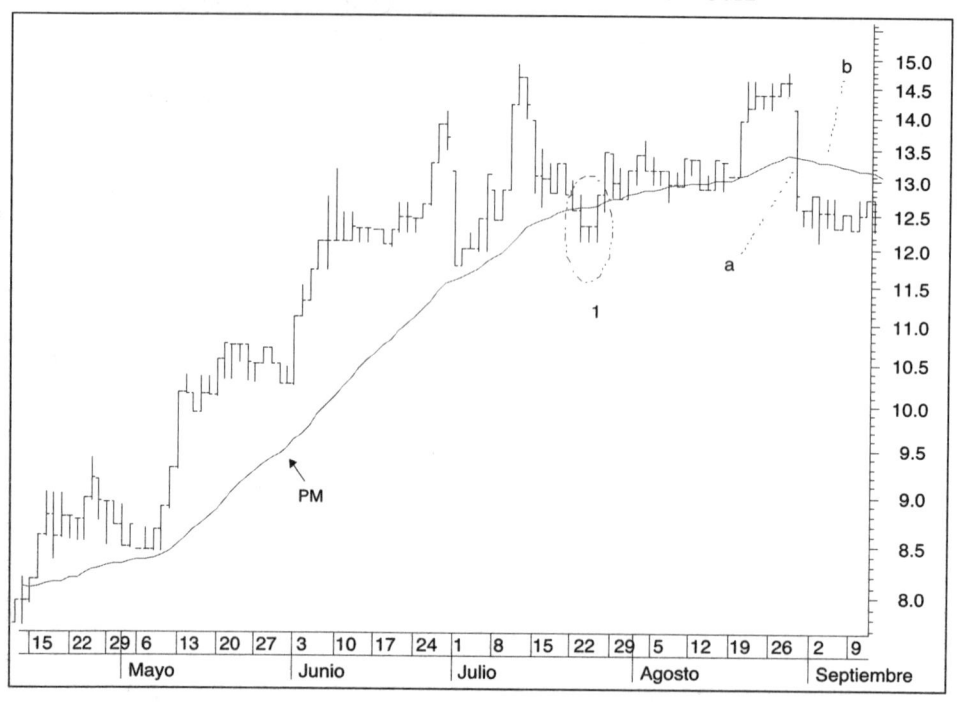

Figura 12.3 Gráfico de Bbvpro-B con un PM ponderado de 50 días (PM) que muestra en el #1 una penetración no válida ya que no da el porcentaje requerido de 3%. Al tercer día el precio nuevamente regresa a su posición sobre el PM sin que éste haya cambiado de tendencia. Por el contrario, en "a" se señala una penetración de más de 3% seguida por un cambio de tendencia ("b") del propio PM, lo que constituye una señal completa de cambio de tendencia.

Capítulo 12   Indicadores   **185**

BANACCI O. PUNTOS DE RECOMPRA GENERADOS POR UN PROMEDIO MÓVIL

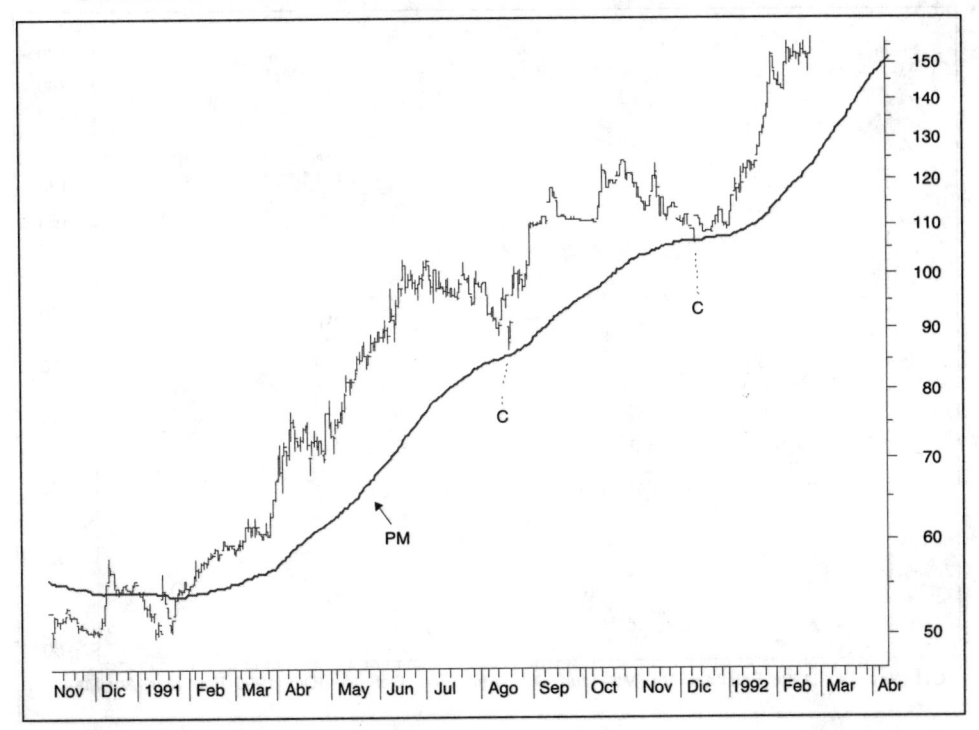

Figura 12.4   Gráfico de Banacci-O con PM exponencial de 100 días (PM) que muestra dos puntos de recompra ("C") señalados cuando el precio de la acción regresa al PM y "rebota" en él sin penetrarlo.

(hacia arriba) se da sin que el propio PM hubiera perdido la tendencia alcista. Si el PM cambia la tendencia ascendente, sea por descendente o por horizontal, deberán cerrarse las posiciones en largo pues en el mejor de los casos se estará entrando en periodo de *trading* en cuyo caso no deberá operarse por promedios móviles (figura 12.5).

e) Cuando la línea de precios desarrolla un patrón de precios (doble o triple techo, cabeza y hombros o triángulo simétrico, por ejemplo) antes de penetrar el PM, si la penetración del PM coincide o está próxima a la penetración del límite del propio patrón de precios, será una señal imperiosa de cancelar posiciones en largo (figura 12.6).

Tendencias a la baja

a) Después de un movimiento lateral o de un ascenso, cuando la línea de precios penetra al promedio móvil de arriba abajo, activa una señal de venta. La

186 Invierta con éxito en la bolsa de valores

GMÉXICO B. SEÑALES DE PROMEDIOS MÓVILES

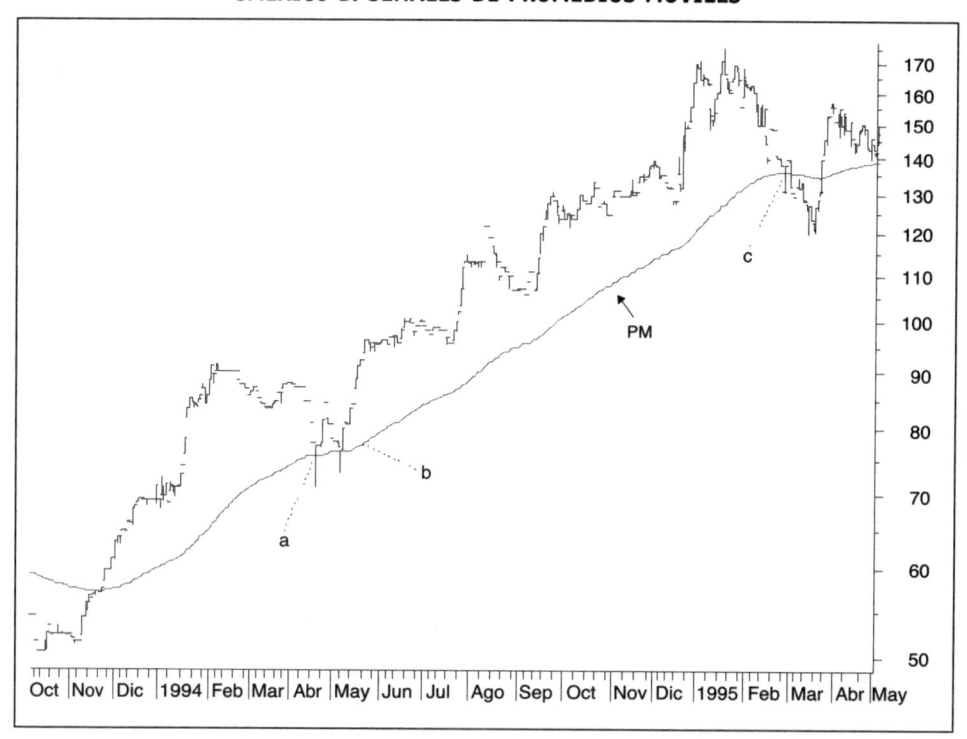

Figura 12.5 Gráfico de Gméxico-B con PM exponencial de 144 días (PM) que muestra en "a" una penetración del precio de la acción sobre el promedio móvil. Esto puede ser señal de venta o de probable nueva compra. En este caso particular no es de venta ya que la penetración únicamente fue intradía además de que el PM no cambió su tendencia alcista. La señal de recompra se confirma en "b" cuando el precio de la emisora vuelve a su tendencia alcista. En "c" deberán cancelarse las posiciones en largo ya que el precio ha penetrado el PM además de que el propio PM ha dejado la tendencia alcista y adopta una posición descendente.

señal se confirmará si después de la penetración el precio regresa hasta el promedio móvil y sin penetrarlo de regreso recupera la tendencia descendente haciendo un *pullback*. La señal dará más certeza si el promedio móvil ha adoptado también la tendencia a la baja (figura 12.7).

b) Las posturas en corto deberán mantenerse en tanto que el precio conserve la tendencia descendente desplazándose por debajo del promedio móvil, el cual a su vez conservará la tendencia descendente. Cuando la línea de precios alcance un fondo y regrese hacia arriba, la penetración del promedio móvil de abajo arriba será una señal de compra para cubrir cortos, que se confirma cuando el propio promedio móvil cambia su tendencia hacia arriba.

ÍNDICE BANAMEX. PENETRACIÓN DE UN PM Y DE UN SOPORTE

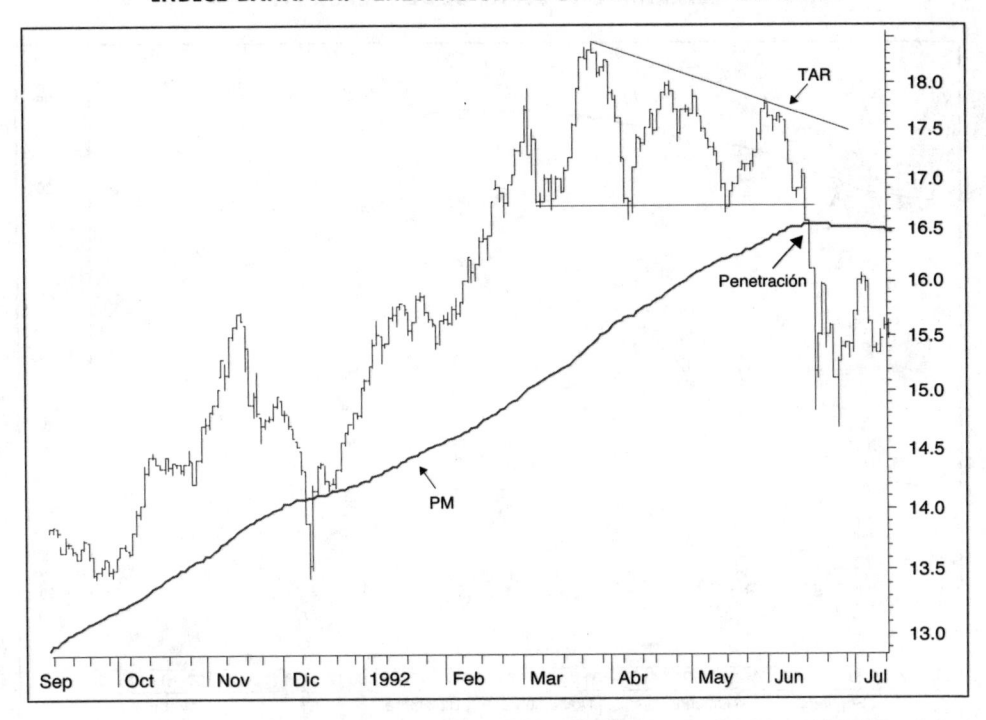

Figura 12.6 Gráfico del índice Banamex de la Bolsa Mexicana de Valores en términos reales con PM ponderado de 200 días (PM) que muestra cómo el precio de la acción desarrolla un triángulo de ángulo recto descendente (TAR) que se completa simultáneamente con la penetración del promedio móvil (Penetración) lo cual es una señal definitiva de venta. Nótese que en el momento de la penetración también cambia la tendencia del PM de ascendente a horizontal.

c) Cuando el precio de la acción que se está desplazando por debajo de la línea del PM se mueve (asciende) hacia la línea pero sin llegar a penetrarla se vuelve a alejar hacia abajo, es señal de venta. En caso de que la penetre, será una probable indicación de final de tendencia que se confirmará si el promedio móvil cambia también de tendencia. Si el PM no cambia de tendencia (sigue a la baja) y el precio retorna a la baja, será una nueva señal de venta, sobre todo si es un PM de periodo medio o largo (figura 12.8).

d) Ocasionalmente, la penetración de la línea de un PM puede ocurrir en proximidad con la penetración de una línea de tendencia; entonces, de acuerdo con la dirección de dicha penetración y líneas, será una señal de comprar o de vender.

Si la línea de precios sube muy rápidamente por encima del PM también ascendente, debe esperarse una reacción de corto plazo; pudiera ser una trampa de sube y baja si la tendencia de baja se cambia por un *trading*.

Invierta con éxito en la bolsa de valores

ELEKTRA CPO. SEÑAL DE VENTA POR PM

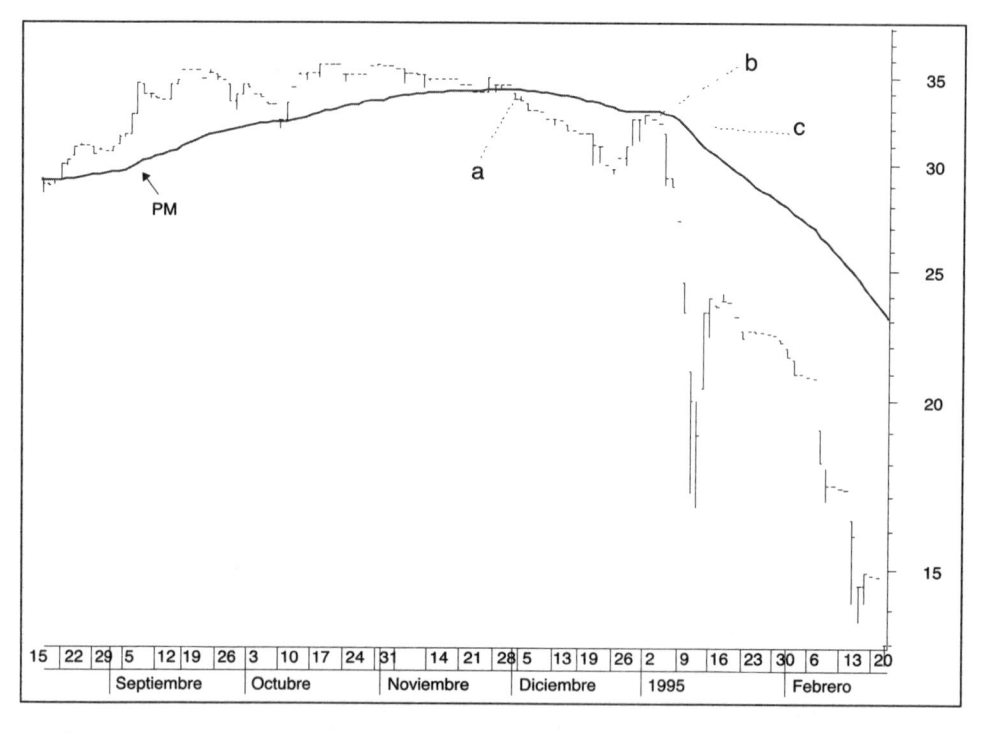

Figura 12.7 Gráfico de Elektra-CPO con PM exponencial de 55 días (PM) que muestra las etapas de señalamiento de salida de una posición en largo con base en un PM. En "a" el precio cruza al PM pero éste aún sigue ascendiendo. En "b" hay un *pullback* del precio sobre el PM. En "c" el precio retoma la tendencia a la baja y el PM también cambia su tendencia hacia abajo. Como puede verse en el ejemplo, ésta es una secuencia de señales que no debe tomarse a la ligera ya que puede tener consecuencias importantes.

Movimientos horizontales, diagonales o laterales

Si las fluctuaciones son amplias en comparación con la duración o amplitud del PM utilizado, el precio oscilará hacia arriba y hacia abajo del promedio móvil. De acuerdo con su carácter y propósito, el PM se moverá en forma lateral, suavizada (figura 12.9).

Los patrones de área pueden ser un tropiezo para los promedios móviles. Normalmente los promedios móviles oscilarán en el centro de estas áreas produciendo señales de compra y venta en rápida sucesión y por demás en forma improductiva. En estos patrones nunca se sabe cuál penetración es la que anuncia la continuación de una tendencia o la confirmación de una reversa. Para aclarar esto, habrá que buscar qué penetración del PM coincide con la penetración de una línea que delimita la formación (línea de cuello, límite de un triángulo o rectángulo, etcétera) para darle validez.

COMERCI UBC. SEÑAL DE COMPRA INCOMPLETA

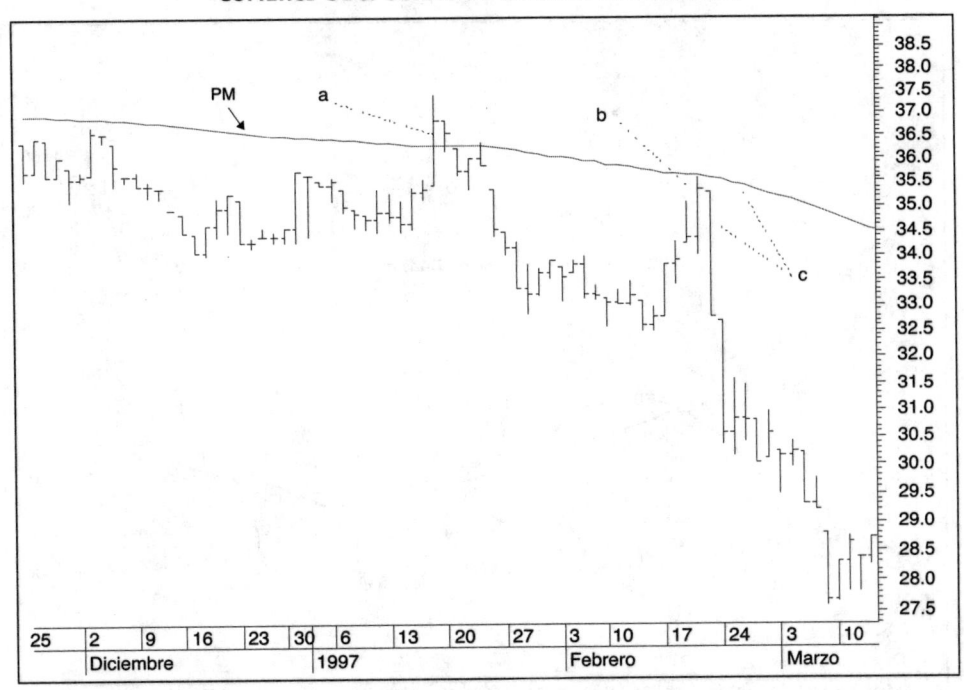

Figura 12.8 Gráfico de Comerci-UBC con PM exponencial de 144 días (PM) que muestra en "a" una penetración del PM por el precio que persiste al cierre pero que no constituye una señal de compra completa ya que no se acompañar de cambio de tendencia en el PM pues éste sigue a la baja. En "b" una aproximación del precio, desde abajo, hasta el PM que tampoco es señal de compra. En "c" tanto el precio como el PM retoman la tendencia a la baja integrándose una nueva señal de venta completa.

Brechas

Con cierta frecuencia los PM serán penetrados en proximidad con las brechas de rompimiento, particularmente al inicio de una tendencia importante, y también en los casos en que las brechas de rompimiento ocurran al inicio de fases de corrección (figura 12.9). El que la brecha se produzca en el mismo punto que la penetración del PM le da gran validez a dicha penetración.

Uso de dos promedios móviles

Cuando se emplean dos promedios móviles, el más largo se utilizará para identificar la tendencia y el corto para indicar el momento de entrar o salir en una operación. De hecho, es la interacción de los dos promedios y el precio lo que da las señales para operar, como se muestra adelante.

INTEL. PM EN PERIODO DE TRADING

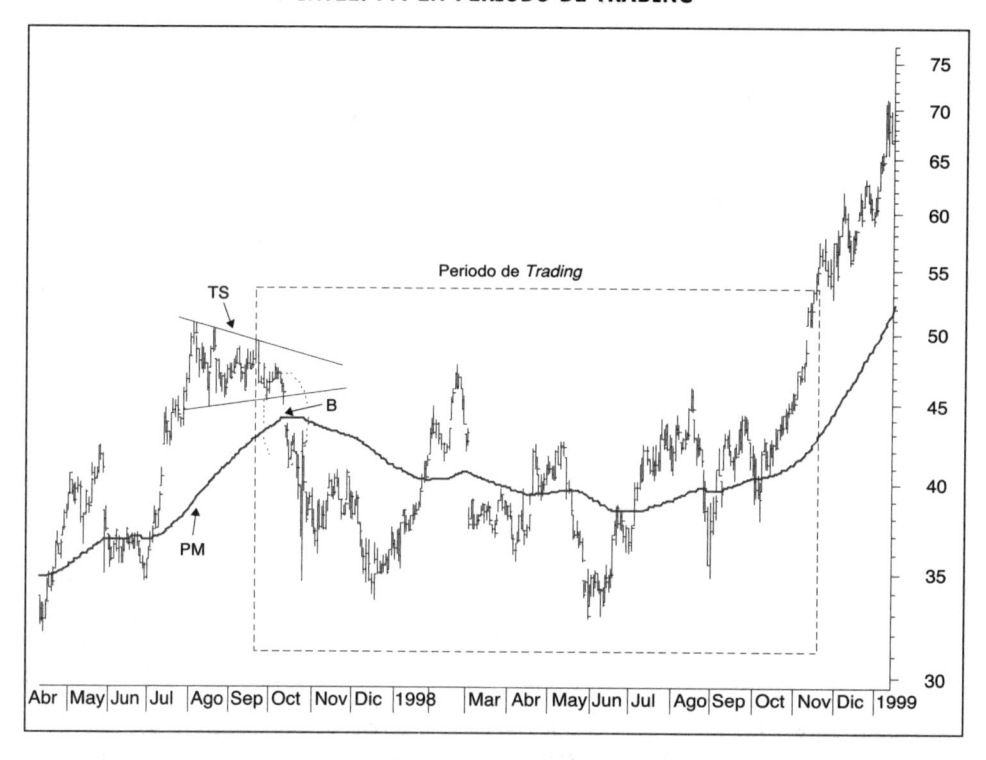

Figura 12.9 Gráfico de Intel con PM ponderado de 144 días (PM) que muestra en el recuadro un periodo de *trading* durante el cual el precio fluctúa de arriba hacia abajo y de regreso hacia arriba del PM. En el extremo izquierdo del recuadro se muestra cómo la tendencia alcista anterior termina con la formación de un triángulo simétrico (TS) seguida por una brecha (B) que coincide con la penetración del PM, lo que refuerza la señal de venta.

Suele utilizarse como PM de corto plazo el de 3 a 18 días y como PM de largo plazo uno de 30 a 100 días. Son muy utilizadas la combinación de 4 contra 28 días y la de 10 contra 40.

Hay dos sistemas para utilizar dos promedios móviles. El primero es el llamado método de doble cruzamiento. En este caso la señal de compra se produce cuando el promedio corto cruza por encima del promedio largo. Así mismo, la señal de venta o de venta en corto se produce cuando el promedio corto se cruza hacia abajo del promedio largo. De acuerdo con esto, el sistema es continuo, lo que significa que siempre se está en el mercado, ya sea en corto o en largo (figura 12.10). La desventaja del método es que va un poco más atrasado, con relación al precio, que usando un solo promedio móvil. La ventaja es que así se evitan en buena medida las entradas y salidas en falso.

GCARSO A1. USO DE DOS PROMEDIOS MÓVILES

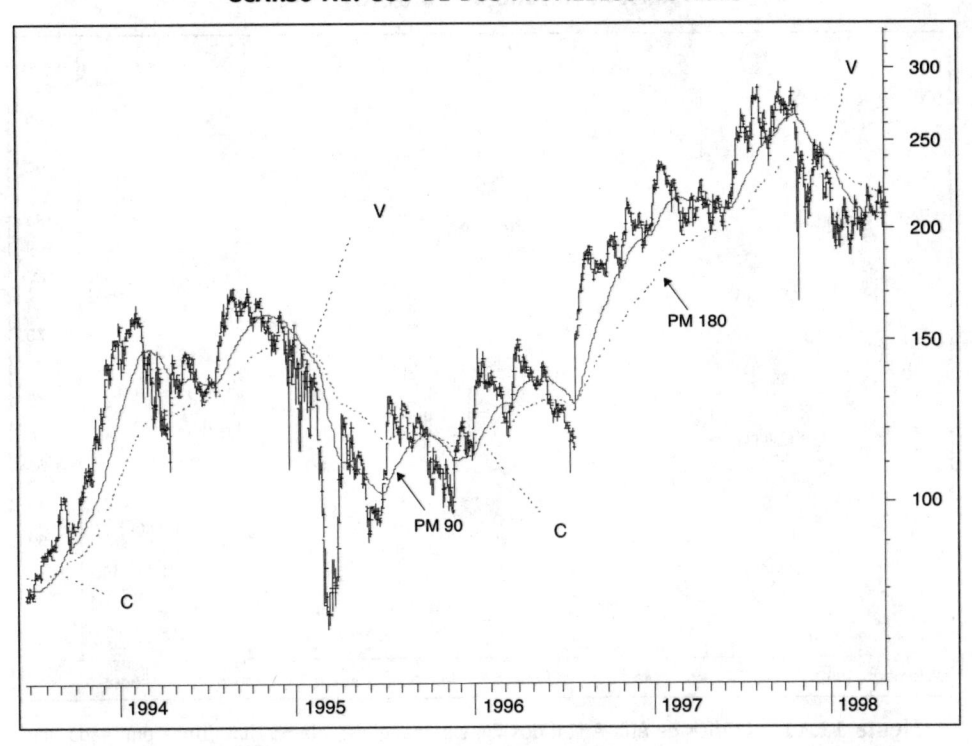

Figura 12.10 Gráfico de Gcarso A1 con dos PM ponderados, de 90 días (línea continua marcada PM90) y de 180 días (línea punteada marcada PM180). Se muestran las señales de compra ("C") y de venta ("V") de acuerdo con los cruces entre ambos promedios.

La segunda manera de utilizar dos promedios móviles es usarlos para delimitar una zona neutral, por así llamarla y diferenciarla de la zona de compra en largo y de la zona de venta en corto. Para tener una señal de compra se requiere un precio que cierre por encima de los dos promedios móviles. La postura se cancela si los precios (al cierre) regresan a la zona comprendida entre ambos promedios. Por el contrario, la señal de venta en corto será cuando el precio cierre por debajo de ambos promedios móviles. El corto se cubrirá cuando el precio regrese a la zona neutral. Como puede verse, en este sistema no siempre se está en el mercado (figura 12.11).

Otra de las formas de utilizar dos promedios móviles, más analítica que operativa, es cuando se busca identificar cambios de tendencia. Para identificar cambios en la tendencia primaria son buenos los cruces de PM de 10 semanas con el de 30 semanas. La primera señal de advertencia se obtiene cuando el PM de 10 semanas se desplaza hacia abajo del de 30 semanas. La confirmación se da cuando el propio PM de 30 semanas cambia su tendencia y empieza a declinar.

ALFA A. MÉTODO DE ZONA NEUTRAL

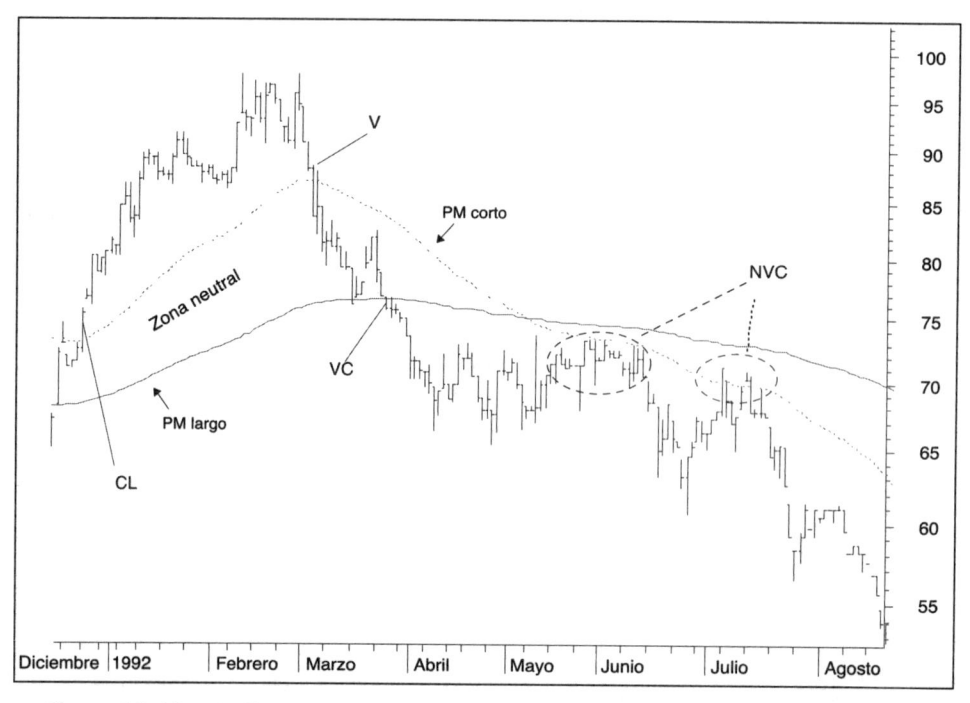

Figura 12.11 Gráfico de Alfa A con dos PM exponenciales, de 55 días (línea punteada marcada como PM corto) y de 200 días (línea continua marcada como PM largo). Se muestra la señal de compra en largo (CL), la señal de venta (V) y la señal de venta en corto (VC). Se indican además dos zonas donde después que se han cruzado ambos promedios entre sí y estando los dos en tendencia descendente, el precio regresa hacia el PM corto lo cual constituye una señal de nueva venta en corto (NVC). Cuando el precio se desplaza dentro de los dos promedios móviles se considera que está en zona neutral y por lo tanto será preferible mantener un bajo nivel de exposición hasta que se defina la nueva tendencia.

Uso de tres promedios móviles

La forma de operar con tres promedios móviles también se basa en el método de los cruces. De acuerdo con este método, una situación adecuada para hacer una compra en largo será cuando en una tendencia alcista el promedio más corto esté hasta arriba, después el mediano y por abajo de éste el largo. La situación inversa será la óptima para un corto, esto es, una tendencia a la baja, en la que hasta arriba esté el promedio largo, en medio el promedio mediano y abajo el promedio más corto.

Se utiliza frecuentemente la combinación de 4, 9 y 18 días. Nosotros utilizamos tres promedios móviles, 13, 55 y 144 días por ser los tres números de la secuencia de Fibonacci y por reflejar respectivamente movimientos terciario, secundario y primario.

En este método, al final de un descenso se considera un aviso de probable compra cuando el promedio corto cruza por encima de los otros dos. La señal definitiva de compra se dará cuando el promedio mediano cruce por encima del largo. Durante los periodos de corrección pequeños o consolidaciones breves habrá entrecruzamientos incompletos; pero generalmente se mantendrá intacta la tendencia en el promedio largo (figura 12.12).

La situación para una venta en corto será lógicamente la inversa, esto es, la señal preparatoria se dará cuando el promedio corto cruce hacia abajo a los otros dos, y la señal de actuar cuando el promedio mediano cruce hacia abajo el promedio largo (figura 12.12).

Algunos analistas utilizan los entrecruzamientos incompletos para tomar utilidades y otros para aumentar sus posturas en largo. Obviamente, para la aplicación de las reglas hay mucha flexibilidad aquí, pues tanto la selección de los diferentes promedios móviles como la decisión de qué señales seguir dependerá de qué tan agresivo se quiera ser.

IPC. USO DE TRES PROMEDIOS MÓVILES

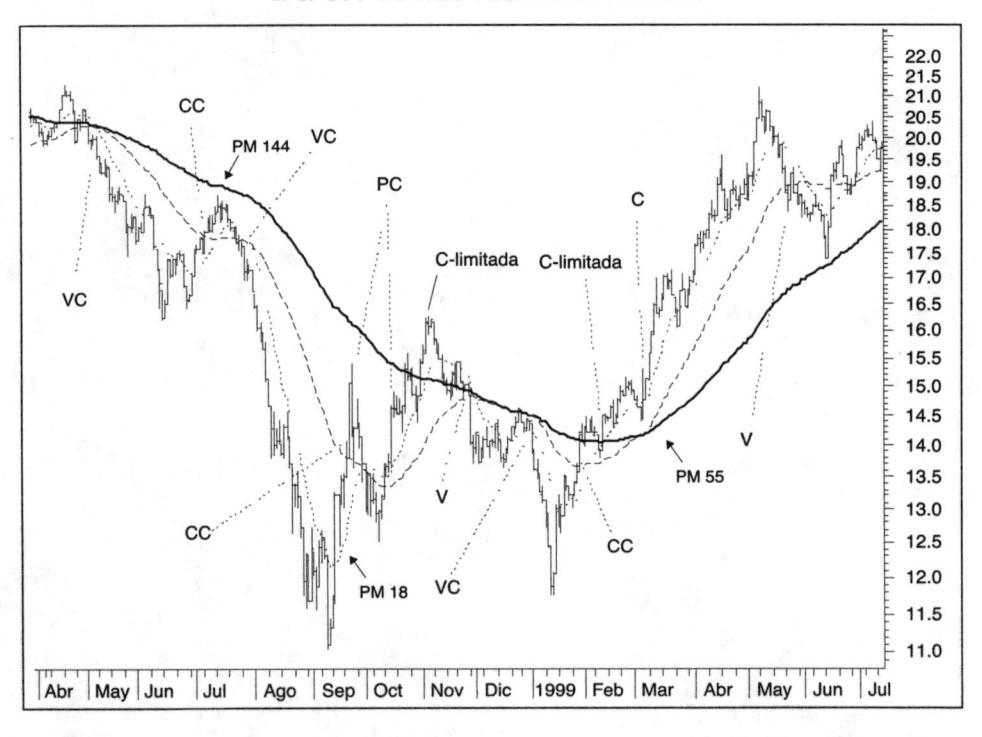

Figura 12.12 Gráfico del IPC en términos reales con tres promedios móviles ponderados: de 18 días (línea punteada fina marcada PM18), de 55 días (línea punteada gruesa marcada PM55) y de 144 días (línea continua marcada PM144). Se muestran las señales para venta en corto (VC), cubrir cortos (CC), probable compra (PC), venta de una posición en largo (V), compra limitada (C-limitada) y compra completa o definitiva (C). En este ejemplo, las señales de compra limitada se deben a que si bien el índice queda por arriba de los tres promedios móviles, los promedios no se orientan entre sí en el orden que corresponde a una tendencia alcista. La compra definitiva se señala cuando los promedios adoptan dicha posición.

CAPÍTULO 13

OSCILADORES

Características generales de los osciladores

En esta primera sección del presente capítulo se harán comentarios que se aplican a todos los *osciladores* en general, o a todos los que pertenezcan a un grupo específico según se indique. En la segunda sección se harán comentarios en particular para cada oscilador que se trate.

Debemos advertir a nuestros lectores que este capítulo y el siguiente van a exigir un poco de esfuerzo para su comprensión, pues los conceptos vertidos son complicados; sin embargo, una vez aprendidos, su aplicación en la operación bursátil resultará en uno de los retos intelectuales más atractivos que habrán afrontado. El uso productivo de los osciladores es un arte que demanda mucha práctica, estudio y reflexión, por ello no se puede transmitir con la sola lectura de ésta o cualquiera otra obra sobre el tema. Cada analista deberá desarrollar su "intuición". Esperamos que estos conceptos permitan un buen comienzo hacia esa meta.

Los osciladores son opuestos a los indicadores seguidores de tendencia como los promedios móviles (capítulo 12), ya que son muy útiles en mercados sin tendencia definida, como en las fases de *trading*, pues ayudan a identificar con precisión los pisos y los techos de cada oscilación.

Por el contrario, los osciladores son poco útiles en mercados con tendencia, salvo cuando se utilizan junto con otras formas de análisis técnico, especialmente para advertir de la pérdida de *momento* (nota 13.1) en una tendencia antes de que la situación se haga evidente en los precios. Resulta que, aunque persista una tendencia, cuando ésta alcanza madurez los osciladores pueden hacer evidente que la velocidad de desplazamiento de los precios está disminuyendo, y esto podría ser la primera señal del próximo final de la tendencia.

NOTA 13.1 DEFINICIÓN DE MOMENTO

El término *momento* no es sólo el mínimo espacio en que se divide el tiempo, sino que también se utiliza en química (momento atómico) y en física (*fuerza x distancia*) para representar algunas propiedades del movimiento circular, de vectores de fuerza, de la inercia de un movimiento o como variable en el magnetismo. Aquí empleamos el término momento para hacer referencia a la "aceleración" de un movimiento de precios, por tanto, relaciona dos velocidades de desplazamiento de precios, la velocidad del periodo *x* con la del periodo *n días atrás*.

Sin embargo, un oscilador es un instrumento de segunda línea, por lo que las decisiones de la operación que sean sugeridas por señales de osciladores deberán ser al mismo tiempo congruentes con el análisis técnico convencional y subordinarse a éste. No hay que olvidar que los osciladores son útiles sólo bajo ciertas condiciones del mercado y que pueden no serlo en otras. Especialmente en el comienzo de un movimiento con tendencia, sea alcista o a la baja, los osciladores son inútiles y pueden desorientar al analista.

Los osciladores se representan por una línea continua (o por una línea continua acompañada de otra punteada, como veremos adelante), trazada en sincronía con el gráfico de precios pero en un campo independiente, pues no comparte con los precios el eje de las ordenadas (vertical). Los movimientos del oscilador forman picos y valles que característicamente coinciden con los techos y pisos de las acciones que se analizan (figura 13.1).

Aunque los distintos osciladores están construidos de maneras diferentes, la interpretación de todos es semejante. No obstante, su aspecto visual pone en evidencia dos formas básicas de osciladores: los no acotados y los acotados.

Osciladores no acotados

Los osciladores no acotados se mueven en relación con una línea central horizontal que corresponde al cero o al punto de equilibrio entre alza y baja. Esta línea divide el campo en una mitad positiva hacia arriba del cero y otra negativa hacia abajo del cero. Los osciladores se desplazan hacia la zona positiva o negativa sin tener límites preestablecidos y precisamente por ello se llaman no acotados. Tal es el caso del Momento, de la Tasa de Cambio (ROC) (nota 13.2), de los Osciladores de Precio y del MACD. El cruce del cero por los osciladores no acotados es un evento importante en la interpretación de las señales que nos ofrecen (figura 13.2).

NOTA 13.2 MOMENTO Y ROC EN EL METASTOCK®

En el programa de computación MetaStock®, cuando se grafica el *momento* se utiliza la fórmula que aplicamos para calcular el ROC, como se aclara adelante. Nuestro ROC (o el momento de MetaStock®) está trazado sobre una línea de 100 en vez de cero; no obstante, sigue siendo no acotado por no tener límites definidos en su posibilidad de migración hacia arriba o hacia abajo del 100.

BIMBO A. MOMENTO

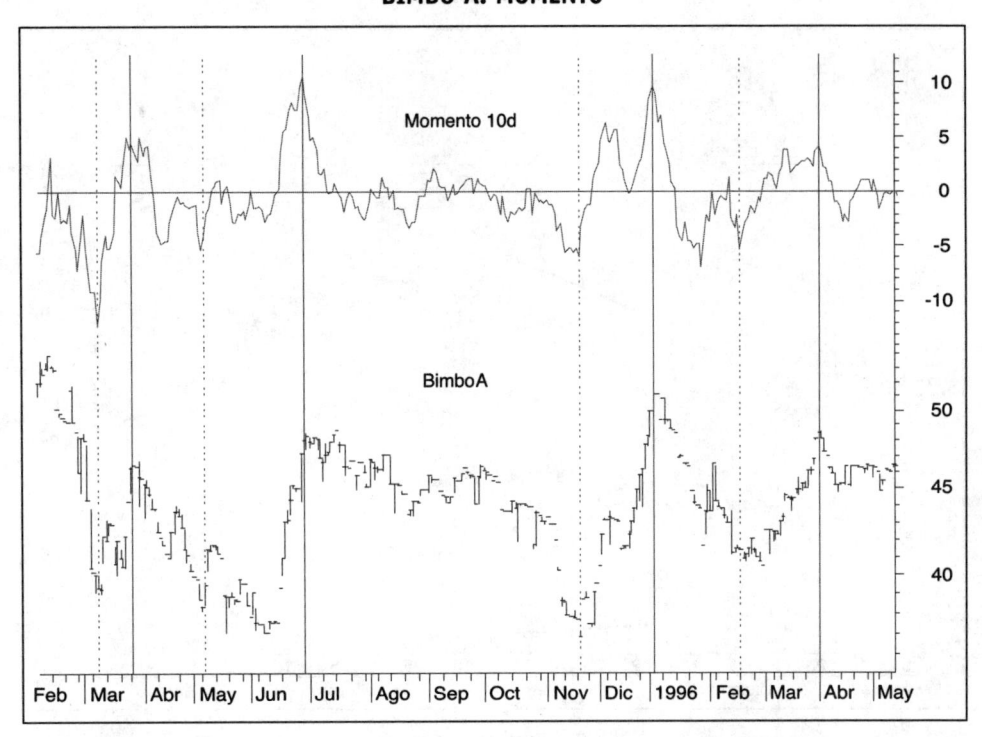

Figura 13.1 Gráfico de Bimbo A (trazo inferior) con su momento de 10 días (trazo superior). Las líneas verticales muestran los valles (punteadas) y las crestas o picos (continuas) de cada movimiento, tanto en el precio como en el oscilador. Nótese la concordancia, aunque no idéntica, entre ambos trazos. De hecho, las señales del oscilador derivan precisamente de las diferencias entre la profundidad de los valles o entre la altura de las crestas del oscilador con respecto de las de los precios.

Osciladores acotados

El segundo tipo de osciladores recibe el nombre de acotados por contar con límites superior e inferior más allá de los cuales es matemáticamente imposible que se desplace. Estos osciladores no tienen una línea central sino que se mueven en una banda limitada entre 0 y 100, como el Índice de Fuerza Relativa (RSI) y el *estocástico* (nota 13.3), o entre 0 y -100, como es el caso del %R de Williams. Además de los límites externos mencionados, este tipo de osciladores tiene zonas extremas de sobrecompra y sobreventa claramente delimitadas. Estas zonas son por arriba de 70 y por abajo de 30 en el RSI; por arriba de 80 y por abajo de 20 en el estocástico, y por arriba de -20 y por abajo de -80 en el %R de Williams. En estos osciladores, el cruce *desde* las zonas extremas hacia el

ICH B. MACD

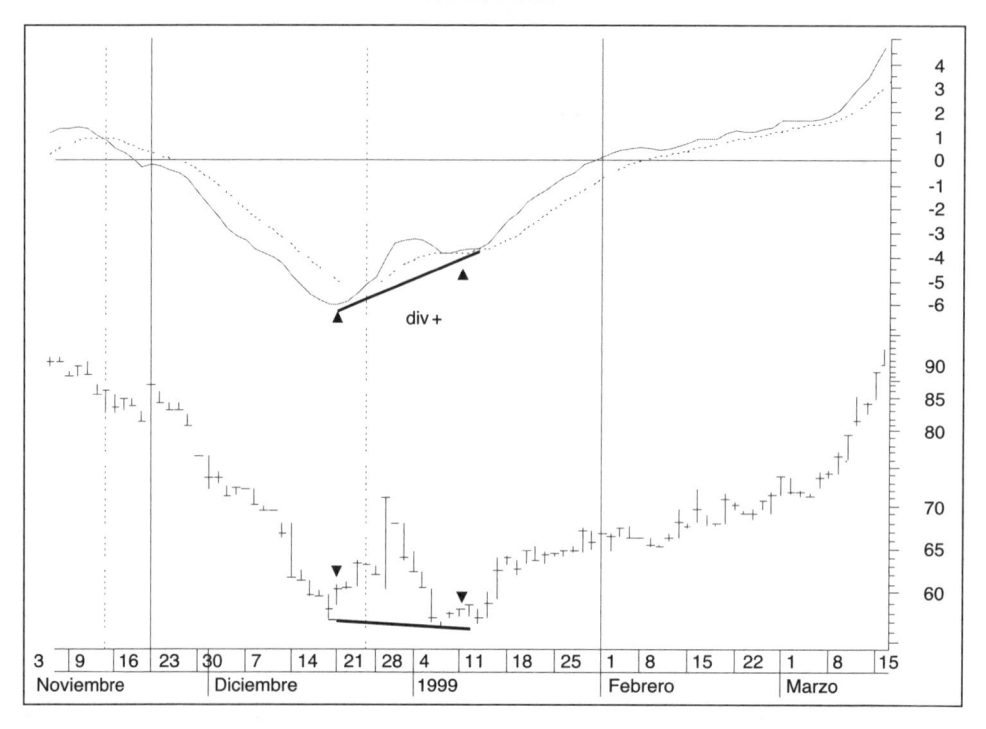

Figura 13.2 Gráfico de ICH B (trazo inferior) con su MACD (trazo superior). Las líneas verticales señalan los cruces entre el oscilador y su disparador (punteadas) y los cruces del oscilador con la línea de cero (continuas), ambos cruces generan señales importantes para la operación. Nótese la divergencia positiva (señalada con div +) en el MACD. La divergencia se da porque en el precio el piso del 7 al 13 de enero de 1999 es más profundo que el del 18 de diciembre de 1998, en tanto que el fondo del MACD de diciembre del 98 es inferior al de enero del 99.

centro del campo será una evento importante en la interpretación de las señales que nos ofrecen, como se completará más adelante (figura 13.3).

NOTA 13.3 DEFINICIÓN DE ESTOCÁSTICO

En matemáticas y estadística, el término *estocástico* se utiliza para hablar de distribuciones probabilísticas y de variables aleatorias. Para nosotros, es el nombre de un oscilador que estudia la relación del precio de cierre del día en cuestión con el precio máximo y mínimo de un periodo dado, como será desarrollado más adelante.

GFNORTE 0. OSCILADORES ACOTADOS

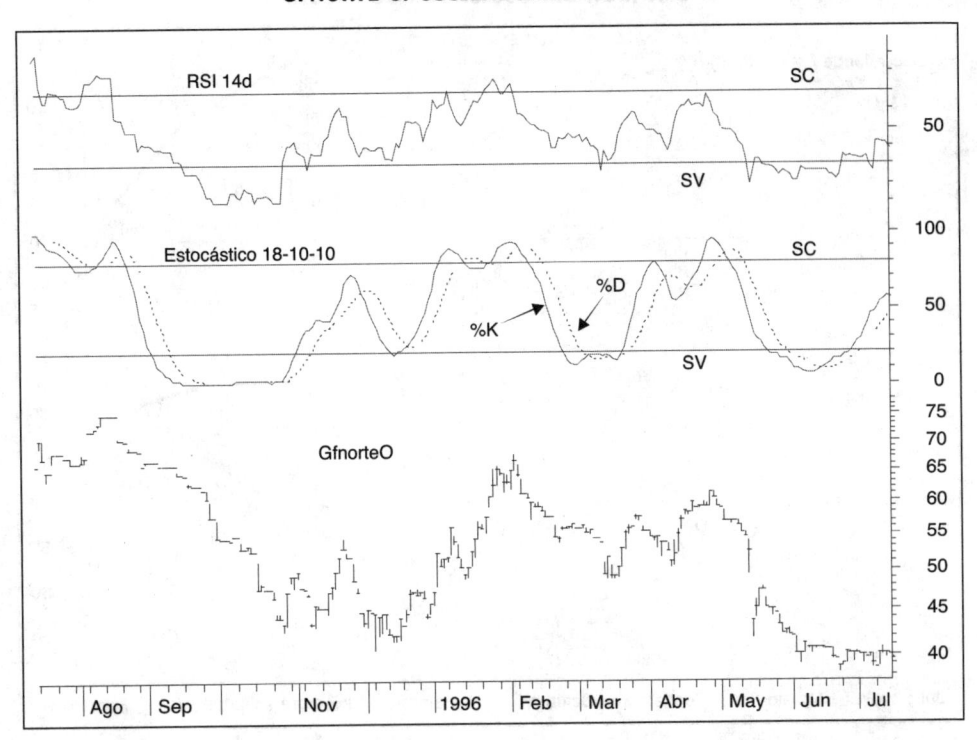

Figura 13.3 Gráfico de Gfnorte 0 (trazo inferior) con RSI de 14 días (trazo superior) y Estocástico de 18-10-10 días (trazo medio). Ambos osciladores son del tipo acotado. Además, el RSI es un oscilador sencillo (tiene un solo componente) mientras que el Estocástico es compuesto (tiene dos componentes: el %K y el %D). Las líneas horizontales que los delimitan señalan los niveles de sobrecompra (SC) y sobreventa (SV). Para el RSI estos niveles son de 70 y 30 respectivamente y para el estocástico de 80 y 20.

Osciladores simples o compuestos

Otra forma de agrupar a los osciladores es con relación al número de líneas utilizadas para trazarlos. El momento, el ROC, el RSI y el %R de Williams se trazan con una sola línea y, por ello, los consideramos osciladores simples. Los osciladores de precios también se trazan con una sola línea, pero es común que se dibujen como un histograma cuya área está limitada entre la propia línea ondulante del oscilador y la línea del cero (figura 13.4)

Por el contrario, el MACD y el estocástico se trazan con dos líneas, por lo que los consideramos osciladores compuestos. En estos casos, el cruce entre las dos líneas que integran al oscilador será una señal importante como se indica en el apartado particular. Hay que hacer notar que sobre cualquier oscilador simple se puede trazar una segunda línea

GSANBOR B1. OSCILADOR DE PRECIO

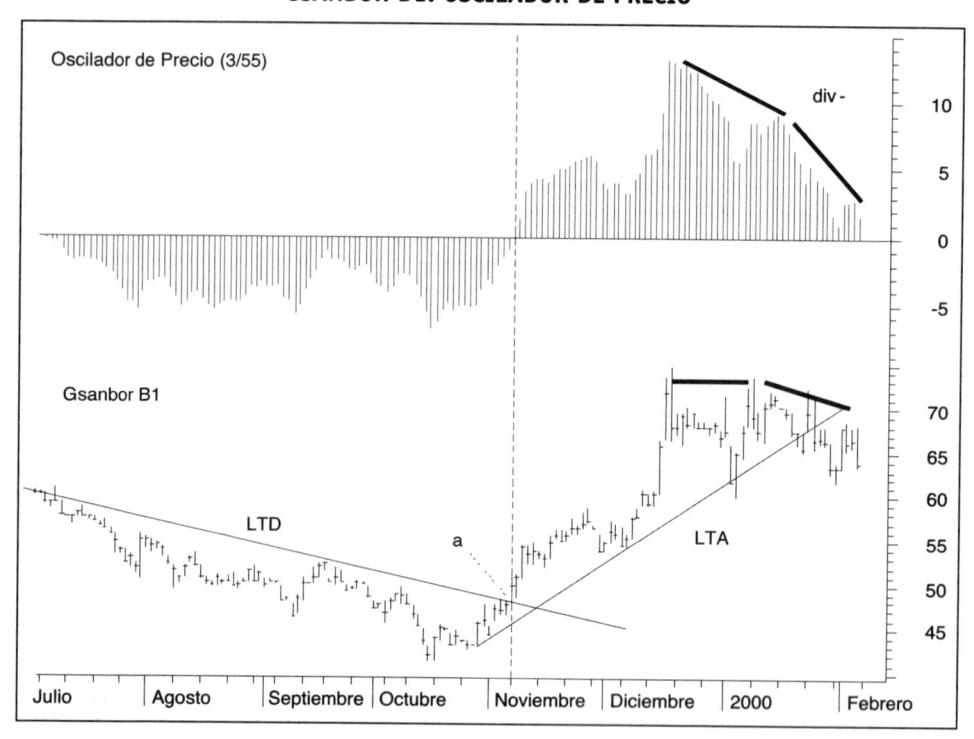

Figura 13.4 Gráfico de Gsanbor B1 (trazo inferior) y el Oscilador de Precio de 3 contra 55 días (histograma superior). Se señala una línea de tendencia descendente (LTD) y otra ascendente (LTA). Tras el descenso que transcurre a partir el mes de julio de 1999, el 8 de noviembre (marcado con "a") la LTD se penetra al tiempo que vira del Oscilador de Precio (marcado con la línea vertical punteada) de negativo a positivo. Nótese que mientras persistió la tendencia a la baja el oscilador se movió en terreno negativo y durante la tendencia alcista el oscilador se mantuvo en el campo positivo. A partir del mes de enero de 2000 el oscilador muestra claras divergencias negativas (div -) ya que los picos de éste son decrecientes en tanto que los picos de la línea de precios son casi horizontales.

más lenta, que generalmente es un promedio móvil del propio oscilador (nota 13.4). De esta forma, el oscilador se convierte en compuesto. Así, el cruce de las dos líneas —esto es, el cruce del propio oscilador, que será el componente rápido con su promedio móvil, que será el componente lento— genera una señal importante para guiar la operación.

NOTA 13.4 UN "DISPARADOR" PARA LOS OSCILADORES

En el capítulo anterior, se mostró cómo se puede suavizar un gráfico de precios trazándole un promedio móvil. A los osciladores también se les puede calcular un promedio móvil (simple, ponderado o exponencial), del periodo que se juzgue conveniente. Este promedio móvil recibe el nombre de "disparador", ya que permite identificar con claridad los cambios de dirección del oscilador y por tanto, como el disparo de una pistola al inicio de una carrera, genera señales de operación. Este tipo de disparador se puede aplicar a cualquier oscilador simple como el ROC o el momento. El promedio móvil se calcula con base en los valores del oscilador, no del precio de la acción, y se traza sobre el oscilador, no como los promedios móviles que hemos estudiado en el capítulo precedente que se trazan sobre el gráfico de barras del precio.

Interpretación de los osciladores en general

En la interpretación de los osciladores son particularmente útiles las siguientes situaciones: 1) cuando un oscilador cruza la línea de cero; 2) cuando en un oscilador compuesto o en cualquier oscilador al que se le crea un disparador, se entrecruzan los dos componentes; 3) cuando el oscilador alcanza valores extremos, de sobrecompra o de sobreventa; 4) cuando existen divergencias entre la tendencia del oscilador y la del precio, sobre todo si el oscilador se encuentra en zona extrema.

1. Cruces de la línea de cero

La técnica de empleo más común de un oscilador es comprar cuando el oscilador pase hacia arriba de la línea de cero y vender cuando pase hacia abajo. Cuando el oscilador se encuentra a la altura de la línea de cero, es un momento de bajo riesgo para comprar en un mercado alcista y un sitio de bajo riesgo para vender en un mercado a la baja. Esto se debe a que los cruces a este nivel constituyen una señal de que la tendencia probablemente permanecerá activa por varias semanas.

2. Cruce entre los dos componentes del oscilador

Una interpretación similar a la anterior se hace cuando los dos componentes del oscilador se entrecruzan. Cuando el componente rápido cruza hacia arriba al componente lento, o sea, cuando el oscilador cruza hacia arriba a su disparador es señal de compra y cuando el oscilador cruza hacia abajo a su disparador es señal de venta.

3. Estudio de las situaciones extremas

Otra forma de utilizar los osciladores es identificando cuando se encuentran en posición extrema. En el caso de los osciladores acotados, los límites externos de la banda o campo, se utilizan para advertir de situaciones exageradas del mercado. Como se ha indicado antes, la zona extrema superior es considerada de sobrecompra y la zona extrema inferior es considerada de sobreventa. Para el RSI niveles por abajo de 30 se consideran de sobreventa y niveles por arriba de 70 de sobrecompra. Para el estocástico por abajo de 20 es sobreventa y por arriba de 80 sobrecompra. Para el %R de Williams abajo de −80 es sobreventa y arriba de −20 sobrecompra (figura 13.5).

GMODELO C. TASA DE CAMBIO O ROC

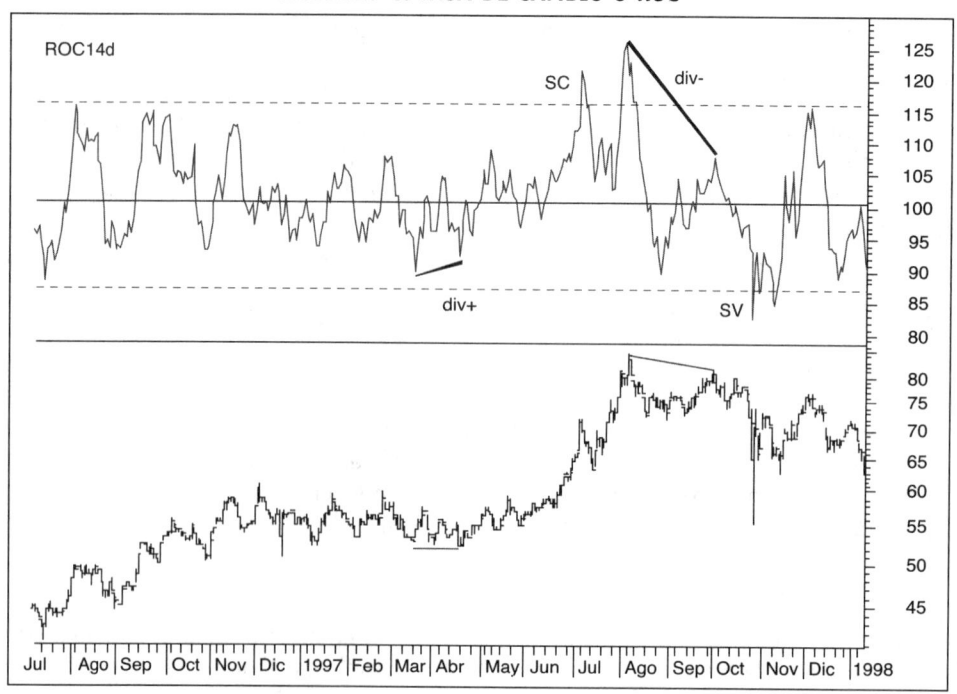

Figura 13.5 Gráfico de Gmodelo C (trazo inferior) con tasa de cambio (ROC) de 14 días (trazo superior). Los niveles de sobrecompra (SC) y sobreventa (SV) se determinan identificando movimientos exagerados del oscilador mediante la inspección panorámica del trazo ya que el indicador es no acotado por lo que no quedan definidas automáticamente ni son fijas. Nótese las divergencias que existen entre el ROC y el precio en los puntos señalados como div + (divergencia positiva) la de marzo y abril de 1997 y div - (divergencia negativa) la de agosto a octubre del mismo año.

Para los osciladores no acotados, la identificación de los niveles de sobrecompra o sobreventa depende de comparar situaciones actuales con situaciones del pasado en que al alcanzar cierto nivel extremo ocurrió la corrección o el regreso hacia el cero (o el 100 en el ROC) (figura 13.5).

Cuando los osciladores alcanzan valores extremos (sobrecompra o sobreventa), debe interpretarse como que los precios han llegado demasiado lejos, demasiado pronto y que puede ser momento de que se produzca una corrección o consolidación, cuya magnitud ciertamente es desconocida. De esto deriva una regla general que aunque estará condicionada por la situación particular del mercado, sugiere que las acciones deben comprarse cuando se inicia el regreso desde la zona de sobreventa y que deben venderse cuando empieza el descenso desde la zona de sobrecompra. Esto será cierto únicamente cuando la acción está moviéndose en *trading* y no cuando está en tendencia, en cuyo caso la interpretación será muy distinta, como se comentará al final del capítulo.

Capítulo 13 Osciladores **203**

ÍNDICE MÉXICO. ÍNDICE DE FUERZA RELATIVA O RSI

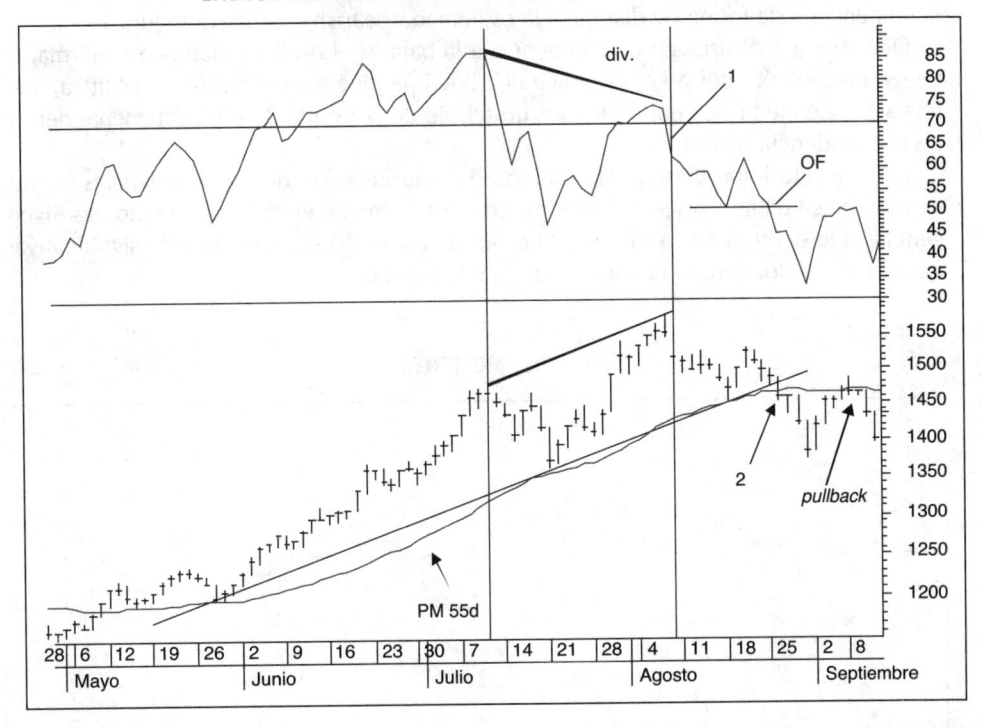

Figura 13.6 Gráfico del Índice México (INMEX) en términos reales, con su PM ponderado de 55 días (campo inferior) y su índice de fuerza relativa (RSI) de 14 días (campo superior). Se muestra la divergencia negativa (div.) que ocurre entre los meses de julio y agosto, cuando un nuevo máximo del precio no es acompañado por un nuevo máximo en el oscilador. En el punto marcado con el número 1 el oscilador sale de la zona de sobrecompra (nivel de 70) por segunda vez y a continuación hace una oscilación fallida (OF) cuyo rompimiento hacia abajo coincide con el rompimiento que el precio hace de la línea de tendencia (línea punteada en el trazo inferior) y del Promedio Móvil (2). Aún más, en el mes de septiembre, el precio hace un *pullback* sobre el promedio móvil. Todas estas señales juntas constituyen una clara indicación de final de tendencia.

4. Estudio de las divergencias

Otra forma de utilizar un oscilador y probablemente la más valiosa, es identificando *divergencias*. Una divergencia es aquella situación en la que la línea del oscilador y la del precio se desplazan en direcciones opuestas (figura 13.6). En una tendencia alcista con divergencia, el precio continuará ascendiendo y formará techos locales sucesivos y pisos locales sucesivos cada vez más altos. El oscilador divergente fallará en confirmar el movimiento del precio por no desplazarse hacia nuevas alturas, en cambio establecerá techos locales sucesivos y pisos locales sucesivos que serán cada vez más bajos. Con frecuencia esto es una señal temprana de advertencia de una tendencia madura que se acerca a su final y que posiblemente el *rally* actual sea el último o uno de los últimos de la tendencia. Esta forma de divergencia es llamada *bearish* o negativa (figura 13.7).

De manera contraria, en una tendencia a la baja, si el oscilador falla en confirmar el nuevo piso inferior del precio, se dice que hay una divergencia *bullish*, o positiva, y es una señal de alerta de cuando menos un rebote de corto plazo, o posiblemente del fin de una tendencia bajista.

Un requisito importante para la adecuada interpretación de las divergencias es que ocurran cerca de las posiciones extremas del oscilador. En el RSI por ejemplo, las divergencias que ocurren por arriba de 70 o por abajo de 30 son mucho más significativas que las que se forman en la parte central de la banda.

IPC. MOMENTO

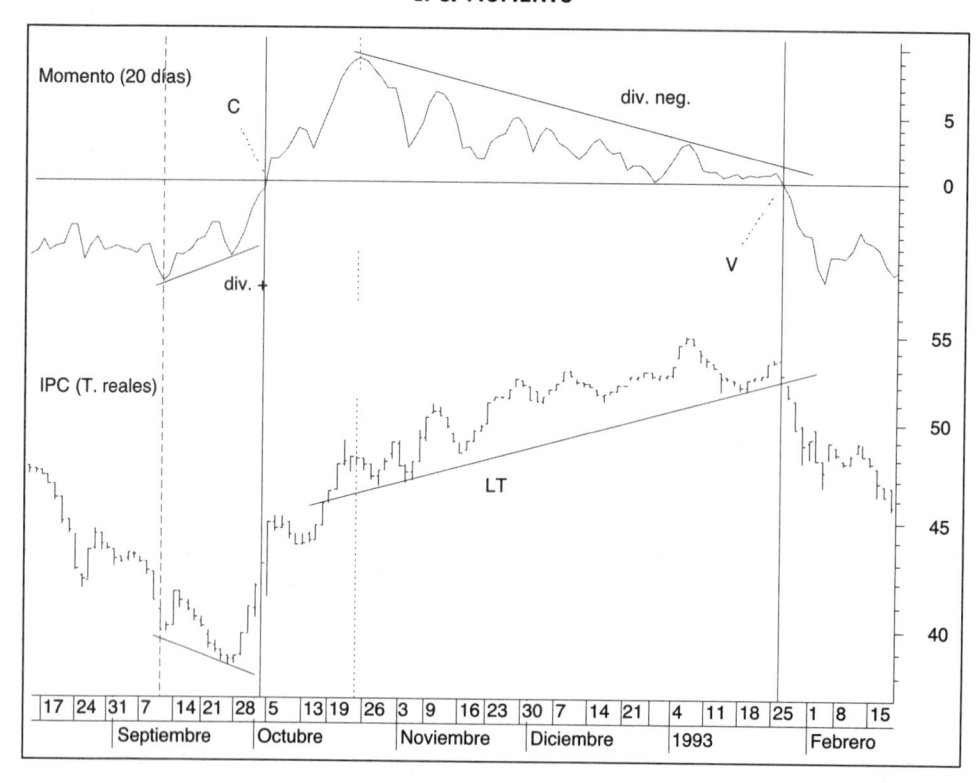

Figura 13.7 Gráfico del IPC en valores reales (trazo inferior) con su Momento de 20 días (trazo superior). Se han señalado una divergencia positiva (div.+) y una divergencia negativa (div. neg.) que demuestran la debilidad del movimiento correspondiente en el índice. Durante las fases de tendencia bajista el oscilador se mantiene en el territorio negativo y durante las alzas se mantiene en terreno positivo. Nótese que los cambios de tendencia quedan claramente indicados por el oscilador al cruzar la línea de cero. En C se genera una señal de compra y en V una señal de venta. Se muestra la Línea de Tendencia ascendente marcada con LT.

Aunque la presencia de divergencias es una señal que advierte de debilidad en la tendencia, de ninguna manera será una señal definitiva de venta en el caso de divergencias *bearish*, o de compra en el caso de divergencias *bullish*. Para operar, en mercados con tendencia particularmente vigorosa, además de las divergencias harán falta señales más contundentes de cambio de tendencia en el propio gráfico de precios, como el desarrollo de formaciones de reversa, penetración de líneas de tendencia o penetración o entrecruzamiento de promedios móviles. Un símil que hace Pring entre los nubarrones en el cielo y las divergencias negativas es muy útil para entender que una cosa es el "presagio" de lluvia que representa un cielo nublado y otra distinta es sentir las primeras gotas de lluvia en la mano. Igualmente, observar divergencias podría propiciar una corrección en el mercado, pero hasta que no caiga la primera evidencia en los precios —hasta que no sea penetrada una línea de tendencia o no termine un patrón de reversa— no podremos decir que está lloviendo.

Estudio de osciladores en particular

En esta sección se describirán los osciladores en particular y se detallarán características de su interpretación y su uso en la operación.

El momento

El *momento* mide el grado de cambio de los precios comparando el precio de hoy con el de n días atrás. Para construir un trazo de momento, por ejemplo de 10 días, simplemente hay que restar al precio de cierre de hoy el precio de cierre de hace 10 días. El valor positivo o negativo obtenido se grafica con relación a una línea de cero.

La fórmula para el cálculo del momento *(Mo)* es:

$$Mo = V - Vn$$

donde *V* es el último precio al cierre y *Vn* el precio al cierre n días atrás.

Un momento que se utiliza con frecuencia es el de 12 días ($n = 12$), pero consideramos que hasta 30 días pueden ser adecuados. Periodos menores de 10 días producen trazos muy sensibles, con oscilaciones frecuentes y amplias. Periodos de más de 30 días producen una línea muy suave y con menos volatilidad, pero que en ocasiones se aleja mucho de los fenómenos del precio, haciendo imprecisa la información que aporta (nota 13.5).

> **NOTA 13.5 EL MOMENTO. CONCEPTO O INDICADOR**
>
> Varios autores hacen referencia al momento sólo como un concepto y no como un valor que puede determinarse mediante una fórmula. Esos mismos autores identifican a todos los osciladores como instrumentos para evaluar el momento de un movimiento de precios. Hemos utilizado la relación *V-Vn* para identificar el momento como un oscilador por derecho propio.

Interpretación del momento

Si los precios están subiendo y la línea de momento está en terreno positivo y subiendo, quiere decir que la tendencia alcista se está acelerando. Si la línea de momento se aplana (adopta un curso horizontal), quiere decir que el precio está subiendo hoy a la misma velocidad que hace *n* días. Cuando la línea de momento desciende hacia la línea de cero (aun en terreno positivo), representa que el ascenso en los precios está perdiendo "momento" o sea, que se está desacelerando. Esto, que constituye una divergencia *bearish,* como ya se explicó, puede suceder a pesar de que el precio continúe ascendiendo porque hoy esté ascendiendo a una velocidad menor que *n* días atrás (figura 13.8).

ÍNDICE NASDAQ COMPUESTO. OSCILADORES VARIOS

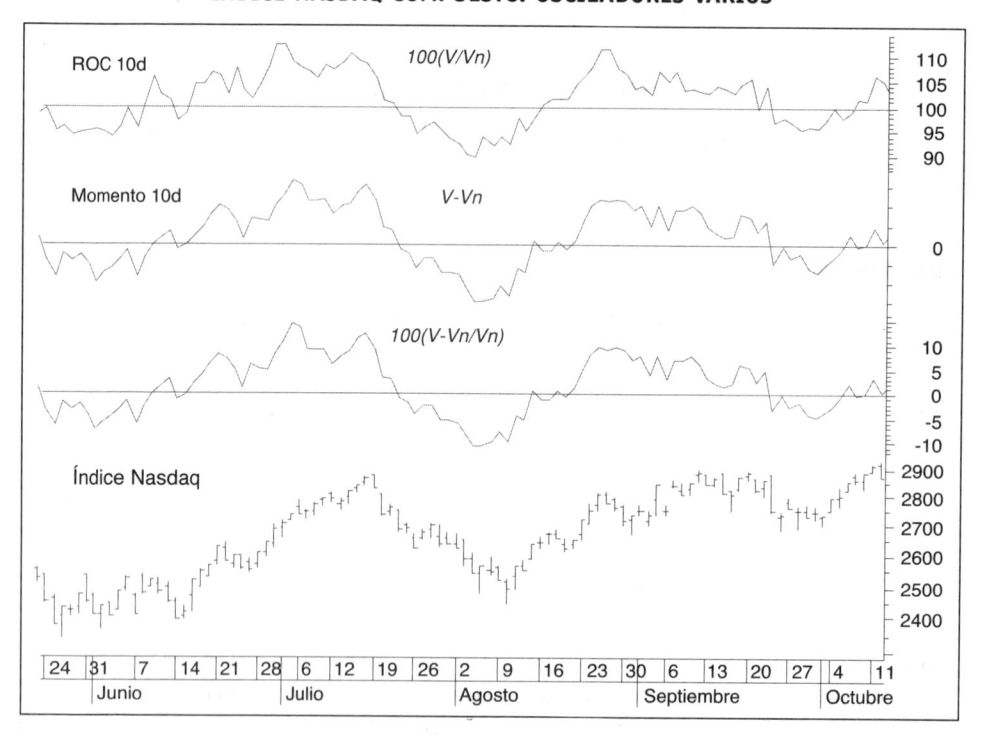

Figura 13.8 Gráfico del Índice NASDAQ Compuesto (trazo inferior) con tres osciladores no acotados cuyas fórmulas se muestran. Para nosotros el trazo superior corresponde a la tasa de cambio (ROC = 100(V/Vn)) pero según el software Metastock®, este trazo superior corresponde al Momento. El segundo trazo (de arriba hacia abajo) para nosotros es el momento (Momento = V-Vn), pero para el Metastock® corresponde al ROC calculado por puntos. El tercer trazo corresponde al ROC calculado de manera porcentual (100(V-Vn)/Vn) en el Metastock®, pero para nosotros es solamente otra forma de trazar el momento. Nótese la similitud entre los tres osciladores, siendo los dos inferiores enteramente iguales en forma si ignoramos su valor numérico.

Cuando la línea de momento se sitúa en el área negativa, representa que el precio de cierre de hoy está por debajo del cierre de hace *n* días, lo que establece una tendencia negativa de corto plazo. Cuando la línea de momento vuelve a adoptar un curso horizontal y empieza a subir hacia el cero, el analista interpretará que el descenso de los precios se está desacelerando o frenando y que existe una divergencia *bullish*.

Esta es la manera en que la línea de momento mide la aceleración o desaceleración del desplazamiento actual en la tendencia de precios (nota 13.6).

NOTA 13.6 EL MOMENTO, SEÑAL ADELANTADA DE CAMBIO DE TENDENCIA

Por la manera en que está construido, el movimiento en el gráfico de momento va unos pocos días por delante de los precios, después se aplana conforme los precios siguen aún en la tendencia anterior. Posteriormente, el gráfico de momento empieza a moverse en la dirección opuesta cuando el precio inicia apenas su nivelación, como puede observarse en la figura 13.10. Esto da una señal "adelantada", lo que no debe interpretarse como una indicación de lo que necesariamente ocurrirá en el futuro. Después de todo, la tendencia puede volver a acelerarse cancelando la posibilidad de un regreso cuando menos de corto plazo.

Ya mencionamos que el cruce hacia arriba de la línea de cero será una señal de compra y el cruce hacia abajo de dicha línea será de venta. Sin embargo, debemos insistir una vez más que el análisis básico de la tendencia es primero, y que la señal del oscilador únicamente se seguirá si es acorde con el resto de la interpretación de la situación. O sea que se tomarán posiciones en largo cuando se cruce hacia arriba la línea de cero sólo si se está en *trading* y el movimiento del mercado es ascendente o ha rebotado en un piso o soporte que se identificó previamente.

De la misma manera, se venderá en corto cuando el cruce sea hacia abajo, sólo cuando el movimiento de los precios sea descendente a partir del techo de la zona de *trading* o cuando se haya identificado con suficiente solidez, que ha terminado una tendencia alcista y comienza una baja (nota 13.7).

NOTA 13.7 NIVELES DE SOBRECOMPRA Y SOBREVENTA EN OSCILADORES NO ACOTADOS

Uno de los problemas con la línea de momento y que también existe en el ROC y en el MACD es que no están acotados; por tanto, resulta difícil determinar cuándo están sobrecomprados y cuándo sobrevendidos una acción o un índice. Una manera sencilla de resolver esto es por inspección visual, revisando la historia pasada y colocando líneas horizontales sobre los picos máximos y bajo los valles más profundos. Estas líneas tendrán que ser ajustadas con alguna regularidad, sobre todo cuando haya cambios importantes de tendencia primaria. Otra manera de evitar este problema es utilizando osciladores acotados como el RSI o el estocástico que describimos adelante.

Tasa de Cambio (*Rate of Change*)

En el cálculo del momento se utilizó la diferencia entre el precio de cierre de dos periodos. Para medir la Tasa de Cambio o *Rate of Change* (ROC) se construye una razón del precio de cierre más reciente en relación con un precio ubicado un número *n* de días atrás. Así, para construir un ROC de 10 días que es muy utilizado, el último precio de cierre se divide entre el precio de cierre de hace 10 días y el producto se multiplica por 100 (nota 13.8).

La fórmula para el cálculo de la Tasa de Cambio (ROC) es:

$$ROC = 100 \ (V/Vn)$$

donde *V* es el último precio de cierre y *Vn* es el precio al cierre *n* días atrás.

En el ROC la línea de 100 viene a ser el punto medio equivalente a la línea de cero de los otros osciladores no acotados. Obviamente, también es el punto en que el precio de cierre de hoy y el de *n* días atrás es igual, ya que el valor de *V* es el 100% del valor de *Vn* o también donde *V/Vn = 1 x 100 = 100*. Se recomienda utilizar un ROC de 10 a 30 días.

NOTA 13.8 FÓRMULAS PARA CALCULAR EL MOMENTO Y EL ROC

En el programa MetaStock®, cuando se describe o se grafica el momento se utiliza la fórmula Mo = *100(V/Vn)*, que utilizamos para calcular el ROC. El indicador llamado ROC en el software mencionado se calcula de dos maneras: en la forma porcentual utiliza la fórmula ROC% = *100(V-Vn/Vn)* en lugar de la que proponemos. Y el ROC calculado mediante puntos en ese mismo software utiliza la fórmula ROCp = *V-Vn* que proponemos, junto con otros autores, para calcular el momento. Por el contrario, Colby y Meyers en *The Encyclopedia of Technical Market Indicators* ya citada utilizan la fórmula ROC = *V/Vn* sin multiplicar este producto por 100 como lo hacemos. De hecho, aunque el valor absoluto obtenido con cada una de las cuatro fórmulas es distinto, salvo leves diferencias, la gráfica y las señales que de ella derivan son equivalente si ignoramos los valores absolutos referidos en el eje de las ordenadas (figura 13.8). Una situación que no permite el libre intercambio de las fórmulas se describe en la nota 13.9 al final de este apartado.

Interpretación del ROC

La interpretación del ROC es igual a la del momento. Debe prestarse atención al cruce del oscilador sobre la línea de cien (que equivale al cero del momento), a las posiciones extremas y a las divergencias. Como con todos los osciladores, las señales del ROC resultan más adecuadas en los periodos de *trading* que cuando el mercado se desplaza siguiendo tendencias.

Una de las preguntas que con frecuencia nos hacemos al estudiar una situación del mercado cuando se desplaza rápidamente es ¿qué tan importante es el movimiento que ha tenido la bolsa o una acción determinada en los últimos tres o cinco días? El ROC nos permite contestarla. Para ello, simplemente obtenemos el ROC de tantos periodos como los días que ha existido un movimiento unidireccional particularmente interesante. En el gráfico de ROC podremos identificar si la magnitud del desplazamiento es normal o habitual o si es realmente extraordinaria (nota 13.9).

NOTA 13.9   ¿QUÉ TAN IMPORTANTE ES UN MOVIMIENTO?

Recordemos que el Metastock® grafica el momento con la fórmula que nosotros utilizamos para calcular el ROC, y que el ROC calculado por puntos del Metastock® equivale a nuestro cálculo de momento. Para hacer este ejercicio, si se utiliza el Metastock®, deberá emplearse ya sea el momento, o el ROC porcentual y nunca el ROC calculado por puntos. Por ejemplo, si hace 10 años un índice hipotético subió de 200 a 250 puntos (25%) en cinco días, mediante el ROC calculado por puntos dicho índice subió 50 puntos en cinco días. Si el día de hoy ese mismo índice se encuentra en 2000 puntos y sube 100 puntos en cinco días (5%), el ROC por puntos mostrará que ha subido el doble que hace 10 años, mientras que en términos porcentuales en los últimos cinco días habrá subido sólo una quinta parte de lo que subió en cinco días hace 10 años.

Cuando se plantee una situación como ésta, será mejor hacer los cálculos sobre registros en términos reales (descontando la inflación), que en términos nominales y considerar que en periodos inflacionarios prolongados las distorsiones son muy marcadas.

Oscilador de precio construido con promedios móviles

Se ha mencionado en el capítulo anterior que el cruce entre dos *promedios móviles* puede ser considerado como una señal de compra o de venta. De igual manera, se ha mencionado que la separación y la aproximación entre dos promedios móviles (uno lento y otro rápido) también dan señales importantes para operar. Partiendo de estas relaciones se propuso construir un gráfico en forma de oscilador utilizando dos promedios móviles. Esto recibe el nombre de *oscilador de precio* (véase figura 13.9).

Un oscilador de precio puede construirse de dos maneras. En la primera forma, llamada diferencial, se hace la gráfica de la diferencia entre los dos promedios mediante un histograma que aparece como positivo o negativo en relación con una línea media centrada en cero. La fórmula del *oscilador de precio diferencial (OPd)* es la siguiente:

$$OPd = PM_C - PM_L$$

donde PM_C es el promedio móvil corto y PM_L el promedio móvil largo.

La segunda manera de construir un oscilador de precio es la porcentual. Para ello se hace la gráfica de la diferencia porcentual entre los dos promedios móviles en lugar de la diferencia en puntos. Si el promedio menor está por encima del mayor, el oscilador tendrá valor positivo. Se dará una lectura negativa cuando el promedio menor está bajo el mayor. La fórmula del *oscilador de precio porcentual (OPp)* es la siguiente:

$$OPp = (PM_C - PM_L / PM_L) \times 100$$

donde PM_C es el promedio móvil corto y PM_L el promedio móvil largo.

Ambos trazos son similares y en gran medida intercambiables, aunque suele haber algunas diferencias, sobre todo cuando el trazo se aleja de la línea de cero o cuando se utilizan periodos muy largos en el análisis.

DESC B. OSCILADOR DE PRECIO

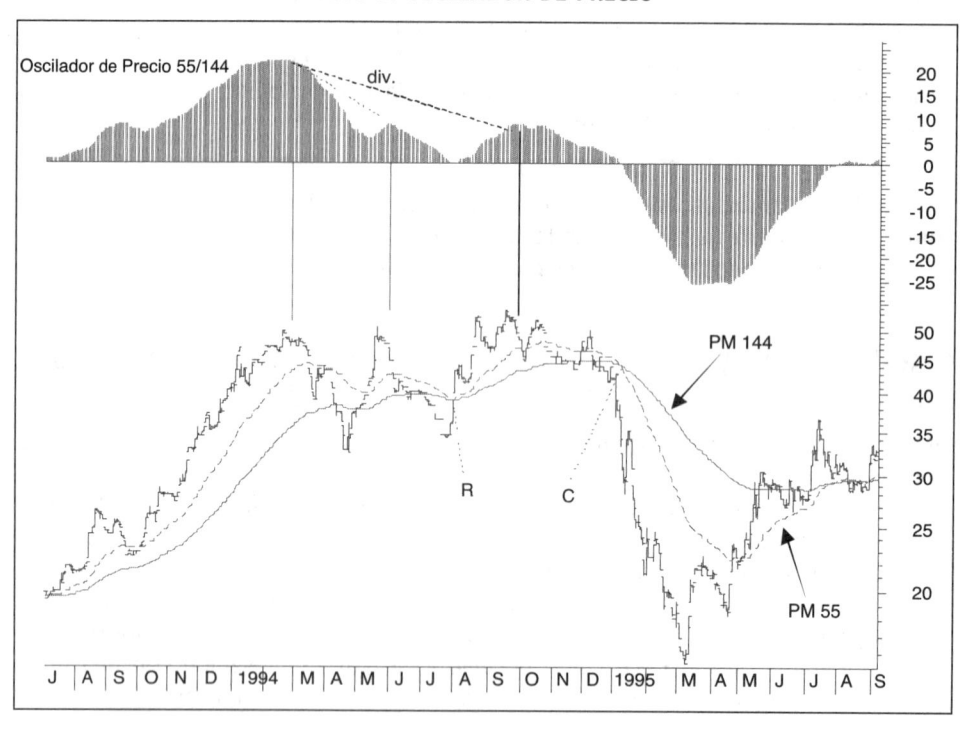

Figura 13.9 Gráfico de Desc B (trazo inferior) con PM exponencial de 55 días (línea punteada, PM55) y de 144 días (línea continua, PM144). En la parte superior se muestra en histograma el oscilador de precio correspondiente a los mismos períodos. Se señalan dos divergencias (div.) de corto plazo (febrero a junio de 1994) y mediano plazo (febrero a septiembre de 1994). Nótese la relación que existe entre los dos promedios móviles del trazo inferior y aquella existente entre el oscilador de precio y la línea de cero del trazo superior: En R los dos PM se juntan pero no se cruzan, igualmente el oscilador toca el cero y rebota en él. En C los PM se cruzan y lo mismo hace el oscilador con la línea de cero.

Interpretación del oscilador de precio

El oscilador de precio nos permite detectar divergencias e identificar desviaciones exageradas de la tendencia principal de corto plazo (sobrecompra o sobreventa) cuando el promedio corto se aleja mucho del promedio largo hacia arriba o hacia abajo. Utilizando un oscilador de precio también puede identificarse con precisión el momento en que se cruzan los dos promedios móviles, lo cual ocurre cuando el oscilador construido cruza la línea de cero.

La línea de cero debe interpretarse como una zona de soporte en tendencias a la alza y como una zona de resistencia en tendencias a la baja, particularmente en el oscilador de precio, aunque en buena medida en todos los osciladores.

Ya hemos visto en el capítulo 12 que cuando los dos promedios móviles se alejan mucho entre sí se crea una situación extrema en el mercado, lo que demanda una pausa o corrección en la tendencia. Para corregirse esta situación, el valor de la acción puede permanecer estático o bien retroceder hasta que el promedio móvil corto se acerque nuevamente al promedio largo. En este punto se produce un momento crítico. Si, por ejemplo, en una tendencia alcista, después de que ambos promedios se han separado el promedio corto regresa hacia el largo, el PM corto debe rebotar en el largo sin penetrarlo si la tendencia alcista continúa. Esto generalmente representa un momento adecuado de compra ya que el exceso (el avance acelerado de los precios) se ha corregido sin que haya terminado el alza. Este regreso es como una prueba a una línea de tendencia mayor que se supera con éxito. Si, por el contrario, el promedio corto cruza hacia abajo al promedio largo, será señal de un probable cambio de tendencia.

En una tendencia a la baja la interpretación es similar. El regreso de subida del promedio corto (que se ha adelantado) hacia el promedio largo, generalmente representa un punto adecuado de nueva venta en corto, a menos que el promedio largo sea penetrado por el promedio corto en vez de rebotar en él, en cuyo caso se registra una señal de probable cambio de tendencia. Por tanto, la relación entre los dos promedios puede utilizarse no sólo como un excelente sistema de seguimiento de tendencia, sino también para identificar condiciones de sobrecompra o de sobreventa de corto plazo.

En el oscilador de precio, los regresos del promedio corto sobre el largo se observan como regresos del oscilador sobre la línea de cero. Si la línea es respetada y el oscilador "rebota" en ella, será señal de que la tendencia continúa y podrán rehacerse posiciones. Si, en caso contrario, el oscilador "penetra" o cruza la línea de cero, será sugestivo de fin de tendencia y deberá buscarse cualquier señal directa (penetración de líneas de tendencia, por ejemplo) para cancelar posiciones.

Moving Average Convergence/Divergence (MACD)

El MACD se atribuye a Gerald Appel, de Signalert Corporation. Es el resultado de dos promedios móviles exponenciales calculados al precio de cierre, de 12 días contra 26 días, (nota 13.10). A este indicador se le construye un promedio móvil exponencial de 9 días como disparador. El indicador y su disparador se desplazan con relación a una línea de cero.

> **NOTA 13.10   EL MACD, UN OSCILADOR DE PRECIO**
>
> En el apartado "Oscilador de precio" se describió la forma de construir un oscilador a partir de dos promedios móviles. El MACD es un oscilador de precio particular que ha resultado muy útil para los analistas. Al propio oscilador, construido mediante la relación porcentual de dos promedios móviles exponenciales (12 días contra 26 días) se le calcula un promedio móvil de nueve días, también exponencial, como disparador.

La fórmula del MACD será entonces:

$$MACD = [(PM^e\ 12d - PM^e\ 26d) / PM^e\ 26d\ ]\ 100$$
$$disparador = PM^e\ 9d\ del\ MACD$$

donde *PM^e 12d* es el promedio móvil exponencial de 12 días, y así sucesivamente.

Interpretación del MACD

Las señales más útiles del MACD se dan cuando la línea del oscilador (la sólida) se cruza con la línea de su promedio móvil (línea punteada). La señal es de compra cuando la línea sólida cruza hacia arriba a la punteada y la señal de venta se da cuando la línea sólida cruza hacia abajo a la punteada. En el MACD pueden observarse también divergencias con respecto a la línea de precios. Tanto las divergencias como las señales generadas mediante los cruces entre los dos componentes del MACD serán confirmadas cuando el oscilador cruce la línea de cero.

Una señal ideal de compra se dará cuando al final de un mercado *bear* se identifique una divergencia *bullish* acompañada por el cruce del oscilador hacia arriba del disparador y que finalmente ambas líneas crucen el cero hacia arriba. La señal ideal de venta será cuando en un mercado *bull* maduro se observe una divergencia *bearish* acompañada por el cruce del oscilador hacia abajo del disparador y que por último esto sea confirmado por el cruce de ambas líneas hacia abajo del cero.

Hemos encontrado que el MACD puede ser útil tanto en mercados con tendencia como en mercados en *trading*. En tendencia las señales más claras son generadas por los cruces del oscilador sobre el cero, así como por las divergencias. En este caso, después de que el indicador cruza la línea de cero, se separa de ella y tras alcanzar niveles extremos regresa a la línea de cero y sin penetrarla (puede haber una penetración discreta que pronto se aborte o revierta) "rebota" para volver a alejarse en el lado positivo si la tendencia es alcista y en el negativo si es a la baja. El final de la tendencia se sospecha primero cuando se alcanzan niveles de sobrecompra o de sobreventa particularmente acentuados. Después se harán evidentes las divergencias. Por último, la señal que confirma el final de la tendencia será el cruce definitivo del oscilador a la línea de cero hacia el lado contrario, como se muestra en la figura 13.10, en los espacios marcados con "a".

GCARSO A1. MACD

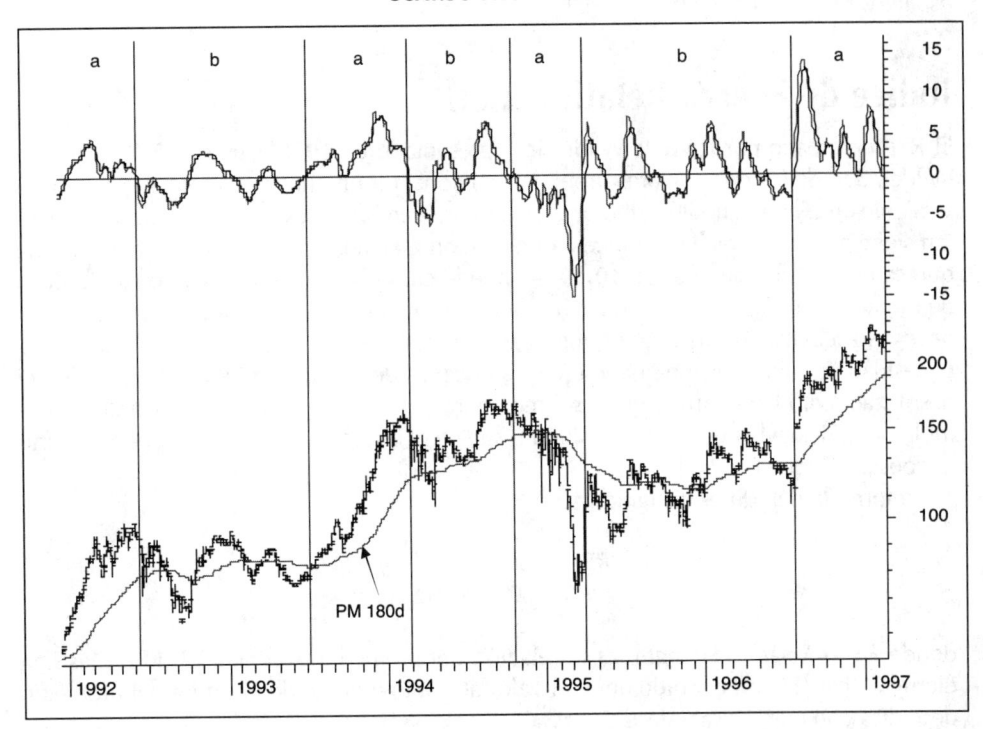

Figura 13.10 Gráfico de Gcarso A1 con PM exponencial de 180 días (trazo inferior) y MACD (trazo superior). Las zonas delimitadas entre líneas verticales marcadas con "a" corresponden a periodos de tendencia, tanto alcista como bajista. Las zonas marcadas con "b" son periodos de *trading*. En tendencia el precio se mueve por arriba (en el alza) o por abajo (en las bajas) de su promedio móvil, y lo mismo hace el MACD con la línea de cero. Al contrario, en *trading*, el precio cruza de forma repetida al PM y el MACD hace lo propio con el cero. Nótese además que en general, durante la tendencia, el oscilador alcanza niveles más marcados de sobrecompra y sobreventa que en *trading*.

En *trading*, las señales más productivas son los regresos del oscilador desde sobrecompra o desde sobreventa, acompañados por los cruces del oscilador sobre su promedio móvil. En este caso el indicador hará movimientos más amplios, desde sobrecompra hasta sobreventa, cruzando el cero en cada desplazamiento, y las señales a seguir serán entonces los cruces entre los dos componentes del indicador, no los cruces sobre el cero. En el punto de transición de tendencia a *trading*, el último pico o valle que forma el indicador estando aún dentro de la tendencia, el divergente, será el primer pico o valle de la fase de *trading*. Generalmente en la fase de *trading* el oscilador no alcanzará niveles de sobrecompra o sobreventa tan acentuados como los que se alcanzan en la parte más vigorosa de la fase de tendencia como se puede observar en la figura 13.10 en los espacios marcados con "b"

Índice de Fuerza Relativa (RSI)

El RSI fue creado por J. Wells Wilder Jr. y presentado en 1978. Como señala el propio Wilder, uno de los dos mayores problemas al construir una línea de momento es el movimiento errático frecuentemente ocasionado por cambios bruscos en los valores que están siendo descartados. Un avance o declinación marcada hace 10 días —en el caso de que se utilice un momento de 10 días— puede causar movimientos súbitos en la línea de momento aunque los precios tengan poco movimiento en la actualidad. Por tanto, es necesario suavizar el trazo para minimizar estas distorsiones. El segundo problema es la necesidad de establecer una banda para propósitos de comparación, es decir, limitar el desplazamiento hacia arriba en la sobrecompra y hacia abajo en la sobreventa. La fórmula del RSI suaviza el trazo y también resuelve el segundo problema creando un límite constante entre 0 y 100.

La fórmula del RSI es la siguiente:

$$RSI = 100 - (100 / 1 + RS)$$
$$RS = (\Sigma C_a/n) / (\Sigma C_b/n)$$

donde *RS*, o *Relative Strength*, es la relación del promedio exponencial de *n* días con cierre al alza $(\Sigma C_a/n)$ dividido entre el valor absoluto (ignorando el signo) del promedio de *n* días con cierre a la baja $(\Sigma C_b/n)$.

Originalmente Wilder empleó un periodo de 14 días, mismo que utilizamos nosotros, pero algunos servicios técnicos utilizan nueve días. Cuanto más corto es el periodo, tanto más sensible se hace el oscilador y mayor la amplitud de sus movimientos. Debe reconocerse que el RSI funciona mejor cuando en sus oscilaciones alcanza los límites superior e inferior. En este sentido podrían buscarse en cada caso los periodos convenientes para el tipo de inversión que se busque hacer, aunque generalmente serán periodos iguales o menores a 14 días.

Interpretación del RSI

Ya indicamos que los movimientos del RSI por arriba de 70 se consideran sobrecompra en tanto que los movimientos por abajo de 30 se consideran sobreventa. Si se utilizan periodos menores a 14 días se recomienda usar 80 y 20 como límites de sobrecompra y sobreventa, respectivamente, por la mayor movilidad del oscilador.

Uno de los conceptos difundidos por Wilder es el de *Failure swings* u *oscilaciones fallidas*, las cuales ocurren en las regiones por arriba de 70 y por abajo de 30. Una oscilación fallida en el techo se presenta cuando un último pico del RSI logrado en la zona por arriba de 70 falla en superar un pico previo dentro de una tendencia al alza (divergencia *bearish*) y posteriormente es seguido por una penetración hacia abajo del piso previo, como se muestra en las figuras 13.6 y 13.11a. Por el contrario, una oscilación fallida de un piso se presenta cuando dentro de una tendencia a la baja, estando el RSI por abajo de 30 hay una falla en formar un nuevo piso inferior (divergencia *bullish*) y, posteriormente, se penetra hacia arriba el pico o techo previo. Esta figura es un señal fuerte de un cambio de tendencia importante del mercado, generalmente de orden secundario y por lo menos terciario.

Las divergencias entre el RSI y la línea de precios que ocurren en las áreas del oscilador por arriba de 70 o por debajo de 30 son advertencias serias que deben tomarse muy en cuenta. El propio Wilder considera las divergencias como la propiedad más relevante del RSI y otros autores consideran que esto y las oscilaciones fallidas son lo más útil del RSI. No obstante, puede mencionarse que en el RSI aparecen varios patrones de reversa o continuidad similares a los que aparecen en los gráficos de precios y con los mismos significados. Asimismo, en el RSI se pueden identificar niveles de soporte y resistencia. En resumen, en el RSI pueden aplicarse las técnicas de análisis convencional para detectar cambios de tendencia y, de igual manera, como ya se comentó, se puede trazar un promedio móvil como disparador.

Una advertencia ya establecida es que cualquier tendencia fuerte, tanto ascendente como descendente, usualmente produce lecturas extremas en el oscilador de manera temprana. En tales casos, decir que el mercado está sobrecomprado o sobrevendido será muy prematuro y podrá inducir a dejar una postura productiva. Debe entenderse que en tendencias alcistas fuertes el mercado puede permanecer sobrecomprado por mucho tiempo y que el solo hecho de que el oscilador se mueva a la región alta (por arriba de 70) no significa que se deban cancelar las posturas en largo (nota 13.11).

NOTA 13.11   RSI, INTERPRETACIÓN DE SUS SEÑALES

Una manera prudente de interpretar las señales del RSI es que la primera migración hacia el área de sobre compra o sobreventa es sólo una advertencia, y que la señal a la que hay que poner estrecha atención es la segunda vez en la que el oscilador alcanza dichas zonas. Si el segundo movimiento no confirma el movimiento de los precios hacia nuevos máximos o nuevos mínimos formará un doble techo o doble piso en el oscilador y marcará una divergencia. En este punto debe tomarse cierta acción defensiva para proteger las posiciones adquiridas, como hacer una toma parcial de utilidades. Si el oscilador se define hacia el extremo opuesto rompiendo mínimos o máximos anteriores (o sea haciendo una oscilación fallida), entonces se confirmará la divergencia. No obstante, aun después de esta confirmación pudiera ser prematura una salida total del mercado y quizás no deberá tomarse acción hasta que la propia tendencia de los precios muestre señales de reversa, por ejemplo violando un piso local anterior. Probablemente, lo más práctico y eficiente para manejar una situación como ésta sea aplicar *stops* protectores muy cercanos (*véase* el capítulo 15).

ARA*. ÍNDICE DE FUERZA RELATIVA (RSI)

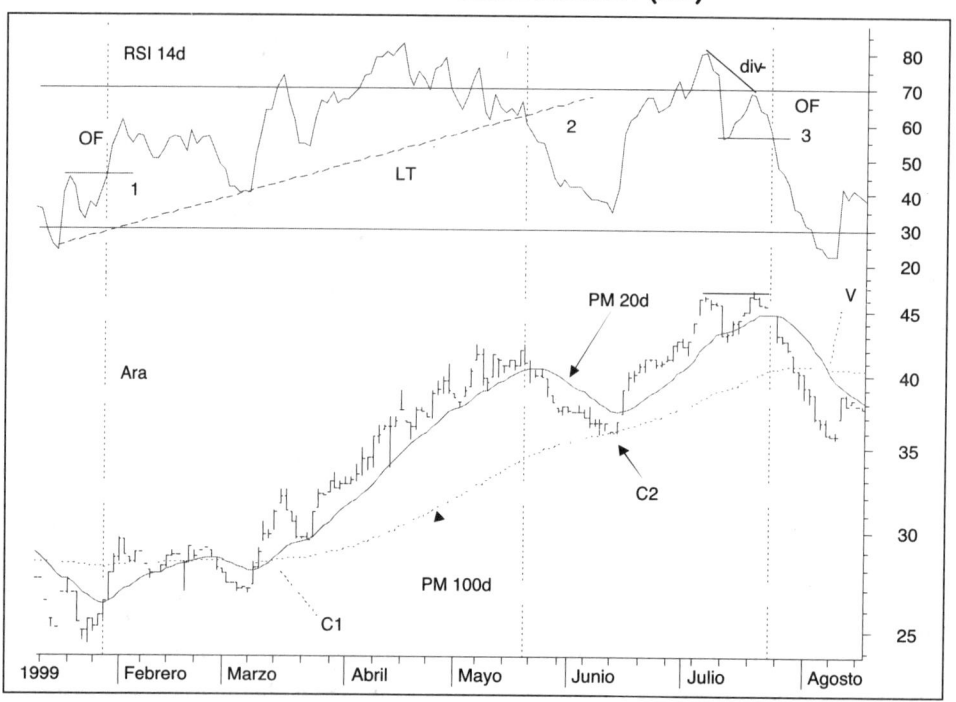

Figura 13.11a Gráfico de Ara* (trazo inferior) con PM ponderado de 20 días (línea continua, PM 20d) y de 100 días (línea punteada, PM 100d) y RSI de 14 días (trazo superior). Las señales derivadas del cruce de los promedios móviles se comparan con aquellas derivadas del RSI. En el número 1 del trazo superior se muestra cómo después de salir de la zona de sobreventa el RSI hace una oscilación fallida (OF) que corresponde a una señal de compra. Esto se confirma con los promedios móviles en el punto marcado con C1 en que ambos se cruzan. En el punto marcado con el número 2, el RSI sale de la zona de sobrecompra y poco después vulnera su propia línea de tendencia (LT) dando señal de venta. En el punto marcado con C2, el precio "rebota" en el PM de 100 días sin que haya habido cruce entre los dos PM, esto pude tomarse como una segunda señal de compra. En el punto 3 el RSI vuelve a hacer una oscilación fallida (OF) al salir de sobrecompra, habiendo mostrado antes una divergencia negativa (div.-), lo que constituye otra señal de venta. Finalmente, en V el cruce de los PM señala la venta confirmada.

En resumen, no se sugiere brincar fuera de una tendencia productiva sólo porque se alcanza un extremo en el oscilador, tanto en el RSI como en cualquier otro. Debe vigilarse la segunda entrada a la zona de peligro y sólo entonces adoptar cierta acción defensiva tomando utilidades parciales o aplicando *stops* protectores cercanos. Por el contrario, cuando se está en fase de *trading*, una oscilación fallida que coincide con el regreso desde la zona de sobrecompra o sobreventa tal vez será razón suficiente para cubrir las posiciones anteriores y adoptar las contrarias (de corto a largo y viceversa) véase figura 13.11b.

ÍNDICE BANAMEX. ÍNDICE DE FUERZA RELATIVA (RSI)

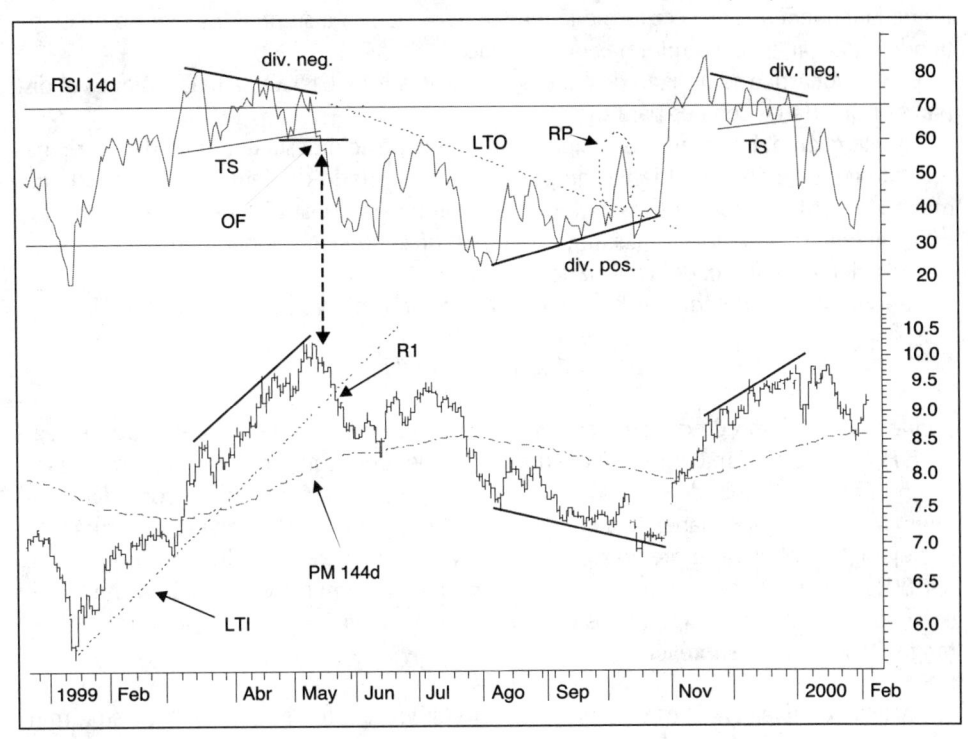

Figura 13.11b Gráfico del Índice Banamex con PM exponencial de 144 días (trazo inferior) y RSI de 14 días (trazo superior). El RSI suele hacer formaciones de reversa como las que hacen los precios. En este trazo podemos observar en el oscilador dos triángulos simétricos muy claros (TS), el primero (marzo a mayo de 1999) al romper la figura hace una oscilación fallida (OF) después de una divergencia negativa (div. neg.) dando así una fuerte señal de venta anticipada (doble flecha punteada) que poco después se confirma por el rompimiento (R1) de la línea de tendencia del índice (LTI). El óvalo de línea punteada marca un rompimiento prematuro (RP) de la línea de tendencia del oscilador (LTO) que aunado con la divergencia positiva que le precede (div. pos.) hubiera sido difícil evitar, no obstante, a la larga se confirma la validez de la señal de entrada. En noviembre y diciembre de 1999 se forma otro triángulo simétrico (TS) que igualmente marca una divergencia negativa. El rompimiento de esta figura en el oscilador marca una clara señal de venta. El promedio móvil de 144 días en este caso nos sirve para identificar un periodo de *trading* y por tanto, un momento adecuado para seguir las señales de un oscilador como el RSI.

Estocástico de Lane (K%D)

El estocástico fue inventado por George Lane. Está basado en la observación de que conforme se desarrolla una tendencia alcista, los precios de cierre tienden a acercarse al límite superior del rango de un periodo determinado, lo cual se revierte cuando la tendencia alcanza la madurez. A la inversa, en tendencias a la baja, los precios de cierre tienden a estar más cerca de los mínimos del periodo estudiado en las etapas iniciales de la tendencia, pero conforme la tendencia se acerca a su final los precios de cierre tienden a alejarse de los mínimos del periodo.

En el estocástico se utilizan dos líneas, la %K y la %D. La %D, la más lenta, es el disparador que da las señales para operar.

La intención del indicador es determinar en qué posición está el precio de cierre más reciente en relación con el rango de precios de un periodo de tiempo n. El periodo comúnmente utilizado por los operadores de futuros para construir el estocástico es de 5 días; sin embargo, periodos más largos (18 a 30 días) pueden quedar bien sincronizados con los ciclos del mercado accionario.

La fórmula para determinar %K, que es la más sensible y rápida de las dos, es:

$$\%K = 100 \, [(C - Ln) / (Hn - Ln)]$$

donde C es el último precio de cierre, Ln es el precio mínimo *(LOW)* del periodo elegido y Hn es el precio máximo *(HIGH)* del mismo periodo. Esta fórmula simplemente mide en forma porcentual de 0 a 100, dónde está el precio de cierre último con relación al rango total de precios manejados en el periodo seleccionado. Una lectura muy alta (>80 por ejemplo) colocará al precio de cierre cerca de los máximos del rango (por encima del 80% hacia el precio máximo) identificando sobrecompra, y una lectura muy baja (<20) lo colocará muy cerca de los mínimos (a menos del 20% del precio más bajo) del rango, identificando sobreventa.

La segunda línea (%D) es sólo un promedio móvil simple de la línea %K y su fórmula es:

$$\%Dz = 100 \times (Hz / Lz)$$

donde Hz es la suma de z días de *(C - Ln)* y Lz es la suma de z días de *(Hn - Ln)*. En general se utiliza un PM de 3 días cuando el periodo para calcular %K es de 5 días y se utiliza un PM de 8 a 21 días para periodos de %K que van de 14 a 30 días, respectivamente. Por nuestra parte, preferimos utilizar un periodo de 14 a 20 días para %K y 10 a 20 días para %D.

Esta fórmula produce dos líneas que oscilan en una escala vertical que va de 0 a 100. La línea sólida es la %K que es la más rápida. La línea más lenta y suavizada que se traza punteada es la línea %D. La principal señal que debe buscarse es una divergencia entre la línea %D y el precio cuando la línea %D está en área de sobrecompra o sobreventa, o sea, por arriba de 80 o por abajo de 20.

Interpretación del estocástico

Ocurre una divergencia *bearish* cuando la línea %D está por encima de 80 y forma dos picos declinantes mientras los precios siguen subiendo. Por el contrario, una divergencia *bullish* se da cuando la línea %D está por debajo de 20 y forma dos fondos ascendentes cuando los precios continúan bajando. Considerando que todos estos factores están presentes, la señal de compra o venta se activa cuando la línea sólida %K cruza a la más lenta %D (punteada) después que la propia línea %D ha cambiado de dirección. En otras palabras, el cruce debe hacerse a la derecha del pico o valle de la línea %D. Por ejemplo, en un fondo, la señal de compra será más fuerte si la línea %K cruza hacia arriba de la línea %D después de que la línea %D haya hecho fondo y empezado a remontar hacia arriba. En un techo, la señal de venta será más fuerte si la línea %D ya ha hecho un techo local y empezado a declinar antes de ser cruzada por la línea %K. Los cruces serán entonces más fuertes si ocurren cuando se están moviendo ambas líneas en la misma dirección (nota 13.12).

NOTA 13.12   CRUCE DEL DISPARADOR DEL ESTOCÁSTICO

El asunto del cruzamiento a la derecha de la cresta o valle es muy importante en general; pero es menos importante si la señal que se busca está en el mismo sentido que la tendencia anterior, es decir, cuando la señal esperada indica que la tendencia previa está siendo retomada después de una corrección menor. Sin embargo, el cruce por delante del cambio de tendencia del disparador es un asunto muy importante si lo que está indicando la señal del oscilador es un cambio de tendencia opuesta a la anterior. De hecho, en cualquier situación se requiere una señal más fuerte para demostrar un cambio de tendencia que para demostrar que se está retomando la tendencia anterior.

A pesar de la mayor sofisticación de este indicador, su interpretación es similar a la de los demás osciladores. Se considera una señal de alerta o preparatoria cuando la línea %D alcanza niveles extremos y muestra una divergencia. La señal de actuar se da cuando la línea %D es cruzada por la línea %K a la derecha del cambio de sentido o de tendencia de la propia línea %D (figura 13.12).

Versión lenta del estocástico

Hay una versión lenta del estocástico de Lane que resulta atractiva. En su construcción se descarta la línea %K más sensible. La fórmula original para la línea %D sigue siendo la misma, pero ahora se considera a ésta como la rápida. La nueva línea lenta es un promedio móvil exponencial de la %D, o sea que se construye un disparador a la línea %D. Esto significa que en esta versión del estocástico se descarta la línea %K. Algunos analistas consideran que esta variante da lecturas más adecuadas si bien su interpretación básica es la misma.

%R de Larry Williams

Este indicador está basado en un concepto similar al del estocástico, esto es, medir la situación del último cierre en relación con el rango de precios de un periodo previo de-

SORIANA B. ESTOCÁSTICO

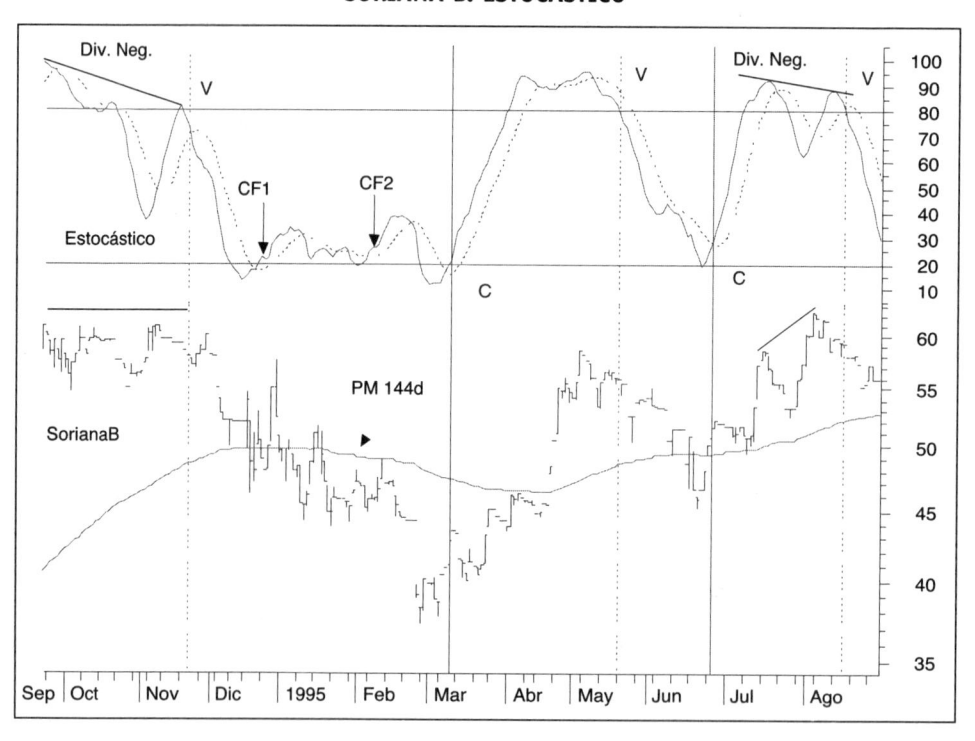

Figura 13.12 Gráfico de Soriana B con PM exponencial de 144 días (trazo inferior) y Estocástico de 18-10-10 días (trazo superior). El PM permite identificar que se está en un periodo de trading por los continuos cruces del precio sobre el PM. El oscilador marca con claridad los puntos de venta (V) y de compra (C) al abandonar las zonas de sobrecompra y sobreventa respectivamente. La primera señal de venta en noviembre de 1994 y la última en agosto de 1995 se dan después de divergencias negativas, lo que aumenta mucho su certeza. Nótese que las señales válidas ocurren también cuando el precio está alejado del PM. Mientras el precio y el PM estén "encimados" las señales derivadas del oscilador pueden ser falsas con mayor probabilidad, como lo que ocurrió en diciembre de 1994 (CF1) y en enero de 1995 (CF2).

terminado. En este caso el precio de cierre de hoy se resta del máximo del periodo y la diferencia se divide entre el rango total del mismo periodo, con la intención de localizar "el centro de gravedad" de un movimiento y así identificar los niveles de sobrecompra y sobreventa como posibles puntos de cambio de dirección del mercado.

El %R de Williams considera los precios de cierre máximo y mínimo de un periodo y después localiza el sitio que ocupa el último precio de cierre dentro de este rango. La distancia de este precio de cierre al cierre máximo se expresa como porcentaje en una escala numérica que va lógicamente de -100 a cero. La escala está invertida, de tal forma que las lecturas de sobrecompra están por arriba de -20 hacia el cero y las de sobreventa por abajo de –80 hacia -100.

Una característica del %R de Williams también presente en los demás osciladores, es que puede ser asociado a los ciclos del mercado para lo cual se debe escoger primero qué ciclo seguir con el indicador antes de operar con él. De hecho este indicador es útil únicamente en mercados en *trading* con clara "ciclicidad". Se sugiere probar con 5, 10 y 20 días para el %R.

Los otros osciladores también funcionan mejor cuando los mercados son cíclicos y por ello puede ser conveniente ajustar los parámetros a la longitud del ciclo. El RSI por ejemplo, tiene un comportamiento satisfactorio en 14 días que es la mitad de un ciclo mensual de 28. Los números 10, 20, 50 y 200 se usan frecuentemente en los promedios móviles por razones ya discutidas. Bastante mencionar aquí que 20 días de operación (28 días calendario) representan un ciclo mensual dominante importante y que los otros números están relacionados armónicamente con este ciclo mensual. La popularidad del estocástico de 5 días, el momento de 10 días, el RSI de 14 se basan en gran medida en el ciclo de 28 días y se analiza 1/2 y 1/4 del valor del ciclo dominante. De manera alterna, se pueden utilizar números de la secuencia de Fibonacci (nota 13.13), por su relación con los patrones de crecimiento (figura 13.13).

NOTA 13.13   LEONARDO DE PISA "FIBONACCI"

"Fibonacci" es el sobrenombre que recibió el mercader y matemático medieval Leonardo de Pisa (1170-1240), quien además de haber introducido en Europa el uso de los números indoarábigos, incluyendo el cero, hizo aportaciones personales en matemáticas, por desgracia demasiado avanzadas para haber sido apreciadas en su época. Una de estas contribuciones, publicada en su obra *Liber Abaci,* fue la serie numérica en que, a partir del número uno, cada nuevo número de la secuencia se genera mediante la adición de los dos números que le preceden en la propia serie. Los primeros números de la secuencia de Fibonacci son 1, 1, 2, 3, 5, 8, 13, 21, 34, 55, 89, 144, 233. Estos números tienen muchas propiedades interesantes que el lector puede consultar en la obra de Frost y Prechter, referida en la bibliografía. Por ahora baste mencionar que esta secuencia numérica tiene una íntima relación con la forma en que se desarrollan y crecen los sistemas en el universo, ya sean inorgánicos, como los átomos, los cristales y hasta las galaxias, o relacionados con los seres vivos, como la molécula de ADN, los canales del oído medio, las poblaciones de conejos o para el caso, los sistemas económicos. Esto ha sido tan importante que en 1962 se fundó la Sociedad Fibonacci y en 1963 apareció por vez primera la publicación trimestral *The Fibonacci Quarterly*, editada en Dakota del Sur, EUA, y dedicada a descubrir los "infinitos" misterios de esta secuencia. Como dato curioso referimos que el número de Fibonacci que ocupa la posición 20 es el 6,765 y que la posición 200 está ocupada por el número 280,571,172,992,510,140,037,611,932,413,038,677,189,525, o de manera más sencilla: 2.80571×10^{41}.

Los conceptos ya presentados para interpretar los otros osciladores se aplican también al %R, siendo la presencia de divergencias en zonas de sobrecompra o sobreventa la principal señal a identificar.

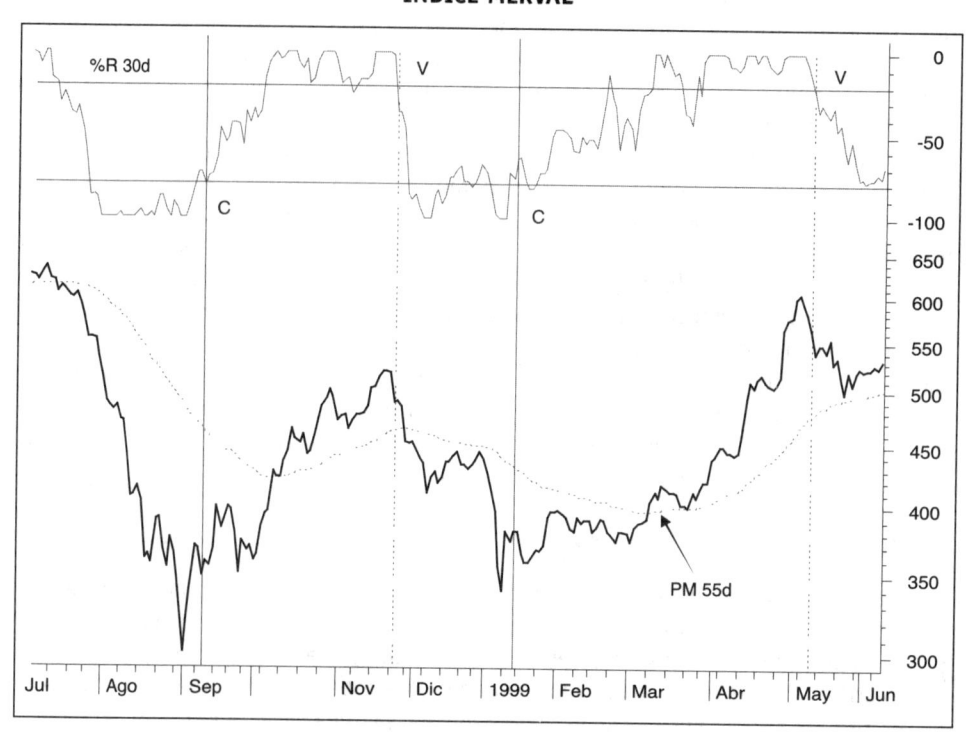

Figura 13.13 Gráfico del Índice Merval de la Bolsa de Valores de Argentina con PM exponencial de 55 días (trazo inferior) y %R de Williams de 30 días (trazo superior). Las señales de compra (C) y de venta (V) del oscilador al salir de las zonas de sobreventa y sobrecompra, respectivamente, son más nítidas cuando el precio está alejado del PM.

Comentario final

Hemos recalcado que los osciladores se utilizan con mayor provecho y menos riesgo en las fases de *trading* del mercado. Sin embargo, cuando hay duda en cuanto a la situación del mercado, deberán tenerse ciertas precauciones que a continuación recalcamos.

La mayoría de los analistas que utilizan osciladores insisten en que en etapas incipientes de tendencia alcista las señales de compra de los osciladores son apropiadas pero no las de venta. Por el contrario, en el inicio de las tendencias a la baja, las señales de venta de los osciladores son más provechosas, no así las de compra. De aquí se desprende que el análisis debe comenzar por definir con precisión la tendencia general del mercado antes de buscar las señales que los osciladores pudieran estar generando. Si la tendencia es al alza, aunque todavía no se confirme, debe tomarse una actitud estratégica de compra. Entonces podrán usarse los osciladores para determinar el momento de esa compra cuando así lo señalen. Esto es, cuando la tendencia mayor sea *bullish,* se deberá comprar cuando el oscilador cruce de regreso de la zona de sobreventa, o cuando cruce hacia arriba la línea de cero, según el caso. En mercados con tendencia a la baja, las señales de sobreventa deberán pasarse por alto, a menos que existan evidencias generadas por métodos distintos a los osciladores, de que la tendencia bajista pudiera estar llegando a su final.

No está de más insistir en la importancia de diseñar la estrategia de operación en la dirección de la tendencia mayor. El peligro de depender demasiado de los osciladores es caer en la tentación de usar divergencias como excusa para iniciar posturas en contra de la tendencia general actual. Este peligro muchas veces acaba siendo un ejercicio costoso y doloroso. Siendo tan útil, como de hecho es, un oscilador no es sustituto del análisis básico de tendencia.

Finalmente, en periodos de movimiento indefinido del mercado en que los precios se mueven en forma lateral por varias semanas o meses, los osciladores siguen a los precios muy de cerca. Los picos y valles de los precios coinciden con gran precisión con los picos y valles del oscilador y sus gráficos se parecen mucho. Durante este periodo puede operarse siguiendo "al pie de la letra" las señales de los osciladores. En un momento dado, el precio romperá el *trading* y dará comienzo a una nueva tendencia de ascenso o descenso de los precios. Por su naturaleza, en ese momento el oscilador estará ya en posición extrema justo al darse el rompimiento, sobrecomprado si rompe al alza, y sobrevendido si rompe a la baja. En estos casos será mejor ignorar al oscilador y tomar posiciones. A partir de entonces el asunto más importante a seguir será el análisis técnico básico mediante líneas de tendencia y niveles de soporte y resistencia, auxiliado con los promedios móviles. Más tarde, conforme la tendencia empieza a madurar, el oscilador deberá observarse con detenimiento en busca de divergencias.

Quisiéramos mencionar que no hay ninguna herramienta, método o sistema que por sí solo le dé al analista 100% de las veces la respuesta correcta. Deberán utilizarse varios instrumentos distintos para apoyar las decisiones. Creemos que lo más adecuado es basarse en el análisis técnico convencional de líneas de tendencia, niveles de soporte y resistencia y formaciones de reversa o de continuación, y limitar el armamento, además de los promedios móviles, a tres o cuatro indicadores que funcionen mejor para cada analista. Sólo la práctica constante, la disciplina y la crítica reflexiva podrán hacer del estudioso un virtuoso.

CAPÍTULO 14

INDICADORES VARIOS

Mediana y precio ponderado

Hay dos indicadores muy sencillos acerca de los cuales nuestros lectores pudieran encontrar comentarios en otras obra por lo que parece oportuno mostrar la manera en que son construidos. Estos son la mediana del precio y el precio de cierre ponderado. Más que indicadores propiamente, los trazos que se generan con estas modificaciones de los precios son una variante del gráfico lineal descrito en el capítulo 3, en el cual una línea une los precios de cierre, pero en estos casos se incluyen los precios extremos del periodo de la siguiente manera:

1. **La mediana** de un periodo se calcula simplemente sumando el precio mínimo al precio máximo del periodo y el resultado se divide entre dos.

$$Mediana = P_{mín} + P_{máx} / 2$$

2. **El precio ponderado** se calcula sumando dos veces el precio de cierre, más el precio mínimo y más el precio máximo del periodo y la suma se divide entre cuatro.

$$P.\ Ponderado = 2P_{cierre} + P_{mín} + P_{máx} / 4$$

La idea subyacente en estas modalidades es simplemente hacer un gráfico lineal sin ignorar del todo los valores extremos de cada periodo, lo cual es una manera diferente de representar en dos dimensiones un fenómeno harto complejo como es el movimiento de precios de las acciones en la bolsa de valores.

Indicadores relacionados con el volumen

Ya se ha comentado ampliamente la importancia del volumen como una referencia que, junto con los precios, nos permite darle significado a los fenómenos del mercado, ya que nos puede mostrar en un movimiento dado, debilidad o fuerza interior que pudiera estar oculta en el desplazamiento de los precios.

En esta sección presentamos dos indicadores de volumen que en nuestra experiencia han sido útiles en las decisiones de la inversión, a saber: el *Balance de Volumen* (*OBV*, por las siglas en inglés de *On Balance Volume*), de Joseph Granville, y el *Oscilador de Volumen* (*OVO*), de Mark Chaikin, llamado *Chaikin A/D Oscillator* en la literatura angloamericana.

Balance de Volumen (OBV)

El OBV consiste en una curva que busca confirmar, desde la perspectiva del volumen, la calidad o fortaleza de la tendencia de los precios o, por el contrario, advertir de una probable reversa cuando hay divergencias con la línea de precios.

El OBV fue diseñado para cuantificar la presión de compra o venta que hay en un movimiento del mercado, considerando que la inspección visual de los volúmenes representados en la parte inferior del gráfico de barras pudiera no ser suficientemente clara para indicarlo.

Su construcción es muy sencilla: al volumen total de cada día (o cada periodo) se le da el signo positivo si el cierre fue al alza, y se le da un signo negativo si cerró a la baja. De acuerdo con su signo, el volumen se suma o resta al total corriente acumulado que se tiene hasta el día anterior.

En la interpretación del OBV lo importante es la dirección relativa de la línea o su tendencia, no el nivel actual absoluto o numérico del indicador. Se ha sugerido que en vez de empezar a registrar el OBV a partir del cero y permitir que este número caiga a la zona negativa, lo que ciertamente podría suceder en tendencias a la baja prolongadas, se comience con un número entero grande arbitrario (cien millones por ejemplo), para que siempre se mueva en terreno positivo y sea más sencillo el análisis de su trazo.

La línea de OBV debe seguir la misma dirección que la tendencia de los precios para que se cumpla el tercer principio de la Teoría Dow (*véase* el capítulo 4, Teoría Dow), o sea que el volumen confirme el precio. Si los precios describen una tendencia alcista, la línea de OBV debe hacer lo mismo. Si los precios tienen una tendencia a la baja, igual debe comportarse el OBV. Cuando el OBV deja de seguir a los precios en su tendencia, existe una divergencia y por tanto una advertencia de posible reversa de la tendencia (nota 14.1).

NOTA 14.1 DEBILIDADES DEL BALANCE DE VOLUMEN (OBV)

Debe tenerse presente que hay muchos techos y pisos tanto de corto como de mediano plazo, en los que el OBV confirma "erróneamente" el precio ascendente o descendente y falla en su función de hacer evidentes las divergencias. Tal vez ésta sea su mayor debilidad. Por otro lado, cuando se observe una divergencia entre el gráfico de precio y el OBV, deberá tomarse como advertencia preliminar de probable cambio de tendencia y por ello se deberán buscar otras señales que también sugieran esta posibilidad antes de abandonar posiciones y mucho menos tomar nuevas posiciones en el sentido contrario a la tendencia vigente.

Aunque en teoría el OBV tendría todas las cualidades mencionadas y podría por ello dar un apoyo contundente al analista, hemos encontrado que la única función consistentemente productiva del indicador es la capacidad para advertir en forma oportuna del momento en que un periodo prolongado de acumulación termina para dar comienzo a la fase ascendente en una tendencia *bull* (*véase* el capítulo 4, Teoría Dow). En este caso, la elevación clara y sostenida del trazo del OBV confirma que efectivamente se ha dejado atrás la fase de acumulación y es tiempo de tomar posiciones en largo en inversiones que generalmente serán muy productivas (figura 14.1). Desgraciadamente, las otras se-

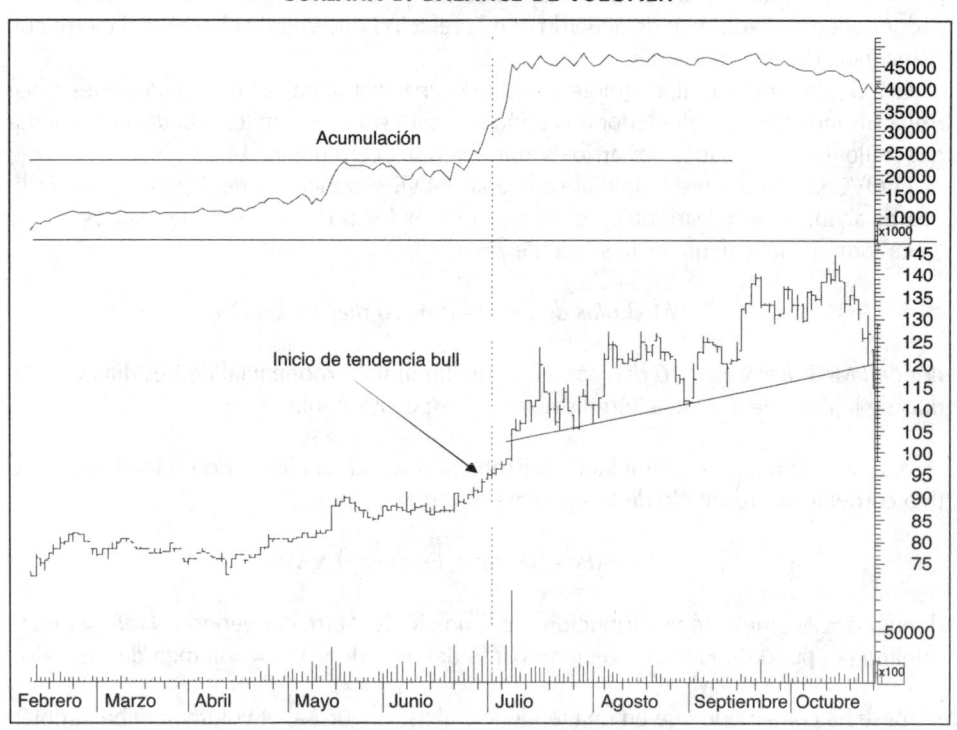

Figura 14.1 Gráfico de Soriana B (trazo inferior) con el Balance de Volumen (On Balance Volume, trazo superior). Se muestra el inicio de la tendencia *bull* que sigue al periodo de acumulación y la forma en que el OBV señala el cambio al elevarse su nivel de forma marcada en el arranque del *bull*.

ñales que genera este indicador son más bien confirmatorias y pocas veces suficientemente oportunas para ayudar en la operación.

Se ha criticado también que el OBV asume que todo el volumen de un día es de acumulación si el día cierra al alza, aunque durante la mayor parte del día hubiera estado a la baja. Se ha intentado superar este defecto y el Oscilador de Volumen de Chaikin, que a continuación describimos, es uno de los indicadores que lo ha superado con mayor acierto.

Oscilador de Volumen de Chaikin (OVC)

Para fines de este oscilador "acumulación" se define como el volumen de acciones operadas un día que cierre por arriba de la mitad del rango de precios de ese día; es decir que si el cierre del día en cuestión está por arriba de la mediana (*véase* "mediana" al inicio de este capítulo), el volumen operado se considera acumulación. A la inversa, si el precio de cierre del día está por abajo de la mediana del día, el volumen operado se considera distribución. Cuanto más cercano sea el precio de cierre al precio máximo del periodo, tanto mayor acumulación habrá ocurrido, y viceversa, de tal forma que el indicador pondera el volumen de acuerdo con la relación que guarde el precio al cierre con la mediana del precio del día.

Este oscilador es del tipo simple (consta de una sola línea) y no acotado, pues desarrolla sus movimientos alrededor de la línea de cero sin tener límites. Puede alcanzar varios millones de unidades por arriba y por abajo del cero (figura 14.2).

El OVC se calcula restándole al promedio móvil exponencial de 3 periodos de la línea de acumulación/distribución el promedio móvil exponencial de 10 periodos.

La fórmula del cálculo es la siguiente:

$$PM^e\ 3\ días\ de\ LA/D - PM^e\ 10\ días\ de\ LA/D$$

donde *PM^e 3 días* y *PM^e 10 días* son el promedio móvil exponencial de tres días y de 10 días de la línea de acumulación/distribución respectivamente.

A su vez, la línea de acumulación/distribución se calcula llevando un total acumulativo corriente del resultado de la siguiente fórmula:

$$A = \{Pc - [(Pmín + Pmáx)/2\ ]\} \times Vol$$

donde: *A* = Acumulación/distribución, *Pc* = precio de cierre del periodo, *Pmín* = precio mínimo del periodo, *Pmáx* = precio máximo del periodo y *Vol* = volumen del periodo.

Ya se ha comentado que en una tendencia alcista vigorosa, el volumen debe también elevarse y, por tanto, haber acumulación. Lo opuesto es correcto en los descensos, la bajada se acompaña de volúmenes decrecientes, pero que aumentan hacia el final en ventas de pánico en los fondos. De hecho durante las bajadas deberán buscarse incrementos

ELEKTRA CPO. OSCILADOR DE VOLUMEN DE CHAIKIN

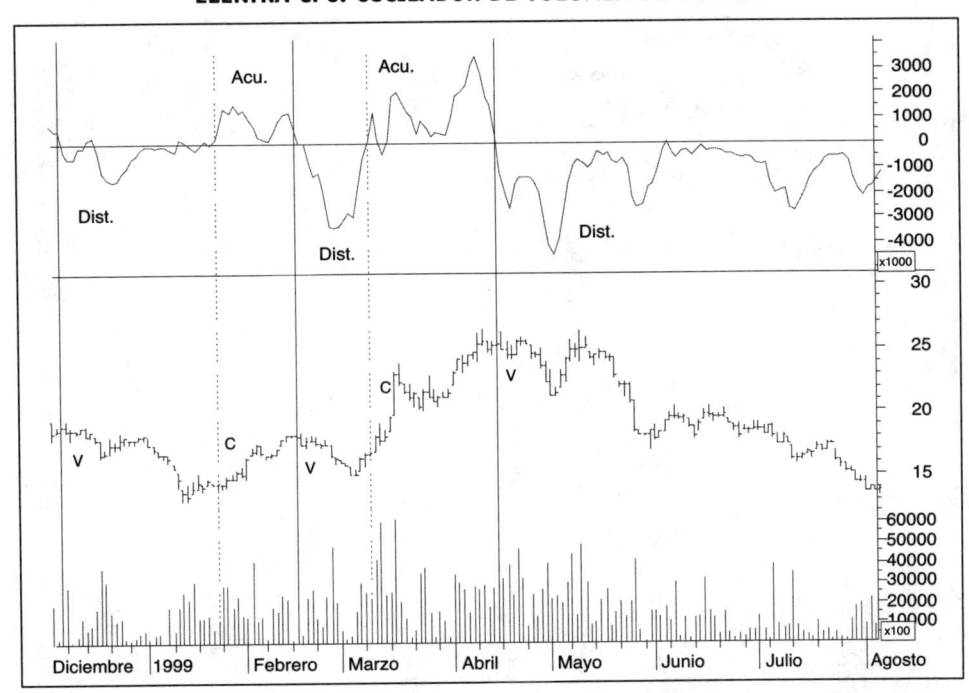

Figura 14.2 Gráfico de Elektra CPO (trazo inferior) con el Oscilador de Volumen de Chaikin (trazo superior). Cuando el oscilador está en zona negativa muestra distribución (Dist.) que en cada ocasión es acompañada de caída en el precio de la acción. Cuando el oscilador está en zona positiva muestra acumulación (Acu.) acompañada por aumento en los precios. Las líneas verticales muestran las señales de entrada o compra (C) y salida o venta (V), generadas por el cruce del oscilador con la línea de cero.

en el volumen seguidos por pisos inferiores acompañados de volumen decreciente, lo que genera la divergencia en el indicador.

El OVC pretende ser capaz de detectar el flujo de capital hacia el mercado o hacia afuera del mismo. Al comparar estos flujos de capital el oscilador puede ayudar a determinar los techos o los pisos de corto y de mediano plazo.

La interpretación de este oscilador depende de dos señales: las divergencias entre el oscilador y el precio, sobre todo cuando el oscilador está en niveles extremos, son las señales más importantes.

La otra señal importante se da cuando el oscilador cambia de dirección. Estas señales son válidas sólo cuando son en la dirección de la tendencia. En estas condiciones, un viraje del oscilador hacia abajo mientras esté en territorio positivo, será una señal de venta si la tendencia de la acción es a la baja (si está por debajo de su promedio móvil de 100 días, por ejemplo) y un viraje hacia arriba en terreno negativo será señal de compra si la tendencia es alcista (figura 14.3).

PEÑOLES*. OSCILADOR DE VOLUMEN DE CHAIKIN

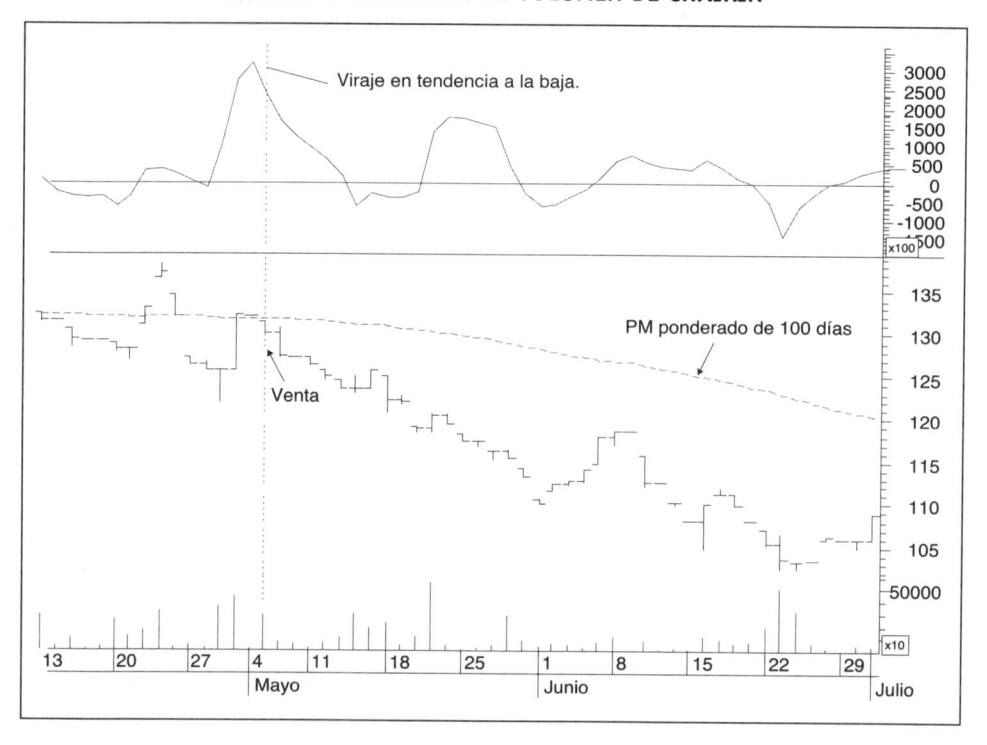

Figura 14.3 Gráfico de Peñoles* con su PM ponderado de 100 días (trazo inferior) con el Oscilador de Volumen de Chaikin (trazo superior). La línea vertical punteada señala el viraje hacia abajo del oscilador desde la zona de sobrecompra, en tanto que el PM muestra que la acción se encuentra en tendencia a la baja ya que el precio se desplaza por abajo del propio promedio móvil. Ese viraje es una buena señal "adelantada" que indica tomar utilidades (VENTA).

Consideramos que el OBV y el Oscilador de Chaikin son suficientemente capaces de indicar lo que los volúmenes están haciendo y que no se requieren otros (nota 14.2).

NOTA 14.2 ÍNDICE DE DEMANDA (*DEMAND INDEX*)

Hay un indicador que relaciona el volumen con el precio y a partir de ambos construye un oscilador llamado Índice de Demanda o *Demand Index*. El cálculo de dicho indicador es complicado y la fórmula no es del dominio público. En todo caso, hemos encontrado que las señales derivadas del DI son inconsistentes y confusas, por lo que no consideramos necesario desarrollar el tema. Lo mismo pensamos de otros indicadores de volumen como el índice de volumen positivo y el índice de volumen negativo.

Indicadores de amplitud

Uno de los conceptos que hasta ahora no se han tocado en la obra es el de amplitud (*breadth*, en inglés), el cual hace referencia a la proporción de todas las acciones que participan en un movimiento dado en un mercado en particular. En otras palabras, la amplitud nos indica qué tantas acciones de un mercado han acompañado o "se han contagiado" un movimiento determinado de un índice que supuestamente refleja el desempeño de dicho mercado.

Se dice que el movimiento del índice referido tiene "amplitud" cuando participa en él un porcentaje importante de las acciones de ese mercado. Por lo mismo, se dice que un movimiento en el índice es "angosto" cuando es provocado por pocas emisoras que, no obstante, deberán tener un peso específico o ponderación importante en el índice respectivo para provocar el movimiento en estudio.

Hay diversos indicadores de amplitud, que se construyen a partir de tres referentes: el número de acciones que avanzaron, el número de acciones que retrocedieron y el número de las que operaron y cerraron sin cambios con relación al día previo. Estos datos pueden manejarse de dos formas distintas: de manera aislada, es decir, que al relacionar las emisoras que avanzan con las que retroceden y con las que cierran sin cambio, se emita el dato aislado de cada día, no obstante que al hacer la gráfica se una el valor obtenido cada día mediante una línea. En este sistema, en la forma de calcularlo, cada dato es independiente del valor del día anterior.

La segunda manera de manejar los datos es manteniendo un total corriente acumulativo a partir de cero o de cualquier número arbitrario que se asigne en la fecha de inicio del registro a partir del cual se sume o reste cada día la cifra que se obtenga del cálculo basado en los dos o tres referentes originales mencionados.

Los indicadores de amplitud más interesantes son: el Índice de Amplitud Absoluta (IAA), la Línea de Avance/Retroceso [L(A-R)] y el Índice de Amplitud de Hughes [I(A-R)/T].

Índice de Amplitud Absoluta (IAA) El IAA fue ideado por Norman Fosback. Es el valor absoluto (sin importar el signo) del número de acciones que cerraron al alza, menos el número de acciones que cerraron a la baja en un mercado dado. Así, por ejemplo, si en la Bolsa Mexicana de Valores (BMV) 80 acciones cerraron al alza y 5 a la baja, el valor del IAA de la BMV para el día será de 75. Igualmente, si cinco acciones cerraron al alza y 80 a la baja, el IAA también será de 75. Se sugiere aplicar al valor obtenido un promedio móvil simple de tres a cinco días para suavizar el trazo y evitar movimientos bruscos o demasiado ruido que obstaculice la interpretación del indicador. Como resultado de estos cálculos, cuando hay amplitud, sin importar si la mayoría de las acciones avanzó o retrocedió, el indicador dará valores altos (cercanos al total de emisoras que operan en ese mercado o en esa muestra), en tanto que cuando no haya amplitud, el valor del indicador disminuirá hasta valores cercanos a cero. Los valores no podrán ser menores que cero ni exceder el total de emisoras que operaron el día en cuestión. El principio sobre el que se apoya este indicador establece que en los clímax de venta, la amplitud alcanza su nivel máximo cuando todas las acciones están a la baja. Con base en esto, se concluye que las lecturas más elevadas de este indicador (recordemos que se manejan valores absolutos) señalarán los pisos del mercado (figura 14.4). Aunque por lo general todas las acciones alcanzan un piso importante al mismo tiempo, se supone que esto no ocurre en los techos, ya que habitualmente cada acción alcanza su nivel máximo en diferente momento y, por tanto, la amplitud en estos puntos es menor que en los pisos (nota 14.3).

NOTA 14.3 ÍNDICE DE AMPLITUD ABSOLUTA EN INVESTIGACIÓN

Ha sido difícil demostrar en forma consistente la utilidad práctica de este indicador en la operación, pero es un elemento de investigación básica interesante.

IPC. ÍNDICE DE AMPLITUD ABSOLUTA

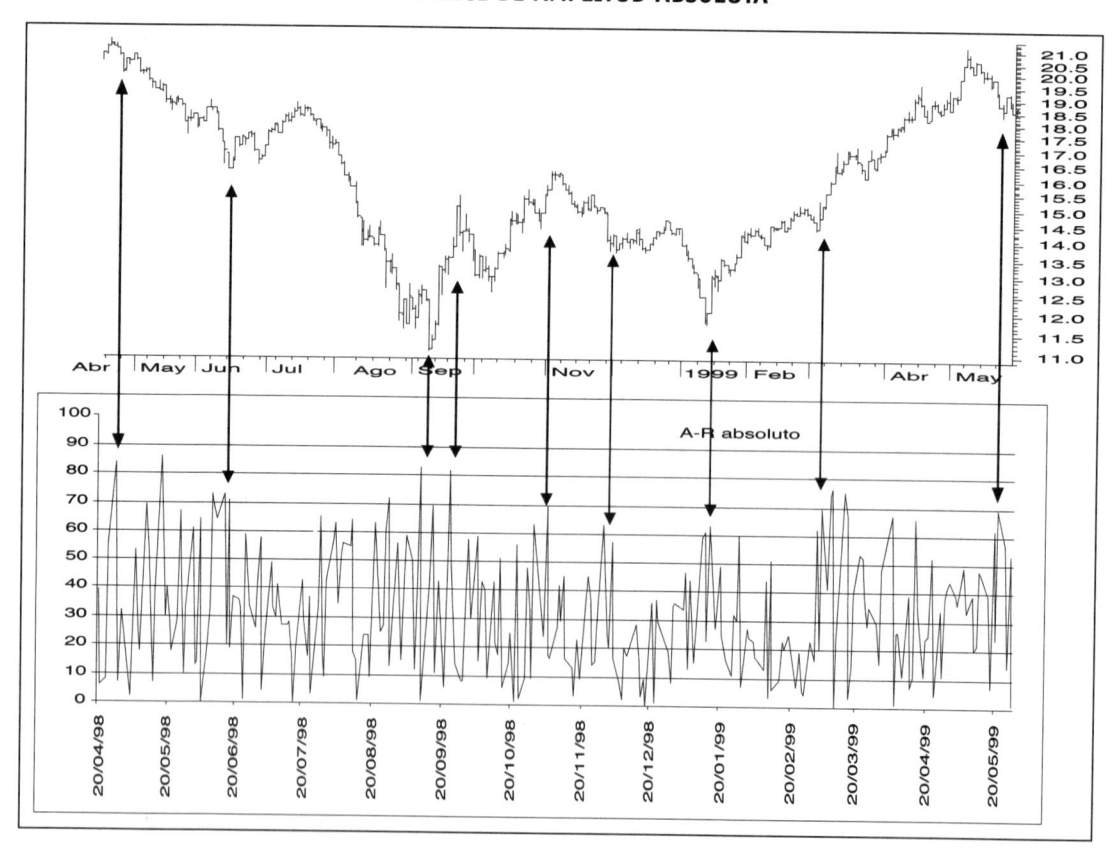

Figura 14.4 Gráfico del IPC de la BMV en valores reales (trazo superior) y el Índice de Amplitud Absoluta (trazo inferior). Este Indice busca señalar los puntos de máxima amplitud o concordancia en el movimiento entre las distintas acciones que operan en un mercado. Nótese que los picos del índice de amplitud coinciden tanto con crestas como con los valles del IPC, ya que señalan momentos de máxima amplitud (concordancia en el movimiento de todas las acciones en una misma dirección), tanto al alza como a la baja.

Línea de Avance-Retroceso [L(A-R)]   La línea de AR es un indicador acumulativo de la amplitud del mercado, diseñado para permitir compararlo fácilmente con alguno de los índices. Como en el caso del OBV, el valor absoluto de este indicador no es importante, sino la relación de la tendencia del indicador con la tendencia del mercado. La línea de AR se construye comenzando en cualquier momento a partir de un número grande para evitar caer en negativos (por ejemplo 5,000 o 10,000). Cada día se calcula el número de acciones que tienen movimiento alcista menos aquellas que cerraron a la baja. El total se suma o resta del total corriente acumulativo que se tiene hasta el día anterior, según sea un número positivo o negativo. Para hacer los cálculos, generalmente se utilizan todas las emisoras de un mercado particular pero puede hacerse una selección o muestreo deliberado si se juzga conveniente. Como alternativa a esta forma de indicador de amplitud se ha sugerido hacer un total corriente acumulativo del resultado de dividir la diferencia $(A-R)/T$, donde A es el número de acciones al alza, R el número de acciones a la baja y T el total de emisoras que operaron ese día. Creemos que esta forma de hacerlo es más correcta, ya que no desprecia el efecto de las emisoras que operaron sin cambio al cierre y facilita la comparación con datos distantes en el tiempo, que de otra manera podrían no ser comparables, pues sucede que con el paso del tiempo aumenta el número de emisoras que operan en un mercado dado y la volatilidad de la simple fórmula A-R tendería a aumentar de manera distorsionada al aumentar el número de emisoras en el mercado (figura 14.5). Por otro lado, la inclusión del número de acciones sin cambio (implícitas en el total de emisoras del denominador) en ciertos momentos puede ayudar a generar una señal más temprana de un posible cambio de tendencia. La razón de esto es que el número de acciones sin cambio disminuye rápidamente en las fases más dinámicas del mercado en cualquier dirección, de tal manera que cuando éstas empiecen a aumentar, si al mismo tiempo disminuye la diferencia entre las que avanzan menos las que retroceden, el denominador crecerá y el numerador decrecerá, lo que nos ayudará a detectar más temprano la pérdida de momento en el movimiento. Esto podrá ser un signo temprano de que el final de la tendencia está cerca (nota 14.4).

NOTA 14.4   LÍNEA DE AVANCE/RETROCESO, OTRA FORMA DE CALCULARLA

Otra forma de calcular la línea de A/R es obteniendo la raíz cuadrada de $[(A/SC)-(R/SC)]$, donde A y R siguen siendo el número de acciones al alza y a la baja, respectivamente, y SC es el número de acciones que operaron con precio al cierre igual al del día anterior o sin cambio. En este caso, no puede calcularse la raíz cuadrada del resultado cuando R es mayor que A pues la diferencia será un número negativo. En tales casos, para poder obtener la raíz cuadrada se invierte el sentido de la diferencia $[(R/SC)-(A/SC)]$ y el resultado se resta del total corriente acumulativo. Otro problema de esta fórmula es que no pueden hacerse los cálculos el día en que ninguna emisora cierre sin cambio, ya que los denominadores serían iguales a cero y el resultado de la división infinito. Además, hemos encontrado que cuando el número de acciones que avanzan y las que retroceden es parecido pero el número de acciones sin cambio es muy pequeño, el resultado será un número que sugiera erróneamente un movimiento con amplitud, lo cual será una señal distorsionada.

IPC. LÍNEA DE AVANCE-RETROCESO

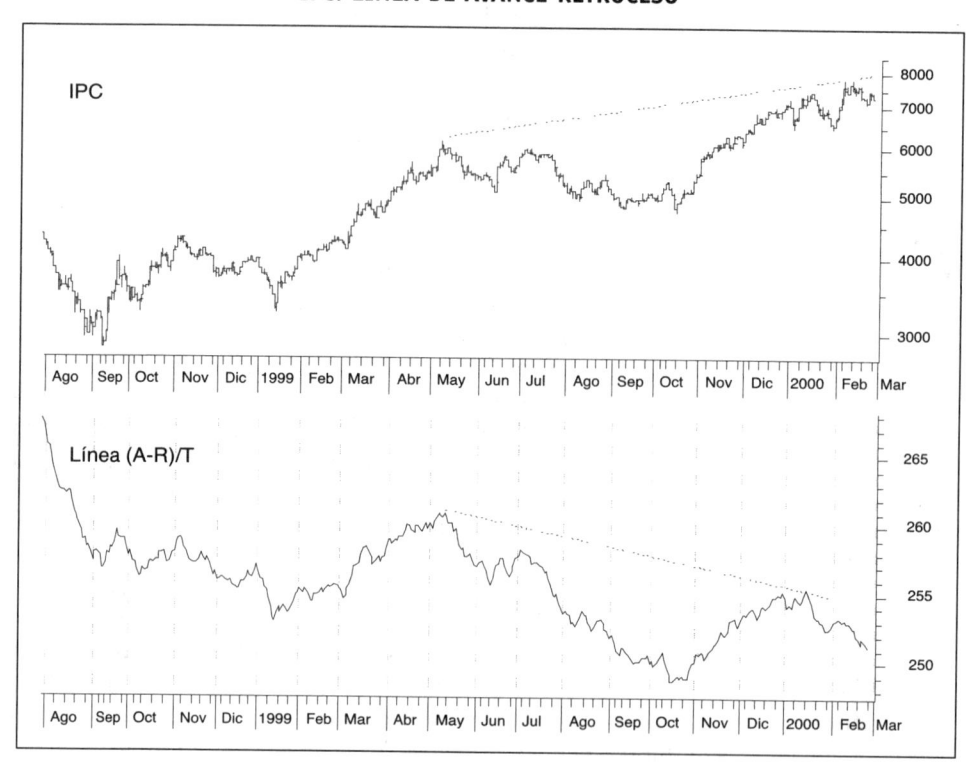

Figura 14.5 Gráfico del IPC de la BMV en unidades nominales (trazo superior) con la Línea de Avance-Retroceso [(A-R)/T] (trazo inferior). Esta línea de avance/retroceso muestra una marcada divergencia negativa con el índice del mercado (IPC) lo cual se puede interpretar ya sea como señal *bearish* que pronto será seguida por una caída del IPC, o como explicación alterna se puede proponer que el movimiento divergente entre la línea de avance-retroceso y el IPC pone en evidencia que el mercado como un todo no es representado adecuadamente por el IPC (aunque lo represente adecuadamente en función al volumen de acciones operadas por cada emisora en él representada), puesto que el propio IPC avanza mientras que la mayoría de las acciones del mercado tienden a la baja.

Por lo general la línea A-R asciende o desciende armónicamente con los índices del mercado, pero es común que alcance sus picos o techos mucho antes que los índices. De hecho, esta línea generalmente coincide o alcanza los pisos después que los índices, en tal caso carecerá de potencial predictivo. Por otro lado, cuando la línea A-R rehúsa confirmar un nuevo piso de los índices (cuando hay divergencia positiva) o cuando rompe hacia arriba una línea de tendencia descendente antes que el índice, podrá tomarse como un fuerte signo *bullish,* aunque deberá confirmarse por un rompimiento similar en el propio índice. De acuerdo con Colby y Mayers, la interpretación del indicador puede hacerse con base en el siguiente cuadro:

Índice del mercado (IPC, DJIA, S&P-500)	Línea de avance-retroceso	Interpretación de la señal
Asciende	Desciende	*Bearish*
Cerca de o en techo previo	Mucho más abajo que el techo correspondiente	*Bearish*
Cerca de o en techo previo	Mucho más arriba que el techo correspondiente	*Bullish*
Desciende	Asciende	*Bullish*
Cerca de o en un piso previo	Mucho más arriba que el piso previo	*Bullish*
Cerca de o en un piso previo	Mucho más abajo que el piso previo	*Bearish*

Índice de Amplitud de Hughes [I(A-R)/T] Este indicador se calcula dividiendo el número de acciones que avanzan, menos el número de acciones que retroceden, entre el total de acciones operadas. Para estudiar este indicador se elabora una gráfica con el valor obtenido cada día, sin llevar un total acumulado. Al trazo generado se le calcula el promedio móvil simple de tres a cinco días para suavizarlo y hacer más clara su lectura. El indicador se desplazará con relación a la línea de cero entre valores de +1 y -1. El concepto subyacente es que las alzas del mercado están precedidas por un fortalecimiento de la amplitud alcista y que los descensos se manifiestan heráldicamente con amplitud a la baja. Esta fortaleza o debilidad puede evidenciarse mediante el I(A-R)/T, pues a manera de señal de activación, los *rallies* tienen un impulso inicial marcado por un I(A-R)/T que al estar en nivel negativo suele exceder el cero. Los regresos o correcciones, por otro lado, tienen un impulso inicial que suele bajar de niveles positivos altos hasta niveles negativos (figura 14.6). La interpretación de este indicador se hará buscando señales momentáneas de amplitud positiva (>+0.5) o negativa (<-0.5) y buscando divergencias, ya que cualquiera de las dos señales alertan probables cambios de tendencia (nota 14.5).

NOTA 14.5 INTERÉS DE LOS INDICADORES DE AMPLITUD

Los indicadores de amplitud nos permiten observar fenómenos particulares del mercado que aunque muchas veces no dan señales que faciliten la operación, son instrumentos muy interesantes para el estudio de aspectos teóricos del comportamiento bursátil. Uno de ellos, que se ponen en evidencia mediante el estudio de la amplitud, es que en ocasiones las tendencias que identificamos en los índices son "cosmopolitas", es decir, incluyen una muestra amplia de las acciones de diversos sectores, en tanto que en otras ocasiones son generadas exclusivamente por un estrecho sector del mercado que, sin embargo, "pesa" mucho en el valor del propio índice. En este caso, deberá hacerse una selección muy específica de emisoras, o no deberán considerarse las señales del índice para diseñar la estrategia general.

IPC. ÍNDICE DE AMPLITUD DE HUGHES

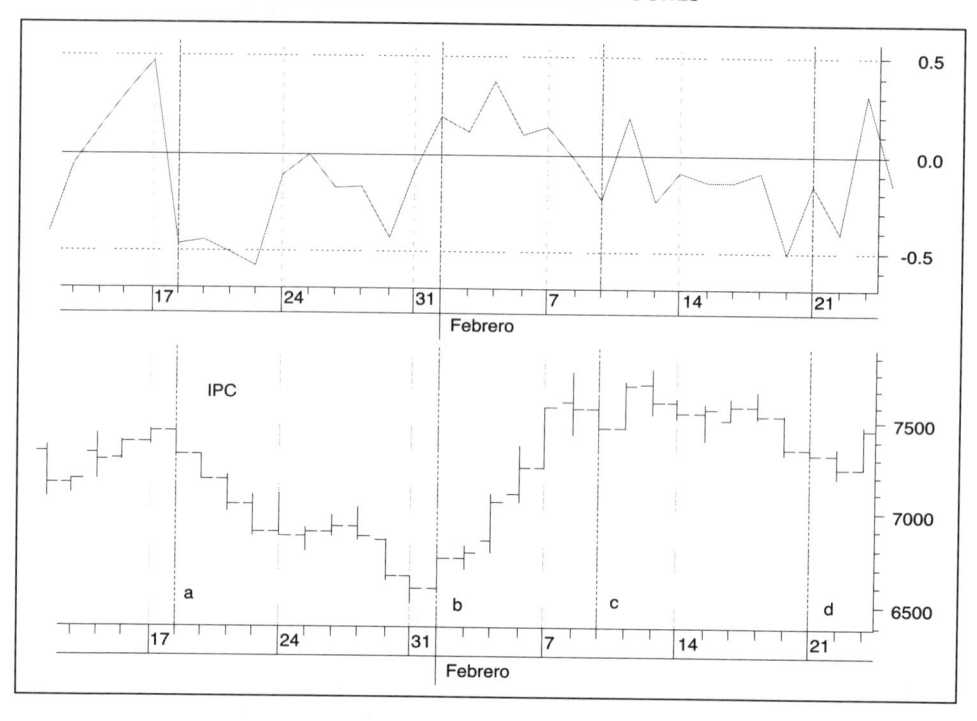

Figura 14.6. Gráfico del IPC de la BMV en unidades nominales (trazo inferior) con el Índice de Amplitud de Hughes (A-R)/T. Las líneas verticales muestran los momentos en que cambia la tendencia (de corto plazo) del IPC. En cada caso, el viraje en el IPC es precedido por un desplazamiento del indicador desde zona positiva extrema a negativa o desde zona negativa marcada a positiva. Consideramos que esta manifestación en la amplitud del mercado anuncia con antelación el movimiento del índice (IPC) al romper la inercia de la tendencia precedente y generar una nueva inercia en dirección contraria.

Podemos considerar que cuanto menos acciones se muevan en la misma dirección que el índice del mercado, mayor será la probabilidad de que pronto haya un cambio de tendencia. De acuerdo con esto resulta que podemos aprovechar las señales de un indicador de amplitud cuando el índice del mercado se acerca a una resistencia en un movimiento alcista, o a un soporte en una bajada. Si el movimiento tiene "amplitud" al llegar a la resistencia o soporte, habrá más probabilidades de que el límite identificado sea superado que si no la hay.

Oscilador NSC El Oscilador NSC (ONSC) fue diseñado por nosotros buscando un indicador, basado en señales de osciladores, que reflejara la amplitud de los movimientos de una muestra de emisoras con respecto al mercado. Nuestro oscilador está relacionado con el concepto de amplitud ya revisado, pero en una forma particular que Martin J. Pring llama *difusión* (nota 14.6). Según este autor, los indicadores de difusión se construyen a partir de acciones deliberadamente escogidas que se reúnen para formar agregados. Estos agregados generan señales derivadas de indicadores que se interpretan como una unidad.

> **NOTA 14.6 INDICADORES DE DIFUSIÓN**
>
> Martin J. Pring recomienda utilizar un indicador de momento como el ROC y un oscilador de precio. No hemos probado esta combinación pero pudiera ser interesante. Nuestro método difiere del que recomienda Pring sólo en el ROC, ya que nosotros utilizamos el MACD que, como vimos en el capítulo 13, es un oscilador de precio con un disparador aunado al estocástico.

El oscilador NSC utiliza para su construcción la señal derivada del MACD y del estocástico (con parámetros 20-10-10). Se considera una señal positiva cuando el indicador se encuentra abajo del disparador. En el caso del MACD la señal es positiva cuando el oscilador está por debajo de su promedio móvil de nueve días y, por tanto, ascendiendo. En el estocástico, la señal es positiva cuando el %K está por debajo del %D y ascendiendo. Lo inverso se considerará como una señal negativa.

El indicador se construye cada día haciendo la suma aritmética de las señales positivas y negativas en una muestra fija. A partir del resultado, se construye un oscilador que puede ir de 0 al doble del tamaño de la muestra (en la muestra utilizamos 13 acciones y el IPC).

Consideramos que cuando todas las señales son negativas y, por tanto, ya no pueden hacerse más negativas, está cerca el momento de una reversa del mercado, cuando menos de corto plazo. Lo mismo sucede cuando las señales son todas positivas. Hemos fijado como umbral de cambio de señal el número 9 para virar a negativo y el 19 para virar a positivo, ya que estos niveles nos aportan un grado adecuado de sensibilidad sin restar especificidad a la señal. De acuerdo con esto, cuando el ONSC pasa hacia abajo del 9 se activa una señal de venta que permanecerá vigente hasta que el indicador supere el nivel de 19. Entonces se activa una señal de compra que a su vez persistirá en uso hasta que el indicador baje a menos de 9 (figura 14.7).

Como cualquier oscilador, el ONSC es más útil cuando el mercado se encuentra en fase de *trading* de movimientos amplios. En tendencia, las señales de este indicador pueden ser desorientadoras.

Volatilidad

La mayoría de los analistas definen volatilidad en términos de actividad o movilidad del mercado. Si el mercado, un sector o una acción determinada son muy activos, o sea que los precios o valor del índice se mueven mucho, serán volátiles. Si son poco activos se consideran no volátiles. La propiedad que está relacionada directamente con volatilidad es la variabilidad o dispersión de los precios en un periodo dado. Volatilidad es entonces la distancia entre el precio más bajo y el precio más alto en un periodo determinado de tiempo, lo que también se acostumbra llamar rango (nota 14.7). Cuando en un

238 Invierta con éxito en la bolsa de valores

IPC. OSCILADOR NSC

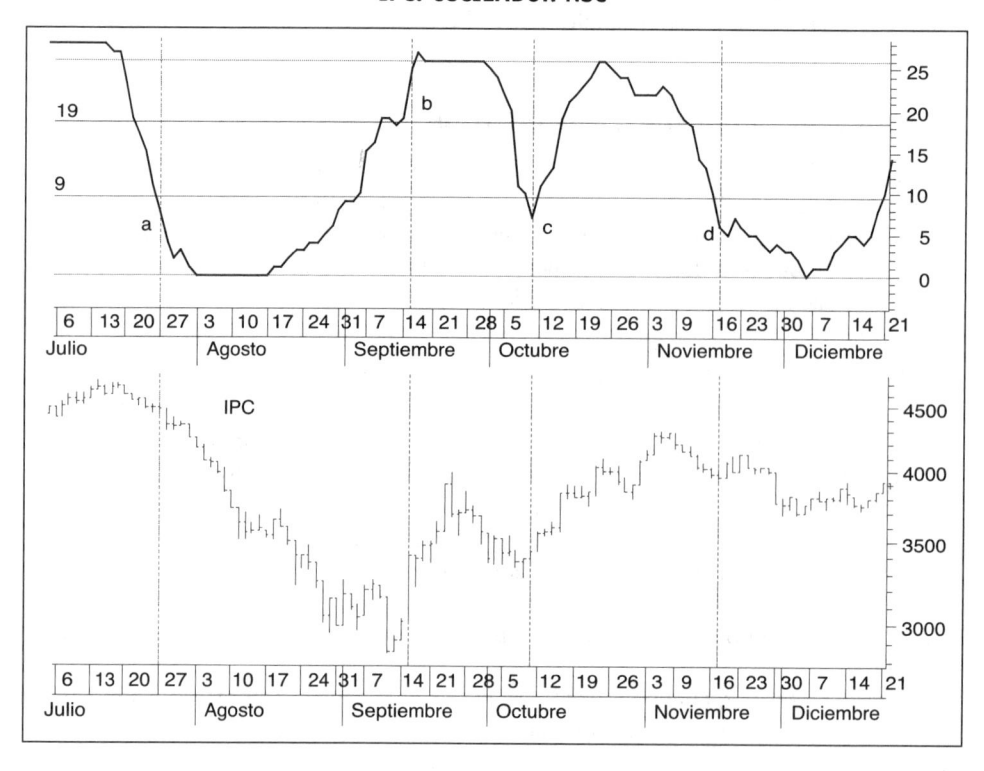

Figura 14.7 Gráfico del IPC de la BMV en unidades nominales (trazo inferior) y el Oscilador NSC (trazo superior). Las líneas verticales punteadas marcan los momentos en que el oscilador da la señal de cambio (a la baja cuando cruza hacia abajo de 9 y al alza cuando cruza hacia arriba de 19). En "a" dio una salida oportuna. En "b" indicó una entrada que ya había anunciado de manera prematura unos cuatro días antes. En "c" da una señal de salida en falso que cancela un día después. Por último en "d" indica una salida definitiva.

periodo se maneja un solo precio, la volatilidad no es cero, sino que es igual a la distancia desde el último precio del periodo anterior hasta el precio único del periodo en cuestión. Igualmente cuando entre un periodo y otro existe una brecha importante (*véase* el capítulo 11), la volatilidad se calcula desde el último precio del periodo anterior hasta el precio máximo o mínimo del periodo en cuestión, el que resulte el valor mayor.

NOTA 14.7   RANGO

De forma apropiada, el término rango se utiliza para designar la idea de orden, jerarquía, lugar, categoría, nivel, clase o importancia. Sin embargo, en estadística (*Estadística*, de la serie Schaum, M. S. Spiegel, Mc-Graw-Hill, México, 1970) se aplica para designar la diferencia entre el mayor y el menor de los números de una serie.

Se han diseñado varios indicadores que buscan derivar de la volatilidad de una acción señales de compra o venta como el Índice de Volatilidad de Chaikin, el Índice de Volatilidad de Wilder y el Índice de Volatilidad Relativa de Dorsey. En este caso, nuevamente creemos que esos indicadores son interesantes para estudiar aspectos teóricos básicos del comportamiento del mercado, pero tenemos dudas en cuanto a su utilidad práctica en la operación bursátil. Para nosotros la volatilidad es una propiedad de las diversas emisoras y de los distintos mercados, que debe estudiarse y conocerse para entender las posibilidades de generar utilidades o los riesgos de tener pérdidas, dependiendo de los distintos instrumentos o los distintos momentos que se elijan para invertir. Es decir, la volatilidad es un rasgo importante de la "personalidad", las acciones que deben considerarse cuando se conforme un portafolios de inversión, pero no creemos que deba utilizarse como fuente de señales de entrada o salida del mercado.

Para esto, deberá estandarizarse la manera de presentar la volatilidad de cada acción de tal manera que sean comparables entre sí. Hemos utilizado dos maneras distintas:

a) La primera forma es calculando el rango de movimiento del precio en un periodo determinado de tiempo y expresándolo en forma porcentual.

$$Volatilidad_a = 100 \times (Precio\ Máximo - Precio\ Mínimo) / Precio\ Mínimo$$

b) La segunda forma es dividiendo la diferencia entre el precio máximo, menos el precio mínimo de la acción en el periodo determinado, entre la mediana.

$$Volatilidad_b = 2\ [(Precio\ Máximo - Precio\ Mínimo) / (Precio\ Máximo + Precio\ Mínimo)]$$

La manera más común de hacer la comparación de volatilidad entre las distintas emisoras o aun entre las acciones y los distintos índices, es utilizando como periodo un día y obteniendo el promedio de los últimos 250 periodos. De forma alterna se pueden comparar los promedios de volatilidad semanal, mensual, trimestral o anual.

CAPÍTULO 15

SISTEMAS AUTOMÁTICOS DE OPERACIÓN

Ahora que las computadoras son accesibles a todos los analistas técnicos, con más frecuencia se ha buscado diseñar sistemas automáticos de operación que a partir de una serie de reglas programables den señales de entrada y salida al mercado, con base en indicadores técnicos. Creemos que estos sistemas pueden ser muy útiles como parámetros generales y objetivos de comparación, pero no que puedan ni deban sustituir al análisis técnico reflexivo, a partir del cual se diseñen estrategias de inversión. Hasta nos atreveríamos a decir que si bien los sistemas automáticos podrían ser suficientes para "operar" la cartera, el análisis técnico completo aporta mucho más que señales de entrada y salida, ya que nos permite formar una idea (un modelo) de lo que está sucediendo en el mercado, requisito indispensable para interpretar las señales *en el contexto apropiado*.

En primer lugar, no hay un sistema automático perfecto, como tampoco existe ningún método analítico infalible. En segundo lugar, la posibilidad de que un sistema de computación tome las decisiones en lugar del analista, hace pensar que no es necesario dominar el uso de las herramientas que se utilizan en el análisis, lo cual tampoco es correcto. En tercer lugar, los sistemas computarizados suelen generar una cantidad muy grande de datos, creando la falsa sensación de seguridad en el analista. Muchos de estos datos pueden ser redundantes, otros inútiles y algunos generan señales duplicadas. Lo que no podemos negar es que un sistema automático puede hacer de un buen analista técnico un mejor analista si lo toma como una herramienta más a su alcance.

Las formas en que pueden utilizarse estos sistemas son las siguientes:

1. Los sistemas automáticos de operación (SAO) podrán utilizarse preferentemente como la señal final para entrar o salir del mercado, como el "banderazo" que indicará compra o venta ¡ahora!, una vez diseñada la estrategia específica con base en el análisis general.

2. Los SAO podrán utilizarse como fuente de señales de alerta de la posibilidad o conveniencia de abrir o cerrar posiciones. En este sentido, después de tener la señal del SAO, se buscará corroborarla o afinarla para elegir el momento oportuno de operar, o tal vez de no operar, haciendo uso del resto del armamento analítico de que se dispone.

3. Los SAO podrán utilizarse también "al pie de la letra", esto es, operar cada señal de entrada y de salida como la marcan los sistemas, sin hacer ninguna consideración ulterior. En este caso, si el sistema está bien diseñado y es adecuado para las condiciones de ese momento del mercado, generará utilidades en el largo plazo; pero si no se sigue cada señal del sistema, se corre el riesgo de que al seleccionar cuándo sí y cuándo no operar las señales, se introduzcan aspectos emocionales en el sistema y se pierda su mayor ventaja.

Las ventajas o beneficios que nos puede aportar un SAO se pueden resumir de la siguiente manera:

La *independencia de los factores emocionales* al momento de interpretar las señales. El fomento que se hace de la *disciplina indispensable* para ejercer el método elegido. La mayor *consistencia* alcanzada en los resultados. Lograr que todas las inversiones se hagan en el sentido de la tendencia. Y, finalmente, que casi siempre se aprovecharán los movimientos amplios de tendencia y, al mismo tiempo, se evitarán las grandes caídas de los precios o de la bolsa.

Por otro lado, las desventajas de un sistema automático son el desempeño pobre en periodos de *trading*. La dependencia de amplios movimientos en tendencia para poder generar utilidades significativas. Además, para aquellos inversionistas que gustan de siempre estar en la bolsa, pueden transcurrir largos periodos sin que se den señales para abrir posiciones en el mercado. Finalmente, los SAO necesariamente están diseñados con datos del pasado, lo cual no garantiza que lo que funcionó entonces tenga que funcionar en el futuro: el comportamiento del mercado es siempre cambiante, ya que su "creatividad" es inagotable.

No obstante, a pesar de sus problemas, los SAO tienen ventajas nada despreciables, por lo que recomendamos se tomen en consideración los siguientes puntos al diseñar un sistema propio que esperamos minimice las debilidades y hagan máximas las fortalezas del analista.

- Al diseñar un sistema deberá probarse con datos del pasado lo más extensos posible y en el mayor número posible de escenarios y acciones. El sistema así probado deberá ser sin lugar a dudas productivo, ya que si no es productivo en forma retrospectiva no hay razón para que llegue a serlo al aplicarlo prospectivamente.

- En forma preferente, se ha de diseñar el sistema utilizando datos de un periodo concreto y después probarlo en un periodo distinto del que sirvió para generarlo. Así se garantiza su potencial productivo.

- Se han de definir con toda precisión los criterios del sistema para entradas y salidas, evitando reglas ambiguas o que den paso a "interpretaciones" subjetivas. Los criterios deben incluir condiciones necesarias, condiciones suficientes, condiciones que detengan la operación, condiciones que la adelanten, y en muchos casos se podrán definir criterios que provoquen entradas o salidas parciales y criterios que den señales sólo de alerta, para buscar a partir de entonces las señales definitivas de operar.

- Para cada señal de entrada deberá haber una señal de salida que resulte preferentemente de la abolición o suspensión de la propia señal de entrada, ya que si no se contempla esto pudiera no "aparecer" la señal "deseada" y acumularse una pérdida indebidamente. En cierta manera el concepto equivale a poner candados que garanticen que si una inversión resulta fallida, siempre haya un mecanismo que limite las pérdidas hasta un punto preciso de manera inviolable.

- Asegurarse de tener en consideración como muy probable que en el futuro ocurran muchas señales fallidas en línea (una tras otra), de la misma manera que seguramente habrán ocurrido durante las pruebas, ya que si no se logra sobrevivir a estos periodos (de meses de duración) por no tener capital suficiente, se perderán las grandes oportunidades que surgen después de las fases de *trading* más largas.

- Se deberá seguir cada señal del sistema sin cuestionarlo, pues si se tiene confianza en él, lo que sucederá al desatender las señales será introducir subjetividad y emociones en el proceso. De hecho, la única disciplina que se requiere para operar un SAO es la de seguir sus señales con precisión. No hacerlo así resultará en un desempeño pobre del sistema por causas difícilmente identificables.

- Sugerimos diversificar el portafolio de inversión en varios sectores. Si en un momento dado el desempeño de una acción es peor de lo esperado, el resultado global no deberá ser catastrófico.

- El sistema deberá mantenerse simple. Unas cuatro a seis reglas claras, precisas y lógicas que no den lugar a dudas y que sean fáciles de operar. Se deberá evitar caer en la tentación de inventar reglas especiales y situaciones de excepción que busquen mejorar el desempeño del sistema en el pasado ya que generalmente las reglas complicadas son muy difíciles de seguir de manera prospectiva.

- El sistema debe ser elegido, o de preferencia, construido por cada inversionista, ya que cada uno tiene distinta tolerancia al riesgo y a la pérdida; cada uno tiene tiempos y proyectos particulares, así como necesidad de liquidez, y cada uno tiene sus expectativas personales en cuanto a generación de utilidades. No hay un sistema adecuado para todos: cada inversionista tendrá que encontrar el sistema que le "acomode", con el que se sienta a gusto y seguro, puesto que para utilizar un SAO es necesario un nivel de compromiso absoluto y sólo teniendo mucha confianza en el método se podrá evitar la tentación de anular las señales (o la falta de ellas) y caer en la tentación de operar por encima del propio sistema.

En este capítulo presentamos dos métodos diseñados por J.W. Wilder, que pueden utilizarse para apoyar un sistema automático de operación, el Movimiento Dirigido y el Parabólico, además presentamos el "columpio gráfico" método práctico de apoyo para marcar el momento de entrada o salida de una posición que se decida con base en el análisis realizado mediante otros métodos. En el Epílogo de la obra haremos una recapitulación del significado del análisis técnico y abundaremos nuevamente en el diseño de un sistema de operación bursátil basado en el análisis técnico.

MOVIMIENTO DIRIGIDO

El sistema de Movimiento Dirigido (DM por las siglas de su nombre en inglés: *Directional Movement*) busca definir un mercado en cuanto a su tendencia y aprovechar los periodos de tendencia alcista para hacer inversiones en largo, y los periodos de tendencia a la baja para vender en corto. En su forma completa, que describimos someramente a continuación, este indicador nos da tres señales generadas por tres líneas en el gráfico. Una de ellas indica que estamos en tendencia alcista (+DI), la segunda indica que estamos en tendencia a la baja (-DI) y una tercera nos dice si hay tendencia clara en el mercado (ADR o ADXR) (figura 15.1).

En el cálculo del DM se toma en consideración la porción más amplia de los precios de hoy que está fuera del rango de los precios de un periodo determinado anterior. Si esta porción de precios de hoy está por arriba del rango del periodo anterior, el DM es positivo. Si está por abajo, el DM es negativo. A partir de este dato se obtiene la relación de un periodo de varios días y del valor promedio de esa relación se generan los gráficos del llamado Indicador Dirigido (en inglés Directional Indicator) o DI.

Aunque los cálculos para generar el gráfico del +DI y el -DI no son muy complicados, obviaremos desglosarlos y pasaremos a la interpretación de este indicador. El lector podrá consultar la citada obra de Wilder para conocerlos en detalle.

Como se adelantó, en el sistema de operación basado en DI se utilizan dos indicadores, (por ahora nos olvidamos del ADR y del ADXR) uno para evaluar los periodos en que el rango de precios excedente fue ascendente (+DI), y otro para aquellos en que fue descendente (-DI). Se sugiere utilizar un periodo de 14 días para hacer los cálculos. Los indicadores así obtenidos consisten en dos curvas que se trazan en un mismo campo, una representa el $+DI_{14}$ (indicador dirigido ascendente de 14 días) y la otra el $-DI_{14}$. Ambos indicadores tendrán valores positivos, lo relevante es identificar cuál de ellos es mayor. Si el valor del $+DI_{14}$ es mayor su curva se encontrará por encima de la $-DI_{14}$ con lo que tendremos una señal de tendencia alcista y viceversa (figura 15.2).

GMODELO C. MOVIMIENTO DIRIGIDO

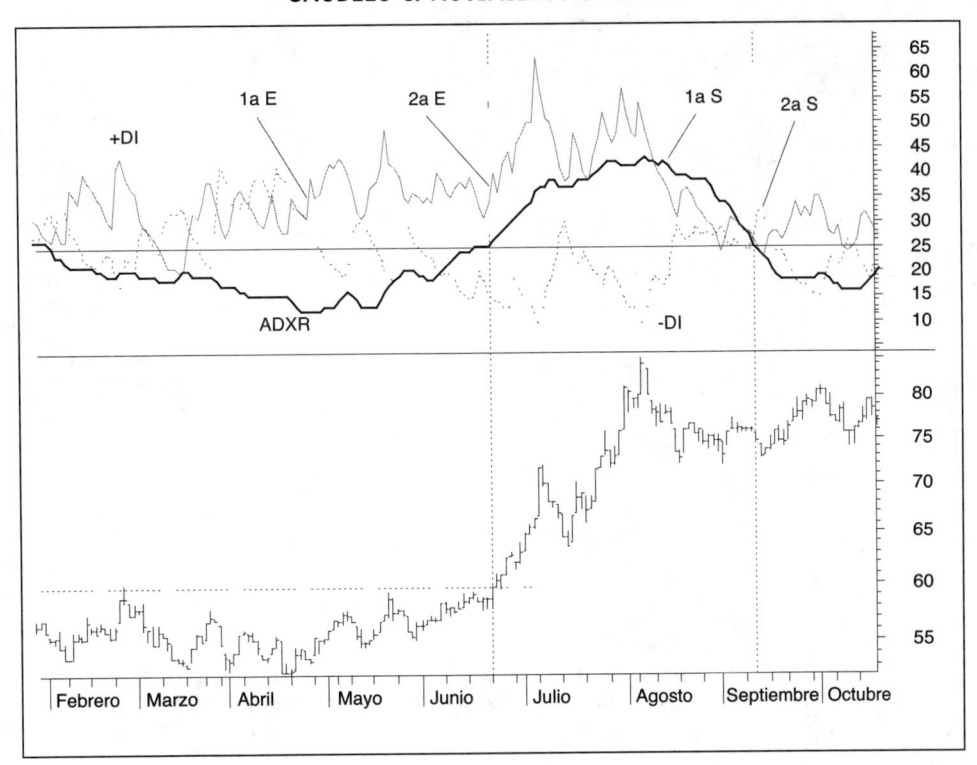

Figura 15.1 Gráfico de Gmodelo C (trazo inferior) con los indicadores del Movimiento Dirigido: +DI en línea continua fina, -DI en línea punteada y ADXR en línea continua gruesa (trazo superior). Cuando +DI está por arriba de -DI es señal de entrada y viceversa, siempre y cuando el ADXR esté por arriba del nivel de 20 o 25. La primera señal de entrada (1ª E) no es válida ya que el ADXR está por debajo de 20 en ese momento, sin embargo, la 2ª señal de entrada (2ª E) coincide con el cruce del ADXR con el nivel de 25. Nótese cómo el ADXR ha marcado oportunamente el final del movimiento lateral y el inicio de la tendencia alcista. La 1ª señal de salida (1ª S) se da cuando el ADXR cambia de dirección estando por encima de los dos indicadores DI (ver regla del punto extremo). La 2ª señal de salida (2ª S) es una vez más inválida ya que cuando el -DI cruza por arriba de +DI el ADXR ya está por debajo del 25 y a la baja.

La señal para operar el mercado surge precisamente de los cruces entre las dos líneas, si +DI cruza hacia arriba a -DI se podrá interpretar como señal de compra si se cumplen las condiciones que adelante anotamos. Si -DI cruza hacia arriba a +DI será señal de venta.

Ya mencionamos que este sistema de Wilder no termina aquí sino que busca diferenciar los periodos en que el mercado está en *trading* de aquellos en que está en tendencia, para así evitar operar un sistema seguidor de tendencia como éste si no la hay, lo que pudieran generar pérdidas. Como ya se comentó en el capítulo 12, también podrían generarse pérdidas si en una fase de *trading* utilizáramos los promedios móviles.

APASCO*. +DI Y -DI

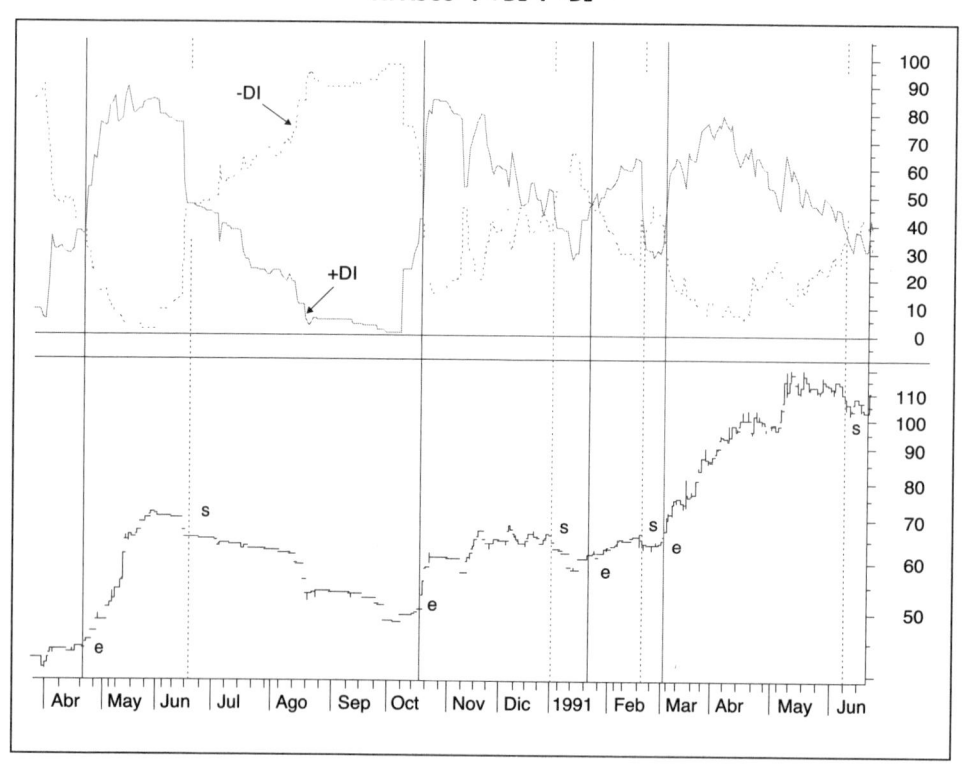

Figura 15.2 Gráfico de Apasco* (trazo inferior) con los indicadores de Movimiento Dirigido: +DI (línea continua) y -DI (línea punteada) (trazo superior). Las líneas verticales marcan las entradas ("e" líneas continuas) y las salidas ("s", líneas punteadas). Cada uno de los cruces entre +DI y -DI son señales que en el contexto adecuado (con valores altos del ADX) indican entradas o salidas. Si no se toman en cuenta otros factores, algunas de estas señales pueden ser en falso y generar incluso algunas pérdidas que, sin embargo, rara vez serán graves.

Para definir cuándo el mercado está en tendencia, Wilder sugiere utilizar cualquiera de dos indicadores: el ADX o el ADXR, ambos se calculan relacionando el valor del DI+ con el del DI-. Para fines prácticos, encontramos que cualquiera de los dos es bueno, si bien el ADXR es poco menos volátil y por ello lo utilizamos de manera preferente.

Veamos cómo surge la señal del ADX. Supongamos que el precio sube continuamente por 14 días o más y después se da la vuelta y baja 14 días seguidos. El ADX está diseñado de tal manera que su valor inicialmente aumentará para después disminuir conforme el precio se acerque al techo y empiece a bajar. A partir del momento en que el precio empiece a bajar, el valor del ADX volverá a aumentar mientras el precio descienda. Esto es porque, conforme el precio alcanza el techo y empieza a bajar, la diferencia entre +DI$_{14}$ y -DI$_{14}$ disminuye al igual que el valor del ADX. A fin de cuentas, la diferencia de

+DI$_{14}$ y –DI$_{14}$ llegará a cero. En el punto en que esta diferencia es cero se tiene el punto de equilibrio (figura 15.3). Si después continúa el movimiento a la baja, el -DI$_{14}$ empezará a aumentar y el +DI$_{14}$ a disminuir. Con ello la diferencia volverá a aumentar y el ADX a crecer. Tanto el movimiento de subida como el de bajada representan buenos "movimientos dirigidos", o buenas fases de tendencia y esto es lo que nos indica el ADX. Cuanto mayor sea el valor del ADX, tanto mayor será la consistencia de la tendencia.

En este punto deberá resultar evidente que se da una señal de cubrir cortos o de comprar en largo cuando el +DI$_{14}$ cruza sobre el -DI$_{14}$ y que se da señal de venta, o de ven-

VITRO A. SEÑALES DEL SISTEMA DI/ADXR

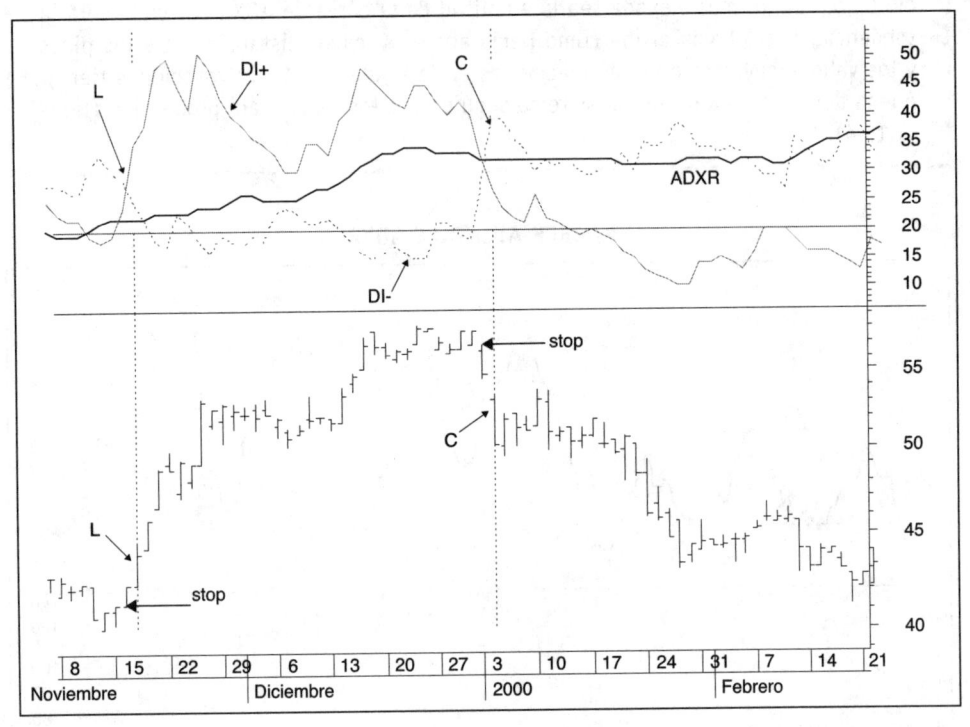

Figura 15.3 Gráfico de Vitro A (trazo inferior) con los tres indicadores de Movimiento Dirigido: +DI en línea continua fina, -DI en línea punteada y ADXR en línea continua gruesa (trazo superior). Se muestran dos señales generadas por los cruces de +DI con -DI. El primer cruce marcado con "L" indica una compra en largo. El segundo cruce marcado con "C" señala venta (si se está en largo) o venta en corto. Hemos indicado dos niveles de *stop* que también derivan del sistema de Movimiento Dirigido. De acuerdo con la regla del punto extremo (ver en el texto Regla del Punto Extremo), el nivel de *stop loss* puede definirse con base al precio extremo al que se operó el día del cruce de +DI con –DI. Se utilizará el precio mínimo del día cruce cuando éste indique compra en largo, y será el precio máximo del día cuando el cruce señale venta. Nótese que las dos señales del periodo aquí mostrado se dan con el ADXR por arriba de 20.

ta en corto cuando el -DI$_{14}$ cruza sobre el +DI$_{14}$, pero únicamente en aquellas acciones que están a un nivel alto (>25) en la escala del ADX o del ADXR, o que esté ascendiendo y ya se encuentre por arriba de 20 (nota 15.1).

> **NOTA 15.1 MOVIMIENTO DIRIGIDO: LA CURVA SINUSOIDAL DEL ADX**
>
> Cuando la curva de ADX se grafica tiende a formar una sinusoidal. La amplitud de la curva se mide desde la línea de cero. Los picos y valles de la curva de ADX indican cambios de dirección. Si la tendencia principal es a la baja, los picos serán puntos de bajo precio y los valles puntos de precio alto. Si la tendencia principal es ascendente, los picos del ADX serán puntos de precio alto y los valles puntos de precio bajo. Cuanto más elevada sea la amplitud de la curva de ADX, más clara será la tendencia, tanto hacia arriba como hacia abajo. A mayor distancia entre los picos y los valles, mayores serán las reacciones en la tendencia. Si las reacciones tienen buena duración y amplitud, el sistema seguidor de tendencia será productivo (figura 15.4).

KIMBER A. ÍNDICE ADXR

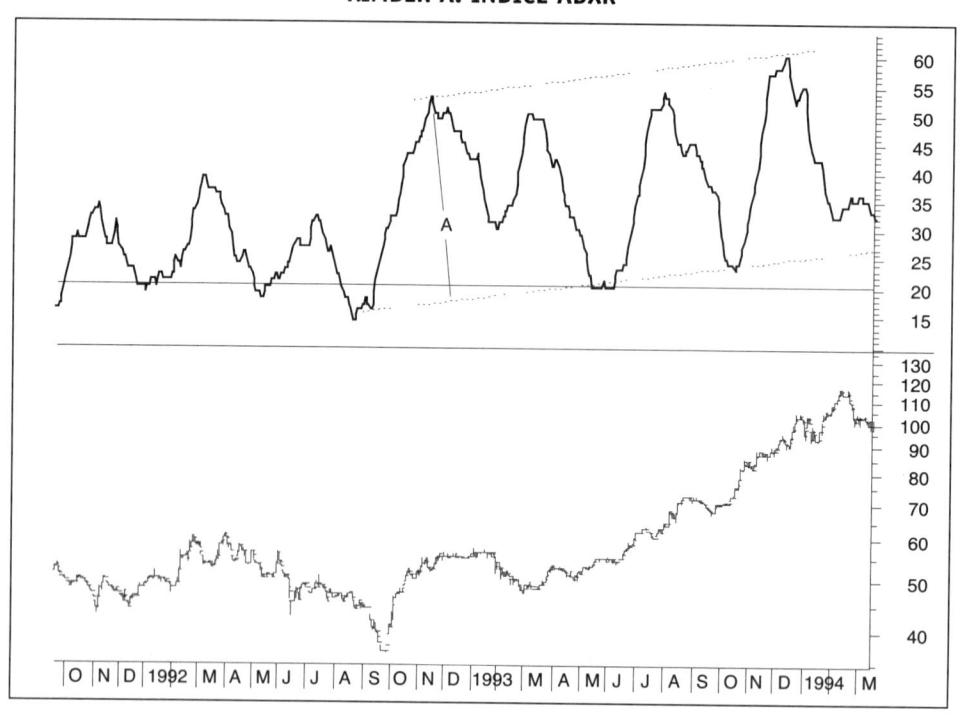

Figura 15.4 Gráfico de Kimber A (trazo inferior) con el ADXR (trazo superior). Se muestra la forma sinusoidal de la curva de ADXR indicando cómo los desplazamientos del indicador con mayor amplitud (A) coinciden con movimientos de tendencia más productivos en los precios.

Un buen movimiento dirigido o con tendencia no es sólo un movimiento recto ascendente o descendente. Es también un movimiento hacia arriba o hacia abajo en exceso del punto de equilibrio. Esto es lo que mide el ADX. El punto de equilibrio se alcanza cuando $+DI_{14}$ iguala a $-DI_{14}$. De acuerdo con esto, cuando los puntos de equilibrio en cada subida y bajada (en cada cambio de tendencia menor o intermedia) son muy similares, el ADX será menor de 20. Cuando el ADX es mayor de 25, será porque los puntos de equilibrio se habrán ampliado. El valor del ADX será aún mayor cuando en el curso de un cambio de tendencia se alcance sólo una vez el punto de equilibrio.

Regla del punto extremo

Esta regla indica que debe utilizarse el precio extremo del día del cruce de $+DI_{14}$ y $-DI_{14}$ como nivel o precio de *stop loss* (ver adelante). Esto es, si el cruce indica entrar en largo, el nivel de *stop loss* será el precio mínimo del día del cruce. Si el cruce indica venta en corto, el *stop loss* será el precio máximo del día del cruce. Mientras no se penetre el punto extremo (el nivel de *stop loss*), habrá que mantener la postura, aun si los índices +DI y -DI se entrecruzan por varios días en forma contraria a la posición que tenemos (figura 15.3). (*Véase* la nota 15.2.)

NOTA 15.2   PRECIO EXTREMO Y PUNTO DE EQUILIBRIO

El precio extremo de la acción en el punto de equilibrio del sistema DM parece ser un nivel crítico independientemente de si el mercado revierte o no su tendencia. Con frecuencia el punto extremo (el máximo del día si el viraje es a la baja y el mínimo del día si el viraje es al alza) hecho el día en que los índices se cruzan por primera vez tras un movimiento amplio, no será penetrado en bastante tiempo y aunque haya nuevos cruces del +DI con –DI, si el ADX se mantiene descendiendo y en valores bajos (<25), es muy probable que el mercado retome la tendencia apropiada para la postura que hemos abierto. No obstante, si es vulnerado (penetrado) el precio extremo (el *stop loss*) y si el ADX comienza a ascender después de haberse efectuado el cruce de +DI con –DI en contra de nuestra postura, deberemos tomar la pérdida y cambiar la postura (de largo a corto o viceversa).

DM como Indicador temprano de pisos o techos

El sistema de DM puede utilizarse como un indicador temprano de pisos y techos de la siguiente manera. Cuando la línea de ADX sube sobre las otras dos líneas (+DI y –DI) y se invierte su dirección, o sea, cuando se da la vuelta, si la que está arriba es +DM se identifica un techo, si la que está arriba es -DM se identifica un piso. Este viraje casi siempre será un buen momento para tomar utilidades (figura 15.5). La confirmación de que el punto identificado realmente es el último piso o el último techo de un movimiento de magnitud cuando menos secundaria, se dará al observar el cruce entre ambas líneas +DI y –DI aunado a los demás indicadores (particularmente el cruce de la línea de cero por el MACD). Si se quiere seguir con la tendencia principal, por lo general habrá después bue-

250 Invierta con éxito en la bolsa de valores

nas oportunidades para retomar la posición a mejores precios. En estas circunstancias es recomendable tomar utilidades, al menos parciales, cuando el ADX marque un regreso (si está sobre los otros dos indicadores) y volver a entrar en el nuevo cruce de las líneas de DI en el mismo sentido que la postura anterior, cuando el ADX esté subiendo nuevamente.

Un último punto interesante es que cuando la línea de ADX o ADXR se coloca por debajo de ambas líneas de DI es tiempo de dejar de operar, o cuando menos no es recomendable hacerlo con base en un sistema seguidor de tendencia.

DM como apoyo para sistemas seguidores de tendencia

El indicador ADX/+DI/-DI puede usarse como indicador de tendencia para apoyar a otros sistemas. Esta función de soporte consistirá en dar una señal que permita o impida operar el mercado dependiendo de si este sistema indica que hay tendencia o no. Si el ADX esta subiendo y tiene un valor sobre 20, se podrán hacer compras en largo únicamente cuando +DI esté sobre -DI y se podrán hacer ventas en corto sólo cuando -DI esté sobre

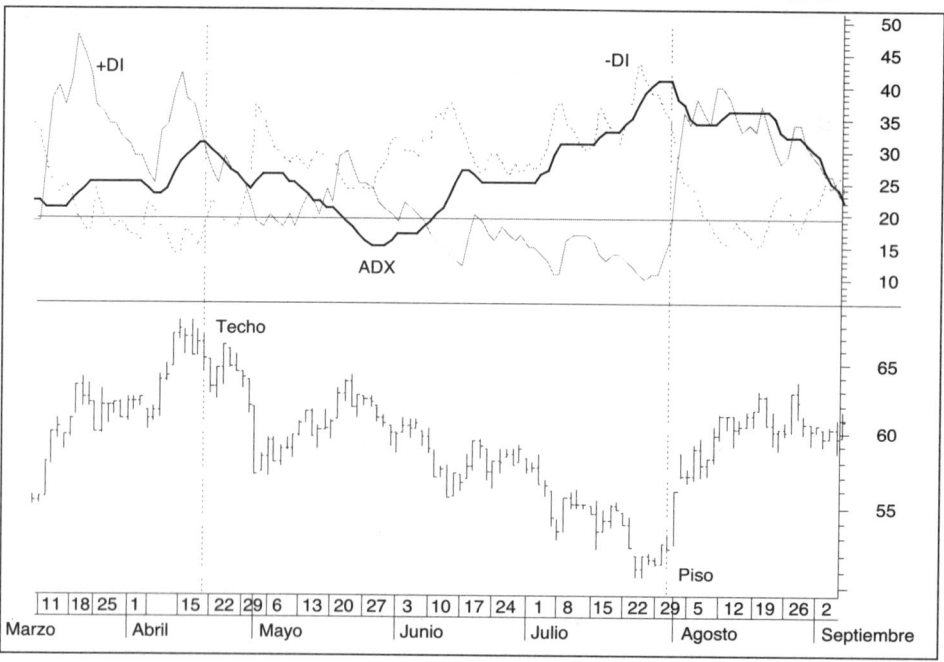

Figura 15.5 Gráfico de Femsa UBD (trazo inferior) con los tres indicadores de Movimiento Dirigido: +DI en línea continua fina, -DI en línea punteada y ADXR en línea continua gruesa (trazo superior). El sistema DM puede apoyar la identificación de pisos y techos como se muestra en este gráfico, en el que se han señalado con líneas verticales los puntos en que el ADX se "da la vuelta" siempre y cuando esté al mismo tiempo por arriba de los otros dos indicadores (+DI y -DI).

+DI. Si el ADX está bajando o por debajo de 20, no se podrán abrir nuevas posturas en corto ni en largo.

SISTEMA PARABÓLICO

El sistema parabólico fue diseñado para dar automáticamente una señal de cerrar la postura que se tenga en el mercado cuando después de un movimiento de tendencia productiva, haya un movimiento contrario a la postura por un tiempo y/o una magnitud significativos.

Para generar las señales, este sistema calcula cada día un nivel que, de ser cruzado por el precio de la acción (hacia abajo si estamos en largo y hacia arriba si estamos en corto), será indicativo de cubrir la postura que se tiene en el mercado y abrir la postura inversa (figura 15.6). Al nivel que indica la operación se le llama nivel de SAR (por sus siglas en inglés *Stop And Reverse*). A partir de ese día, en forma automática el sistema indica cada día un nuevo nivel de *stop* (nota 15.3), es decir, un nivel de precio que de ser rebasado (hacia abajo si la postura que se tiene es en largo y hacia arriba si es un corto)

SANLUIS CPO. SISTEMA PARABÓLICO SAR

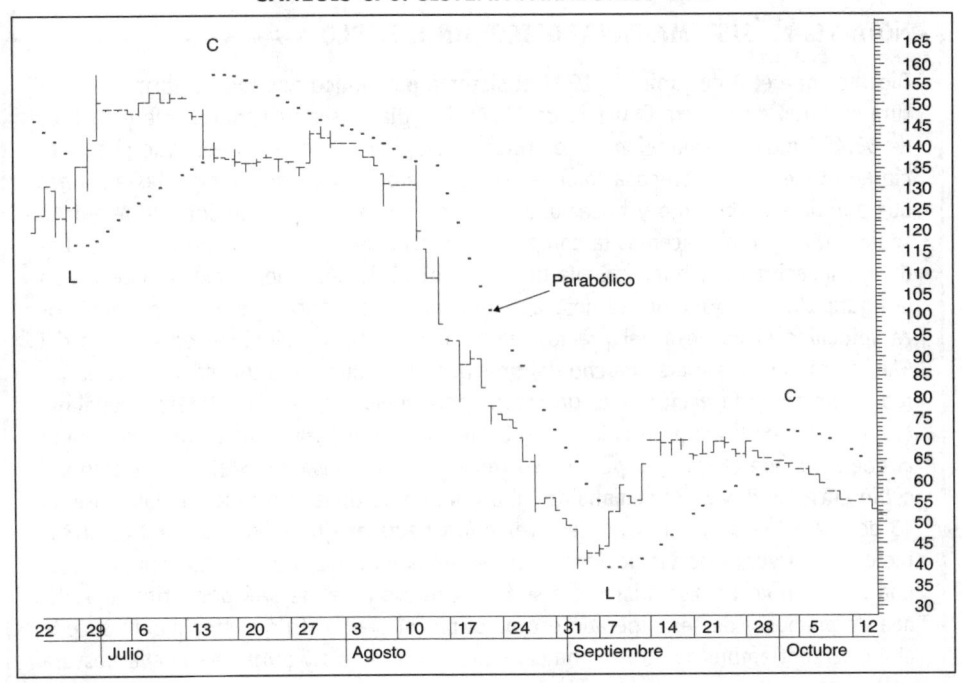

Figura 15.6 Gráfico de Sanluis CPO con el Parabólico SAR. Los puntos del parabólico marcan el nivel de precio al que se deberá hacer el cambio de postura en el mercado, de ahí que el parabólico se llame SAR por sus siglas en inglés *stop and reverse*. En "L" se indica cubrir cortos y comprar en largo y en "C" vender las posturas que se tengan en largo y hacer venta en corto.

señala, una vez más, cubrir la postura actual y abrir una nueva postura en el sentido opuesto. Hablamos de un "nuevo" nivel de SAR porque cada día el sistema calcula un nuevo nivel que se desplaza en el sentido del movimiento de la postura a diferentes velocidades (*véase* Factor de aceleración del parabólico, más adelante), dependiendo de la velocidad a la que se desplace el precio en esa misma dirección.

NOTA 15.3   *STOP* Y *STOP LOSS*

Llamamos **stop** al nivel de precios que de ser alcanzado genera una señal de venta (si se está en largo) o de compra (si se está en corto) que deberá seguirse *ipso facto*. Se utiliza el término **stop loss** para indicar el punto de una salida en la que se habrá de tomar una pérdida que se busca limitar para que ya no aumente. Por lo general el término *stop* significa tomar utilidades y salirse ante la amenaza de perderlas.

El parabólico es un sistema que permite ganancias importantes en inversiones de corto plazo cuando el mercado se encuentra en tendencia franca, sea a la alza o a la baja. Por otro lado, en mercados en *trading* este sistema puede ser desfavorable y generar pérdidas (nota 15.4).

NOTA 15.4   SISTEMA PARABÓLICO: UN EJEMPLO

Digamos que el 9 de junio de 1997 el sistema parabólico nos indica abrir una postura en largo en Elektra CPO (figura 15.7). Ese día el sistema indica que el SAR es de 33.45 unidades (manejamos términos reales), lo que quiere decir que si el precio en el mercado sobrepasa hacia abajo ese valor, deberemos vender las acciones que adquirimos en largo y hacer una venta en corto. Al día siguiente de recibir la señal (10 de junio) hacemos la compra de las acciones de Elektra CPO en 35.6u. Cada día sucesivo el sistema calcula un nuevo nivel de SAR que, como se muestra en la figura 15.7, al principio se desplaza de manera horizontal; pero conforme alcanza velocidad el ascenso del precio, también aumenta la velocidad de ascenso del SAR, evitando así alejarse mucho del precio. Nótese que en la última semana de junio el precio de la acción hizo un movimiento inverso y después lateral (señalado con el óvalo de línea punteada) que no fue suficiente para marcar una salida, pero al que responde el sistema parabólico frenando el ascenso del SAR, y lo mismo sucedió entre la 2ª y la 3ª semana de julio (círculo de línea continua). Finalmente, el 13 de agosto el precio por primera vez cruza hacia abajo el nivel de SAR (52.88u) indicando la venta de las acciones que tenemos en largo y al mismo tiempo hacer una venta en corto. Ese mismo día se fija el nuevo nivel de SAR por arriba de la línea de precios y de ser superado ese nivel por el precio (lo que finalmente sucede el 17 de septiembre de 1997), indicará cubrir los cortos y abrir una nueva postura en largo.

Según Wilder, el sistema sólo admite estar en corto o en largo; y cuando se da la señal de cierre de postura o *stop*, automáticamente se debe tomar la postura opuesta, de ahí el

Capítulo 15   Sistemas automáticos de operación   **253**

ELEKTRA CPO. SEÑALES DEL PARABÓLICO

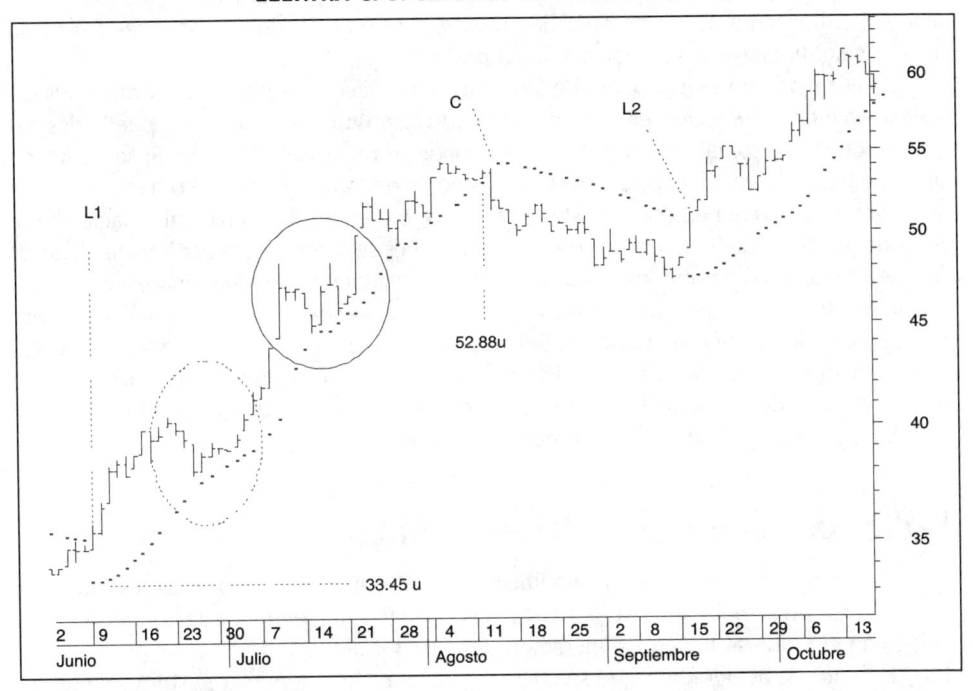

Figura 15.7   Gráfico de Elektra CPO con el Parabólico SAR (se ha cambiado el factor de aceleración de 0.02 a 0.014). En este ejemplo se operó con base en las señales del parabólico. Se hizo la primera compra en largo en L1, venta de los títulos y venta en corto en C y finalmente se cubren los cortos y se hace nueva compra en largo en L2. El resto de la descripción se encuentra en la nota 15.4 del texto.

nombre que recibe de SAR. Nosotros creemos que la máxima utilidad del sistema es la señal de salida que ofrece cuando se está en una postura determinada de corto plazo pero en tendencia, ya sea que se deban tomar pérdidas por haberse presentado un movimiento adverso en el mercado, o para tomar utilidades cuando un movimiento favorable parezca llegar a su fin. Desde nuestro punto de vista, la decisión de entrar a tomar una nueva postura dependerá de otros sistemas de operación y no del propio parabólico.

El sistema parabólico busca seguir una tendencia para obtener la máxima utilidad posible mientras dicha tendencia persista. Al inicio de una postura, el sistema da espacio para que el mercado reaccione desfavorablemente los primeros días, ya que la salida inicialmente estará unos puntos por abajo del nivel en que se dio la señal de entrada, evitando así señalar salidas prematuras a la menor provocación (*véase* la figura 15.7). Si los precios no avanzan en la tendencia esperada, el nivel de salida se acerca poco a poco al nivel del precio de entrada y transcurridos algunos días marcará la salida. Si por el contrario, los precios comienzan a avanzar en el sentido esperado, el nivel de SAR se acercará hacia el precio. En un principio el desplazamiento del nivel de SAR se hará con lentitud pero una vez que la tendencia se haga más activa también el nivel de *stop* se moverá con mayor rapidez para no quedar demasiado lejos del avance máximo de la tendencia. Por tanto, el punto de salida o *stop*, será función del precio que alcance la acción y del tiempo transcurrido en dicha postura.

Una vez fijado un nuevo punto de *stop*, nunca retrocede. Se mueve en forma pausada únicamente en la dirección en que se ha tomado la postura; a lo sumo de puede desplazar en forma horizontal, sin importar hacia dónde se mueva el mercado. Si se ha hecho una compra en largo, el *stop* se moverá únicamente en forma horizontal o hacia arriba. Si se ha hecho una venta en corto, el *stop* se moverá sólo en forma horizontal o hacia abajo. Al principio el movimiento del *stop* es lento y después se acelera para finalmente alcanzar una velocidad máxima uniforme (*véase* Factor de aceleración del parabólico, adelante).

De esta manera, el sistema permite un movimiento adverso o un movimiento horizontal del mercado por tiempo limitado. Si no se reanuda el movimiento favorable o persiste el movimiento contrario a la posición tomada, el precio alcanzará el punto *stop* lo que será señal de cancelar la postura y de que se inicia un nuevo periodo en el que el *stop* será en el sentido opuesto al que se tenía anteriormente.

Factor de aceleración del parabólico

Los dos parámetros que podemos modificar en el sistema parabólico están relacionados con el factor de aceleración (AF por sus siglas en inglés, *acceleration factor*). El AF es la velocidad con que se hacen los incrementos del valor del SAR a partir del punto de salida. El factor de aceleración que se elige al principio de una nueva postura siempre es de 0.02. Después aumenta en 0.02 tantos (cantidad llamada paso o *step*, en inglés) hasta que llega a 0.2 (cantidad llamada máximo o *maximum*). El factor de aceleración aumenta cuando aumenta el máximo precio que ha alcanzado la acción en el sentido de la postura indicada por el parabólico. Si el valor máximo del precio en la tendencia no muestra avance (si se está en largo), entonces el valor del AF se mantiene sin cambio. Si, por el contrario, avanza el precio máximo en la tendencia, el AF también aumentará hasta que alcance el máximo de aceleración que es de 0.2 (nota 15.5).

> **NOTA 15.5   SISTEMA PARABÓLICO: PARÁMETROS DE OPERACIÓN**
>
> El propio Wilder aconseja no utilizar un paso (*step*) de aceleración mayor que 0.02 y nunca pasar de una aceleración máxima (*maximum*) de 0.21. Hemos visto que si bajamos el factor de aceleración hasta 0.014 la sensibilidad del sistema disminuye, con lo que evitamos algunas salidas en falso. No obstante, esto ocasiona tener que tomar algunas pérdidas un poco mayores o ceder algo de las utilidades cuando la salida marcada sea legítima.

SISTEMA DE COLUMPIO GRÁFICO

Este sistema mecánico, también llamado *stop progresivo*, desplaza el *stop* en el sentido del movimiento de la acción cada vez que ésta hace un nuevo piso local (o techo, si se está en corto). El sistema no trata de predecir nada en relación con el mercado; más bien, dice al operador en qué momento manejar sus posiciones. Puede utilizarse con provecho para tomar utilidades cuando una acción se ha acercado a un nivel objetivo, o aun cuando lo haya rebasado, o para tomar una pérdida limitada con base en niveles técnicos. El sistema también puede utilizarse cuando antes de alcanzar el nivel objetivo una acción o el mercado en general tienen comportamiento que amenace ser el final del camino. No obstante, para que el sistema dé buenos resultados debe ser usado mecánicamente, al pie de la letra.

Este método indica cuándo tomar una posición nueva (en corto o en largo) o indica cuándo cancelar una posición. Por tanto, el columpio gráfico puede funcionar muy bien como herramienta de apoyo para sistemas seguidores de tendencia pero también para sistemas de fase *trading* como los osciladores, que operan mediante señales de sobrecompra o sobreventa.

El columpio gráfico utiliza líneas horizontales que se trazan en un gráfico de barras y se desplazan en la dirección de la tendencia cada vez que se marca un nuevo piso local (en tendencia alcista) o un nuevo techo local (en tendencia a la baja). Las reglas para hacer el cambio de un techo al siguiente o de un piso al siguiente se determinan *a priori*, indicando cuántos periodos se escogen en cada caso para definir un nuevo piso local o un nuevo techo local. Por lo general pueden ser dos o tres periodos. La definición de techo local es el punto máximo de avance seguido por dos o tres días sucesivos en que los precios mínimos que se operen sean inferiores al propio techo local, sin que los precios máximos sean superiores y viceversa para los pisos locales (*véase* la regla de los tres días en el capítulo 5, Líneas de tendencia).

Por ejemplo, supongamos que se está en largo y se ha marcado un piso local reciente ocasionado por un pequeño movimiento terciario. Si los precios, después de retomar la tendencia alcista, hacen un movimiento de reversa y encuentran el último piso local marcado, este punto señala el nivel de *stop* y venta. De igual manera, si estamos en corto, los techos locales marcan niveles de *stop* y compra (figura 15.8). (*Véase* la nota 15.6.)

NOTA 15.6   EL COLUMPIO GRÁFICO: FUNDAMENTO TEÓRICO

El fundamento teórico sobre el cual se basa el columpio gráfico es el principio de que un nivel de soporte (piso local), al ser penetrado se convierte en resistencia y uno de resistencia (techo local) se convierte en soporte después de su penetración. De acuerdo con esto, si se está en largo y el mercado hace un techo local por encontrar una resistencia, entonces habrá un retroceso en los precios hasta encontrar un soporte. Si el precio respeta este soporte y se desplaza hacia arriba nuevamente y supera el techo local anterior, entonces persistirá la tendencia alcista. Si al hacer un nuevo retroceso no respeta ni el nivel del último techo local anterior ni el último piso local establecido, la posición deberá cerrarse pues una vez violado este segundo nivel de soporte es de esperarse un retroceso cuyas dimensiones no podemos prever. De hecho, el *stop* debe fijarse una o dos pujas por debajo del nivel real del piso local o techo local correspondiente.

Este método desaprueba utilizar un sistema piramidal de inversión, lo que quiere decir que una vez tomada una postura dentro de una tendencia, no deberán hacerse nuevas inversiones en el mismo sentido. Es mejor invertir ese mismo dinero abriendo posiciones en otros mercados y por razones totalmente independientes. Si resultara muy atractivo hacer nuevas inversiones en la misma tendencia, deberá apoyarse su decisión en señales claras de otros sistemas o indicadores, ya que esta maniobra representa un aumento en los riesgos y diluye las utilidades relativas (aunque pudiera aumentar las utilidades netas).

Con este sistema el operador siempre sabrá exactamente cuál es su nivel de exposición al determinar la distancia entre su nivel de compra y el nivel del *stop* elegido. La figura 15.8 ayudará a entender los conceptos siguientes, que para simplificar la redacción y la lectura se presentan considerando únicamente una tendencia alcista.

Lo primero que se hace en el sistema es decidir cuántos periodos en un sentido, es decir, cuántos nuevos días con precios de cierre al alza definirán un piso local y cuántos nuevos días con cierres a la baja definirán un techo local. Lo habitual es escoger tres. En mercados bastante erráticos o volátiles se pueden utilizar cuatro o cinco y en mercados poco volátiles puede ser adecuado utilizar dos periodos (en el ejemplo se han escogido tres periodos).

Lo segundo es identificar una tendencia alcista incipiente en el mercado en la cual haya quedado definido lógicamente un primer piso local y además un primer techo local (identificados como 1 y como primer techo local respectivamente en el ejemplo). El nivel de *stop loss* se fijará una o dos pujas por debajo del primer piso local definido (nótese que se identifica el nivel de *stop loss* antes de tomar la posición en largo).

Para tomar la posición (para comprar las acciones) se espera a que el primer techo local que fue identificado en la nueva tendencia sea superado. Este techo representa un nivel de resistencia que al ser vencido, será precisamente la señal de compra en el siguiente *rally*. En cuanto se haga un nuevo piso local en el desarrollo de la tendencia, sobre todo si el precio de la acción se aproxima a su objetivo, se determinará un nuevo nivel de *stop*, que será desplazado hacia arriba (en tendencia alcista) cada vez que se forme un nuevo piso local más alto. A veces el primer movimiento correctivo que vulnere algún nivel de *stop* activará la venta y así quedará cubierta la posición (1ª venta en el ejemplo). Las posiciones en corto se abren y cierran aplicando el sistema de igual manera pero a la inversa (nota 15.7).

NOTA 15.7 EL COLUMPIO GRÁFICO: MODO DE EMPLEO

En nuestro ejemplo se ha realizado una segunda compra (2ª compra de la figura 15.8) siguiendo los mismos principios. Una vez definido el piso local, que en este caso es el fondo de la corrección que provocó la 1ª venta y que corresponde con el "objetivo" del movimiento original, ahora convertido en soporte, se propone hacer una segunda compra en cuanto se penetre el 2º techo local. El *stop loss* de la nueva posición (un nuevo largo) será el soporte marcado "objetivo". Una vez establecido el siguiente piso local (marcado con el 7) se traslada el *stop* a ese nivel, y así sucesivamente, cada vez que se identifique un nuevo piso local superior.

CIE B. SISTEMA DE COLUMPIO GRÁFICO

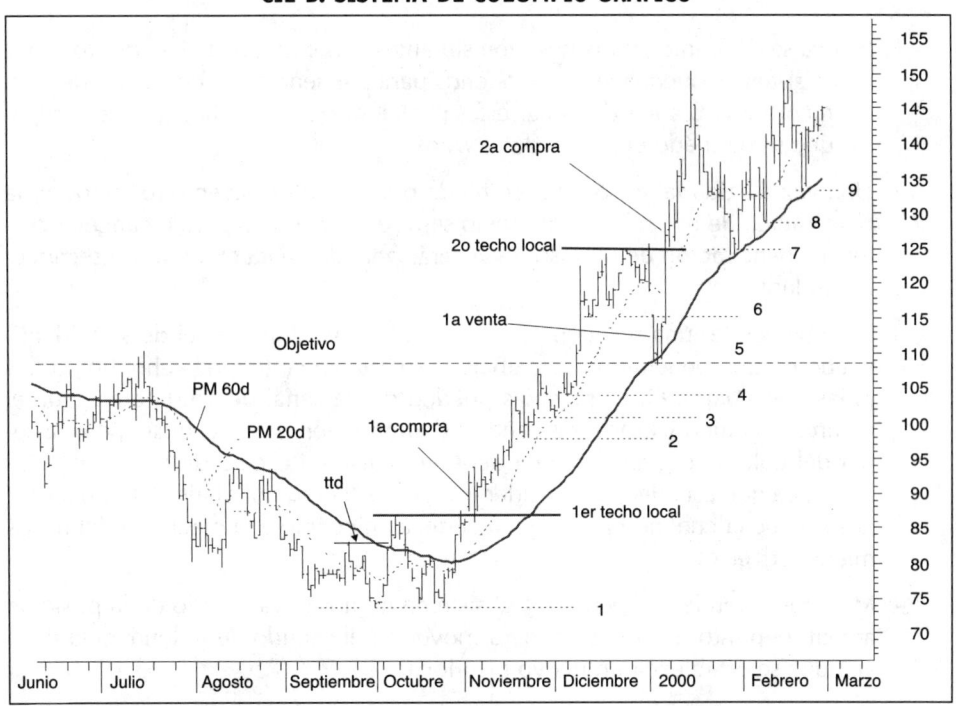

Figura 15.8 Gráfico de Cie B con Promedio Móvil ponderado de 20 días (línea punteada, PM 20d) y de 60 días (línea continua gruesa, PM 60d) mostrando la forma de operar del sistema de Columpio Gráfico. Se han tomado tres días para definir un piso o techo local. Es importante notar que el gráfico comienza con un movimiento descendente cuyo final se busca descubrir para tomar posiciones. Se identifica un piso local "atractivo" (principios de octubre) la primera vez que se rompe un techo local de la tendencia descendente (ttd). A partir del primer piso local (#1) y del primer techo local (1er techo local) de la nueva tendencia ascendente se aplica el sistema. De acuerdo con éste, el *stop loss* será el nivel del primer piso local (#1) y la señal de compra la penetración de la resistencia identificada con el primer techo local (señalada como 1ª compra). Conforme avanza la tendencia alcista y se acerca a la primera resistencia importante marcada como Objetivo (nivel indicado por la línea punteada horizontal que atraviesa todo el gráfico que corresponde con el nivel del techo del movimiento secundario anterior del extremo izquierdo de la gráfica), se identifican en forma secuencial, nuevos pisos locales (2, 3 y 4) por lo que el nivel de *stop* se desplaza de igual manera en forma secuencial. Sin embargo, ninguno de ellos es penetrado. Se supera incluso el nivel objetivo y se forma un nuevo piso local en el nivel 6. El *stop* finalmente es activado por la corrección que se verifica en el mes de enero de 2000 (marcado 1ª venta). La resistencia que marcó el nivel objetivo anterior se ha convertido en un soporte importante, por lo que se decide utilizar nuevamente el sistema de columpio gráfico y tomar una nueva posición en largo en cuanto se supere el 2º techo. Esto sucede en el punto señalado como 2ª compra. Al hacerse esta compra el nivel de *stop loss* es el piso local #5 que corresponde con el soporte ya mencionado. Desde entonces se hacen tres pisos locales más (7, 8 y 9) y de igual manera se mueve el nivel de *stop* progresivamente hasta el último que se ha formado, sin que se haya activado ninguno hasta el día en que se imprime la gráfica.

En resumen, éstos son los principios que rigen el sistema de columpio gráfico:

1. Nunca se debe iniciar una posición sin antes haber fijado el nivel de *stop loss*. Otros sistemas pueden ser muy buenos para dar señales de compra o de venta en corto; pero antes de tomar estas posiciones, siempre hay que estar seguros que se ha fijado el precio de *stop loss*.

2. Una vez elegida la acción que se ha de operar (con base en otro método), la penetración de un techo local previo será señal de compra o de cancelar cortos. La penetración de un piso local será señal de venta en corto o de cancelar un largo.

3. Se debe vender una nueva posición en cuanto el último nivel de *stop* identificado ha sido penetrado hacia abajo si se está en largo (de hecho, una o dos pujas más abajo). Otros sistemas pueden dar la señal de salida antes que el columpio gráfico y esas otras señales podrán ignorarse o seguirse; pero la señal del columpio gráfico nunca debe ignorarse en espera de otra señal más tardía, ya que ésta deberá considerarse como "la red por abajo del trapecista" después de la cual no hay ninguna certeza en cuanto a la magnitud del movimiento adverso.

4. Mientras la tendencia persista y el sistema no nos haya sacado de la posición actual, el punto de *stop* se deberá mover en el sentido de la tendencia cada vez que se establezca un nuevo piso local.

5. Después de establecer una posición determinada, no se prestará atención a nuevas señales de compra, o sea, no se harán inversiones piramidales. Esto aumenta el riesgo y disminuye el índice de utilidad.

6. Cuando un movimiento se ha extralimitado hacia arriba (sobrecompra exagerada) o hacia abajo (sobreventa exagerada), deben tomarse utilidades de manera cautelosa mediante este método, utilizando gráficos diarios (de cada hora o de cada cuarto de hora) para identificar el momento óptimo de vender o de comprar, según sea el caso. Aunque estos puntos suelen ser muy provechosos, a final de cuentas deberán confirmarse mediante señales de salida de posiciones en otros sistemas.

EPÍLOGO

En su libro *Érase una vez un número*, John Allen Paulos comenta: "... las matemáticas son bellas, pero su estética, minimalista y austera, puede impedir que veamos el desorden y las contingencias del mundo real. (...) La realidad (...) es infinitamente compleja e imposible de encerrar del todo en ningún modelo." Siguiendo su línea de pensamiento, consideramos absurdo pretender que podremos encerrar a la realidad en una gráfica de barras. Lo más que podemos decir es que las señales derivadas del análisis técnico nos permiten hacer pronósticos basados en cálculos probabilísticos de fenómenos que han ocurrido en el pasado.

El análisis técnico como modelo de la realidad

El análisis técnico busca crear un modelo de la realidad: un modelo dinámico que se va adaptando a una realidad siempre cambiante, una realidad cuya creatividad no cesa nunca; una realidad que a cada momento está dispuesta a probar otra forma de definirse, otra manera de conformarse, de ser. Pero el análisis es sólo el modelo, no es la realidad, ni siquiera una "fotografía" de la realidad. Tenemos que estar conscientes de esto para no caer en una actitud simplista que nos haga sentir que esto es sencillo. Con toda honestidad debemos advertir que invertir en la bolsa NO ES SENCILLO (nota E.1).

NOTA E.1. SÓLO PARA INVERSIONISTAS DISCIPLINADOS

Como en cualquier otro negocio, como en cualquier disciplina compleja, generar valor (utilidades) en el mercado bursátil es difícil, y sólo unos pocos de los más determinados lo lograrán de manera consistente. Quien piense en algún momento que ya domina el mercado estará construyendo su propio fracaso. El mercado, simplemente, no se puede dominar.

Tal vez mediante el análisis técnico o, dicho de otra manera, mediante la representación de un fenómeno socioeconómico en forma gráfica, estamos creando una realidad. Primeramente la creamos en el papel o en el monitor de la computadora y después, con sus líneas, sus niveles y sus indicadores, creamos una realidad más en la mente. Una realidad que de otra forma no existiría o, si resulta menos amenazador, una realidad que de otra manera no podríamos percibir. Una realidad definitivamente distinta a la del economista, a la del analista fundamental, a la del inversionista "enterado" que opera de manera informal o diferente de la realidad del especulador que se basa en rumores. Pero, ¿no será acaso que siempre sucede así, que aún la realidad supuestamente tangible, la que decimos que está ahí afuera, es inaccesible y que sólo podemos tener acceso a ella de manera indirecta, a través de una recreación que logramos en la mente?

El proceso del análisis técnico así entendido, como un modelo que nos permite "percibir" lo que creemos que es la realidad o como un modelo que crea una realidad virtual para nosotros, se convierte en un escenario en el que como *surfeadores* pretendemos "correr" olas, identificarlas, evitar que nos revuelquen, esquivar sus golpes y ser capaces de montarnos en ellas para desplazarnos con su enorme fuerza hasta una playa tranquila, recibiendo en el camino el sol en el rostro y la brisa salada en la piel. Esto es lo que anhelamos.

Requisitos para hacer análisis técnico de calidad

El primer requisito para hacer análisis técnico de calidad es una gran disciplina para esperar a que se completen las señales técnicas de entrada al mercado, en lugar de entrar cuando necesitamos ganar dinero, cuando sea urgente reparar una pérdida o cuando irreflexivamente deseamos estar en bolsa en ese momento.

De igual forma, se requiere disciplina para salir de una posición tomando una pérdida cuando así lo sugiera el análisis y el método que hemos construido para operar, y la misma disciplina es necesaria para salir tomando utilidades cuando sea el caso.

En forma resumida, para llegar a ser un buen analista técnico e invertir en la bolsa de manera productiva se requieren:

1. Disciplina para seguir el propio método o sistema operativo.

2. Conocimientos para entender cabalmente todas las herramientas del análisis.

3. Creatividad para diseñar un buen método o sistema para operar.

4. Reflexión para interpretar cada señal dentro del contexto adecuado.

5. Un sistema de evaluación que lo alerte cuando algo esté funcionando mal con su sistema.

6. Estar consciente en todo momento de las propias emociones y de los trucos que éstas le juegan cuando sugieren "lecturas" distorsionadas de las señales e interpretaciones "especiales" del sistema operativo (nota E.2).

> **NOTA E.2.   ADVERTENCIA**
>
> Creemos que no es posible recalcar demasiado la importancia de este razonamiento, por lo que, si se nos permite el símil, quisiéramos considerar las señales técnicas como la luz de los faros de un auto que avanza en medio de una tormenta de nieve, por la noche. Las señales técnicas (o el haz de luz de los faros) nos revelan una parte de lo que está adelante, pero no de forma muy clara. El conductor sólo tratará de evitar el peligro y de encontrar, auxiliado por el tenue rayo de luz de sus faros, suficientes detalles para llegar ileso a su destino. Necesita estar preparado para los obstáculos que de súbito puede encontrar, estar consciente de su limitada visión y en consecuencia tratar de ajustar su velocidad. Los obstáculos aparecerán de pronto, y quizá entonces sea demasiado tarde para ajustar su situación, si no ha obrado previamente con cautela.
>
> Los obstáculos para los que debe estar preparado suelen estar fuera de la limitada visión que posee. La reacción necesaria sólo podrá ejecutarse si antes se ajusta la velocidad (su exposición) de acuerdo con los límites en la percepción y del tiempo de respuesta.
>
> Apagar los faros del automóvil en medio de la tormenta, porque no son capaces de permitirnos ver lontananza con cristalina nitidez, equivaldría a operar el mercado sin ver una gráfica, alegando que ésta de todas maneras no nos permite ver el futuro.

Cada vez que nos preguntemos ¿debo entrar ahora?, ¿debo vender en corto?, ¿será conveniente tomar utilidades?, ¿es necesario tomar esta pérdida?, ¿cubro mis posiciones en este momento o dejo correr la situación?, etcétera, lo primero que tendremos que hacer es estudiar nuestros gráficos y revisar la metodología que hemos elegido. Del mismo modo que el conductor del auto, lo primero que tendrá que hacer si quiere desplazarse a su destino con seguridad será abrocharse el cinturón de seguridad, encender los faros y conducir con calma en medio de la tormenta.

Método o sistema de operación

Cualquier inversión en la bolsa de valores, como cualquier empresa trascendente de nuestras vidas, implica tomar decisiones cuyo resultado final es, si hemos de ser honestos, desconocido e impredecible. Sin embargo, para invertir en la bolsa, como también para vivir la vida, requerimos correr riesgos, y para hacerlo es necesario pronosticar y seguir un método. No se podría manejar el automóvil en la tormenta con las luces apagadas. Lo importante es darse cuenta de los límites de la visibilidad.

Hacer predicciones —y en consecuencia inversiones— más allá de la capacidad de hacer un pronóstico y, al mismo tiempo, *operar sin método* yace en la parte más profunda de las grandes crisis bursátiles y de las grandes pérdidas de muchos inversionistas.

Si tuviéramos que escoger una actitud o un error como la causa más común de pérdidas irreparables en la inversión bursátil, sin duda que sería la de operar sin tener un sistema adecuadamente concebido, entendido, probado y ejecutado.

En esta obra hemos querido dar a nuestros lectores todos los elementos necesarios para diseñar, de acuerdo con sus necesidades, con sus expectativas, con su tolerancia o aversión al riesgo y con sus ideas en relación con el dinero, un método propio que se adapte a estos factores y que al mismo tiempo armonice con la personalidad del inversionista.

El método deberá ser construido paso a paso, a partir del conocimiento profundo del mercado, del gráfico de precios y volúmenes, de las líneas de tendencia, de los niveles de soporte y resistencia, de las figuras técnicas y de los indicadores. Este método será el vehículo que lleve al inversionista a su destino, y sin lugar a dudas el primer mecanismo que requiere este vehículo para evitar salir lastimado a pesar de adentrarse al turbulento ambiente bursátil, es un sistema de seguridad.

Una vez desarrollado el sistema de seguridad, deberá integrarse un sistema de señales de entrada y salida basado en todas las herramientas del análisis técnico. El sistema viene a ser una metodología de selección de valores que nos permita identificar aquellos que por su situación técnica (niveles, líneas, figuras, indicadores, volumen operado, etcétera.) desarrollarán con mayor probabilidad un movimiento alcista o a la baja que podremos aprovechar adoptando posiciones en largo o en corto, respectivamente. Para esto, el analista deberá haber llegado a conocer cada una de las figuras técnicas, cada uno de los criterios de penetración de las líneas de tendencia y de los niveles de soporte y resistencia, deberá ser un experto en todos los indicadores que decida utilizar en la elaboración de la estructura de su sistema de operación, en el cual cada señal o grupo de señales de entrada y salida del mercado, tanto para abrir posiciones como para cosechar ganancias, queden perfectamente definidos.

Antes de utilizarse en inversiones reales, el nuevo método deberá ser probado retrospectivamente y en papel (en forma simulada se harán compras y ventas de títulos), en distintos mercados y bajo distintas condiciones de la bolsa; en fase *trading*, en tendencia *bull*, en tendencia *bear* y en las muy peligrosas zonas de transición que ocurren sobre todo al final de las fases de tendencia *bull* y *bear*, donde sistemas seguidores de tendencia suelen generar graves pérdidas.

Sistemas de seguridad

Para no perder el control en situaciones adversas, no debemos abrir una posición en el mercado sin fijar con precisión el nivel de *stop loss*, es decir, el nivel máximo de pérdida que razonablemente debemos aceptar. No solamente porque tanto el método como el analista son imperfectos, sino porque como al conducir el auto en la carretera, no podemos prever qué harán los demás conductores, en este caso no sabemos qué harán los demás inversionistas. Creer que el mercado es perfecto y frío es un error. No debemos perder de vista que el móvil más importante en las decisiones, ¡aun las financieras! suele ser emocional y, por tanto, sería un error asumir que el propio mercado tenga una lógica infalible (nota E.3).

NOTA E.3 EL MERCADO, NO SE EQUIVOCA

Cuando se dice que el mercado no se equivoca, lo único que se está aseverando es que no podemos esperar que el mercado opere incorrectamente, ya que no hay una forma de operar incorrecta para el mercado. Lo que el mercado hará es lo que siempre hace, reflejar el sentimiento de los inversionistas. Y en ello no hay corrección ni error. Simplemente comprará acciones quien *crea* que el mercado va a subir, y las venderá quien *crea* que su dinero estará mejor invertido en otro asunto.

Hay tres formas generales de aplicar los *stops* o puntos de cobertura de cada posición: Los niveles de *stop-loss*, *stops* protectores o de inicio, se colocan en cuanto se abre una nueva posición, sea en largo o en corto, y sirven para definir el nivel de cancelación de una posición tomando una pérdida máxima previamente definida. Su propósito es evitar que las pérdidas crezcan hasta niveles inadmisibles o que alcancen el punto en que sea imposible determinar cuánto se podrá llegar a perder cuando una operación recién iniciada resulta desafortunada. De violar la regla de NUNCA mover los niveles de *stop* en contra del sentido de nuestra posición (bajarlos cuando estamos en largo y viceversa) se cae frecuentemente en un juego pernicioso consistente en encontrar un último nivel un poco más bajo, que ahora sí deberá ser el fondo del movimiento adverso, cada vez que el nivel de *stop* sea penetrado. Si caemos en esto, las pérdidas que originalmente hubieran sido muy modestas podrían alcanzar niveles tremendamente desagradables.

La forma más natural y sencilla de colocar un *stop* protector es ubicándolo a nivel del piso local anterior (definido por la regla de los tres días) del momento en que tomamos una nueva posición. Si dicho nivel se encuentra a menos de 5% de distancia (en valor real de la acción) del precio al que tomamos la posición, le daremos hasta el nivel de 5% y unas dos pujas más. Si dicho nivel se encuentra a más de 5%, aplicamos el propio nivel del piso local dándole 2 o 3% de margen para que se pueda asegurar su penetración (nota E.4).

NOTA E.4 EL *STOP* PROTECTOR

En el concepto de *stop* protector simple o de inicio se considera que una vez fijado el nivel nos sujetaremos a él, ya que hemos decidido que si la acción alcanza ese nivel indica que hay poderosas razones para concluir que la acción no se comportó como consideramos que lo haría cuando tomamos la postura y, por tanto, debemos aceptar que la entrada en la negociación ha sido errónea.

La segunda forma de *stops*, los progresivos, se fijan a partir de que una posición ha tenido desplazamiento favorable al sentido de nuestra posición. Su propósito es garantizar que las ganancias seguirán aprovechándose si el movimiento favorable se mantiene, pero que no se perderán todas las utilidades logradas si el movimiento se revirtiera en contra de nuestra posición (nota E.5).

NOTA E.5   EL *STOP* PROGRESIVO

Hay dos sistemas que incluyen el concepto de *stop* progresivo. Éstos son el *columpio gráfico* y el *sistema parabólico*, que vimos en el capítulo 15. En el columpio gráfico, cada vez que se establece un nuevo piso local si estamos en largo, o un nuevo techo local si estamos en corto, el *stop* se desplaza en el sentido de la tendencia en que se toma la postura adelantándolo hasta el nuevo piso local (o bajándolo hasta el nuevo techo local). El sistema parabólico dará las salidas de la posición vigente en cuanto se tenga un movimiento adverso suficientemente amplio o bastante prolongado de acuerdo con su propia mecánica. El sistema de columpio gráfico, al igual que el parabólico, puede operarse también como sistema de toma de utilidades.

En la tercera forma, el *stop* por volumen, se optará por fijar un nivel de *stop* en situaciones especiales de volumen elevado que marcan un momento de alto riesgo de que la tendencia revierta (*véase* el capítulo 7). Por tanto, su propósito es cancelar la postura, preferentemente con ganancias, si se cumple el pronóstico adverso que nos advierte el volumen elevado. Por otro lado, si el fenómeno temido no se da, queremos seguir dentro de la postura para no perder la oportunidad de la ganancia que sigue. Es claro que el *stop* por volumen es un *stop* provisional (nota E.6).

NOTA E.6   EL *STOP* POR VOLUMEN

De acuerdo con esto, cuando haya un día con volumen excepcionalmente alto, siempre y cuando no sea el primer día después de penetrarse un nivel de resistencia fijado por un techo local reciente, se procede cancelando el *stop* previo y fijando uno nuevo para ese día únicamente, a dos pujas por debajo del precio de cierre del día en cuestión. Si de hecho se comprueba que era el final del avance, se cerrará la operación; de lo contrario, si es el inicio de un escape hacia nuevas alturas, entonces al día siguiente se volverá a avanzar el *stop* a una o dos pujas por debajo del precio de cierre del día siguiente o se cambiará por un sistema progresivo. Como alternativa, puede dejarse el *stop* donde se fijó el primer día sospechoso y sólo si se tiene una de tres condiciones, a saber: 1) otro día de volumen exagerado; 2) una brecha o 3) una formación de reversa de un día, se fijará a dos pujas por abajo del precio de cierre del día en cuestión.

Antes que nada, el analista deberá ser un experto en sistemas de seguridad. Deberá saber aplicar los *stops* protectores en cuanto abra una posición. Ni tan cerca del precio de entrada que al menor movimiento adverso lo saque de la posición, ni tan lejos que tenga que tomar pérdidas de magnitudes innecesarias ante una situación que desde mucho antes de salirse habría demostrado que la hipótesis original por la que se tomó una posición en el mercado era inválida.

Los riesgos pueden controlarse mejorando el método de operación y también limitando la cantidad de capital que se invierte en instrumentos de riesgo en cada momento (nota E.7). De acuerdo con esto, no debe colocarse más de 20% del total del capital disponible para inversión en una sola acción. Tampoco debe exponerse más de 80% del total del capital de inversión de riesgo al mismo tiempo.

NOTA E.7 DISMINUCIÓN DEL RIESGO

Sobre todo, el riesgo puede disminuirse evitando las propias tendencias a tomar el negocio con la psicología del tahúr, que invierte principalmente basado en corazonadas, esperanza o presentimientos: que sigue apostando a pesar de estar perdiendo repetidamente; que quiere enriquecerse en poco tiempo. En cambio, proponemos analizar y ejecutar las operaciones en una forma racional. Sólo invertir cuando haya señales técnicas objetivas, precisas y suficientes para abrir una posición. Así como reconocer cuando una inversión es equivocada y tomar una pérdida razonable.

Quizá podamos comenzar por entender el peligro de no tener un buen sistema de control de riesgo si observamos que el monto porcentual de ganancia que se requiere para recobrar una pérdida determinada, aumenta geométricamente con la proporción del capital que represente la pérdida, de la siguiente forma:

% del capital perdido	ganancia % necesaria para recuperarse
5	5.3
10	11.1
15	17.6
20	25
25	33.3
30	42.9
35	53.8
40	66.7
45	81.8
50	100
60	150
70	233
80	400
90	900

Diversificación

Otra forma de controlar el riesgo es dispersando las inversiones a través del mercado, técnica llamada *diversificación de la posición*.

Ésta es la técnica que utilizan los inversionistas que perduran en el mercado año tras año. Diversificar consiste en hacer una cartera de inversión "repartiendo" las posiciones en un número amplio (8 o más) de acciones. Cuando se diversifican las inversiones en muchos mercados se aborda el riesgo como un portafolio de oportunidades. Si se siguen alrededor de 45 o 50 acciones, es de esperarse que se tengan en promedio unas 80 oportunidades al año para hacer buenos negocios. En un mes se tendrán en promedio tres acciones que podrán reportar ganancias. Desde luego que para poder aprovechar estas oportunidades se debe disponer de dinero para invertir y tiempo para estudiar el mercado (nota E.8).

NOTA E.8   LÍMITE DE INVERSIONES

Hay que tener presente que no pueden seguirse con cuidado más de unas 8 o 10 inversiones simultáneas, por lo que habrá que limitar a este número las posiciones que estén abiertas en un momento dado.

Para que la diversificación sea efectiva, deberán seleccionarse acciones de empresas de distintos sectores. Generalmente los sectores tienen comportamientos cíclicos, por lo que en un momento dado un sector puede estar en problemas y mostrar un comportamiento desfavorable; al mismo tiempo, otro sector puede estar moviéndose en forma apropiada para una inversión basada en el análisis técnico.

La otra ventaja de este método es que en un momento dado, si alguna o varias de las inversiones resultan fallidas —si se diversificó la inversión—, con mayor probabilidad habrá algunas posiciones que compensen o neutralicen las pérdidas generadas por otras.

En conclusión, la diversificación permite evitar pérdidas simultáneas en varias inversiones y, al mismo tiempo, abre la posibilidad a identificar un mayor número de buenas oportunidades de inversión.

En alguna ocasión hemos puesto todos los huevos en una sola canasta y hemos obtenido tremendas ganancias. Esto provoca dos efectos. Primero, adquirimos una gran confianza en nosotros mismos, lo cual nos hace estar seguros que podremos hacerlo cuando menos una vez más. El segundo efecto es que, como nos tomó poco tiempo atesorar el dinero, estamos muy dispuestos a arriesgarlo en forma irracional en un momento. Por tanto, cuando se ha ganado una buena cantidad de dinero, debe dejarse sin exponer y sin utilizar por un tiempo para acostumbrarnos a tenerlo, cuando menos seis meses. Esto hará que cuando nos hayamos acostumbrado a él, lo manejemos entonces con prudencia.

Para perdurar en este negocio se requiere tener además de todo lo que hemos comentado, un método que permita conocer cuánto dinero está en riesgo en un momento dado, o sea, cuánto es lo máximo que se puede perder en un momento si se activaran todos los niveles de *stop* progresivo y *stop loss*. Al conocer este dato se podrá fijar con precisión el tamaño de la inversión aceptable de tal manera que, aun perdiéndose la cantidad máxima, no quedemos fuera del juego. A esta cantidad máxima que se puede perder en un momento dado se le llama nivel de exposición.

Finalmente, para tener el sistema de operación a punto, hubo de adoptarse primero un sistema de *stop* protectores; después se tuvo que encontrar la correcta combinación de señales técnicas consistentes y claras, y con ellas se forjó un sistema de operación. Ya probado el sistema en forma retrospectiva y adoptado un esquema de diversificación se ha de tener una fase de prueba "en vivo", para lo cual se empezará con modestas sumas experimentales en cada ocasión por un par de docenas de entradas. Una vez que se hayan consumado un número importante de operaciones se deberá determinar el comportamiento del sistema (nota E.9) y, a partir de su análisis, descubrir si el sistema que se está utilizando tiene defectos que puedan corregirse o si es necesario cambiar todo el sistema porque en las condiciones actuales del mercado, simplemente no funciona.

NOTA E.9 PARÁMETROS DE EVALUACIÓN DEL SISTEMA

Una forma de evaluar el comportamiento del sistema es cuantificar los resultados en relación con los siguientes parámetros: utilidades netas totales, ganancia o pérdida porcentual total y anual, duración de la prueba en días, número de operaciones efectuadas, utilidad promedio por operación, número de operaciones con ganancias y con pérdidas, cadena más larga de ganancias y de pérdidas, tasa ganancia promedio/pérdida promedio, ganancia máxima y pérdida máxima en una sola operación, total de operaciones en largo y en corto y sus resultados (ganancias y pérdidas), duración promedio de cada operación y en particular las de ganancias y las de pérdidas, duración máxima de una operación con ganancia y con pérdida, índice de ganancias/pérdidas y tiempo en que el sistema estuvo fuera de posiciones.

Una vez que se adopte un sistema maduro, tal vez sea aceptable esperar una ganancia anual en términos reales de 30 a 50% sobre el capital, con una probabilidad de 70 a 80%, habiendo arriesgado de 5 a 8% del capital. Esto es realista pero difícil de lograrse y requiere conocimientos, trabajo intenso y mucha disciplina. También pueden tenerse expectativas de lucro de 200% al mes. Esto se puede lograr, pero arriesgando una pérdida de 99% del capital. También es cierto que oportunidades magníficas ocurren, pero para que sean aprovechadas es necesario estar en el mercado con las rutinas cotidianas de operación defensiva. Cuando lleguen esas oportunidades excepcionales, serán aprovechadas sin haberse sometido a riesgos de exposición inaceptables.

Qué tipo de acciones conviene seguir

Hay acciones muy estables que se mueven lentamente y que no nos sorprenderán con caídas precipitadas, pero tampoco nos permitirán hacer ganancias jugosas sino a través de periodos muy largos de tiempo. Tal vez estas acciones sean apropiadas para inversiones patrimoniales basadas en el análisis fundamental. Las acciones que son más productivas en inversiones basadas en el análisis técnico son las de alta sensibilidad; en otras palabras, aquellas que suben mucho cuando el mercado sube y que bajan mucho cuando el mercado baja. Estas acciones tienen además la cualidad de describir más nítidamente aquellas figuras o patrones de consolidación o de reversa, que son una de las principales guías para operar.

Por tanto, queremos acciones que sean bastante "volátiles", es decir, que se muevan en un amplio rango de precios en poco tiempo para que sea productivo operarlas y que al mismo tiempo sean negociadas en cantidades abundantes (de alta bursatilidad) para poder adquirirlas o venderlas en el momento preciso en que tengamos la señal técnica de hacerlo sin el temor de no encontrar compradores o vendedores interesados que nos permitan operar a los precios que técnicamente son apropiados. Desde luego que la mayor volatilidad de las acciones generará también pérdidas mayores que, no obstante, deberán ser razonables si utilizamos de manera sensata los *stops*.

Es conveniente tener bajo vigilancia un número amplio de acciones para aumentar la probabilidad de encontrar buenas señales técnicas y así poder operar con suficiente frecuencia. Sin embargo, no deberán ser tantas que nos sea imposible mantener las bases de datos actualizadas o revisar adecuadamente las gráficas de manera cotidiana. Tal vez entre 30 y 60 emisoras, además de los principales índices, sea más que suficiente.

En el grupo de acciones que estudiemos deberán estar representadas preferentemente todas las ramas o sectores: la industria extractiva y de transformación, comercio, construcción, transporte, comunicaciones y servicios, ya que es de esperarse que acciones de empresas de un mismo grupo tengan comportamiento similar, por tanto, vigilando representantes de todos los sectores tendremos mejor perspectiva para detectar las oportunidades.

Últimos consejos

1. No debe comprar una acción únicamente porque está subiendo ni tampoco sólo porque su precio está muy bajo. Vea primero sus gráficas y analícelas detenidamente. Compre cuando su método se lo indique y por ninguna otra razón.

2. Su enemigo más temible es la confianza excesiva. Hay que ser optimista sin perder contacto con la realidad. Antes de invertir cerciórese que la combinación de situaciones que están en el gráfico en ese momento han devenido de manera consistente en verdaderos crecimientos en el pasado.

3. Los precios de mercado de las acciones no reflejan su valor "real". No tienen por qué hacerlo ahora ni tendrán por qué hacerlo en algún momento particular en el futuro. Las acciones subvaluadas pueden seguir subvaluadas por demasiado tiempo y las sobrevaluadas pueden sobrevaluarse aún más.

4. Después de haberse familiarizado con el mercado, con las gráficas, con el trazo de líneas de tendencia, con la identificación de los niveles de soporte y resistencia, con el reconocimiento y lectura de las formaciones de precios y con la interpretación de las señales de los osciladores, conciba un método con el que se sienta a gusto, del que deriven señales claras de compra y venta, basadas en datos objetivos. Pruebe el sistema ampliamente y si resulta clara y consistentemente productivo, entonces podrá comenzar a operar.

5. No considere que es sencillo ganarle al mercado (tener una utilidad mayor que el promedio del mercado). La selección de acciones se debe hacer con mucho cuidado y las expectativas de rendimiento deben ser sensatas y planteadas con humildad.

6. Invierta en empresas sólidas y de acciones con alta bursatilidad. Nunca ganará 50% de lo invertido en un día, pero tampoco lo perderá. En ocasiones, correr grandes riesgos puede ser recompensado generosamente, pero en algún momento las pérdidas pueden ser irrecuperables.

7. En el momento en que una posición en el mercado demuestre ser incorrecta, hay que cancelarla. La reconstrucción de lo perdido deberá basarse en otras nuevas decisiones correctamente tomadas, no en la esperanza de que la mala decisión se transforme en buena.

8. Si bien es cierto que la única manera de ganar en la bolsa es estando dentro, también es cierto que mientras esté fuera, y su dinero esté invertido en renta fija, no podrá perder ni el capital ni los intereses. Para cada cosa hay un tiempo: tiempo para invertir en la bolsa y tiempo para refugiarse en bonos del tesoro.

9. Es muy importante desarrollar la intuición para mejorar los resultados, pero sólo después de que se hayan adquirido los hábitos y los "instintos" necesarios de supervivencia. Éstos, únicamente se obtienen después de haber operado mucho tiempo (tal vez años) en forma reflexiva, y habiendo obtenido buenos resultados, utilizando con disciplina un método analítico y racional.

10. El principal objetivo de un analista/inversionista bursátil es, y debe ser, evitar la ruina del capital que se ha asignado a la inversión de riesgo. Evite todo lo que lo impulse hacia la catástrofe y utilice todos los recursos que lo protejan de ello.

11. La decisión de invertir no deberá guiarse nunca por información confidencial. Si la tiene (la información), estúdiela a la luz de la información objetiva de sus gráficos. Atáquela duramente, y sólo si resiste el ataque (desde el punto de vista técnico) podrá aprovecharla en inversiones modestas.

12. Nunca hay que poner todos los huevos en una canasta. Ni siquiera hay que poner la mayoría de los huevos en sólo unas pocas canastas. Diversifique, aunque eso limite su posibilidad de ganancias espectaculares.

13. No existe una fórmula totalmente segura e infalible de operar. Aun el sistema más útil y generalmente confiable ha de manejarse como una colección de simples estimaciones probabilísticas que deben ser revisadas constantemente, que son vulnerables y que por tanto pueden fallar en ocasiones.

14. Debe tener suficientes reservas para una cadena de posibles y, por desgracia inevitables, malas inversiones. Muchos inversionistas pierden las grandes oportunidades que se presentan al final de los desgastantes periodos de *trading* por no haber previsto la posibilidad de una "mala racha" y encontrarse sin liquidez cuando las cosas cambian de aspecto.

15. En el momento de adoptar una posición deberán fijarse los objetivos de cuándo salir y tomar utilidades en caso de que se verifique el movimiento favora-

ble que se espera. También deberá tenerse claro en qué momento salir de la posición tomando pérdidas en caso de que haya un revés en el movimiento de la acción.

16. No debe esperarse comprar al precio más bajo posible ni vender al máximo precio que se vaya a alcanzar. Lo que se debe intentar es invertir con sensatez e inteligencia cuando se tengan las señales apropiadas completas, de acuerdo con el sistema de operación elegido.

17. Cuando la situación del mercado no sea clara desde el punto de vista técnico, hay que hacer inversiones pequeñas. Es frecuente que las buenas oportunidades se anuncien con claridad y en esos casos se podrán hacer inversiones mayores.

18. No hay que "casarse" con una idea sobre la situación del mercado. Siempre conviene tener en mente que puede suceder justo lo contrario a lo que uno piensa y que por ello se han tomado las precauciones necesarias. Puede uno equivocarse en un pronóstico, pero no debe uno ser sorprendido por un movimiento adverso grave sin un sistema protector.

19. Hay que vigilar buenas oportunidades de compra o venta cuando los precios de alguna acción se acerquen a líneas de tendencia, especialmente con volúmenes medios o bajos. Esto será particularmente prometedor si la línea no ha sido "atacada" muchas veces o si los precios no han estado "arrastrándose" sobre ella. Cuando así es, las probabilidades de que la línea sea penetrada serán muy altas.

20. Para ganar en la bolsa hay que comprar barato y vender caro. Es una frase simple pero algo muy difícil de lograr de manera consistente. La principal dificultad deriva de la forma en que las decisiones quedan contaminadas no sólo por los propios temores y deseos, sino también por los de los demás.

Nota final

Si tomamos la inversión bursátil como una carrera de alta velocidad, si queremos hacer pronto una inversión con resultados espectaculares, si buscamos el gran golpe, es poco probable que sobrevivamos los malos tiempos. Habrá que ver la inversión como una carrera de fondo, como una maratón. Hay que aspirar a tener utilidades de 10% y 15% por entrada y tal vez de 40 a 50% de entradas en falso y aún estar satisfecho con ello. De vez en cuando obtendremos grandes utilidades. Tal vez haya tres oportunidades al año para dar grandes golpes, pero muy probablemente habrá más de cien oportunidades para dar buenos golpes pequeños.

La presión de muchos superiores o colegas dificulta cada vez más la expresión de un criterio propio. En consecuencia, muchos analistas y asesores de inversiones se resignan y adoptan criterios colectivos. Desgraciadamente la sabiduría popular nos enseña que es más beneficioso para la propia reputación fracasar a la manera convencional que triunfar con criterios y por medios poco convencionales.

Estamos convencidos que en la operación bursátil la batalla finalmente es contra nosotros mismos, contra nuestros miedos, contra nuestras obsesiones y prejuicios, contra nuestras fantasías y ambiciones, contra las necesidades de nuestro ego, contra nuestra impaciencia, contra las múltiples imperfecciones de nuestra percepción y contra nuestro juicio.

Respetable lector, éstas son sus armas. Por favor, nunca olvide que no se puede ser demasiado cuidadoso.

A partir de aquí usted seguirá un camino más personal. Disfrútelo y crezca al recorrerlo.

APÉNDICE A

Instrucciones para calcular el factor de deflación

Supongamos que el 1 de septiembre de 1999 vamos a calcular el factor de deflación diario (φD_d) para los primeros diez días del mes de septiembre (estamos utilizando cifras reales en este ejemplo). Para hacerlo, partimos del INPC oficial (INPC$_{o\#1}$) del mes de julio de 1999 (base 1994) que fue de 296.698 (publicado el 10 de agosto de 1999).

a) INPC oficial de julio de 1999.

$$INPC_{o\#1} = 296.698$$

La inflación (mensual) estimada para el mes de agosto ($i_{e\#1}$) fue de 0.72%.

b) Inflación estimada para agosto de 1999.

$$i_{e\#1} = 0.72$$

A partir de estas dos cifras podemos calcular el Índice Nacional de Precios al Consumidor estimado para el mes de agosto (INPC$_{e\#1}$).

c) INPC estimado para agosto de 1999.

$$INPC_{e\#1} = 296.698 \times 1.0072 = 298.834$$

La inflación para el mes de septiembre ($i_{e\#2}$) se estima en 1.03%.

d) Inflación estimada para el mes de septiembre.

$$i_{e\#2} = 1.03$$

Esto nos permite estimar el Índice Nacional de Precios al Consumidor para el mes de septiembre (INPC$_{e\#2}$) en 301.912

e) INPC estimado para el mes de septiembre.

$$INPC_{e\#2} = 298.834 \times 1.0103 = 301.912$$

Ahora calculamos el incremento en el INPC para el mes de septiembre ($\delta INPC_e$) obteniendo la diferencia del INPC estimado de septiembre menos el INPC estimado para el mes de agosto.

f) Incremento estimado en el INPC para septiembre ($\delta INPCe$).

$$INPC_{e\#2} - INPC_{e\#1} = \delta INPC_e$$
$$301.912 - 298.834 = 3.078.$$

El resultado se divide entre el número de días del mes de septiembre y esto nos da el incremento diario ($\delta d_{\#1}$) que tendrá el INPC estimado para agosto (INPC$_{e\#1}$) durante cada uno de los 10 primeros días de septiembre (a partir del día 11 tenemos que volverlo a calcular ya que entonces se habrá publicado el INPC oficial para el mes de agosto o INPC$_{o\#2}$)

g) Cálculo del incremento diario, durante los primeros diez días de septiembre, al INPC estimado para agosto.

$$\delta INPC_e / N_{\#1} = \delta d_{\#1}$$
$$3.078 / 30 = 0.1026$$

Esta cantidad se deberá sumar diariamente al *factor de deflación* obtenido a partir del INPC estimado para el mes de agosto (INPC$_{e\#1}$ = 298.834), desde el 1º al 10 de septiembre, obteniendo así el factor de deflación (φD_d) para cada uno de los diez primeros días de septiembre.

h) Factor de deflación diario para cada uno de los primeros días de septiembre:

$$1º \text{ de septiembre } \varphi D_{d1} = 298.834 + 0.1026 = 298.9366$$

2 de septiembre φD_{d2} = 298.9366 + 0.1026 = 299.0392
3 de septiembre φD_{d3} = 299.0392 + 0.1026 = 299.1418
4 de septiembre φD_{d4} = 299.1418 + 0.1026 = 299.2444

Y así hasta el 10 de septiembre cuando obtenemos un φD_{d10} = 299.86

El día 10 de septiembre se publica el INPC oficial para el mes de agosto.

i) INPC oficial para el mes de agosto.

$$INPC_{o\#2} = 298.368$$

El 10 de septiembre se utilizó como Factor de Deflación el 299.86. A partir del 11 de septiembre se utilizará un factor "corregido" (φD_{dc}). Para ello, al INPC oficial de agosto ($INPC_{o\#2}$) le aumentamos la inflación estimada para el mes de septiembre ($i_{e\#2}$) y así obtenemos un segundo INPC estimado para septiembre ($INPC_{e\#3}$) que será más cercano al oficial pues éste se basa en el INPC oficial de agosto y no en el INPC estimado de agosto como fue el primer INPC estimado de septiembre ($INPC_{e\#2}$).

j) Cálculo del 2º INPC estimado para septiembre a partir de la inflación estimada para septiembre y el INPC oficial de agosto.

$$i_{e\#2} = 1.03 \text{ , } INPC_{o\#2} = 298.368$$
$$INPC_{e\#2} = 298.368 \times 1.0103 = 301.441$$

A esta cifra se le debe restar el factor de deflación del 10 de septiembre, o sea, φDd_{10} con lo que tenemos el incremento en el INPC estimado para el resto de septiembre.

k) Segundo incremento estimado para el INPC en septiembre ($\delta INPC_{e\#2}$)

$$INPC_{e\#3} - \varphi Dd_{10} = \delta INPC_{e\#2}$$
$$301.441 - 299.86 = 1.581$$

El resultado se divide entre el número de días restantes del mes de septiembre ($N_{\#2}$= 20) y esto nos da el incremento diario ($\delta d_{\#2}$) que tendrá el factor de deflación a partir del 11 de septiembre.

l) Cálculo del incremento diario del factor de deflación para el periodo comprendido entre el 11 y el 30 de septiembre.

$$\delta INPC_{e\#2} / N_{\#2} = \delta d_{\#2}$$
$$1.581 / 20 = 0.07905$$

Esta cantidad se deberá sumar diariamente al factor de deflación a partir del φD_d del 10 de septiembre, obteniendo así el factor de cada uno de los veinte últimos días de septiembre.

$$11 \text{ de septiembre } \varphi D_{d11} = 299.86 + 0.07905 = 299.93905$$
$$12 \text{ de septiembre } \varphi D_{d12} = 299.93905 + 0.07905 = 300.0181$$
$$13 \text{ de septiembre } \varphi D_{d13} = 300.0181 + 0.07905 = 300.09715$$
$$14 \text{ de septiembre } \varphi D_{d14} = 300.09715 + 0.07905 = 300.17620$$

Y así hasta llegar al 30 de septiembre cuando el factor será, como ya vimos, de 301.441 ($INPC_{e\#3}$).

APÉNDICE B

OSCILADOR NSC

Emisoras que conforman los tres principales Índices de la Bolsa Mexicana de Valores y su ponderación.

A partir del 23 de marzo del 2000.

	IPC 35	INMEX 20	IBMX 30
Alfa A	2.17%	3.68%	3.33% X
Apasco A	1.51%	2.55%	3.33%
Ara *	0.45%		3.33%
Banacci O	5.18%	8.77%	3.33% X
Bimbo A	2.19%	3.72%	3.33%
Cemex CPO	5.56%	9.42%	3.33% X
Cie B	0.66%	1.13%	3.33%
Cifra C	0.97%		
Cifra V	6.49%	9.74%	3.33% X
Comerci UBC	0.34%	0.58%	3.33%
Desc B	0.38%	0.64%	3.33%
Elektra CPO	0.32%		3.33%
Femsa UBD	2.52%	4.27%	3.33% X
Gcarso A1	3.64%	6.17%	3.33% X
Geo B	0.28%	0.48%	3.33% X
Gfb O	1.70%	2.89%	3.33% X
Gfinbur O	4.50%		
Gfnorte O	0.54%		3.33%
Gissa B	0.77%		
Gmexico B	3.23%	5.48%	3.33% X

	IPC 35	INMEX 20	IBMX 30
Gmodelo C	1.48%	2.51%	3.33%
Gsanbor B1	1.93%		3.33%
Hylsamx BCP	0.50%		3.33%
Ica*	0.27%		3.33%
Kimber A	1.85%	3.13%	3.33% X
Maseca B	0.20%		
Peñoles*	1.01%		
Savia A	2.26%		3.33%
Soriana B	2.21%	3.75%	3.33% X
Tamsa *	0.97%		3.33%
Telecom A1	9.07%	9.79%	3.33%
Telmex L	26.67%	10.13%	3.33% X
Tlevisa CPO	6.62%	11.19%	3.33% X
Tvazteca CPO	1.09%		3.33%
Vitro A	0.44%		3.33%
TOTALES	**100**	**100**	**100**

COMPOSICIÓN DE LOS ÍNDICES POR SECTORES

	IPC 35	INMEX 20	IBMX 30
S. Comercio	10.34%	14.07%	13.34%
S. Com. y Transp.	43.46%	31.10%	13.34%
S. I. Construc.	8.07%	12.45%	16.67%
S. I. Extract.	4.24%	5.48%	3.34%
S. I. Transform.	12.42%	13.63%	26.66%
S. Servicios	11.92%	11.65%	9.97%
S. Varios	9.55%	11.62%	16.67%

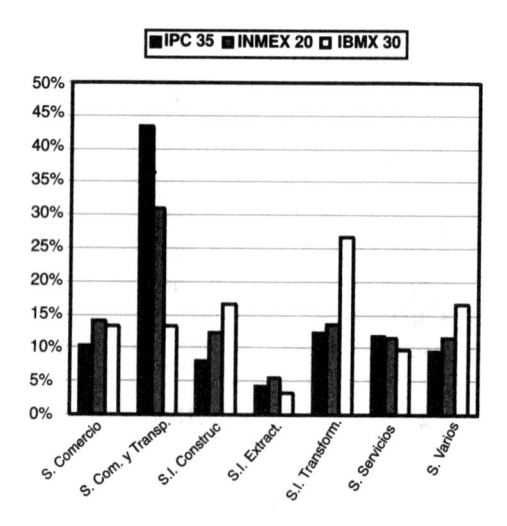

EMISORAS QUE COMPONEN CADA UNO DE LOS ÍNDICES SECTORIALES Y SU PESO (%)

COMPOSICIÓN ÍNDICE SECTOR COMERCIO

Acerla*	0.38
Cifra C	8.62
Cifra V	59.31
Comerci UBC	2.6
Dataflx B	0.71
Ece*	0.16
Edoardo B	0.18
Elektra CPO	2.79
Fragua B	1.03
Gcorvi UBL	0.17
Gigante B	4.62
Liverpol C-1	2.52
Soriana B	16.92

COMPOSICIÓN ÍNDICE SECTOR COMUN. Y TRANSP.

Cintra A	0.98
TMM A	0.36
TMM L	0.12
Biper B	0.14
Cel V	2.03
Telecom A1	19.84
Telmex L	60.46
Tlevisa CPO	13.72
Tvazteca CPO	2.34

COMPOSICIÓN ÍNDICE SECTOR IND. CONSTRUCCIÓN

Ica*	2.61
Tribasa*	1.16
Apasco*	16.94
Cemex CPO	66.36
Gcc B	1.09
Ceramic ULD	0.34
Cmoctez*	3.61
Ara*	5
Geo B	3.17
Hogar B	0.35

COMPOSICIÓN ÍNDICE SECTOR SERVICIOS

Posadas L	0.26
Wing B	0.21
Internal B	1.04
Banacci L	4.55
Banacci O	41.79
Bbvpro B	1.04
Gfb L	2.49
Gfb O	13.53
Gfinbur O	30.73
Gfnorte O	3.78
Sanmex B	0.6

COMPOSICIÓN ÍNDICE SECTOR VARIOS

Accelsa B	0.3
Alfa A	19.47
Camesa *	1.66
Cie B	6.28
Cydsasa A	0.98

Desc B	3.32
Desc C	1.93
Gcarso A1	37.23
Gissa B	6.83
Gsanbor B1	17.3
Imsa UBC	3.36
Sanluis CPO	0.65
Gaccion B	0.69

COMPOSICIÓN ÍNDICE SECTOR IND. TRANSFORM.

Tekchem A	0.33
Empaq B	1.53
Gidusa A	1.69
Kimber A	12.17
Qumma B	0.1
Hylsamx BCP	3.39
Simec B	0.25
Tamsa *	5.59
ICH B	1.01
Dina *	0.23
Iasasa*	0.03
Arsa B	1.75
Bachoco UBL	1.19
Bimbo A	13.15
Contal *	4.83
Emvasa B	0.16
Femsa UBD	17.17
Gmodelo C	9.07
Gruma B	2.56
Herdez B	0.82
Kof L	2.57
Maizoro *	0.12
Maseca B	1.26

Minsa C	0.1
Pepsigx CPO	1.84
Savia A	13.9
Valle B	0.18
Hilasal A	0.14
Conver B	0.04
Vitro A	2.74
Eko*	0.02

COMPOSICIÓN ÍNDICE SECTOR IND. EXTRACTIVA

Autlan B	1.21
Gmexico B	75.67
Peñoles *	23.13

APÉNDICE C

Acciones que cotizan en la Bolsa Mexicana de Valores agrupadas por sector y por ramo. Se anotan las emisoras y su bursatilidad: Alta (A), media (M), baja (B), mínima (Mi) o nula (N).

Los datos fueron obtenidos del boletín bursátil, sección de análisis y valuación de instrumentos del mercado de Capitales de la Bolsa Mexicana de Valores del martes 2 de mayo de 2000.

Sector: Industria Extractiva
Ramo: Industria Minera

AUTLAN B	B
GMEXICO B	A
PEÑOLES *	M
YPF D	N

Sector: Industria de la Transformación
Ramo: Industrias Químicas

MEXCHEM A	N
PLAVICO *	N
QBINDUS A	N
QBINDUS B	N
REGIOEM B	N
TEKCHEM A	N

Ramo: Celulosa y Papel

EMPAQ B	M
GIDUSA A	B
KIMBER A	A
KIMBER B	M

Ramo: Imprenta Editorial

DIANA *A	N
DIANA *B	Mi
QUMMA A	N
QUMMA B	B
QUMMA C	N

Ramo: Industria Siderúrgica

ACEYAC *	N
AHMSA *	N
HYLSAMX BCP	A
SIMEC B	M
SIMEC A	N
TAMSA *	A

Ramo: Producción de Metal

ICH B	M
TFMEX *1CP	N
TFMEX *2CP	N
TUACERO A	N
TUACERO B	N
TUACERO C	N

Ramo: Industria Electrónica

IEM *A	N
IEM *B	N
QTEL B	N

Ramo: Maquinaria y Equipo de Transporte

ACMEX A1	N
ACMEX B1	N
DINA *	B
DINA L	Mi
IASASA *	Mi
PERKINS *A	N
PERKINS *B	N

Ramo: Alimentación, Tabaco y Bebida

AGRIEXP A	Mi
ARSA	M
AXIS	B
BACHOCO UB	N
BACHOCO UBL	M
BAFAR B	B
BIMBO A	A
CAMPUS *A	Mi
CAMPUS *B	Mi
CONTAL *	M
EMVASA B	B
EMVASA A	N
FEMSA UB	M
FEMSA UBD	A
GAM B	B
GEUPEC B	B
GMACMA B	Mi
GMACMA L	Mi
GMODELO C	A
GMODELO A	N
GRUMA B	M
HERDEZ B	M
KOF L	M
MAIZORO *	Mi
MASECA B	A
MINSA C	B
MINSA B	Mi
MINSA A	N
NUTRISA *	Mi
PEPSIGX CPO	M
PEPSIGX B	Mi

SAVIA A	A
SIGMA B	B
TABLEX *2	N
TABLEX *1	N
VALLE B	B

Ramo: Textil, Vestido y Cuero

COVARRA *	B
GEASA *2	N
GEASA *1	N
HILASAL A	B
PARRAS A	B
PARRAS B	B

Ramo: Producción de Caucho y Material Plástico

CONVER A	Mi
CONVER B	B

Ramo: Producción de Minerales no Metálicos

VITRO A	A

Ramo: Otras industrias de la Transformación

DIXON *	Mi
EKCO *	Mi

Sector: Industria de la Construcción
Ramo: De la Construcción

BUFETE CPO	N
GICONSA A	Mi
GICONSA L	Mi
GMD B	N
GMD L	N

ICA *	A
IRSA *	N
PYP A	N
PYP B	Mi
TRIBASA *	M

Ramo: Industria Cementera

APASCO *	A
CEMEX A	Mi
CEMEX B	Mi
CEMEX CPO	A
GCC A	N
GCC B	M

Ramo: Material de la Construcción

CERAMIC UB	Mi
CERAMIC ULD	B
CMOCTEZ *	M
LAMOSA B	B

Ramo: Vivienda

ARA *	A
GEO B	A
HOGAR B	M

Sector: Comercio
Ramo: Casas Comerciales

ACERLA *	M
ALMACO *2	N
ALMACO *1	N
ALSEA *	B
ATY *	M
BEVIDES B	B
BEVIDES A	N

COFAR B	B
COLLADO *	Mi
COMERCI UB	Mi
COMERCI UBC	A
DATAFLX B	M
DERMET B	B
DUTY *	B
ECE *	B
EDOARDO B	B
ELEKTRA A	Mi
ELEKTRA B	N
ELEKTRA L	Mi
ELEKTRA CPO	A
FERIONI A	Mi
FOTOLUZ B	N
FRAGUA B	B
GCORVI UBL	M
GCORVI UB	N
GIGANTE *	M
GMARTI *	B
GOMO *	B
GPH 1	Mi
GPQ B	Mi
GSYR B	N
LIVEPOL 1	M
LIVEPOL C-1	B
MADISA B	Mi
MADISA L	Mi
MADISA A	N
NADRO B	B
SEARS B1	N
SORIANA B	A
WALMEX C	A
WALMEX V	A

Sector: Comunicaciones y Transportes
Ramo: Transporte

CINTRA A	B
TMM A	B
TMM L	B

Ramo: Comunicaciones

	BIPER B	M
	CEL A	N
	CEL V	M
	RCENTRO CPO	M
	RCENTRO A	N
	TEAR2 B	N
	TECO2 B	N
	TELECOM A1	A
	TELMEX A	M
	TELMEX L	A
	TLEVISA D	N
	TLEVISA L	N
	TLEVISA CPO	A
	TLEVISA A	N
	TVAZTCA CPO	A

Sector: Servicios
Ramo: Otros Servicios

	ARISTOS B	Mi
	ARISTOS A	Mi
	CIDMEGA A	N
	CIDMEGA B	B
	MEDICA A	Mi
	MEDICA L	Mi
	MEDICA B	Mi
	POSADAS A	B
	POSADAS L	M
	REALTUR A2	N
	REALTUR A1	N
	SITUR A	N
	SITUR B	N
	VIDEO *	Mi
	WINGS B	B

Ramo: Instituciones Bancarias (Sociedades Nacionales de Crédito)

	BAINLAT A	N
	BAINLAT B	N

BAINLAT O	N
BACEN A	N
BACEN B	N
BACEN O	N
BANORIE B	N
BANORIE A	N
BANPAIS A	N
BANPAIS B	N
BANPAIS L	N
BANPAIS O	N
BQ L	N
BQ O	N
CONFIA B	N
CONFIA A	N
INTENAL B	N
INTENAL A	N
PROMEX B	N
PROMEX A	N

Ramo: Casas de Bolsa

CBARKA A	N
CBARKA B	N
CBESTRA A	N
CBESTRA A1	N
CBI O1	N
CBI O2	N

Ramo: Instituciones de Seguros

GENSEG A	Mi
GENSEG B	Mi
GNP *	B
LASEG *	N
PATRIA A	Mi
PATRIA B	Mi
SEGCOAM A	B
SEGCOAM B	B

Ramo: Organismos Auxiliares de Crédito

ALSA *	Mi
LOTONAL *	N

Ramo: Grupos Financieros

BANACCI L	M
BANACCI O	A
BBVPRO B	A
CBIGF O1	N
CBIGF O2	N
GBMATLA L	N
GBMATLA O	N
GFB L	B
GFB O	A
GFBITAL A	B
GFBITAL B	B
GFBITAL L	B
GFFINA A	Mi
GFFINA B	Mi
GFINBUR O	A
GFINTER O	Mi
GFMULTI O	Mi
GFNORTE O	A
INVEX O	B
IXEGF O	B
SANMEX B	B

Sector: Varios
Ramo: Controladora Holding

ACCELSA B	B
ALFA A	A
CAMESA *	B
CIE B	A
CYDSASA A	B
DESC A	M

DESC B	A
DESC C	M
FIASA *1	N
FIASA *2	N
GCARSO A1	A
GEPM B	B
GISSA B	A
GSANBOR B-1	A
IMSA UBC	M
IMSA UB	N
OPCAP A	N
OPCAP B	Mi
PROCORP B	Mi
PROCORP A	N
SANLUIS CPO	M
SANLUIS A	B
SIDEK A	N
SIDEK B	N
SIDEK L	N
SYNKRO A	B
SYNKRO C	Mi
UNICA B	Mi
UNICA A	N

Ramo: Otros

GACCION B	B

Nota. La bursatilidad de las acciones es un fenómeno cambiante, por lo que es de esperarse que la presente clasificación se modifique en algún momento.

Cuando la serie se designa con un asterisco se le llama "nominativa", ya que en ese caso la serie de la acción lleva únicamente el nombre de la emisora.

APÉNDICE D

ABREVIATURAS

ADX. *Average Directional Movement Index.* Indicador de intensidad de una tendencia del sistema de Movimiento dirigido.

ADXR. *Average Directional Movement Index Rating.* Indicador de intensidad de una tendencia del sistema de Movimiento dirigido.

%R. Oscilador de Williams.

BMV. Bolsa Mexicana de Valores

BOVESPA. Bolsa de Valores de Sâo Paulo, Brasil.

CAC 40. Índice de la Bolsa de Valores de París, Francia.

CETES. Certificados de la Tesorería.

Comun. Comunicaciones.

CyH. Cabeza y hombros.

%D. Disparador lento del estocástico.

δd. Incremento diario.

δINPC. Incremento diario del índice nacional de precios al consumidor.

+DI. *Directional Indicator* positivo. Indicador de Movimiento dirigido de los periodos al alza.

-DI. *Directional Indicator* negativo. Indicador de Movimiento dirigido de los periodos a la baja.

DJIA. *Dow Jones Industrial Average.* Promedio industrial Dow Jones.

DM. *Directional movement.* Movimiento dirigido.

φDd. Factor de deflación para un día específico

FTSE. *Financial Times Stock Exchange.* Bolsa de Valores de Londres.
i. Inflación
IBMX. Índice Banamex.
IGPA. Índice General de Precios de Acciones. Índice de la Bolsa de Valores de Chile.
Ind. Industria
INDEVAL. Institución para el depósito de valores llamada S.D. Indeval S.A. de C.V.
INMEX. Índice México.
INPC. Índice Nacional de Precios al Consumidor.
IPC. Índice de Precios y Cotizaciones de la Bolsa Mexicana de Valores.
%K. Indicador rápido del estocástico.
M. Sc. *Master of Science.* Maestría en ciencias.
MACD. *Moving Average Convergence Divergence.* Convergencia y divergencia de promedio móvil.
MERVAL. Mercado de Valores de Buenos Aires, Argentina.
MIBTEL. Bolsa de Valores de Milán, Italia.
NASDAQ. *National Association of Securities Dealers Automated Quotation.*
NIKKEI 225. Índice de la Bolsa de Valores de Tokio, Japón.
NYSE. *New York Stock Exchange.* Mercado de Valores de Nueva York, EUA.
OBV. *On Balance Volume.* Balance de volumen.
ONSC. Oscilador NSC.
OVC. Oscilador de volumen de Chaikin.
PM. Promedio móvil
ROC. *Rate of Change.* Tasa de cambio.
RSI. *Relative Strength Index.* Índice de fuerza relativa.
S. Comercio. Sector comercio.
S. Com. y Transp. Sector de comunicaciones y transportes.
S. I. Construc. Sector de la industria de la construcción.
S. I. Extract. Sector de la industria extractiva.
S. I. Transform. Sector de la industria de la trasformación.
S. Servicios. Sector de servicios.
S. Varios. Sector de varios.
SAO. Sistema automático de operación.
SAR. *Stop and Reverse.*
S&P. *Standard and Poor's.*
SENTRA. Sistema Electrónico de Negociación, Transacción, Registro y Asignación de la Bolsa Mexicana de Valores.

Transform. Transformación.
Transp. Transportes.
TSE. *Toronto Stock Exchange.* Mercado de Valores de Toronto, Canadá.
VS. Versus

Nota: El significado de las abreviaturas que se utilizan en las figuras se indica en el texto del pie de cada figura.

APÉNDICE E

GLOSARIO

Abanico, Principio del. Dado que una corrección intermedia puede presentarse como un movimiento en tres tiempos, mientras no se viole la línea de tendencia del tercer tiempo (en tanto no se penetre la línea de tendencia del tercer abanico), no deberá darse por terminada la tendencia primaria previa.

Acción. Título o valor que representa parte del capital social de una empresa, emitido por la propia empresa en oferta pública o privada para incrementar sus recursos y que sirve para acreditar y transmitir la calidad y los derechos de socio.

Accionista. El propietario de acciones de una emisora y, por tanto copropietario del capital social de la empresa. Por ello participa de las utilidades de la empresa al obtener los dividendos que ésta genere.

Actividad. Término que se utiliza para designar de manera semicuantitativa el volumen de acciones operadas.

Acumulación. Primera fase del mercado *bull*. Periodo en el cual los precios se mueven sin tendencia, con volúmenes reducidos de operación, y en que los inversionistas fuertes hacen sus inventarios antes del comienzo de una tendencia alcista.

Alza explosiva. *Véase Blowoff.*

Amplitud, Fenómeno técnico de. Nombre que recibe el número o la proporción de las acciones que operan en la bolsa un día determinado desplazándose hacia el mismo sentido que el índice general de dicho mercado, sea al alza o a la baja. El término se aplica a una serie de indicadores que estudian esta participación de las diferentes acciones en un movimiento dado de algún índice del mercado.

Análisis fundamental. Metodología de estudio de todas las variables que afectan o que potencialmente pueden afectar la oferta y la demanda de los valores y por lo tanto que tienen como consecuencia el cambio del precio de los valores (acciones, bonos, opciones, futuros, *commodities*, divisas, etcétera). Está basado en el estudio, interpretación y ponderación de los factores macroeconómicos, microeconómicos, climáticos, políticos, sociales, etcétera, que se estiman causales de los movimientos de los precios.

Análisis técnico. Metodología de estudio del cambio de precio de valores (acciones, bonos, opciones, futuros, *commodities*, divisas, etcétera), basado en la interpretación de fenómenos detectados en representaciones gráficas de la relación entre la oferta y la demanda, y su traducción en los precios y volúmenes de títulos operados de dichos valores. El método opera bajo el supuesto de que en las gráficas están incorporados los factores causales (macroeconómicos, microeconómicos, climáticos, políticos, sociales, etcétera) de los movimientos de los precios.

Ápex. Punta o extremo en el cual convergen las líneas que delimitan un triángulo o una cuña. Cima o punto más alto de un movimiento alcista.

Área de *trading*. Rango de valores en el que se desplaza el precio de una emisora dentro de un rectángulo.

Balance de volumen. *Véase On balance volume.*

Bandera, Patrón en. Figura o formación técnica exclusivamente de continuación, de corta duración (máximo 4 semanas), con forma de pequeño paralelogramo compacto dentro del cual fluctúan los precios, que aparece después de un movimiento vertical, alcista o a la baja, seguido de un movimiento de magnitud similar y de igual sentido al que le precede. Este patrón se acompaña de una disminución marcada en el volumen de acciones operadas durante su formación.

Banderín, Patrón en. Figura o formación técnica exclusivamente de continuación, con las mismas características que la bandera pero con forma triangular. Recibe también el nombre de gallardete. *Véase Bandera.*

***Bear,* Mercado.** Nombre que recibe un movimiento primario del mercado a la baja.

Bearish. Calificativo que se aplica a una señal técnica que pronostica un movimiento descendente, o a cualquier fenómeno técnico cuyo significado tenga carácter de movimiento a la baja.

Blowoff* o *Bloww-off top. Vigoroso movimiento ascendente que ocurre en el extremo superior de una tendencia alcista y que se da con altos volúmenes de negociación. También recibe el nombre de alza explosiva y en general es seguida por una caída de precios igualmente violenta. Equivale a un clímax de venta pero en el techo.

Brecha. Rango de precios dentro del cual no hay operaciones, es decir, las acciones han cambiado de manos a precios que están por arriba y por debajo de la brecha pero no dentro de ella.

Brecha común. *Véase Brecha de área.*

Brecha de agotamiento. Suelen ser brechas amplias que ocurren al final de un movimiento fuerte. Antes de que aparezcan señales de debilitamiento en el movimiento, se pierde "toda la presión" de empuje y surge una brecha que se cierra al día siguiente o en muy pocos días y, aunque no necesariamente apuntan a una reversa de tendencia, sí indican que la fuerza del movimiento precedente se ha perdido cuando menos en forma transitoria. Es importante distinguirlas de las brechas de continuación.

Brecha de área. Brechas que se forman en la zona central dentro de un área de negociación (área de *trading*) o en un patrón de congestión de precios, tanto de continuación como de reversa. No constituyen señales importantes más allá de confirmar que se está dentro de un área de congestión de precios.

Brecha de continuación. Brechas que ocurren precisamente a la mitad del trayecto de avances o retrocesos rápidos de los precios, en movimientos verticales que se dan luego de un área de acumulación. La importancia de identificarlas es porque permiten determinar la extensión probable del movimiento final, que será igual a otro tanto del movimiento que precede a la brecha. Por ello se ha dado por llamarlas "brechas de medida". Es importante distinguirlas de las brechas de agotamiento.

Brecha en isla. Complejo de señales formado por tres elementos: 1) una brecha de agotamiento localizada al final de un movimiento que generalmente es rápido, 2) un rango compacto de negociación de varios días seguido por, 3) una brecha de rompimiento que da lugar a un movimiento de precios en dirección opuesta al anterior, que también suele ser rápido. De esta forma, hay una zona de negociación en el extremo de un movimiento, separado del resto del trazo por sendas brechas en cada uno de los extremos de dicha zona. Es una figura de reversa que ocurre tanto en los techos como en los pisos. También recibe el nombre de Reversa en isla.

Brecha de medida. *Véase Brecha de continuación.*

Brecha de rompimiento. Estas brechas aparecen en relación con patrones de precios, y ocurren precisamente cuando los precios alcanzan el límite de la figura o patrón y se da el rompimiento o penetración, de tal forma que las barras de precios que quedan dentro del patrón de precios están separadas de las barras que están fuera por la propia brecha de rompimiento. Algunos autores las llaman brechas de escape.

***Bull*, Mercado.** Nombre que recibe un movimiento primario alcista del mercado.

***Bullish*.** Calificativo que se aplica a una señal técnica que pronostica un movimiento ascendente, o a cualquier fenómeno técnico cuyo significado tenga carácter de movimiento al alza.

Bursatilidad. Propiedad de una acción que opera con altos volúmenes de negociación y prácticamente todos los días. De acuerdo con esto, las acciones se clasifican en alta, media y baja bursatilidad dependiendo del número de acciones que se intercambian en promedio en un día de operaciones o del monto en dinero que dicho intercambio representa.

Cabeza y hombros, Patrón de. Figura o formación técnica de reversa que aparece en la parte alta de una tendencia alcista. Es una de las figuras más consistentes. Consta de tres picos, el mayor de los cuales siempre es el segundo (la cabeza). Su límite inferior, llamado línea de cuello, está determinado por el fondo de las dos correcciones que se dan entre el primero (hombro izquierdo) y el segundo picos y entre el segundo y el tercero (hombro derecho). La figura se completa al penetrarse hacia abajo la línea de cuello.

Cabeza y hombros de continuación, Patrón de: Figura o formación técnica de continuación que aparece particularmente en la zona media de una tendencia descendente, en donde adopta la forma de una formación de cabeza y hombros del techo. Al completarse esta figura se reanuda la misma tendencia que la precede, esto es, a la baja. Puede ocurrir también en la zona media de una tendencia alcista en cuyo caso adopta la estructura de una formación de cabeza y hombros del fondo.

Cabeza y hombros en el fondo, Patrón de. Figura o formación técnica de reversa que aparece en el fondo de una tendencia descendente. Su forma es como la del patrón de Cabeza y hombros pero invertido sobre su eje horizontal. Por tanto, consiste en tres valles de los cuales el segundo es el más profundo, y su límite está dado por la línea (de cuello) que une el techo de los dos *rallies* que se dan entre el primero y el segundo y entre el segundo y el tercer valle. La figura se completa al ser penetrada hacia arriba la línea de cuello.

Cabeza y hombros invertido, Patrón de. *Véase Cabeza y hombros.*

Cabeza y hombros múltiple o compuesto, Patrón de. Figura o formación técnica de reversa que adopta la forma de un patrón de cabeza y hombros del techo pero que contiene más de un hombro de cada lado y/o más de una cabeza. Típicamente guarda una simetría axial muy consistente y tiene una capacidad de predicción muy alta.

Canal de tendencia. Área comprendida entre la línea de tendencia y la línea de retorno, siendo la línea de retorno la paralela de la línea de tendencia que toca los techos locales si es alcista o los pisos locales si es a la baja. Dentro del canal discurren los precios al encontrar niveles de soporte y de resistencia progresivamente más altos (en tendencia alcista) o más bajos (en tendencia a la baja).

Caos, Teoría del. Rama de las matemáticas, relacionada con el análisis de dinámica no lineal, que describe el comportamiento de sistemas irregulares, complejos, que tienen un orden o estructura subyacente pero no necesariamente aparente.

Ciclos del mercado. Movimiento completo del mercado constituido por una tendencia alcista y una tendencia a la baja en la que se pierde parte (habitualmente entre 50% y 61.8%) o todo lo que se avanzó. Hay ciclos de distintos órdenes o tamaños: los ciclos primarios suelen completarse en uno y medio a 4 años pero los hay desde muy pequeños que tardan algunos minutos en completarse hasta los seculares que tardan entre 10 y 25 o más años en formarse.

Clímax de venta. Fenómeno bursátil caracterizado por ventas de acciones con fuerte carga emocional (angustia), manifestadas por volúmenes de operación muy elevados y caídas de precios aceleradas y de gran amplitud. Estos eventos ocurren al final de descensos que agotan los márgenes de reserva de los especuladores hasta que, al final, millones de acciones son tiradas por la borda en una limpia general.

Columpio gráfico, Sistema de. Sistema mecánico de operación, también llamado *stop* progresivo en el cual el *stop* se desplaza en el sentido del movimiento de la acción cada vez que ésta hace un nuevo piso local (o techo local si se está en corto). El sistema no trata de predecir nada en relación con el mercado, más bien le dice al operador en qué momento operar sus posiciones. Es un sistema seguidor de tendencia y por lo tanto muy efectivo en periodos de tendencia pero inútil en periodos de *trading*.

Commodities: Anglicismo que designa a las mercancías o bienes tangibles cuyos títulos pueden comprarse o venderse en el mercado sin tener que adquirir físicamente las propias mercancías.

Confirmación, señal de. Situación en la que se tiene un criterio o conjunto de criterios técnicos suficientes para establecer el grado de certeza para una señal o una situación determinada del mercado. En el caso de la teoría Dow, la señal de confirmación hace referencia al hecho de que ambos índices (el industrial y el ferroviario) muestran el mismo fenómeno técnico, de forma específica un cambio de tendencia.

Congestión de precios. Zona de un gráfico en la que los precios tienen desplazamiento sin tendencia definida, por lo tanto se mueven dentro de límites más o menos estrechos. El término es intercambiable con el de consolidación pero su carácter es más bien descriptivo de la apariencia gráfica que del fenómeno bursátil. El término *trading* también hace referencia a un fenómeno similar pero con intención más bien operativa.

Consolidación, Movimiento de. Fenómeno bursátil en el que después de un movimiento más o menos amplio con tendencia, los precios adoptan un desplazamiento lateral. Una consolidación puede ser de acumulación o de distribución según resuelva con una nueva tendencia al alza o a la baja.

Corrección, Movimiento de. Movimiento del mercado en contra del movimiento de la tendencia principal. Para denominar así a un movimiento, debe ser de una magnitud inferior al de la tendencia principal. En general el término se utiliza para designar un movimiento secundario a la baja que se da dentro de un movimiento primario alcista y en el que se retrocede entre un tercio y dos tercios del avance anterior.

Corro. Sitio real o virtual en el cual se hacen públicas las posturas de compra y de venta de los valores que se propone intercambiar en el mercado, expresando el precio y el número de títulos que se han de comprar o vender a ese precio. El objetivo de que el procedimiento sea público es garantizar la equidad, consistencia y orden en el intercambio de valores a través de la bolsa.

Corro de compra. Mejor postura de compra que se hace pública en el mercado y por definición es la oferta de compra más alta que se registra primero.

Corro de venta. Mejor postura de venta que se hace pública en el mercado y por definición es la oferta de venta a menor precio que se registra primero.

Corto, Cubrir un. Operación de comprar una acción que se ha vendido en corto previamente con objeto de devolverla al prestamista original.

Corto, Venta en. *Véase Venta en corto.*

Cruce de acciones. Intercambio de acciones en la que la misma casa de bolsa representa tanto los intereses del comprador como los del vendedor. El protocolo y las condiciones a seguir para esta operación están estrechamente reglamentadas y vigiladas.

Cruce de indicadores. Se llama cruce a la señal que da un indicador cuando pasa de la zona positiva a la negativa en el caso de los indicadores no acotados de un solo componente, como ocurre con el ROC, el Momento, el Oscilador de volumen de Chaikin, o los osciladores de precios, etcétera. También se dice que un indicador se ha cruzado, en el caso de los indicadores compuestos, cuando los componentes cambian la posición de uno con respecto del otro (el que está arriba pasa hacia abajo y viceversa), como ocurre con el MACD y el estocástico.

Cuña, Patrón en. Figura o formación técnica de continuación en la que las fluctuaciones de precios están confinadas entre dos límites convergentes rectilíneos no horizontales y que ambos pueden ir hacia arriba o hacia abajo; por tanto, se nombrarán como cuñas ascendentes o cuñas descendentes respectivamente. Al romper, la cuña ascendente por lo general, da lugar a un movimiento a la baja y al romper, a la cuña descendente le suele seguir un alza.

%D. Signo que hace referencia al disparador lento del estocástico. Es el promedio móvil elegido que se calcula sobre %K.

Deflación. Desde el punto de vista del análisis técnico, es la modificación que se hace al valor nominal de una acción o un índice para eliminar el efecto de la inflación o de la cambiante paridad de la moneda en que se cotizan las acciones que se analizan en relación con una moneda de referencia. Desde el punto de vista económico, es un fenómeno monetario que consiste en una baja generalizada en el índice de precios de bienes y servicios. Es lo opuesto a inflación.

Demand Index. Índice de demanda. Indicador técnico que busca mostrar el poder de compra y de venta del mercado y de acciones en particular a partir de operaciones matemáticas que incluyen el volumen y el precio.

Día de reversa clave. *Véase Reversa de un día.*

Diamante, Patrón en. Figura o formación técnica de reversa o de continuación cuya forma romboidal está dada por una primera mitad limitada por líneas divergentes y una segunda mitad limitada por líneas convergentes. Puede considerarse una variante del patrón de Cabeza y hombros en que la línea de cuello es en "V" en lugar de ser recta.

Difusión, Indicador técnico de. Indicador técnico que refleja la convicción que hay en el mercado con relación a un movimiento dado de algún índice general. El indicador se construye a partir de acciones deliberadamente escogidas que se reúnen para formar agregados. Estos agregados generan señales derivadas de indicadores individuales y se interpretan como una unidad. Martin J. Pring recomienda utilizar un indicador de momento como el ROC y un oscilador de precio, para construir el indicador de difusión. Nosotros hemos construido el Oscilador NSC mediante el MACD y el Estocástico.

Directional movement. *Véase Movimiento dirigido.*

Distribución. Grupo de valores relacionados que son descritos por una medida de tendencia central (como la media), una medida de dispersión (como la desviación estándar) y una descripción de la forma (como el *Kurtosis*). Desde el punto de vista técnico es el periodo inicial de un mercado *bear* en el que los inversionistas fuertes se deshacen de sus inventarios ante la inminencia de una caída en los precios.

Divergencia. Fenómeno técnico en el que los nuevos techos más altos o nuevos pisos más bajos formados en el gráfico de precios no son confirmados por nuevos techos más altos o nuevos pisos más bajos formados en un indicador sino que el indicador sufre un movimiento contrario al del precio. Por extensión, se dice que hay divergencia cuando dos indicadores técnicos dan señales contradictorias o fallan en confirmarse mutuamente.

Diversificar. Método de construcción de un portafolio de inversión que consiste en invertir en forma simultánea en acciones de distintos sectores del mercado con objeto de disminuir el riesgo de exposición.

Dividendos, Pago de. Es la repartición de toda o alguna parte de las utilidades del ejercicio de una empresa entre los socios accionistas. Dicha repartición puede hacerse en efectivo o en el valor equivalente en acciones de la empresa.

Doble fondo, Patrón de. Figura o formación técnica de reversa que se presenta en la zona inferior de una tendencia a la baja donde los precios alcanzan, dos veces aproximadamente, un mismo nivel bajo. En la construcción de la figura hay un primer movimiento descendente con volumen moderado, seguido por una recuperación que se da con bajo volumen, un nuevo descenso hasta un nivel similar al primer fondo (no más de 3% de diferencia) pero con volumen inferior, seguido por una segunda recuperación con volumen creciente. Finalmente el rompimiento de la figura se da cuando el segundo *rally* supera el techo del primer *rally*.

Doble piso. *Véase Doble fondo.*

Doble techo, Patrón de: Figura o formación técnica de reversa que se presenta en la zona superior de una tendencia alcista. En la construcción de la figura hay un primer movimiento ascendente con volumen moderado seguido por una corrección con bajo volumen, un nuevo ascenso hasta un nivel similar al techo del primero (no más de 3% de diferencia) pero con volumen inferior, seguido por un segundo descenso con volumen creciente. El rompimiento de la figura se da cuando el segundo descenso supera el piso de la primera corrección.

Emisora. Persona moral que tiene inscritos sus valores en el listado de la bolsa de valores. Por extensión es equivalente al nombre de una acción que cotiza en la bolsa.

Escala aritmética. Escala de precio o de volumen en la que distancias verticales iguales en el gráfico representan cambios en valores o cantidades iguales.

Escala semilogarítmica. Escala de precio o de volumen en la que distancias verticales en el gráfico representan cambios porcentuales iguales.

Escalopas. *Véase tazones repetidos.*

Espiga. *Véase Formación en V invertida.*

Estocástico. Indicador del grupo de los osciladores acotados, compuestos, diseñado por George Lane. Está basado en la observación de que conforme se desarrolla una tendencia alcista, los precios de cierre tienden a acercarse al límite superior del rango de un periodo determinado, lo cual se revierte cuando la tendencia alcanza la madurez. En tendencias a la baja, los precios de cierre tienden a estar más cerca de los mínimos del periodo estudiado en las etapas iniciales de la tendencia, en tanto que cuando la tendencia se acerca a su final los precios de cierre tienden a alejarse de los mínimos del periodo. La intención del indicador es determinar en qué posición está el precio de cierre más reciente en relación con el rango de precios de un periodo de tiempo determinado.

Fenómeno de sube-y-baja. *Véase Sube-y-baja.*

Fibonacci. Sobrenombre de Leonardo de Pisa (1170-1240), mercader y matemático medieval quien además de haber introducido en Europa el uso de los números indo-arábigos incluyendo el cero, hizo aportaciones personales en matemáticas. Una de estas contribuciones publicada en su obra *Liber Abaci* fue la serie numérica en la que a partir del número uno, cada nuevo número de la secuencia se genera mediante la adición de los dos números que le preceden en la propia serie. Los primeros números de la secuencia de Fibonacci son 1, 1, 2, 3, 5, 8, 13, 21, 34, 55, 89, 144, 233.

Figura. *Véase Formación de precios.*

Fondo dormido, Patrón en. Variante del fondo redondo o tazón, pero muy extendida y con fondo plano. Generalmente aparece en acciones que operan poco y que de manera característica pasan periodos de varios días sin operar. Técnicamente este patrón implica la posibilidad de que se trata de un periodo de acumulación y que por lo tanto su resultado final será un movimiento alcista.

Fondo redondo. *Véase Tazón.*

Formación de precios. También llamada figura o patrón de precios, o patrón de área, es un fenómeno gráfico que refleja periodos del mercado en que el desarrollo de una tendencia se interrumpe temporalmente mediante un movimiento lateral que por lo general describe una figura cuya forma tendrá valor para predecir el tipo de movimiento que probablemente ha de seguir cuando termine el propio patrón. De acuerdo con esto, las formaciones de precios pueden ser de continuación si la tendencia que le precede se reanuda al terminar el patrón, o de reversa si al terminar el patrón da comienzo una tendencia opuesta a la que le precedió.

Formación en V. Figura o patrón de reversa que se verifica en la parte inferior de una tendencia descendente, con la particularidad de que entre la tendencia que le precede y la que le sigue no hay una congestión de precios o un periodo de transición, sino que súbita y violentamente se hace el viraje del descenso al ascenso, con frecuencia mediante una reversa de un día con muy alto volumen o mediante una reversa en isla.

Formación en V extendida. Es una variante de la formación en V o de la espiga pero, en este caso, poco después de la reversa misma se forma una pequeña plataforma o congestión que por lo común se inclina un poco en contra de la tendencia (cuando viene de los techos se inclina hacia arriba y cuando viene de los pisos se inclina hacia abajo). El volumen se comporta de la misma manera que en una formación en bandera, esto es, cae rápidamente durante el desarrollo de la plataforma para volver a aumentar al salir de la congestión. Se considera que el patrón en V extendida termina hasta que finaliza el área de congestión de la plataforma.

Formación en V invertida. Figura o patrón de reversa con las mismas características que la Formación en V pero que ocurre en los techos, esto es, en la parte superior de una tendencia alcista, y da lugar a un cambio de tendencia a la baja. Recibe también el nombre de Formación en espiga.

Formación que se ensancha. *Véase Triángulo expansivo.*

Fractal. Término que se aplica a ciertas formas geométricas que reproducen la complejidad de las formas de la naturaleza. Una de sus características es que repiten su estructura general en cada una de sus partes y en las partes de sus partes, es decir, contienen la imagen de sí mismas en cada una de sus partes. Los fractales ofrecen una perspectiva muy rica para describir y estudiar formas y sistemas complejos de las ciencias naturales y sociales. La teoría de la onda de Elliott comparte las propiedades de la geometría fractal cuya descripción formal ciertamente antecede.

Gallardete, Patrón en. *Véase Banderín.*

Indicadores técnicos. Son modelos matemáticos y los gráficos que con ellos se trazan, que se generan al manipular con diferentes propósitos los precios de las acciones, los volúmenes operados, o las relaciones que hay entre ambos. Su objetivo general es tener una manera de evaluar cuantitativamente lo que observamos en los movimientos de los precios y los volúmenes de las acciones a lo largo del tiempo.

Índice Banamex. Índice de la Bolsa Mexicana de Valores que comprende 30 acciones no ponderadas. Cada una representa el 3.3% del valor del índice. En este índice no se imprime el efecto de Telmex L, Telecom A1 y Tlevisa CPO de forma marcada, lo cual permite que se haga más evidente el movimiento de las demás emisoras.

Índice de amplitud absoluta. Indicador de amplitud cuyo trazo se genera con el valor absoluto (sin importar el signo) del número de acciones que cerraron al alza menos el de las que cerraron a la baja en un mercado dado. Se estudia elaborando un gráfico con el valor obtenido cada día, sin llevar un total acumulado.

Índice de amplitud de Hughes. Indicador de amplitud que se calcula dividiendo el número de acciones que avanzan menos el de las que retroceden, entre el total de acciones operadas. Para su estudio se elabora una gráfica con el valor obtenido cada día, sin llevar un total acumulado.

Índice de demanda. *Véase Demand Index.*

Índice de fuerza relativa. *Véase Relative Strength Index.*

Índice de precios y cotizaciones. Principal índice accionario de la Bolsa Mexicana de Valores. Comprende 35 acciones ponderadas de acuerdo al volumen operado por lo que los movimientos de Telmex L, Telecom A1 y Tlevisa CPO están representados de forma preponderante. La ponderación respectiva se modifica cada día de acuerdo con el volumen operado.

Índice México. Uno de los índices de la Bolsa Mexicana de Valores. Utiliza 20 acciones ponderadas de acuerdo al volumen operado. El efecto de Telmex L, Telecom A1 y Tlevisa CPO es un poco menos predominante que en el IPC.

Índice nacional de precios al consumidor. Índice inflacionario oficial de México, publicado por el Banco de México.

Intra-día, evento o fenómeno. Fenómeno técnico que ocurre dentro del periodo de remates de la bolsa de valores de un solo día y que concluye antes del final de la jornada. En general, los fenómenos intra-día tienen un valor o grado de certeza menor que los fenómenos que se sostienen hasta el final de la jornada, los cuales se denominan "al cierre".

%K. Indicador rápido del estocástico de Lane. Representa la posición que el último valor (precio) guarda con respecto al rango de precios del periodo elegido, expresado en porcentaje.

Largo, Operación en. Nombre que se da a una operación en la que se adquiere un título en propiedad, con la intención de venderlo después una vez que su valor haya aumentado.

Línea de avance/retroceso. Indicador acumulativo de la amplitud del mercado, diseñado para permitir compararlo fácilmente con alguno de los índices del mercado. La línea de AR se construye comenzando en cualquier momento a partir de un número grande para evitar caer en negativos. Cada día se calcula el número de acciones que tienen movimiento alcista menos aquellas que cerraron a la baja. El total se suma o resta (según sea un número positivo o negativo) del total corriente acumulativo que se tiene hasta el día anterior.

Línea de cuello. Nivel de soporte de una formación de Cabeza y hombros del techo en el cual se detiene la reacción que se da después del hombro izquierdo y después de la cabeza y que al ser penetrada en la reacción del hombro derecho confirma la figura. Por extensión se denomina así al nivel de soporte que detiene la reacción desde los techos en una formación de reversa de doble o de triple techo. En las formaciones de reversa del piso, incluyendo el patrón de CyH invertido, la línea de cuello será la línea de resistencia equivalente.

Línea de retorno. Es una recta paralela a la línea de tendencia trazada sobre los techos locales (en un movimiento de tendencia ascendente) o bajo los pisos locales (en un movimiento de tendencia descendente). El espacio comprendido entre la línea de tendencia y la línea de retorno recibe el nombre de canal de tendencia.

Línea de tendencia. Es la línea recta que mejor describe un movimiento dado de los precios ajustándose a los pisos locales (en un movimiento de tendencia alcista) o a los techos locales (en un movimiento de tendencia a la baja). La línea de tendencia alcista representa un nivel con función de soporte y la línea de tendencia a la baja corresponde a un nivel de resistencia.

Liquidez. Capacidad de obtener dinero en efectivo para los usos requeridos mediante la conversión de activos.

Lote. Cantidad de valores de una misma Emisora y Serie (una misma acción) que la bolsa determina como unidad estandarizada para la celebración de operaciones a través del sistema electrónico de negociación (SENTRA). En la actualidad, en la Bolsa Mexicana de Valores un lote está compuesto por 1,000 títulos.

MACD. *Moving Average Convergence/Divergence.* Indicador técnico del tipo de los osciladores no acotados, compuestos, diseñado por Gerald Appel, que consiste en un oscilador de precios formado por dos promedios móviles exponenciales, calculados al precio de cierre (de 12 días contra 26 días). A este indicador se le construye un promedio móvil exponencial de 9 días como disparador.

Mediana. Forma de expresar los precios de una acción de un periodo determinado que resulta de sumar el precio mínimo al precio máximo del periodo y dividir el resultado entre dos.

Mercado de capitales. Es aquel mercado financiero en el que se realiza la intermediación de instrumentos de inversión de renta variable (acciones, opciones, futuros) o de renta fija (Cetes, Udibonos, Obligaciones, Papel Comercial).

Mercado primario. Mercado en el que se hace la colocación de una nueva emisión de acciones y que por ello permite la entrada de dinero fresco a la empresa emisora.

Mercado secundario. Mercado en el que se intercambian acciones u otros valores, en el cual la trasferencia de recursos se da exclusivamente entre el comprador y el vendedor de los valores sin participación de la empresa emisora.

Momento. Indicador que cuantifica la "aceleración" de un movimiento de precios, por lo tanto, relaciona dos velocidades de desplazamiento de precios, la velocidad del periodo en cuestión con la de un periodo determinados días atrás. El término es utilizado por algunos autores para designar únicamente el fenómeno de incremento de velocidad en el desplazamiento y no para un indicador específico.

Movimiento dirigido. Sistema de operación diseñado por J. W. Wilder que busca definir un mercado en cuanto a su tendencia y aprovechar los periodos de tendencia alcista para hacer inversiones en largo, y los periodos de tendencia a la baja para vender en corto, dejando pasar los periodos de *trading*. Su nombre en inglés es *Directional Movement*.

Objetivo, Precio o nivel. Precio de una acción o nivel de unidades de un índice que se estima será alcanzado al final de un movimiento específico del mercado. El término se utiliza para designar la magnitud de un movimiento que es probable esperar después del rompimiento de una formación de precios o figura técnica.

On balance volume. Balance de volumen. Indicador técnico de volumen. Se construye dando el signo positivo al volumen total de títulos operados cada día (o cada periodo) si el cierre fue al alza, y dándole un signo negativo si cerró a la baja. De acuerdo con su signo, el volumen se suma o resta al total corriente acumulado que se tiene hasta el día anterior.

Operador bursátil. Persona física que ha sido aprobada por la Bolsa de Valores y autorizada para que a nombre de una casa de bolsa formule posturas y celebre operaciones bursátiles.

Oscilación fallida. Nombre que recibe el movimiento del RSI cuando después de alcanzar un nivel extremo de sobrecompra hace una secuencia de tres movimientos: el primero es un descenso desde el nivel extremo alcanzado. En un punto dado forma un piso cuando en un segundo movimiento vuelve a dirigirse hacia el área de sobrecompra, pero sin alcanzar ahora el nivel máximo previo. En el tercer movimiento nuevamente desciende hacia el área central del gráfico, superando el piso previamente mencionado. El que no haya alcanzado el techo máximo de sobrecompra y la penetración del piso antes formado es lo que recibe el nombre de oscilación fallida. Lo mismo pero a la inversa puede ocurrir en el extremo de sobreventa. Su nombre en inglés es *Failure Swing* y es una de las señales más valiosas del Indice de Fuerza Relativa o RSI.

Oscilador de precios. Oscilador de tipo simple y no acotado, construido mediante la comparación entre dos promedios móviles. Suele graficarse a manera de histograma. El MACD es un ejemplo de oscilador de precios.

Oscilador de volumen de Chaikin. Indicador técnico de tipo simple y no acotado, que pondera el volumen de acuerdo con la relación que guarde el precio al cierre con la mediana del precio del día. Si el cierre del día en cuestión está por arriba de la mediana, el volumen operado se considera acumulación. A la inversa, si el precio de cierre del día está por abajo de la mediana del día, el volumen operado se considera distribución. Cuanto más cercano sea el precio de cierre al precio máximo del periodo, mayor acumulación habrá ocurrido, y viceversa.

Osciladores. Indicadores técnicos de gran utilidad en periodos de *trading* en los cuales dan señales oportunas de sobrecompra o sobreventa. Se consideran indicadores no seguidores de tendencia sino que evalúan el momento o velocidad de un movimiento. Se clasifican en acotados o no acotados y en simples y compuestos.

Paquete, Compraventa de acciones en. Transacción grande de una acción en particular que se vende y compra como unidad.

Parabólico, Sistema. Sistema automático de operación diseñado por J. W. Wilder para dar una señal de cerrar la postura que se tenga en el mercado cuando haya un movimiento contrario a la postura por un tiempo y/o una magnitud significativos.

Paralela funcional, Línea. Es una línea recta paralela a la línea de tendencia principal que se traza respetando puntos extremos que la propia línea de tendencia ha obviado (que no ha respetado), como pueden ser movimientos intra-día exagerados o puntos basales que no han sido adecuados para construir la línea de tendencia. Su importancia estriba en la posibilidad de evitar interpretaciones erróneas de penetraciones en falso de la propia línea de tendencia.

Patrón de precios. *Véase Formación de precios.*

Patrón de área. *Véase Formación de precios.*

Pegarle al corro. Poner una postura de compra (o venta) al mismo precio al que se ofrece la venta (o compra) en el corro correspondiente con el fin de garantizar que se cierre la operación.

Penetración de una línea o un nivel. Término que designa al paso del precio de una acción o del valor de un índice, de un lado al otro de una línea de tendencia, de un nivel de resistencia o de soporte, o de una línea que constituya el límite de una formación o patrón de precios. El término rompimiento se utiliza de forma intercambiable con el de penetración.

Penetración en falso. Rompimiento transitorio de un límite de formación o de un nivel de soporte o resistencia que no se confirma sino que, por el contrario, se aborta cuando los precios regresan al lado opuesto de dicha línea. En el caso de una formación de precios, el rompimiento o penetración definitiva será hacia el lado opuesto al de la falsa penetración y, en el caso de un nivel de soporte o resistencia, éste no se volverá a penetrar en mucho tiempo.

Penetración prematura. Rompimiento transitorio de un límite de formación o de un nivel de soporte o resistencia que antes de confirmarse es seguido por el regreso de los precios al lado opuesto de dicha línea. En este caso, a diferencia de la penetración en falso, el rompimiento o penetración definitiva en ocasiones se dará en el mismo sentido de la penetración prematura y entonces se confirmará plenamente.

Picos. Este término designa, con relación al volumen de acciones, una cantidad de títulos que no logra completar un lote. Con relación a un gráfico, un pico es el techo, cima o punto más alto alcanzado en el nivel de precios durante un movimiento dado.

Piso. Nivel inferior de un movimiento descendente de precios en el cual inicia el movimiento contrario al alza. Piso local es el nivel inferior alcanzado en un movimiento terciario.

Piso de remates. Es el lugar físico donde se reunían los operadores de las distintas casas de bolsa para realizar operaciones de compra y venta de valores. Hoy en día en algunos países las operaciones se hacen por medios electrónicos, por lo tanto, el piso de remates es un lugar virtual, y al puesto donde se localizan los operadores dentro de cada una de las casas de bolsa se le conoce como la Mesa de capitales.

Piso redondo, Patrón de. Es una figura o formación técnica de reversa que aparece al final de un movimiento descendente caracterizado por un cambio gradual y bastante simétrico de tendencia desde descendente hasta ascendente. Tanto el patrón de los precios como el del volumen adoptan una misma forma cóncava hacia arriba por lo que también recibe el nombre de tazón.

Pizarra. Monitor en el que se muestra el conjunto de datos o puntos relacionados con los movimientos de cada emisora y de los índices durante la sesión de operaciones en la bolsa de valores. Toda la información necesaria para formular una orden de compraventa está contenida en la pizarra, incluye: la clave que identifica el nombre, la emisora y la serie de la acción, el precio de cierre del día anterior, el precio de la última operación ya efectuada o último hecho del día, la variación porcentual y nominal del último precio del día comparado con el precio del cierre del día anterior, el volumen de acciones intercambiadas hasta el momento, la mejor postura de venta en el momento (la más baja) y el volumen de la postura; la mejor postura de compra en ese momento (la más alta) y el volumen de dicha postura.

Postura. Policitación o compromiso de operación que formula un operador para celebrar una operación bursátil y que se hace pública al colocarse en el corro.

Precio de apertura. Precio al que se negocia una acción al inicio de una sesión de remate bursátil.

Precio de cierre. Último hecho o precio al que se negocia una acción al final de una sesión de remate bursátil. En forma operativa, en la Bolsa Mexicana de Valores es el precio promedio ponderado en función del volúmen que por acción calcule la bolsa correspondiente a los últimos 10 minutos de la sesión de remates.

Precio máximo. Precio más alto al que se negocia una acción durante una sesión de remate bursátil o un periodo determinado de tiempo.

Precio mínimo. Precio más bajo al que se negocia una acción durante una sesión de remate bursátil o un periodo determinado de tiempo.

Precio ponderado. Forma de expresar los precios a los que se opera una acción en un periodo determinado que resulta de sumar dos veces el último precio del periodo, más el precio mínimo y más el precio máximo del periodo y dividir el resultado entre cuatro.

Principio del abanico. *Véase Abanico.*

Promedio móvil. Es el promedio de un grupo de datos que se generan en forma secuencial. Los PM pueden ser calculados para cualquier número entero de periodos (minutos, días o semanas). De esta forma, el Promedio móvil es una versión suavizada de los movimientos del precio de las acciones y por lo tanto minimiza la distorsión que ocasionan movimientos aleatorios o movimientos bruscos y exagerados en los precios, dando una impresión más clara de la verdadera tendencia en el movimiento del precio. El Promedio móvil es el indicador más utilizado. Es un indicador seguidor de tendencia y por tanto su utilidad se puede aprovechar únicamente durante periodos de tendencia resultando inútil en periodos de *trading*. En su forma simple, el Promedio móvil resulta de sumar los precios de cierre de un número "n" de días y dividir la suma entre "n". Existen además los PM exponenciales y los ponderados, cuya característica particular es que se calculan dando un mayor peso a los datos más recientes y progresivamente menos peso conforme se alejan los datos hacia el pasado.

Promedio móvil exponencial. Variedad de promedio móvil cuya construcción comprende la utilización de una constante de suavidad (smoothing constant o SC) que se calcula dividiendo 2 entre el número de días elegidos para el promedio móvil + 1. el PM exponencial del día de hoy será igual al precio de cierre de ayer menos el PM exponencial de ayer multiplicado por SC y el resultado se suma al PM exponencial de ayer. Ya que una de las variables que se requiere incluir en el cálculo es el PM exponencial de ayer, es necesario correr el cálculo a partir de un precio de cierre anterior. El "periodo de estabilización", que así se llama el número de días necesarios para tener un PM exponencial válido, será igual al número de días con que se calculó el SC.

Promedio móvil ponderado. Variedad de promedio móvil que se calcula multiplicando el precio de cierre por "n_i", que para el último día es el número de días del periodo elegido "n". El cierre del día anterior se multiplica por "n-1", el que sigue hacia atrás por "n-2", etcétera hasta llegar al "n" día anterior (primero de la serie), el cual se multiplica por 1. Se suman todos estos valores y el resultado se divide entre la suma de todos los factores "n_i" de ponderación (n + n-1 + n-2 ... + 1 = n total).

Puja. Unidad mínima de fluctuación, respecto del precio pactado en la última operación, que puede tener el precio de un valor al ser negociado en la bolsa.

Pullback. Movimiento de regreso de los precios hacia una línea de soporte o límite inferior de un patrón que recientemente ha sido penetrada hacia abajo.

Punto basal. Es el punto inferior de un movimiento alcista (o el superior de un movimiento a la baja), a partir del cual se considera que se originó dicho movimiento. Su definición es importante porque en ese nivel se deben colocar los *stops* protectores o de inicio y a partir de ese punto se deben trazar las líneas de tendencia. Por lo general, pero no siempre, equivale al piso local más bajo (o techo local más alto). La excepción a esto es cuando el final del movimiento que precede al actual se dio con un clímax de venta o con u *blowoff*, en cuyo caso el punto más bajo definido por el clímax de venta o el *blowoff* se ignora y se busca un punto alternativo como punto basal que suele corresponder al segundo piso local más bajo (o techo local más alto) que describa la nueva tendencia.

Rally. Movimiento alcista, por lo general rápido, de orden terciario.

Rate of Change. Llamado en castellano Tasa de Cambio y abreviado ROC, es un oscilador no acotado, simple. Para su cálculo se construye una razón del precio de cierre más reciente en relación con un precio ubicado un número "n" de días atrás y el resultado se multiplica por 100. El ROC se puede expresar con relación a diferencia en puntos o con relación a diferencia en porcentaje.

Rectángulo. Figura o formación técnica de continuación (75% de las veces) o de reversa (25% de las veces) caracterizada por fluctuaciones de precios dentro de un área de *trading* cuyos límites tanto superior como inferior son horizontales o casi horizontales. Durante su desarrollo el volumen de operación tiende a concentrarse en los puntos en que el precio alcanza los límites de la figura mientras mantiene una tendencia general a disminuir conforme evoluciona el patrón.

Relative Strength Index. Llamado en castellano Índice de Fuerza Relativa, es un oscilador acotado, simple, construido por J. W. Wilder buscando suavizar el trazo de un oscilador de momento y al mismo tiempo acotarlo. Este oscilador representa la fuerza o vigor de un movimiento determinado. Por lo general se utilizan periodos de 14 días para construirlo. En el RSI, los movimientos por arriba de 70 se consideran sobrecompra en tanto que los movimientos por abajo de 30 se consideran sobreventa. Es uno de los osciladores más utilizados por nosotros por su clara lectura y la consistencia de las señales que genera para guiar la operación de mediano plazo.

Regla de los tres días. Se denominará piso local al punto más bajo en el gráfico (el precio mínimo del día) seguido por un incremento en el precio que se sostenga por tres días consecutivos. Para ello, todo el rango de precios de tres días subsecuentes debe estar por encima del precio más bajo del día que es candidato a ser piso local. El mismo criterio se aplica para nombrar techo local al punto más alto en el gráfico (el precio máximo del día) seguido por un descenso en el precio que se sostenga por tres días consecutivos.

Regla del punto extremo. Debe utilizarse el precio extremo del día del cruce de $+DI_{14}$ y $-DI_{14}$ como nivel o precio de *stop loss* cuando se utiliza el sistema de Movimiento Dirigido.

Regreso a confirmar. *Véase Pullback.*

Renta fija, Instrumentos de. Son instrumentos de deuda caracterizados porque el inversionista sabe de cuánto será la utilidad que recibirá al pasar cierto tiempo después de adquirir el instrumento, independientemente de lo que ocurra en el mercado. Tal es el caso de una cuenta de ahorros, las inversiones a plazo fijo, los CETES, los pagarés, el papel comercial y las obligaciones.

Renta variable, Instrumentos de. Son un grupo de instrumentos integrado por las Acciones y los Derivados, que se caracteriza porque al adquirir el instrumento, el inversionista desconoce cuál será la rentabilidad (utilidad o pérdida) que se va a percibir al concluir dicho compromiso.

Resistencia. Nivel de precio al cual se encuentra concentrada una oferta (venta) de títulos por lo que es de esperarse que en dicho nivel se detenga, cuando menos en forma transitoria, un movimiento ascendente.

Resorte, Patrón de. Figura técnica o patrón de precios que se construye en dos días en una zona de congestión de precios. El primer día el precio penetra el nivel de soporte de dicha zona de congestión y cierra por debajo de él. El segundo día el precio regresa al área de congestión y cierra dentro de la misma abortando así una falsa penetración. Cuando ocurre el mismo fenómeno pero en el límite superior (de resistencia) del área de congestión, recibe el nombre de *upthrust*.

Reversa en isla, Patrón de. *Véase Brecha en isla.*

Reversa de un día, Patrón de. Es una figura o formación técnica de reversa que puede ocurrir en los techos o en los pisos después de un movimiento amplio con tendencia, de muchos días o semanas, durante el cual el volumen ha crecido también. En el día de reversa se establece un nuevo precio máximo (o mínimo) dentro de una tendencia. Ese día, los precios se avanzan (o retroceden) mucho comparados con los del día anterior, a veces dejando una brecha, en un par de horas el precio sube (o baja) lo que debería avanzar en tres o cuatro días. Súbitamente viene un alto y los precios empiezan a bajar tan rápido como subieron. Al cierre, están prácticamente donde empezaron y el cambio neto al cierre, comparado con el día anterior, suele ser muy poco y, con frecuencia, en el sentido inverso al movimiento de la tendencia. Además, ese día el volumen habrá sido elevado de manera poco usual, mucho más que los días de volumen alto en muchos meses anteriores. En inglés se le llama *Key Reversal Day* o *One Day Reversal*.

Reversa de dos días, Patrón de. Es un fenómeno del todo comparable al patrón de reversa de un día con la diferencia de que en este caso el movimiento completo de precios descrito se reparte entre dos días, el primer día ocurre un avance (o retroceso) exagerado del precio en el sentido de la tendencia previa, con volumen elevado. Al final del día el precio se encuentra en su nivel máximo de avance. Al día siguiente ocurre el regreso en contra de la tendencia previa, nuevamente con alto volumen, y al cierre del segundo día el avance del precio del día anterior se habrá corregido por completo e incluso habrá sufrido un movimiento en contra de la tendencia previa.

Rompimiento de un nivel o línea. *Véase Penetración.*

Selloff. Caída brusca, repentina y amplia de los precios de las acciones o del mercado en general. Equivale al término *shakeout*.

Serie. Conjunto de valores de la misma especie y calidad que confieren a sus tenedores iguales derechos y cuentan con las mismas características.

Shakeout. Sacudida o movimiento súbito y violento a la baja de los precios. Equivalente al término *sell-off*.

Sistema parabólico. *Véase Parabólico.*

Sobre-compra. Cuando los osciladores alcanzan valores extremos hacia arriba se llaman niveles de sobrecompra y hacia abajo de sobreventa. Esto debe interpretarse como que los precios han llegado demasiado lejos, demasiado pronto lo que generalmente agota la demanda (cuando hay sobrecompra) o la oferta (cuando hay sobreventa), y puede ser momento de que se produzca una corrección o consolidación, cuya magnitud ciertamente es desconocida a priori. En situación de trading del mercado, cuando el oscilador regresa de la zona de sobrecompra o sobreventa deberá interpretarse como señal de vender o de comprar respectivamente.

Sobre-venta. *Véase sobre-compra.*

Soporte. Nivel de precio al cual se encuentra concentrada demanda (compra) de títulos por lo que es de esperarse que en dicho nivel se detenga, cuando menos en forma transitoria, un movimiento descendente.

Split. Aumento del número de acciones en circulación de una emisora, sin variar el importe de su capital social, disminuyendo el valor nominal.

***Split* inverso**. Reducción del número de acciones en circulación de una emisora, sin variar su capital social, aumentando el valor nominal.

Stop. Nivel de precio que de alcanzarse se deberá ejecutar la venta (o la cobertura de un corto) de títulos que se tengan en posición.

Stop loss. Nivel de precio que de alcanzarse se deberá ejecuta la venta (o la cobertura de un corto) de títulos que se tengan en posición y que representa tomar una pérdida, dado que con dicho movimiento del precio se habrán invalidado los postulados bajo los cuales se tomó la posición.

Sube-y-baja, Fenómeno de. Llamado *whipsaw* en inglés. Situación en la que la técnica o sistema que se utiliza para generar señales de entrada y salida y con ellas operar la bolsa provoca pérdidas en ambos extremos, superior e inferior, de un movimiento oscilatorio de los precios. Esto sucede cuando se utiliza un sistema seguidor de tendencia durante un periodo de *trading*.

Swing chart. *Véase Columpio gráfico.*

Tasa de Cambio. *Véase Rate of Change.*

Tazón. *Véase Piso redondo.*

Tazones repetidos. Figura o formación técnica de continuación

Técnica de análisis de punto y figura. Método gráfico de análisis bursátil que sólo toma en cuenta los precios y que representa los precios al alza como una "X" y los precios a la baja como un "0". La variación mínima de precios registrada recibe el nombre de caja. Este método no considera de forma directa la variable tiempo y su principal ventaja es el cálculo de precios objetivo de los movimientos identificados.

Técnica de análisis de velas japonesas. Método gráfico de análisis de origen japonés en el que el precio mínimo y máximo se dibujan mediante una línea vertical y el rango comprendido entre el precio de apertura y el de cierre se dibuja como un rectángulo blanco si es menor el de apertura y negro si es menor el de cierre. El rectángulo recibe el nombre de cuerpo (de la vela). El rango excesivo establecido por los máximos y mínimos más allá de los precios de cierre y apertura recibe el nombre de sombra. El método consiste en identificar patrones de reversa o de continuación que pueden completarse en uno o varios días.

Techo. Nivel máximo de precio alcanzado en un movimiento alcista. Techo local será el nivel máximo alcanzado en un movimiento terciario alcista seguido por tres días consecutivos en que los precios no superan dicho nivel.

Techo que se ensancha. *Véase Triángulo expansivo.*

Techo redondo. Figura o formación técnica de reversa similar al Patrón de tazón o piso redondo, pero que ocurre en los techos al final de una tendencia alcista. En este caso el contorno inferior descrito por los precios y el contorno superior descrito por los volúmenes durante el desarrollo del patrón genera una especie de ovoide o lente biconvexo.

Tendencia. Desplazamiento de valores a través del tiempo. En análisis técnico se dice que el mercado tiene tendencia cuando los precios se desplazan en una misma dirección (aumentan o disminuyen) de manera consistente por periodos más o menos largos, logrando así apreciarse (tendencia alcista o al alza) o depreciarse (tendencia bajista o a la baja) en grado significativo.

Tendencia primaria. Movimiento del mercado que por lo general tiene más de un año de duración (entre uno y medio y cuatro años), compuesto por una fase alcista llamada *bull* en la que el índice del mercado o el precio de las acciones logra una apreciación significativa, y una fase a la baja llamada *bear* en la que se pierde entre el 50% y el 100% o más de lo incrementado en la fase *bull*. Entender y operar las tendencias primarias es el objetivo primordial del analista técnico.

Tendencia secundaria. Movimientos del mercado de un orden inferior al primario cuya duración suele ser de varias semanas hasta varios meses. Aunque son difíciles de operar, suelen dar la oportunidad de inversiones basadas en análisis técnico muy lucrativas.

Tendencia terciaria. Pequeños movimientos del mercado de unos cuantos días o unas pocas semanas de prácticamente imposibles de prever y de operar en forma productiva con base en el análisis técnico.

Teoría de la onda de Elliott. Técnica de análisis publicada por Ralph Nelson Elliott en 1939, basada en la identificación de patrones en las gráficas de procesos o fenómenos en desarrollo, como la bolsa de valores, fundado en ritmos de crecimiento equivalentes o asociados con la secuencia numérica de Fibonacci. Según esta teoría, los movimientos en el sentido de la tendencia mayor (impulsos) se dan en 5 pasos alternando tres de avance con dos de retroceso parcial, en tanto que los movimientos en contra de la tendencia mayor (correcciones) se dan en tres tiempos o movimientos alternándose dos en contra de la tendencia con uno a favor de la tendencia. La teoría incluye el concepto de auto-semejanza según el cual la estructura general se reproduce a escala en todos los órdenes o dimensiones que se consideren.

Teoría Dow. Conjunto de conceptos propuestos originalmente por Charles Dow en 1884 y posteriormente desarrollados en 1920 por Richard Schabacker, finalmente aclarados y ordenados en 1948 por John Magee. Esta teoría se basa en tres principios generales: 1) los precios de las acciones se mueven siguiendo tendencias; 2) el volumen acompaña a la tendencia, y 3) una vez establecida una tendencia, se debe asumir que continúa hasta que haya señales definitivas de que ha terminado.

Thrust. *Véase Blowoff.*

Throwback. Movimiento de regreso de los precios hacia una línea de resistencia o límite superior de un patrón que recientemente ha sido penetrada hacia arriba.

Throwover. También llamado *upthrust*, es un alza excesiva de los precios en la zona madura de una tendencia alcista, más allá de una línea de retorno que generalmente se presenta antes de un regreso importante en los precios que puede corresponder a un cambio de tendencia primaria de *bull* a *bear*.

Título. Sinónimo de valor. Cualquier documento que representa la propiedad de algún bien. Se aplica a las acciones, obligaciones, bonos, papel comercial, etc.

Triángulo expansivo. Figura o formación técnica de reversa similar a un triángulo pero invertido, de tal manera que su vértice es anterior y las oscilaciones de precios progresivamente se van haciendo más amplias entre límites divergentes. Su forma habitual es la de tres o más oscilaciones de precios donde los techos son cada vez más elevados y los pisos cada vez más bajos. Reciben también el nombre de megáfonos, triángulos invertidos o techos expansivos.

Triángulo rectángulo. Figura o formación técnica de continuación o de reversa caracterizada por fluctuaciones de precios dentro de un área de *trading*, uno de cuyos límites es horizontal en tanto que el otro es ascendente o descendente, según el caso. A diferencia del triángulo simétrico, esta figura sí predice el sentido en el que será completada la formación y por lo tanto hacia que lado evolucionará la tendencia resultante, ya que la mayoría de las veces el rompimiento es en el lado horizontal.

Triángulo simétrico. Figura o formación técnica de continuación (75% de las veces) o de reversa (25% de las veces), caracterizada por fluctuaciones de precios dentro de un área de *trading* cuyos límites son convergentes: el superior desciende y el inferior es ascendente. Durante el desarrollo de la formación el volumen tiende a descender y esta figura no predice de qué lado (superior o inferior) se dará el rompimiento o penetración.

Triple fondo. Figura o formación técnica de reversa con características iguales a los triples techos, pero de cabeza y en el fondo de una tendencia bajista, es decir, está formada por tres valles consecutivos cuyos fondos están a alturas similares (menos de 3% de diferencia) y separados por dos picos intercalados que también suelen estar a alturas similares.

Triple piso. *Véase Triple fondo.*

Triple techo. Figura o formación técnica de reversa, localizada en la parte superior de una tendencia alcista. Está formada por tres picos consecutivos cuya altura máxima es similar (menos de 3% de diferencia), separados por dos valles intercalados que también suelen estar a alturas similares.

Valle. Nombre que recibe el punto más bajo alcanzado en el nivel de precios durante un movimiento dado, particularmente utilizado para denominar al fondo de la reacción que se da entre dos o tres picos en la formación de reversa de doble o triple techo. Desde el punto de vista operativo, puede corresponder a un piso.

Valor nominal. Con relación a una empresa se refiere al capital social de la misma. Con relación a un índice o un título, se refiere al valor establecido en las unidades naturales en que se cotice o pondere dicho título de manera habitual (unidades del IPC, precio de una acción en pesos o dólares, etcétera).

Valor real. Hace referencia al valor nominal modificado de un título o de un índice al que se ha descontando el efecto de la inflación.

Venta en corto. Operación que resulta de una postura de venta en la que la parte vendedora manifiesta su intención de liquidarla con la entrega de valores que haya obtenido en préstamo. En otras palabras, es la venta de valores o acciones que no se poseen y que por lo tanto han de obtenerse prestados para consumar la operación, con el compromiso de retornarlos a su propietario en un plazo convenido.

Volatilidad. Es la propiedad del precio de una acción para desplazarse hacia arriba y hacia abajo en un periodo determinado de tiempo. Es decir, es la distancia entre el precio más bajo y el precio más alto en un lapso determinado de tiempo. La manera más común de hacer la comparación de volatilidad entre las distintas emisoras o aun entre las acciones y los distintos índices, es utilizando un día como periodo para el cálculo [$Volatilidad_a = 100 \times (Precio\ Máximo - Precio\ Mínimo) / Precio\ Mínimo$] y obteniendo el promedio de los últimos 250 periodos o un año calendario.

Volumen. Monto que representa la operación de compraventa realizada en un periodo o momento determinado. De manera coloquial se utiliza para designar al número de acciones negociadas.

Whipsaw. *Véase Sube-y-baja.*

Williams %R de. Oscilador que mide la situación del último cierre en relación con el rango de precios de un periodo previo determinado. El precio de cierre del día en cuestión es restado del máximo del periodo y la diferencia se divide entre el rango total del mismo periodo con la intención de localizar "el centro de gravedad" de un movimiento y así identificar los niveles de sobrecompra y sobreventa como posibles puntos de cambio de dirección del mercado.

BIBLIOGRAFÍA

Briggs J. y Peat F. D., *Espejo y Reflejo: del Caos al Orden*. Gedisa Editorial, Barcelona 1994. 222 pp.

Codina José, *Curso práctico de análisis técnico y Chartismo*. Editado por Iberdrola (Compañía Eléctrica de España), Madrid, 1997. 224 pp.

Cohen A. W., *The Chartcraft Method of Point and Figure Trading. A Technical Approach to Stock Market Trading*. Chartcraft Inc. New York, 1965. 115 pp.

Colby Robert W., Meyers Thomas A., *The Encyclopedia of Technical Market Indicators*. Business One Irwin. Homewood, Illinois, 1988. 582 pp.

Chancellor Edward, *Devil take the hindmost. A history of financial speculation*. Farrar Straus Giroux, New York, 1999. 386 pp.

DeMark Thomas R., *The New Science of Technical Analysis*. John Willey & Sons Inc, New York, 1994. 264 pp.

Edwards Robert D., Magee John, *Techincal Analysis of Stock Trends*. Seventh Edition, 1997. 704 pp.

Eng William F., *The technical Analysis of Stochs, Options & Futures*. Probus Publishing. Chicago, 1988. 465 pp.

Frost A. J., Prechter Robert R., *Elliott Wave Principle*. Expanded Edition, 1996. 297 pp.

Gómez-Palestino M., Jiménez H, y Sosa A., *Análisis de Gráficas de Barras y Volumen*. Colección de la Asociación Mexicana de Analistas Técnicos, 1990. 80 pp.

Hutson Jack K. Weis David H., Schroeder Craig F., *Charting the Stock Market. The Wyckoff Method*. Technical Analysis, Inc., 1991. 208 pp.

Lifson L. E., Geist R. A., *The Psychology of Investing.* J Willey & Sons. New York, 1999. 198 pp.

MacKay Charles, *Extraordinary Popular Delusions and the Madness of Crowds.* Crown Publishing, 1995. 740 pp.

Mandelbrot Benoit B., *The Fractal Geometry of Nature.* WH Freeman and Co. New York, 1983. 468 pp.

Mark Douglas, *The Disciplined Trader: Developing Winning Attitudes,* New York Institute of Finance / Simon & Schuster, 1990. 256 pp.

Meyers Thomas A., *The Technical Analysis Course.* Probus Publishing Company. Chicago Illinois, 1989. 328 pp.

Murphy John J., *Technical Analysis of the Futures Markets.* New York Institute of Finance. New York. 2a edición, 1987. 570 pp.

Nison S., *Japanese Candlestick Charting Techniques.* New York Institute of Finance, New York, 1991. 315 pp.

Paulos John A., *Érase una vez un número,* Tusquets Editores, Barcelona, 1999. 205 pp.

Paulos John A., *Innumeracy. Mathematical Illiteracy and its Consequences.* Vintage Books. New York, 1990. 180 pp.

Plummer T., *The Psychology of Technical Analysis.* Irwin Professional Publishing. Chicago, 1993. 302 pp.

Prigogine Ilya, *El Fin de las certidumbres.* Santillana S.A., Taurus, Madrid, 1997, 230 pp.

Pring Martin J., *Technical Analysis Explained.* McGraw-Hill Inc. New York. Tercera edición, 1991. 521 pp.

Sternberg Robert J., Lubart Todd I. *La creatividad en una cultura conformista.* Un desafío a las masas. Paidós, Barcelona, 1997. 333 pp.

Wilder J. Wells Jr., *New Concepts in Technical Trading Systems.* Trend Research. Greensboro, North Carolina, 1978. 142 pp.

Williams Bill, *Trading Chaos. Applying expert techniques to maximize your profits.* John Wiley & Sons, Inc. New York, 1995. 265 pp.

ÍNDICE

A

"ataque" de los precios, 96
"vender en corto", 23
a mercado, 18
acceleration factor, 254
acciones, 15
acotados, 197
acumulación, 53, 111-112, 118, 141, 151, 227-228
ajuste del gráfico, 22
alza explosiva, 113
amplitud, 231
área de trading, 139, 167
arte, 115
asignación 20

B

balance de volumen, 226
bandera, 160
banderas, 144
banderines, 144
base de datos, 31, 32
bear, 12
bearish, 108, 151
blowoff, 113
breath, 231
brecha, 31, 165
brechas, 59, 158, 159, 189
    comunes, 167
    de agotamiento, 170
    de huida, 169
    de medida, 169
    de rompimiento, 168
    intradía, 166
bull, 12
bullish, 108
bursatilidad, 268

C

cabeza, 119
calcular objetivos, 145
cambio
    de polaridad, 102
    de tendencia, 219
cambios de tendencia, 178
canal de tendencia, 74-75
canales fragmentarios o subdivididos, 79
casa de bolsa, 15-16
causas, 104
certeza, 8, 45
certezas, 85
Chalkin a/d oscillator, 226
ciclo, 50
ciclos del mercado, 221
clímax de venta, 65, 100, 156-158, 231
componente
    lento, 200-201
    rápido, 200
componentes, 201
comportamientos cíclicos, 266
compra el rumor, 45

320 Índice

comprar, 223
  en largo, 90
confirmación, 45, 48, 128, 130
confirmaciones, 130
confirmada, 181
confirmado, 123
confirmar, 59
conocimiento, 260
consistencia, 242
consolidación, 59, 117, 202
  o formación de continuación, 60
constante de suavidad, 179
contexto, 182, 241
contrato de intermediación, 16
corrección 202
  del abanico, 86
corro, 17, 19
creatividad, 242, 260
criterio
  de confirmación 83
  de penetración, 82
cruce, 197
cruces, 21, 114, 180, 201, 219
cuñas, 142
  ascendentes o cuñas descendentes, 142

d

day trade, 16
deflación, 32, 35, 39
demand index, 230
demanda, 92-93, 140
día con volumen excepcionalmente alto, 264
diamante de consolidación, 151
diamantes, 152
difusión, 236
directional movement, 244
disciplina, 242, 259-260, 269
disparador, 201, 212
distorsión, 177
distribución, 54, 109, 118, 141,151, 228
divergencia, 106-107, 206, 234
  bearish, 218
  bullish, 218
  positiva o *bullish*, 108
divergencias, 203-204, 211, 215, 223, 226
diversificación, 265-266
diversifique, 269
dividendos
  en acciones, 22
  en efectivo, 22

doble
  cruzamiento, 190
  fondo, 128
  techo, 126
domo, 128
dos promedios móviles, 189

E

emocional, 48
en el fondo, 123
escala
  aritmética, 28
  logarítmica, 28
  semilogarítmica, 39
espiga o v invertida, 158
estocástico, 198
estructura, 3, 9, 59, 177
  interna, 175
evaluar el comportamiento del sistema, 267
evidencias 85
evitar la ruina, 269
exceso del mercado, 84
exceso, 76
excupón, 22
exponencial, 178

F

factor de aceleración, 254
factores emocionales, 242
failure swings, 214
fases de *trading*, 195, 216, 222
figura, formación o patrón, 59
figuras o patrones
  de continuación o de consolidación, 135
  de continuación, 117
figuras técnicas, 59
figuras, formaciones o patrones de reversa, 117
fin de un movimiento intermedio, 113
finales de tendencias, 76
formación
  de continuación, 59
  de reversa, 59, 60
  en v, 158
fuerza
  de la resistencia, 94, 96
  de un nivel de soporte o resistencia, 93
  de un nivel de soporte, 96
futuro, 4

G

ganar el corro, 18-19
geometría
    de fractales, 9, 12, 104
    euclidiana, 9
gráficas expresadas en dólares, 35
gráfico, 25
    semilogarítmico, 27-29, 77
    lineal, 30
gráficos aritméticos, 77

H, I

hechos, 20
hombros izquierdo y derecho, 119

indicadores, 175
índice
    de amplitud absoluta, 231
    de amplitud de Hughes, 235
    de demanda, 230
Índices, 44, 100
inflación, 35
información confidencial, 269
instintos, 269
intuición 195, 269
inversiones piramidales, 258
labor del analista, 58

I

línea, 46
    de avance-retroceso [l(a-r)], 233
    de cero, 201
    de retorno, 75, 83
    de tendencia, 57, 61, 101
        básica, 85
        más adecuada, 88
        paralela funcional, 85
        "penetrada", 68
        respetada, 68
    del cuello, 124, 126
lote, 20

M

magnitud de la penetración, 82
marco temporal, 6
mecanismos de acción, 104
media asta, 145
mediana del precio, 225
medición de objetivo, 139
medio mástil, 145
mercado

accionario, 5
bear, 46, 50, 72, 100, 158
bull, 46, 50, 72, 100
bursátil, 15
primario, 15
secundario, 15-16
mercados
    con tendencia, 213
    en *trading,* 213
    sin tendencia, 195
mesa de capitales, 16
método, 262
modelo, 259-260
    de la realidad, 259
modelos matemáticos, 175
momento, 195-196, 206
movilidad, 237
movimiento
    contracíclico, 56
    dirigido, 244
    lateral, 46
    primario, 10-11
    secundario, 10-11
    terciario 11
movimientos
    primarios, 10, 178
    primarios intermedios, 53
    secundarios o reacciones, 53

N, O

nivel
    de exposición, 8, 266
    de resistencia psicológico, 98
    de resistencia, 89
    de sar, 251-252
    de soporte o resistencia, 97
    de soporte, 89
niveles de sobrecompra y sobreventa, 220
no están acotados, 207
números redondos, 98, 100

o líneas, 142
objetividad, 82
objetivo, 119, 126, 128, 136, 141-142, 257
oferta, 92-93, 140
On balance volumen, 226
operar sin método, 261
oportunidades, 268
optimizar, 182
orden, 88
    a mercado, 19
    de compraventa, 17

orden o magnitud, 53
órdenes "por paquete", 20
oscilaciones fallidas, 214-215
oscilador, 200
    de volumen 226
    Nsc, 236
osciladores, 195, 197
    compuestos, 199
    de predio diferencial, 209
    de predio porcentual, 210
    no acotados, 196, 202, 208
    simples, 199

P

paquetes, 114
paralela funcional, 85
parámetros, 176
patrón
    de c y h, 123
    de c y h múltiple, 125
    de precios, 185
    de reversa, 69
patrones
    de área, 188
    de c y h fallidos, 123
    de crecimiento, 221
    de precios, 119
pegar al corro, 19
pendientes de las tendencias, 72
penetración, 181, 187
    de los promedios móviles, 178
    de un nivel de soporte, 101
    marginal, 84
penetraciones, 180
penetrada "en falso", 84
penetrado un nivel de resistencia, 90
pérdida, 8
    de presión, 108
pérdidas irreparables, 262
periodo, 29
    de trading, 185
periodos
    de negociación o trading, 58
    de tendencia, 10
    de trading, 10, 59
pico, 20
    o techo, 60
piso, 61
    de remates, 18
    local, 63, 256-257
pizarra, 17

plataforma de congestión, 160
plazo, 6, 7
ponderado, 178
poner una orden, 18
portafolio, 266
portafolios de inversión, 239
posición, 4-5
    "en corto", 23
    "en largo", 23
    extrema, 201
postulados, 3
postura, 17-20
    en firme, 17
precio 249
    de cierre ponderado, 225
    de cierre, 25, 48, 181
    máximo, 25
    mínimo, 25
preparatoria, 219
presión
    de compra, 107
    de compra o venta, 226
primaria, 49
primarios, 11
principio del abanico, 85
progresivos, 263
promedio móvil, 177
promedios móviles, 102, 178
promedios o índices, 43
prudencia, 266
psicología
    de masas, 104
    del tahúr, 265
pullback, 83, 114, 126, 128, 150
punto
    basal, 63
    de equilibrio, 247, 249

R

rally técnico, 157
reacción secundaria, 157
recobrar una pérdida, 265
regla
    de los tres días, 63
    del punto extremo, 247, 249
regreso a confirmar, 83
renta
    fija, 16
    variable, 16
requisito, 118
resistencia, 46, 92, 159, 255

resorte, 138
respetar o confirmar la línea, 67
reversa
    de un día, 152
    de dos días, 155
    en isla, 172
riesgo, 48, 59, 261
    de exposición, 267
ROC, 196
rompimiento, 119, 123
    de líneas de tendencia, 67
    de un triángulo, 135-136
    del triángulo simétrico, 137
ruido, 175
ruptura de un soporte, 98

S

salida
    en falso, 138
    prematura, 138
secuencia de Fibonacci, 221
secundaria, 49
secundarios, 10-11, 178
seguidores de tendencia, 177
segunda fase, 181
    del *bear*, 54
    del *bull*, 54
señal, 175, 219
    completa, 85
    de compra, 219, 258
    de debilidad, 107
    de salida, 253
    de venta, 219, 258
    técnica, 45
señales, 182
sensibilidad, 267
significado de una penetración, 84
signos
    bearish, 108-109, 111
    bullish, 108, 111
simple, 178
sinusoidal, 248
sistema, 242, 260
    de columpio gráfico, 257
    de operación, 266, 270
    de seguridad, 262
    mecánico, 254
    operativo, 260
    parabólico, 251
piramidal de inversión, 256
    protector, 270
    seguidor de tendencia, 250

sistemas
    automáticos, 241
    de seguridad, 264
    seguidores de tendencia, 250
smoothing constant, 179
sobrecompra, 201-202, 214
sobreventa, 201-202, 214, 223
solidez en una línea, 71
soporte o resistencia, 65
soporte, 46, 92, 159, 255
split, 22-23
    inverso, 23
stop
    por volumen, 264
    progresivo, 254
stop loss, 9, 65, 249, 256-258, 262, 263
stops, 263
    protectores, 216, 263-264
sube y baja, 187

T

tazón, 152
tazón o fondo redondo, 131
tazones, 132
techo, 61
    local, 63, 256-257
    redondo, 77, 131-132, 150
techos
    locales, 65
    tazón invertido, 131
tendencia, 9, 10, 60, 180-181, 244-245,
    247, 252-253
    al alza, 60
    alcista, 49
    bajista, 49
    bear, 73
    madura, 203
    primaria alcista, 53
    primaria o mayor, 49
    primaria, 45
    secular, 56
    secundaria, 45
tendencias, 43, 48-49, 57-58
    menores, 53
    menores o terciarias, 49
    secundarias, 49
    secundarias o intermedias, 52
teoría
    de los sistemas dinámicos, 104
    del caos, 104
    Dow, 43-44
tercera fase, 54, 56

terciaria, 49
terciarios, 10, 178
throwover, 76
tipos
   de promedios móviles, 178
   de señal, 180
tolerancia
   al riesgo, 243
   o aversión al riesgo, 262
tomando una pérdida, 260, 263
tomar una posición, 90
tomar utilidades, 75, 249
trading, 10-11, 135, 178, 187, 202, 223, 245, 252, 60
tres promedios móviles, 192
triángulo
   de ángulo recto, 138
   expansivo, 150
   simétrico, 135
triple techo, 129
triples fondos, 130
   rectángulo, 139

U, V, Z

una puja, 18

v extendida a la izquierda, 161
v extendida, 160
valle o piso, 60
valle, 126
vende la noticia, 45
vender acciones en corto, 91
venta en corto, 12
venta, 219
versión lenta del estocástico, 219
volátiles, 267
volatilidad, 237, 239
volumen, 29, 45-46, 105, 119, 126, 129, 132, 135, 226, 228
   alto, 153
   confirme el precio, 226
   creciente, 106
   decreciente, 106
   en los patrones de continuación, 111
   excepcionalmente elevado, 113
   negociado, 82

zona neutral, 191